Couverture:
Grande Mosquée, Coupoles, 1400,
Bayézid 1er, Bursa.

Les guides thématiques *Museum With No Frontiers (MWNF)*

L'ART ISLAMIQUE EN MÉDITERRANÉE | **TURQUIE**

Genèse de l'art ottoman

L'héritage des émirs

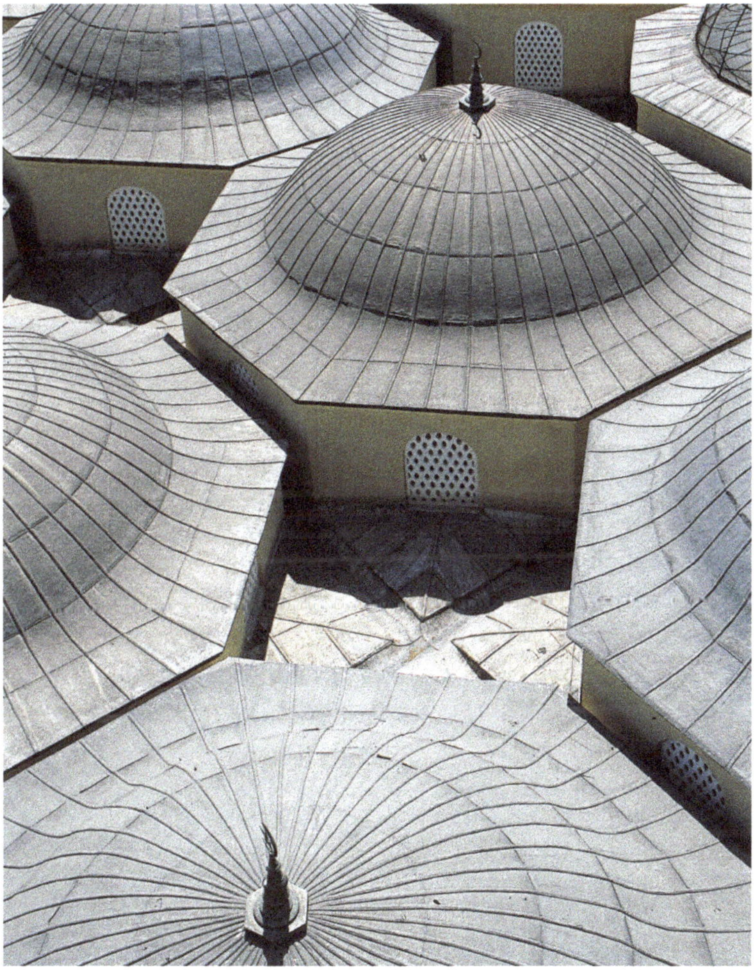

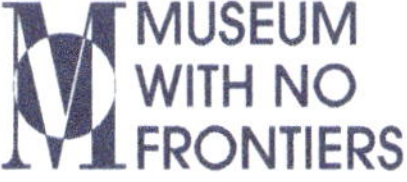

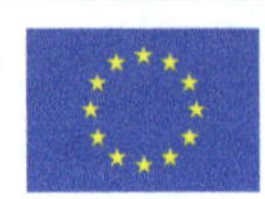
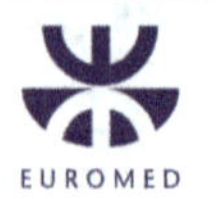

UNION EUROPÉENNE
Programme Euromed Héritage

La réalisation de l'Itinéraire-Exposition *GENÈSE DE L'ART OTTOMAN : L'héritage des émirs* inauguré dans le cadre des célébrations du 700e anniversaire de la fondation de l'État ottoman, a été cofinancée par l'Union Européenne dans le cadre du programme Euromed Héritage et a bénéficié du soutien des institutions turques et internationales suivantes:

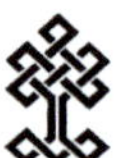

Ministère de la Culture,
République de Turquie, Istanbul

Ministère de la Culture, République de Turquie, Istanbul

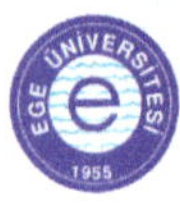

Université d'Égée, Izmir

Université d'Égée, Izmir

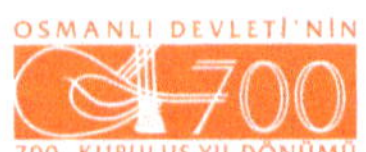

Comité pour la Commémoration
du 700e anniversaire de la fondation de l'État ottoman

Première édition
2002 Université d'Égée, Izmir & Musée Sans Frontières | Museum With No Frontiers (textes et illustrations).

Deuxième édition
2010 Université d'Égée, Izmir & Museum Ohne Grenzen | Museum With No Frontiers (MWNF) (textes et illustrations).

ISBN 978-3-902782-43-4 (eBook)
978-3-902782-42-7 (livre de poche)

Informations: **www.museumwnf.org**

Musée Sans Frontières
Idée et conception générale
Eva Schubert

Directrice du projet
Prof. Dr. Gönül Öney
Université d'Égée, Izmir

Comité scientifique
Lale Bulut,
Université d'Égée, Izmir
Şakir Çakmak,
Université d'Égée, Izmir
Ertan Daş,
Université d'Égée, Izmir
Aydoğan Demir,
Université d'Égée, Izmir
Yekta Demiralp,
Université d'Égée, Izmir
İnci Kuyulu,
Université d'Égée, Izmir
Gönül Öney,
Université d'Égée, Izmir
Rahmi H. Ünal,
Université d'Égée, Izmir

Catalogue

Introductions
Gönül Öney
Aydoğan Demir

Présentation des circuits
Comité scientifique

Éditeurs scientifiques
Gönül Öney
Rahmi H. Ünal

Révision des circuits
Inci Türkoglu

Contrôle technique
Pier Paolo Racioppi

Révision technique
Mehmet Kahyaoğlu
Yavuz Tuna

Photographies
Ertan Daş, Izmir
Österreichische Nationalbibliothek, Vienne
İş Bank Collection, Istanbul
Bibliothèque du palais de Topkapı, Istanbul

Carte générale
Yekta Demiralp, Izmir

Plans des monuments et tracés des circuits
Şakir Çakmak, Izmir
Yekta Demiralp, Izmir

Introduction générale
L'Art islamique en Méditerranée

Texte
Jamila Binous, Tunis
Mahmoud Hawari, Jérusalem Est
Manuela Marín, Madrid
Gönül Öney, Izmir

Plans
Şakir Çakmak, Izmir
Ertan Daş, Izmir
Yekta Demiralp, Izmir

Traduction
Joëlle Mnouchkine et
Georges Lemattre, Paris

Révision
Anne-Marie Lapillonne, Marseille

Maquette et design
Agustina Fernández,
Electa España, Madrid
Christian Eckart,
Museum With No Frontiers, Vienna
(2ème édition)

Coordination technique

Directeurs de production
Mehmet Kahyaoğlu, Izmir
Yavuz Tuna, Izmir

Coordination internationale

Coordination générale
Eva Schubert

Coordination comités scientifiques, traductions, révision des textes et production des catalogues
Sakina Missoum, Madrid

Remerciements

Nous remercions de leur collaboration les autorités et institutions suivantes, sans lesquelles ce projet n'aurait pu être mené à bien:

République de Turquie, Ministère de la Culture
République de Turquie, Premier Ministre, Direction générale des Fondations
République de Turquie, Premier Ministre, Département des Affaires religieuses
République de Turquie, Premier Ministre, Fonds promotionnel
Comité pour la Commémoration du 700e anniversaire de la fondation de l'État ottoman
Office autrichien de la Culture, Istanbul
Palais Topkapı, Direction du Musée, Istanbul
Türkiye İş Bankası, Istanbul
Österreichische Nationalbibliothek, Vienne
Kıymet Giray
Üstün Erek

Références photographiques

Voir page 5 ainsi que
Österreichische Nationalbibliothek, Vienne (pages 84, 156, 159, 178, 190, 205 & 206)
Bibliothèque du palais Topkapı, Istanbul (pages 40, 41, 42, 153, 157, 158, 177, 228 & 230)

Introduction générale "L'Art islamique en Méditerranée"
Ann & Peter Jousiffe (Londres), page 20 (Citadelle d'Alep).
Archives "Oronoz Photographes" (Madrid), page 23 (Alhambra, Grenade).

Références des plans

Ayverdi, E. H. (Istanbul, 1989), page 53 (Bedesten, Edirne), page 54 (Issız Han, Ulubat)
Çakmak, Ş. (Izmir, 1999), page 143 (Décor sur le portail de la Grande Mosquée, Bursa),
page 168 (Décor sur le portail de la Mosquée Yeşil, Iznik), page 135 (Décor sur le portail de la Mosquée Yeşil, Bursa)
Daş, E. (Izmir, 1998), page 52 (Saadet Hatun Hamamı, Selçuk)
Demiralp, Y. (Ankara, 1999), page 147 (Décor sur la façade de l'*iwan* de la Madrasa Muradiye, Bursa),
page 50 (Madrasa Yıldırım, Bursa)
Demiriz, Y. (Istanbul, 1979), page 165 (Imaret Nilüfer Hatun, Iznik)
Durukan, A. (Ankara, 1988), page 44 (Mosquée Ilyas Bey, Balat)
Emir, S. (Izmir, 1994), page 184 (Zaouïa de Postinpuş Baba, Yenişehir)
Sönmez, Z. (Ankara, 1995), page 45 (Mosquée Eski, Edirne), page 47 (Mosquée Isa Bey, Selçuk),
page 48 (Mosquée Firuz Bey, Milas), page 49 (Mosquée Üç Şerefeli, Edirne), page 51 (Turbé Yeşil, Bursa),
page 119 (Grande Mosquée, Manisa), page 136 (Mosquée Yeşil, Bursa)
Ünal, R. H., page 46 (Grande Mosquée, Birgi), page 105 (Turbé Aydınoğlu Mehmet Bey, Birgi)

Prélimiere

L'Itinéraire-Exposition GENÈSE DE L'ART OTTOMAN : L'héritage des émirs a été réalisée grâce au concours de la Commission Européenne, du Ministère de la Culture de la République de Turquie et de l'Université d'Égée. C'est la première fois qu'un projet de cette envergure est mis en œuvre en Turquie. Nous pensons qu'il reste une grande place pour d'autres initiatives de ce genre et pour faire la promotion de notre héritage méditerranéen commun.

Je voudrais remercier les membres du comité scientifique, les directeurs de production, notre recteur le professeur Refet Seygılı qui a mis à notre disposition les ressources de l'université et M. İstemihan Talay, le Ministre de la Culture de la République de Turquie, dont le concours nous a été précieux à plus d'un titre.

J'aimerais remercier le Directeur du Comité pour la Célébration du 700e anniversaire de la fondation de l'État ottoman, M. Fikret Ünlü, Ministre d'État de la République de Turquie, et Mme Füsun Koroğlu, Sous-Secrétaire d'État auprès du Premier Ministre de la République de Turquie.

J'aimerais aussi exprimer ma reconnaissance à tous ceux qui nous ont aidés à surmonter toutes sortes de difficultés : M. Fikret Üçcan, Sous-Secrétaire d'État auprès du Ministre de la Culture, M. Tekin Aybaş, ex-Sous-Secrétaire d'État auprès du Ministre de la Culture, M. Alpay Pasinli, Directeur Général du Département des Monuments et Antiquités, M. Kenan Yurttagül, Directeur Général exécutif du Département des Monuments et Antiquités, et le Ministère de la Culture, Mme Nilüfer Ertan, Directrice du Département des Activités Culturelles du Ministère de la Culture.

Nous rendons un hommage particulier à Mme Eva Schubert, qui a su si souvent surmonter les difficultés, pour son investissement inconditionnel dans la réussite de cette exposition. Qu'on me permette de la féliciter au nom de toute l'équipe turque et de lui exprimer mes remerciements les plus sincères.

Professeur Gönül Öney
Directrice du projet

Avertissement

Translittération de l'arabe

Nous avons conservé l'orthographe usuelle des mots arabes passés dans l'usage et introduits dans le dictionnaire tels que fondouk, oued, souk, beylik, diwan, hammam... Les mots (arabes ou berbères) qui apparaissent en italique, comme *mihrab, qibla, timchent, sabbat, wast al-dar, balata, ahellil, taguerrabt* ... sont soit accompagnés de leur traduction immédiate (entre parenthèses ou dans le corps du texte), soit repris dans le glossaire où ils sont définis. Pour tous les autres mots, nous avons utilisé un système de transcription simplifié pour lequel nous avons choisi de ne pas transcrire la *hamza* initiale et de ne pas faire de différence entre les voyelles brèves et longues qui sont transcrites en *a*, *i*, *ou/u*. Nous avons décidé de ne pas respecter la règle pour certains noms de lieu, comme el-Ateuf, el-Biar, el-Kantara, el-Khemis ... et de lui préférer la transcription en usage en Algérie.

ء	*'*	ح	*h*	ز	*z*	ط	*t*	ق	*q*	ه	*h*
ب	*b*	خ	*kh*	س	*s*	ظ	*z*	ك	*k*	و	*u/w*
ت	*t*	د	*d*	ش	*sh*	ع	*'*	ل	*l*	ي	*y/i*
ث	*th*	ذ	*dh*	ص	*s*	غ	*gh*	م	*m*		
ج	*j*	ر	*r*	ض	*d*	ف	*f*	ن	*n*		

Les mots qui apparaissent en italique dans le texte, sauf s'ils sont accompagnés de leur traduction entre parenthèses, sont repris dans le glossaire et suivis d'une brève définition.

Ère musulmane

Les dates antérieures à l'ère musulmane (Préhistoire, Antiquité et Antiquité tardive) ne sont données que selon le calendrier chrétien, de même que celles qui sont postérieures à l'établissement du colonialisme en 1830.

Cette émigration est fixée au 1er jour du mois de *Muharram* de l'an 1 de l'Hégire qui correspond au 16 juillet 622 de l'ère chrétienne. L'année musulmane est composée de douze mois lunaires, chaque mois de 29 ou 30 jours. Trente années constituent un cycle dans lequel les 2e, 5e, 7e, 10e, 13e, 16e, 18e, 21e, 24e, 26e, et 29e années sont des années bissextiles de 355 jours; les autres sont des années communes de 354 jours. L'année lunaire musulmane est de dix ou onze jours plus courte que l'année solaire chrétienne. Chaque jour commence, non pas juste après minuit, mais immédiatement après le coucher du soleil, au crépuscule. La majorité des pays musulmans utilisent le calendrier hégirien (qui marque toutes les fêtes religieuses) en parallèle avec le calendrier chrétien.

Mention des dates

Les dates antérieures à l'ère musulmane (Préhistoire, Antiquité et Antiquité tardive) ne sont données que selon le calendrier chrétien, de même que celles qui sont postérieures à l'établissement de la colonisation en 1830.

Abréviations:
début = d.; moitié = m.; première moitié = p. m.; deuxième moitié = d. m.; fin = f.

Indications pratiques

L'exposition de Musée Sans Frontières en Turquie *GENÈSE DE L'ART OTTOMAN : L'héritage des émirs* comprend huit circuits qui peuvent être effectués en neuf jours. La numérotation des circuits du catalogue est portée en chiffres romains, celle des villes ou des sites en chiffres arabes et celle des monuments en lettres. Chaque circuit est précédé d'un schéma qui précise la situation et le type de monument retenu. Ces petits schémas permettront au visiteur de s'orienter facilement sans pour autant le dispenser d'utiliser des cartes routières et des plans de villes détaillés. La Turquie dispose d'un réseau de transports en commun très pratique grâce aux minibus *dolmush* et aux cars interurbains, cependant il est indispensable de toujours se renseigner à l'avance sur les horaires.

Tous les circuits ont été balisés grâce à un système de signalisation normalisé. Il comprend le fléchage de l'accès aux monuments et des bornes-info disponibles dans les centres-villes où l'on trouvera les informations essentielles. En outre, chaque monument inclus dans le circuit dispose d'un panneau d'identification à son entrée. De surcroît, des panneaux de couleur marron indiquent l'itinéraire des sites les plus importants en partant des grands axes du réseau routier.

Sur les schémas, l'itinéraire principal est figuré par une ligne en gras et noir. Par contre, les itinéraires figurés en gris proposent la visite en option d'autres monuments, lesquels sont signalés par des cercles gris. On remarquera deux sortes d'icônes sur les schémas: les grandes concernent les monuments les plus importants, les petites indiquent les options. Sous le nom des monuments figurent les renseignements pratiques (adresse, horaires d'ouverture, etc.). Musée Sans Frontières décline toute responsabilité pour les modifications qui pourraient intervenir après la publication de ce catalogue.

Les encadrés sur fond gris proposent une information complémentaire sur les autres centres d'intérêt offerts par la région ou la ville.

La visite de certains sites est encore interdite au public, cependant Musée Sans Frontières poursuivra ses efforts pour obtenir leur ouverture par les autorités.

Les monuments religieux compris dans l'exposition sont interdits de visite pendant la durée des offices. Du fait que les mosquées ne sont parfois ouvertes qu'à l'heure de la prière, on ne pourra y entrer que juste avant ou juste après le service. Les visiteurs devront veiller à avoir une tenue correcte et à éviter d'entrer avec les bras découverts ou en short. Les femmes sont priées de se couvrir la tête avec un foulard.

En règle générale, il est interdit d'utiliser un flash et un pied de caméra dans les musées turcs. Il est strictement interdit de photographier ou de filmer dans les zones d'intérêt militaire.

Musée Sans Frontières décline toute responsabilité pour tous les accidents, vols, etc., qui pourraient survenir lors de la visite de l'exposition.

D'une manière générale, nous avons conservé l'orthographe admise par les dictionnaires français pour les mots turcs passés dans l'usage. L'orthographe des anthroponymes et des toponymes est conforme à celle fournie par les auteurs du catalogue. Les mots qui apparaissent en italiques dans le texte, sauf s'ils sont définis ou accompagnés de leur traduction entre parenthèses, sont repris dans le glossaire – lequel comporte aussi un certain nombre de mots passés dans l'usage en français et qui n'apparaissent donc pas en caractères italiques. Il s'agit dans ce cas de mots ou expressions spécifiques du contexte thématique (comme "bey", "beylerbey", "vizir", etc.), ou relevant plus généralement du lexique de l'histoire de l'art et de l'architecture ("engobe", "écoinçon", "trompe", etc.) ou de la culture et de la civilisation islamiques ("sourate", "caravansérail", "soufi", "wahhabite", "shafiite", etc.).

Mehmed Kahyaoğlu
Yavuz Tuna
Directeurs de production

Sommaire

LES DYNASTIES ISLAMIQUES EN MÉDITERRANÉE

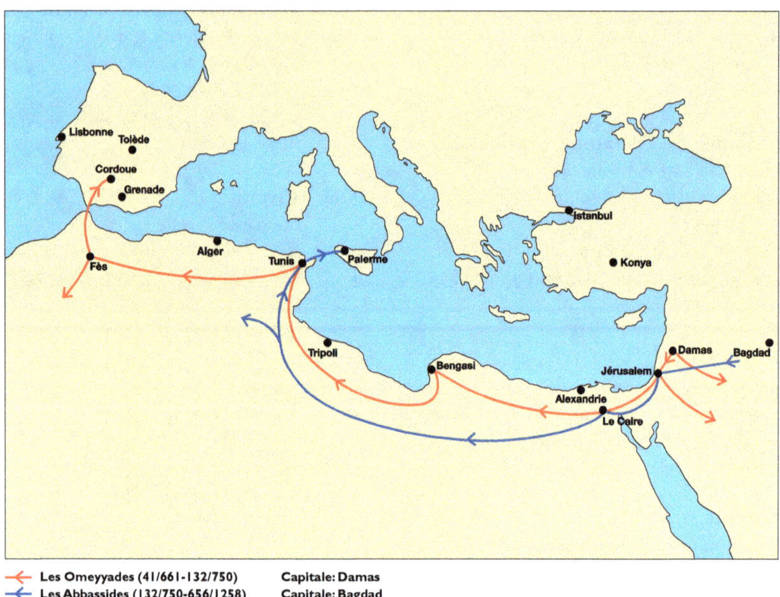

Les Omeyyades (41/661-132/750) Capitale: Damas
Les Abbassides (132/750-656/1258) Capitale: Bagdad

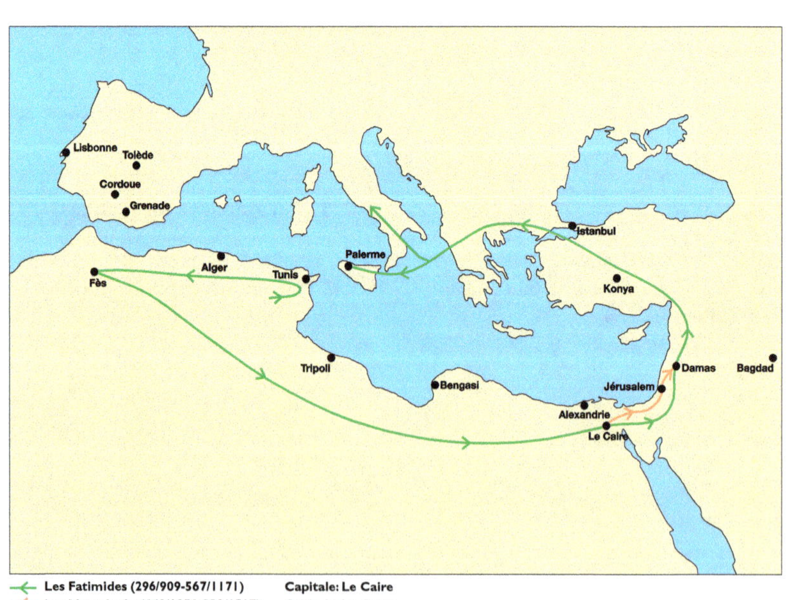

Les Fatimides (296/909-567/1171) Capitale: Le Caire
Les Mamelouks (648/1250-923/1517) Capitale: Le Caire

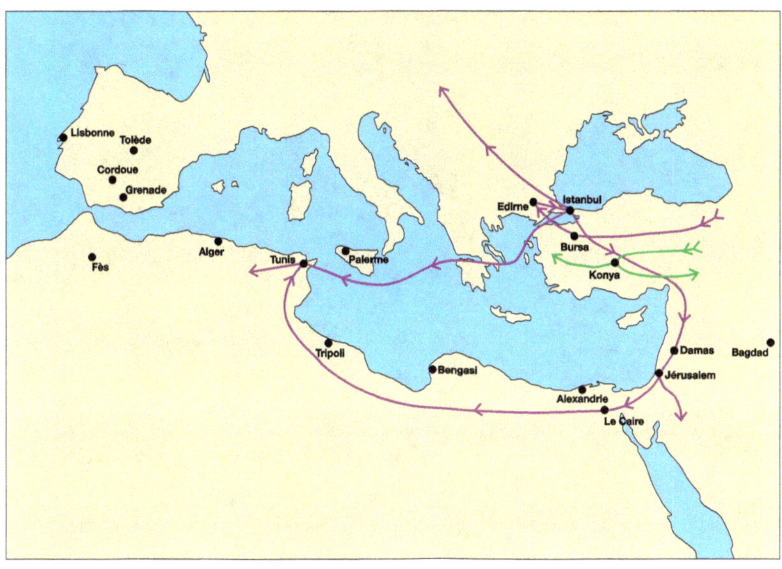

Les Seldjoukides (571/1075-718/1318) Capitale: Konya
Les Ottomans (699/1299-1340/1922) Capitale: Istanbul

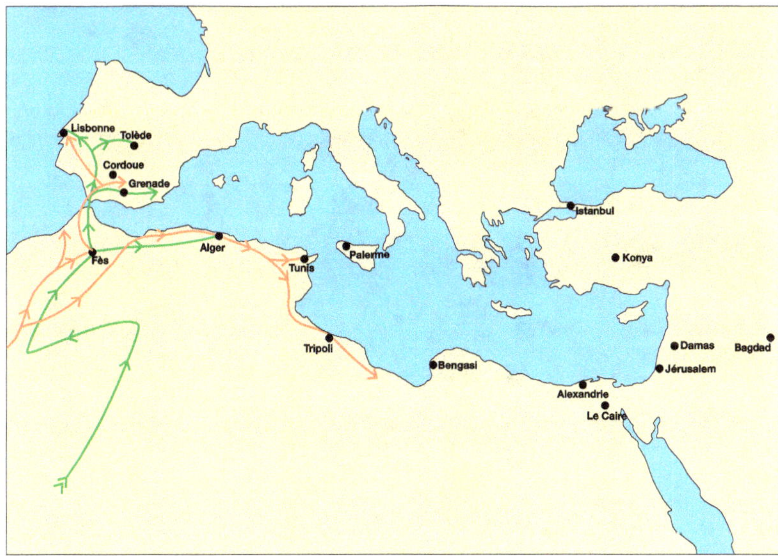

Les Almoravides (427/1036-541/1147) Capitale: Marrakech
Les Almohades (515/1121-667/1269) Capitale: Marrakech

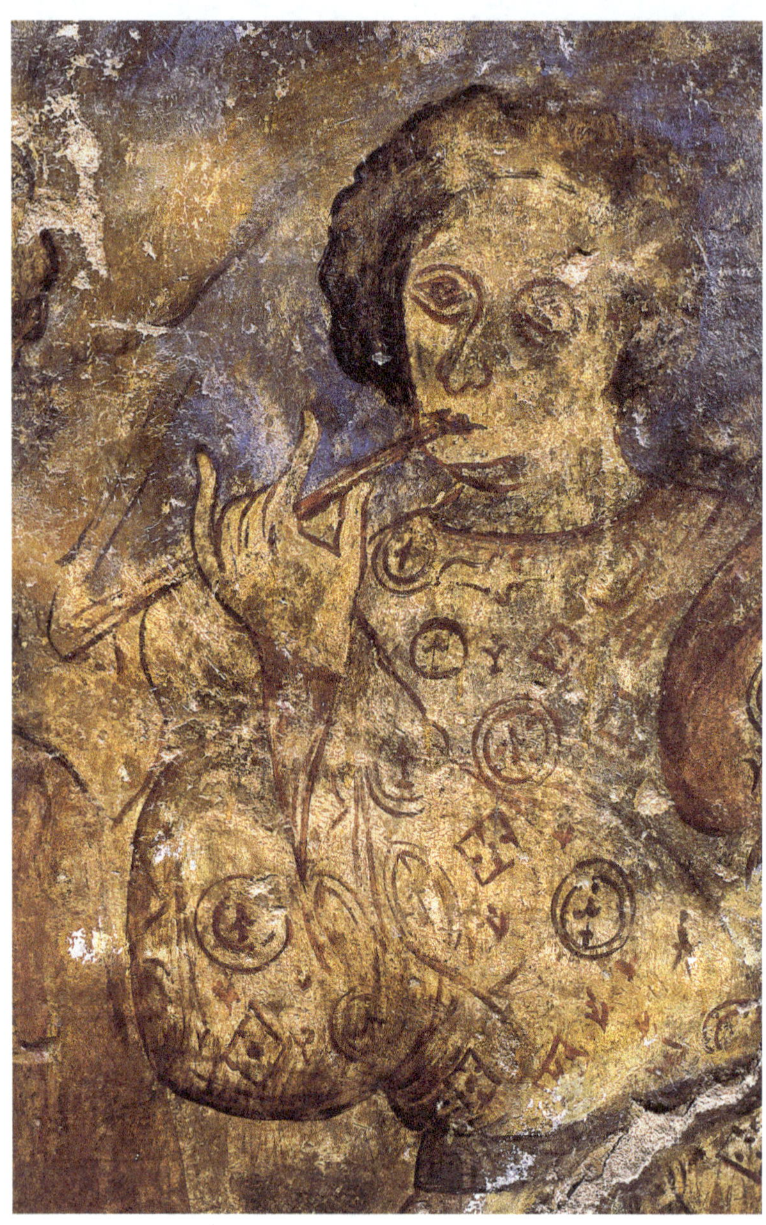

Qusayr 'Amra,
peinture murale de la
Salle d'Audiences,
Badiya de Jordanie.

L'ART ISLAMIQUE EN MÉDITERRANÉE

Jamila Binous
Mahmoud Hawari
Manuela Marín
Gönül Öney

Le patrimoine islamique en Méditerranée

Depuis la première moitié du Ier/VIIe siècle, l'histoire du bassin méditerranéen se partage, de façon étonnamment équitable, entre deux cultures, la culture islamique d'une part et la culture chrétienne occidentale d'autre part. Cette très longue histoire de conflits et de contacts a contribué à créer un mythe largement répandu dans l'imaginaire collectif, fondé sur l'image de l'autre comme étant l'ennemi irréductible, étranger et inconnu et, par là même, incompréhensible. Il est vrai que ces siècles sont ponctués de batailles, depuis les temps où les musulmans s'étendent à partir de la péninsule Arabique et prennent possession du Croissant Fertile, de l'Égypte et, plus tard, de l'Afrique du Nord, de la Sicile et de la péninsule Ibérique – et pénètrent en Europe occidentale jusqu'au sud de la France. Au début du IIe/VIIIe siècle, la Méditerranée est sous contrôle islamique.

Cette énergie à se déployer, d'une intensité rarement égalée dans l'histoire de l'humanité, ne peut se développer qu'au nom d'une religion qui se considère comme l'héritière des deux religions qui la précèdent, le judaïsme et le christianisme. Mais ce serait extrêmement réducteur d'expliquer le développement de l'islam en termes de religion uniquement. L'une des images très répandues en Occident présente l'islam comme une religion de simples dogmes, adaptée aux besoins du petit peuple, disséminée par de vulgaires guerriers sortis du désert, le Coran gravé sur la lame de leurs épées. Cette image grossière est très éloignée de la complexité intellectuelle d'un message religieux qui transforme le monde dès son commencement. Elle identifie ce message à une menace militaire et justifie par conséquent une réaction dans les mêmes termes. En fait, elle réduit l'ensemble d'une culture à l'une de ses composantes uniquement – la religion – et la dépossède ainsi de son potentiel à évoluer et à changer.

Les pays méditerranéens qui sont progressivement intégrés dans le monde musulman commencent leur parcours à des points de départ très différents. Les formes de vie islamique qui commencent à se développer dans chacun de ces pays sont par conséquent distinctes malgré l'unité qui résulte de leur adhésion commune au nouveau dogme religieux. La capacité à assimiler les éléments de cultures antérieures (hellénistique, romaine, etc.) constitue précisément l'une des caractéristiques qui définissent les sociétés islamiques. Lorsque les observations se limitent à la zone géographique de la Méditerranée, qui est extrêmement diversifiée au plan culturel à l'époque de l'émergence de l'islam, on remarque rapidement que ce moment initial ne présente aucune rupture avec le passé et on en vient à réaliser qu'il n'est pas concevable

d'imaginer un monde islamique monolithique et immuable, suivant aveuglément un message religieux inaltérable.
S'il convient de choisir un *leitmotiv* définissant tout le bassin méditerranéen, c'est bien la diversité d'expression mêlée à l'harmonie de sentiment, sentiment plus culturel que religieux. Dans la péninsule Ibérique – pour commencer par le périmètre occidental de la Méditerranée –, la présence de l'islam, imposée initialement par les conquêtes militaires, génère une société qui se différencie clairement de la société chrétienne, tout en étant continuellement en contact avec elle. L'importance de l'expression culturelle de cette société islamique se ressent encore même après qu'elle a cessé d'exister en tant que telle et donne naissance à ce qui constitue probablement l'un des éléments les plus originaux de la culture hispanique, l'art mudéjar. Au Maroc et en Tunisie, l'héritage d'al-Andalus (l'Espagne musulmane) est assimilé dans les formes artistiques locales et continue d'exister de nos jours. La Méditerranée occidentale produit des formes d'expression originales qui reflètent son évolution historique conflictuelle et plurielle.
Insérée entre l'Orient et l'Occident, la mer Méditerranée est dotée d'enclaves terrestres, lieux historiques majeurs témoins des siècles passés, notamment la Sicile. Conquise par les Arabes établis en Tunisie, la Sicile continue de perpétuer la mémoire culturelle et historique de l'islam, longtemps après que la présence politique des musulmans sur l'île eut disparu. La présence de formes esthétiques siculo-normandes que révèlent les monuments architecturaux démontre clairement que l'histoire de ces régions ne peut s'expliquer sans la compréhension de la diversité des expériences sociales, économiques et culturelles qui s'épanouissent sur ces terres.
Tout à fait à l'opposé, donc, de l'image immuable et constante à laquelle il est fait allusion plus haut, l'histoire de l'islam en Méditerranée se caractérise par une surprenante diversité, née de la fusion entre peuples et ethnies, déserts et terres fertiles. S'il apparaît clairement que la religion adoptée par la majorité est l'islam depuis le Moyen Âge, il est également vrai que les minorités religieuses maintiennent historiquement leur présence. La langue du Coran, l'arabe classique, coexiste avec d'autres langues de même qu'avec d'autres dialectes arabes. Dans ce cadre d'indéniable unité (religion musulmane, langue et culture arabes), chaque société évolue et relève les défis de l'histoire à sa façon propre.

L'émergence et le développement de l'art islamique

Sur l'ensemble des territoires de civilisations aussi anciennes que diverses, un nouvel art apparaît, mêlé aux images de la foi islamique qui émerge à la fin du

IIe/VIIIe siècle et qui, en moins d'un siècle, s'impose avec succès. À sa façon, cet art donne naissance à des créations et à des innovations qui reposent sur des formules et des procédés architecturaux et décoratifs d'unification régionale. Il s'inspire simultanément des traditions artistiques qui le précèdent : traditions gréco-romaine et byzantine, sassanide, wisigothique, berbère ou encore d'Asie centrale.

L'objectif initial de l'art islamique consiste à répondre aux besoins de la religion et aux divers aspects de la vie socio-économique. De nouveaux édifices religieux voient le jour, notamment les mosquées et les sanctuaires. L'architecture joue ainsi un rôle central dans l'art islamique, puisque de nombreux arts s'y rattachent. Cependant, hormis l'architecture, un ensemble d'arts mineurs apparaît et trouve son expression artistique dans une variété de matériaux, notamment le bois, la poterie, les métaux, le verre, etc. En poterie, une grande variété de techniques de vernissage est employée, notamment, parmi les groupes les plus utilisés, les céramiques peintes polychromes. Du verre d'une grande beauté est produit, atteignant le sommet de l'art avec le verre orné de couleurs dorées et vives vernissées. Le bronze incrusté d'argent ou de cuivre constitue la méthode la plus sophistiquée du travail du métal. Des textiles et des tapis d'excellente qualité, à motifs géométriques, animaliers ou humains, sont confectionnés. Des manuscrits enluminés de miniatures représentent l'aboutissement spectaculaire de l'art du livre. Ces différentes formes d'art mineur témoignent de l'éclat remarquable de l'art islamique.

Toutefois, l'art figuratif est exclu du domaine liturgique islamique, ce qui signifie qu'il est banni du cœur de la civilisation islamique et qu'il n'est toléré qu'à sa périphérie. Les reliefs sont rares dans la décoration des monuments et les sculptures sont pratiquement planes. Mais l'extrême richesse des ornementations des panneaux de stuc somptueusement ciselés, des panneaux de bois sculptés, des faïences murales et des mosaïques vernissées de même que des frises à stalactites, ou *mouqarnas*, compensent cette absence. Les éléments décoratifs empruntés à la nature – feuilles, fleurs, branches – sont généralement stylisés à l'extrême et sont si complexes qu'ils font rarement penser à leur source d'origine. L'entrelacement et la combinaison de motifs géométriques, notamment les losanges et les polygones étoilés, forment des réseaux entrelacés qui recouvrent entièrement les surfaces, créant des formes qui prennent souvent le nom d'arabesques. L'introduction d'éléments épigraphiques dans l'ornementation des monuments, des meubles et de divers objets représente une innovation du répertoire décoratif. Les artisans musulmans savent utiliser la beauté de la calligraphie arabe, la langue du Livre sacré, le Coran, non seulement pour transcrire des versets coraniques mais dans toutes ses variantes, comme simple motif de décoration de l'ornementation des panneaux de stuc et des encadrements de panneaux.

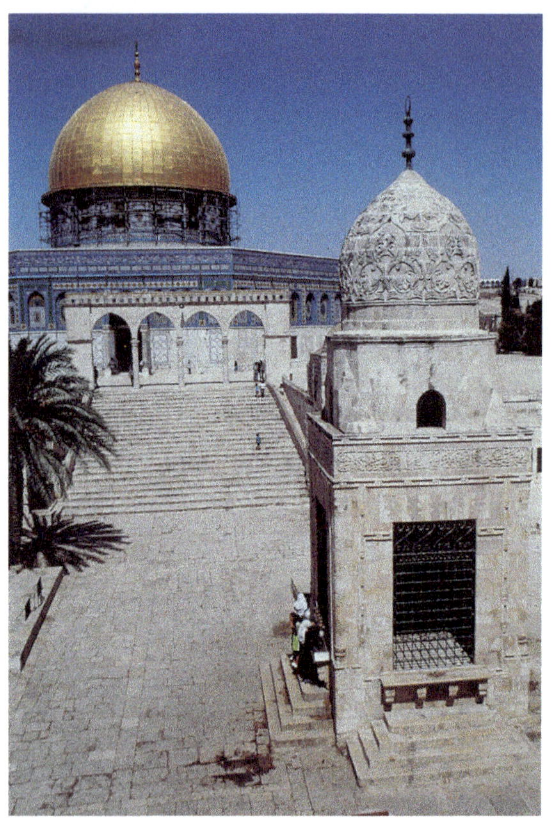

Dôme du Rocher, Jérusalem.

L'art se met également au service des souverains. Les architectes construisent, pour leurs mécènes, des palais, des mosquées, des écoles, des hôpitaux, des bains publics, des caravansérails et des mausolées qui portent parfois leur nom. L'art islamique est, avant tout, un art dynastique. Chaque tendance y contribue en apportant un renouvellement partiel ou complet des formes artistiques, en fonction du cadre historique, de la prospérité dont jouissent les États et des traditions de chaque peuple. L'art islamique, malgré son unité relative, permet la diversité, donnant naissance à différents styles, chacun étant assimilé à une dynastie.

La dynastie omeyyade (41/661-132/750), qui transfère la capitale du califat à Damas, représente un aboutissement singulier de l'histoire de l'islam. Elle absorbe et intègre l'héritage hellénistique et byzantin de façon à refondre la tradition classique méditerranéenne en un nouveau moule innovateur. L'art islamique naît donc en Syrie et l'architecture, nettement islamique du fait de la personnalité de ses fondateurs, continue également à offrir cette relation à l'art hellénistique et byzantin. Le Dôme du Rocher à Jérusalem, premier sanctuaire islamique monumental, la Grande Mosquée de Damas, qui sert de modèle aux mosquées ultérieures, et les palais du désert de Syrie, de Jordanie et de Palestine en constituent les monuments les plus importants.

Lorsque le califat abbasside (132/750-656/1258) succède à la dynastie omeyyade, le centre politique de l'islam se déplace de la Méditerranée vers Bagdad, en Mésopotamie. Ce facteur contribue à influencer le développement de la civilisation islamique et tous les aspects culturels et artistiques portent les stigmates de ce changement. L'art et l'architecture abbassides subissent l'influence de trois traditions majeures : sassanide, asiatique et seldjoukide.

L'influence de l'Asie centrale est déjà présente dans l'architecture sassanide, mais à Samarra, cette influence se retrouve dans le style du stuc avec ses ornementations en arabesques qui se répandent rapidement dans le monde islamique. L'influence des monuments abbassides se ressent dans les édifices construits au cours de cette période dans les autres provinces de l'Empire, tout particulièrement en Égypte et en Ifriqiya. Au Caire, la mosquée Ibn Touloun (262/876-265/879) est un véritable chef-d'œuvre, admirable pour son plan et son unité de conception. La Grande Mosquée abbasside de Samarra lui sert de modèle, tout particulièrement son minaret hélicoïdal. À Kairouan, capitale de l'Ifriqiya, les vassaux des califes abbassides, les Aghlabides (184/800-296/909), embellissent la Grande Mosquée, l'une des plus exemplaires du Maghreb dont le *mihrab* est recouvert de faïences de Mésopotamie.

Les Fatimides (296/909-567/1171) règnent sur une période remarquable de l'histoire des pays méditerranéens islamiques, l'Afrique du Nord, la Sicile, l'Égypte et la Syrie. Seuls restent quelques exemples de ces constructions architecturales, témoins de leur gloire passée : dans le Maghreb central, la Qal'a des Beni Hammad et la mosquée de Mahdia ; en Sicile, la Cuba (*Koubba*) et la Zisa (*al-'Aziza*) à Palerme, construites par les artistes fatimides sous le règne du roi normand Guillaume II ; au Caire, la mos-

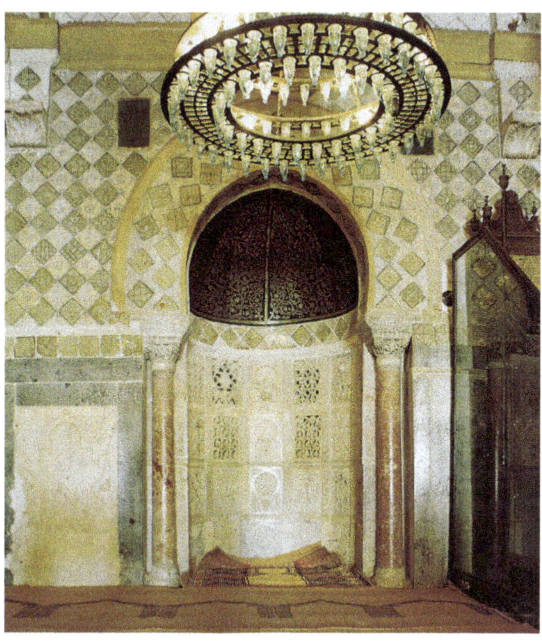

Mosquée de Kairouan, mihrab, Tunisie.

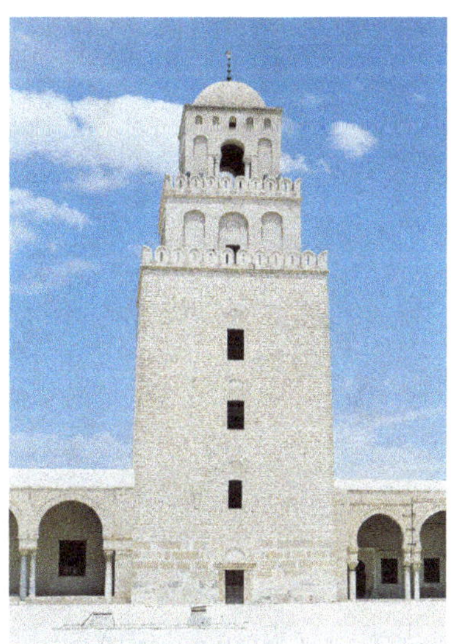

Mosquée de Kairouan, minaret, Tunisie.

Citadelle d'Alep, vue de l'entrée, Syrie.

Complexe Qalawun, Le Caire, Égypte.

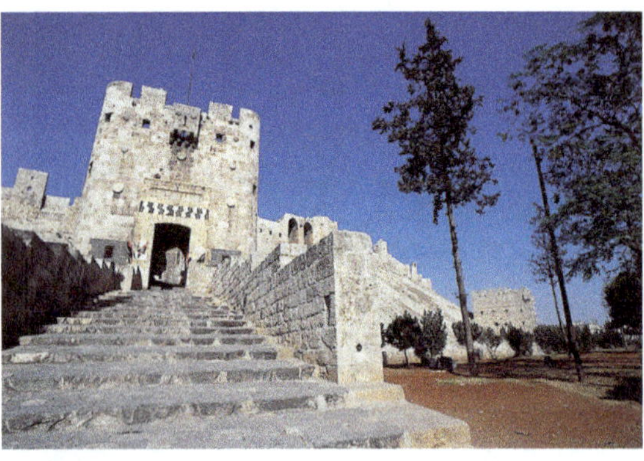

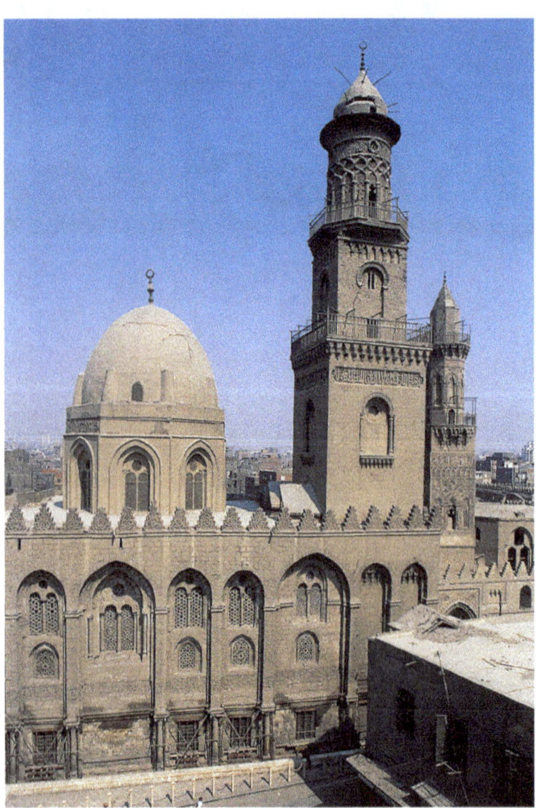

quée al-Azhar constitue l'exemple le plus remarquable de l'architecture fatimide en Égypte.

Les Ayyoubides (567/1171-648/1250), qui renversent la dynastie fatimide au Caire, sont des mécènes importants dans le domaine de l'architecture. Ils fondent des institutions religieuses (*madrasas, khanqas*) afin de propager l'islam sunnite, des mausolées et des établissements de bienfaisance sociale, de même que des fortifications imposantes en vue de faire front aux conflits militaires avec les Croisés. La Citadelle d'Alep en Syrie constitue un magnifique exemple de leur architecture militaire.

Les Mamelouks (648/1250-922/1517), successeurs des Ayyoubides, résistent vaillamment aux Croisés et aux Mongols, parviennent à obtenir l'unité de la Syrie et de l'Égypte et fondent un puissant empire. La richesse et le luxe de la cour du sultan mamelouk au Caire poussent les artistes et les architectes à atteindre un style d'architecture extraordinairement élégant. Pour le monde islamique, la période mamelouke marque un essor et une renaissance. L'enthousiasme à créer des édifices religieux et à reconstruire les édifices existants place les Mamelouks parmi les plus grands mécènes dans les domaines de l'art et de l'architecture dans l'histoire de l'islam. La mosquée de Hassan (757/1356), mosquée funéraire construite selon un plan cruciforme, les branches de la croix étant formées de quatre *iwans* autour d'une cour centrale, est typique de cette époque.

L'Anatolie est le berceau de deux grandes dynasties islamiques : les Seldjoukides (571/1075-718/1318), qui introduisent l'islam dans la région, et les Ottomans (699/1299-1340/1922), qui entraînent la fin de l'Empire byzantin avec la prise de Constantinople et assoient leur hégémonie dans la région.

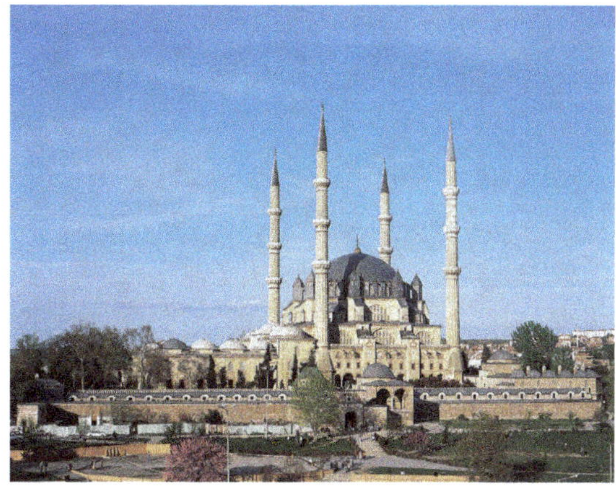

Mosquée Selimiye, vue générale, Edirne, Turquie.

Un style distinctif de l'art et de l'architecture seldjoukides s'épanouit avec des influences d'Asie centrale, d'Iran, de Mésopotamie et de Syrie qui s'entremêlent à des éléments du patrimoine de l'Anatolie chrétienne et de l'Antiquité. Konya, la nouvelle capitale de l'Anatolie centrale, ainsi que d'autres villes, s'enrichissent d'édifices dans le nouveau style seldjoukide. De nombreuses mosquées, *madrasas*, *turbés* et *caravansérails*, richement décorés de stuc et de faïence aux diverses représentations figuratives, survivent encore.

Avec la désintégration des Émirats seldjoukides et le déclin de Byzance, les Ottomans peuvent étendre leur territoire et transfèrent rapidement leur capitale d'Iznik à Bursa puis à Edirne. La conquête de Constantinople en 858/1453 par le sultan Mehmet II donne l'élan nécessaire à la transition entre un État émergeant et un grand empire. Une superpuissance qui étend ses frontières jusqu'à Vienne, y compris les Balkans à l'ouest et l'Iran à l'est, de même qu'en Afrique du Nord, de l'Égypte à l'Algérie, transformant la Méditerranée orientale en mer ottomane. La course en vue de surpasser la grandeur des églises byzantines héritées, dont la Sainte-Sophie constitue l'exemple le plus frappant, culmine avec la construction de grandes mosquées à Istanbul. La mosquée Süleymaniye, construite au Xe/XVIe siècle par le célèbre architecte ottoman Sinan, en est l'exemple le plus significatif et incarne le point culminant de l'harmonie architecturale des édifices à coupoles. La plupart des grandes mosquées ottomanes font

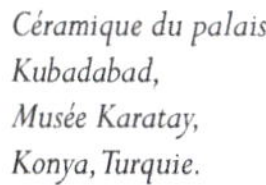

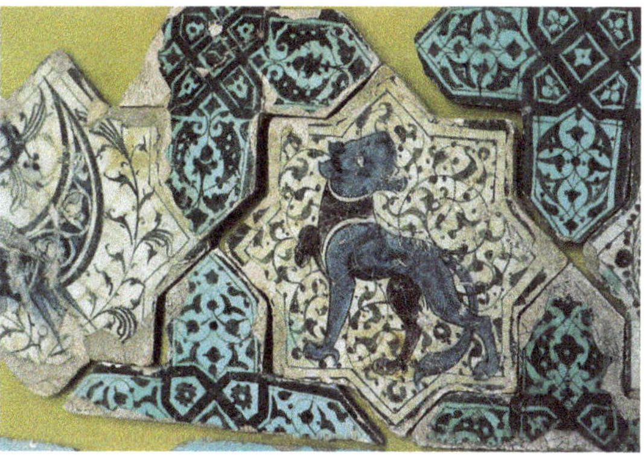

Céramique du palais Kubadabad, Musée Karatay, Konya, Turquie.

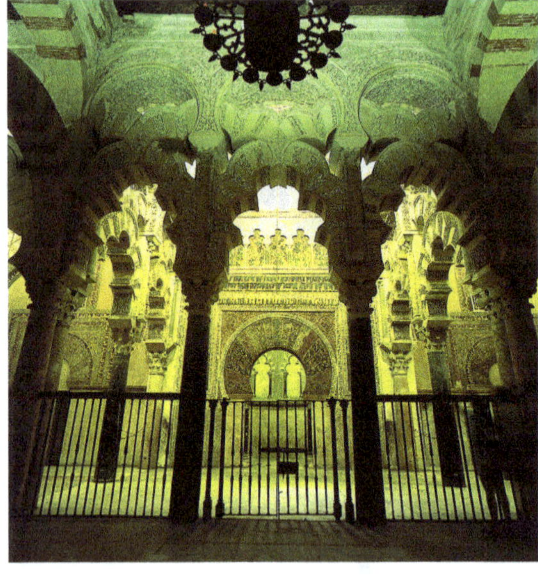

Grande Mosquée de Cordoue, mihrab, Espagne.

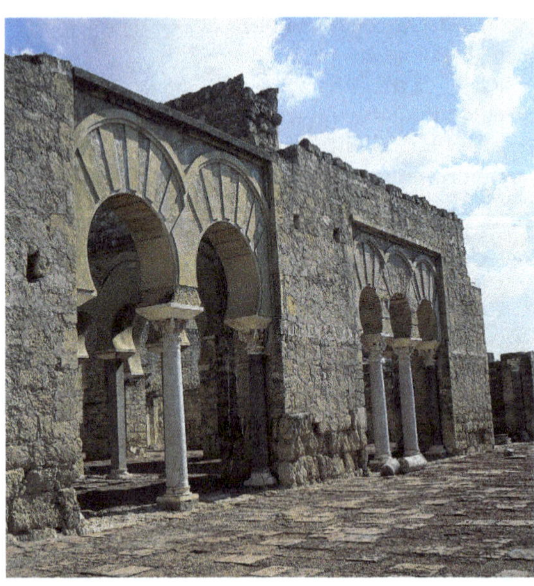

Dar al-Jund, Madinat al-Zahra', Espagne.

partie d'un grand ensemble d'édifices, *külliye,* comprenant des *madrasas*, une école coranique, une bibliothèque, un hôpital (*darüssifa*), une auberge (*tabkhane*), une cuisine publique, un *caravansérail* et des mausolées (*turbés*). À partir du début du XIIe/XVIIIe siècle, au cours de la "Période des Tulipes", l'architecture et le style décoratif ottomans reflètent l'influence du style baroque et rococo français, annonçant la période d'occidentalisation de l'art et de l'architecture.

Al-Andalus, dans la partie occidentale du monde islamique, devient le berceau d'une expression artistique et culturelle brillante. Abd al-Rahman Ier y fonde un califat ommeyade indépendant (138/750-422/1031) avec Cordoue pour capitale. La Grande Mosquée de cette ville ouvre la voie aux tendances artistiques innovatrices, notamment avec les doubles arcs bicolores superposés et les panneaux à ornementation végétale, qui sont passées dans le répertoire des formes artistiques andalousiennes.

Au cours du Ve/XIe siècle, le califat de Cordoue se divise en de multiples principautés qui ne sont pas en mesure d'éviter l'avancée progressive de la reconquête initiée par les États chrétiens au nord-ouest de la péninsule Ibérique. Ces roitelets ou rois de Taïfa font appel aux Almoravides en 479/1086 et aux Almohades en 540/1145 en vue de repousser l'arrivée des chrétiens et de rétablir l'unité partielle d'al-Andalus.

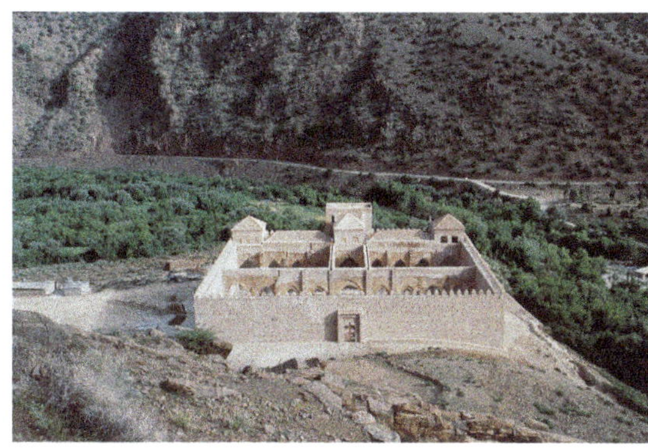

Mosquée de Tinmel, vue aérienne, Maroc.

Par leur intervention dans la péninsule Ibérique, les Almoravides (427/1036-541/1147) entrent en contact avec une nouvelle civilisation et tombent rapidement sous le charme du raffinement de l'art andalousien, comme le reflète leur capitale, Marrakech, où ils construisent une grande mosquée et des palais. L'influence de l'architecture de Cordoue et d'autres capitales, notamment Séville, se ressent dans tous les monuments almoravides de Tlemcen, Alger ou Fès.
L'art islamique occidental atteint son apogée sous le règne des Almohades (515/1121-667/1269), qui étendent leur hégémonie jusqu'en Tunisie. Au cours de cette période, la créativité artistique favorisée par les souverains almoravides se renouvelle et des chefs-d'œuvre de l'art islamique font leur apparition. La Grande Mosquée de Séville avec son minaret la Giralda, la Koutoubiya à Marrakech, la mosquée Hassan à Rabat et la mosquée de Tinmal érigée au sommet des montagnes de l'Atlas au Maroc en sont les exemples les plus remarquables.
Avec la dissolution de l'Empire almohade, la dynastie nasride (629/1232-897/1492) s'installe à Grenade et vit une période de splendeur au cours du VIIIe/XIVe siècle. La civilisation de Grenade devient un modèle culturel pour les siècles à venir en Espagne (l'art mudéjar) et, particulièrement, au Maroc, où cette tradition artistique a bénéficié d'une grande popularité et est préservée jusqu'à nos jours dans les domaines de l'architecture, de la décoration, de la musique et de la gastronomie. Les célèbres palais et forts de *al-Hamra'* (l'Alhambra) à Grenade marquent l'aboutissement suprême de l'art andalousien, avec toutes les caractéristiques de son répertoire artistique.
Parallèlement, au Maroc, les Mérinides (641/1243-876/1471) succèdent aux Almohades, alors qu'en Algérie règnent les Abd al-Wadids (633/1235-922/1516) et en Tunisie

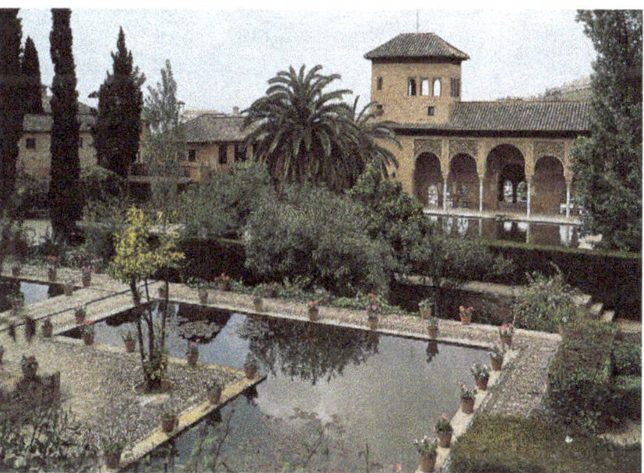

Tour des Dames et jardins, l'Alhambra, Grenade, Espagne.

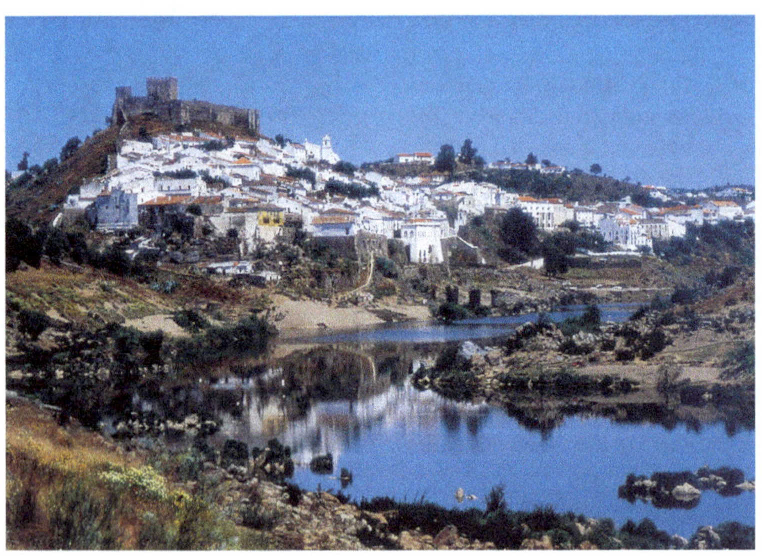
Mértola, vue générale, Portugal.

les Hafsides (625/1228-941/1534). Les Mérinides perpétuent l'art andalousien, l'enrichissant de nouveaux éléments. Ils embellissent leur capitale Fès par une abondance de mosquées, palais et *madrasas*, considérés comme étant, avec leurs mosaïques de céramique et leurs revêtements de *zellige* dans les décorations murales, les œuvres les plus parfaites de l'art islamique. Les dynasties marocaines suivantes, les Saadiens (933/1527-1070/1659) et les Alaouites (1070/1659 à nos jours), perpétuent la tradition artistique des Andalous exilés de leur terre natale en 897/1492. Ils continuent de construire et de décorer leurs monuments en utilisant les mêmes formules et les mêmes thèmes décoratifs que les dynasties précédentes, ajoutant des touches innovatrices caractéristiques de leur génie créatif. Au début du XIe/XVIIe siècle, les immigrés d'al-Andalus (les Morisques), qui s'établissent dans les villes du nord du Maroc, introduisent de nombreuses

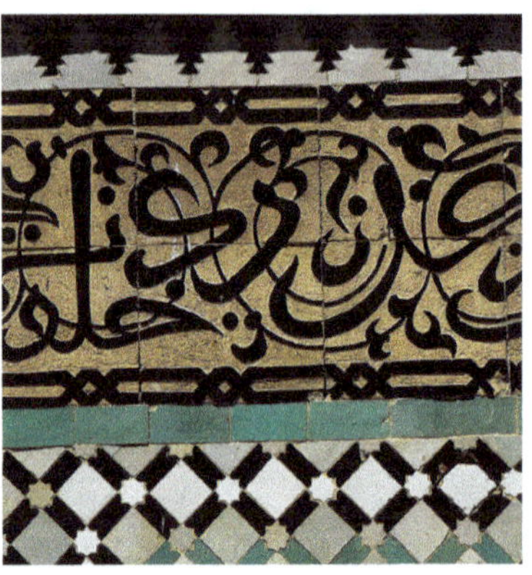
Frise épigraphique en caractères cursifs sur carreaux de faïence, Madrasa Bouinaniya, Meknès, Maroc.

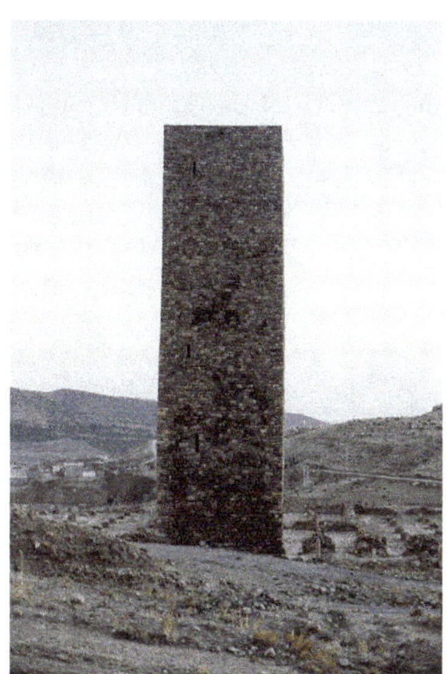

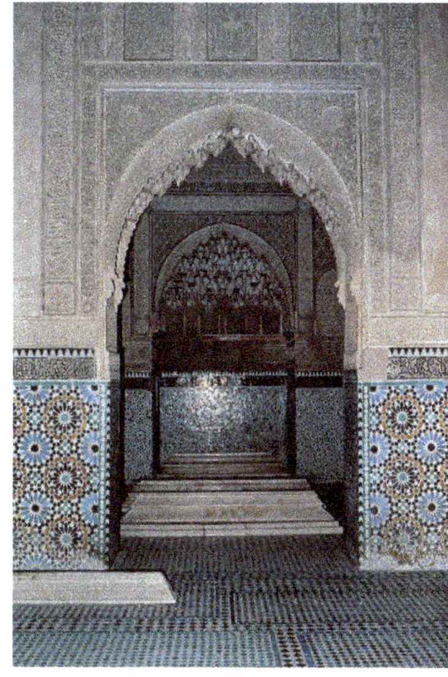

Qal'a des Beni Hammad, minaret, Algérie.

Tombeau des Saadiens, Marrakech, Maroc.

caractéristiques de l'art andalousien. Aujourd'hui, le Maroc est l'un des rares pays à perpétuer les traditions andalousiennes dans son architecture et son ameublement, modernisées par l'introduction de techniques et de styles architecturaux du XXe siècle.

L'ARCHITECTURE ISLAMIQUE

De façon générale, l'architecture islamique peut être classée en deux catégories : religieuse, avec notamment les mosquées, les *madrasas*, les mausolées, et séculaire, tout particulièrement avec les palais, les *caravansérails*, les fortifications, etc.

Architecture religieuse

Les mosquées

Pour des raisons évidentes, la mosquée se trouve au cœur de l'architecture islamique. Elle représente le clair symbole de la foi qu'elle sert. Très tôt, les musulmans comprennent ce rôle symbolique qui constitue un facteur important dans la création d'indices visuels appropriés dans le domaine de la construction : les minarets, coupoles, *mihrabs*, *minbars*, etc.
La cour de la maison du Prophète à Médine représente la première mosquée de l'islam, sans raffinements architecturaux. Les premières mosquées construites par les musulmans au fur et à mesure de l'expansion de leur empire sont simples. À partir de ces édifices se développe la mosquée du vendredi (*jami'*), dont les traits essentiels n'ont pas changé depuis 1400 ans. Son plan général consiste en une grande cour entourée d'arcades, avec un nombre de rangées plus élevé sur le côté orienté vers La Mecque (*qibla*) que sur les autres côtés. La Grande Mosquée omeyyade de Damas, dont le plan s'inspire de celui de la mosquée du Prophète, sert de modèle aux nombreuses mosquées construites dans les différentes provinces du monde islamique.

Mosquée omeyyade de Damas, Syrie.

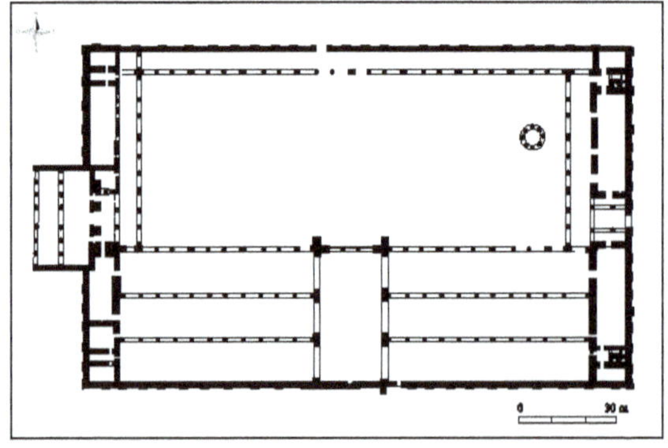

Deux autres types de mosquées se développent en Anatolie et, plus tard, sur les territoires ottomans : les mosquées basilicales et les mosquées à coupoles. Le premier type consiste en une simple salle à piliers ou basilique, style influencé par la tradition romaine tardive et par la tradition byzantine de Syrie, introduite avec quelques modifications au Ve/XIe siècle.
Le deuxième type de mosquées, qui se développe au cours de la période ottomane, organise l'espace intérieur

sous un dôme unique. Les architectes ottomans créent dans les grandes mosquées impériales un nouveau style de construction à coupoles qui réunit la tradition de la mosquée islamique et la construction des édifices à coupoles en Anatolie. Le dôme principal repose sur une structure hexagonale et les baies latérales sont couronnées de coupoles plus petites. L'importance d'un espace intérieur dominé par un dôme unique devient le point de départ d'un style diffusé au Xᵉ/XVIᵉ siècle. Au cours de cette période, les mosquées deviennent des complexes multifonctionnels à caractère social, composés d'une *zaouïa*, d'une *madrasa*, d'une cuisine publique, de bains, d'un *caravansérail* et du mausolée du fondateur. La mosquée Süleymaniye à Istanbul, construite en 965/1557 par le grand architecte Sinan, constitue l'exemple suprême de ce style.

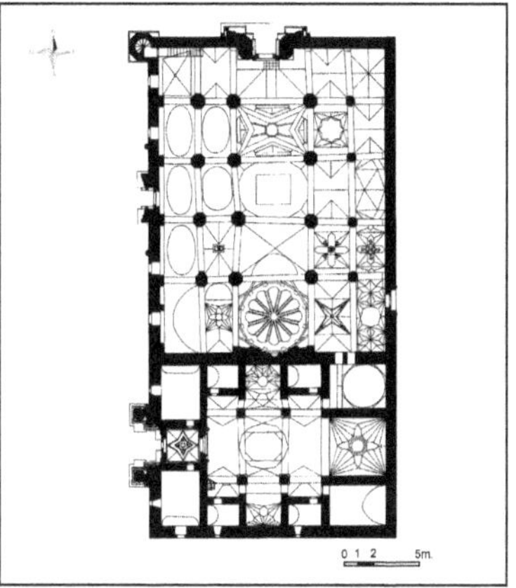

Grande Mosquée de Divriği, Turquie.

Le minaret du haut duquel le *muezzin* appelle les fidèles à la prière constitue l'indice le plus saillant de la mosquée. En Syrie, le minaret traditionnel consiste en une tour carrée construite en pierre. Dans l'Égypte mamelouke, les minarets sont divisés en trois zones distinctes : une section carrée à la base, une section médiane octogonale et une section cylindrique au sommet, surplombée d'une petite coupole. Les fûts sont richement décorés et la transition entre deux sections se fait au moyen d'un bandeau de *mouqarnas*. Les minarets d'Afrique du Nord et d'Espagne, qui partagent leur tour carrée avec la Syrie, sont décorés de panneaux à motifs autour de fenêtres jumelées. Pendant l'époque ottomane, les minarets octogonaux ou cylindriques remplacent la tour carrée. Il s'agit souvent de hauts minarets effilés, et bien que les mosquées ne possèdent généralement qu'un seul minaret, dans les grandes villes, elles peuvent avoir deux, quatre, voire six minarets.

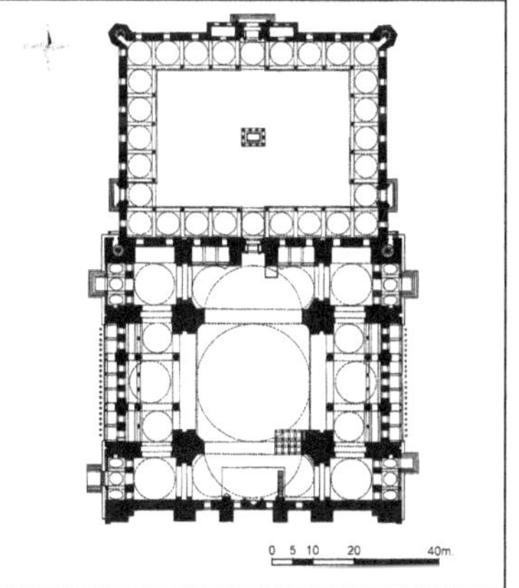

Mosquée Süleymaniye, Istanbul, Turquie.

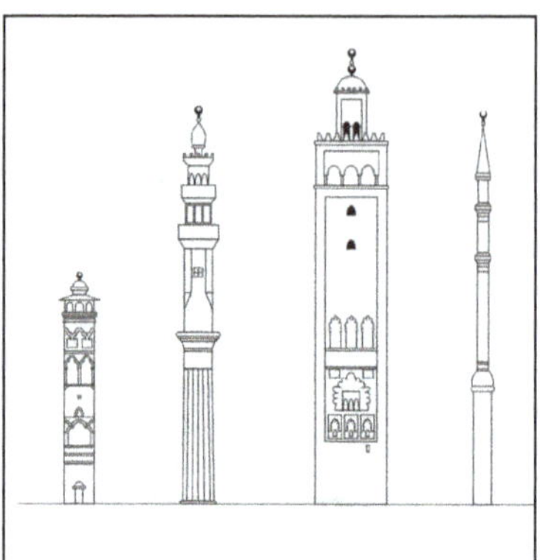
Typologie de minarets.

Les madrasas

Il est probable que les Seldjoukides ont construit leurs premières *madrasas* en Perse au début du Ve/XIe siècle. Il ne s'agit encore que de petites structures dotées d'une cour surmontée d'un dôme et de deux *iwans* latéraux. Un autre type de *madrasas* se développe ultérieurement avec une cour ouverte et un *iwan* central entouré d'arcades. Au cours du VIe/XIIe siècle en Anatolie, la *madrasa* devient multifonctionnelle et sert d'école de médecine, d'hôpital psychiatrique, d'hospice équipé d'une cuisine publique (*imaret*) et d'un mausolée.

Le développement de l'islam sunnite orthodoxe atteint un nouvel apogée en Syrie et en Égypte avec les Zengides et les Ayyoubides (VIe/XIIe-début VIIe/XIIIe siècles). Cette époque voit l'introduction de la *madrasa* fondée par un dirigeant civique ou politique, dans le but de développer la jurisprudence islamique. Ce type d'établissement est financé par des biens de mainmorte (*waqf*), généralement les revenus de terres ou de propriétés, comme les vergers, les échoppes dans un marché (*souk*) ou les bains publics (*hammam*). La *madrasa* suit généralement un plan cruciforme avec une cour centrale entourée de quatre *iwans*. Très vite, la *madrasa* devient une forme architecturale dominante avec des mosquées adoptant leur plan à quatre *iwans*. La *madrasa* perd progressivement son seul rôle religieux et de fonction politique comme instrument de propagande et tend à avoir une fonction civique plus large, servant de mosquée du prêche et de mausolée pour le bienfaiteur.

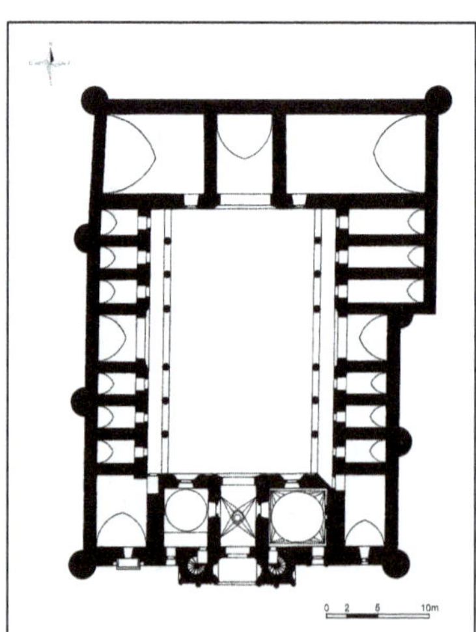

Madrasa de Sivas Gök, Turquie.

La construction de *madrasas* en Égypte, et tout particulièrement au Caire, apporte un nouveau souffle avec l'arrivée des Mamelouks. La *madrasa* cairote typique de cette époque est une structure multifonctionnelle à quatre *iwans* avec un portail à stalactites (*mouqarnas*) et de splendides façades. Avec l'arrivée des Ottomans au début du Xe/XVIe siècle, la double fondation – généralement une mosquée-*madrasa* – devient un grand centre très répandu qui jouit de la protection impériale. L'*iwan* disparaît progressivement, remplacé par une salle à coupole dominante. L'augmentation considérable du nombre de cellules pour étudiants surmontées de coupoles constitue l'un des éléments qui caractérisent les *madrasas* ottomanes.

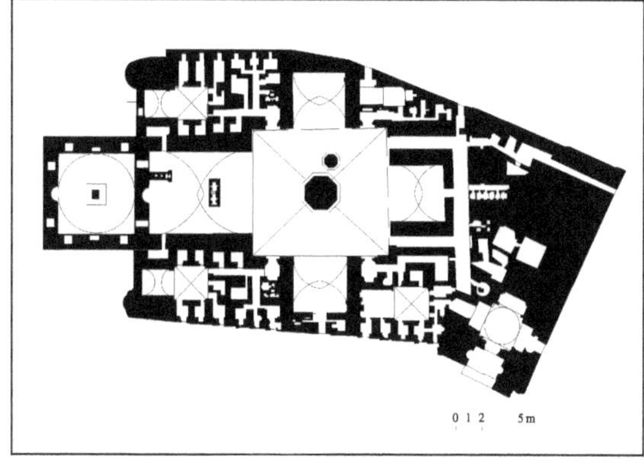

Mosquée et Madrasa Sultan Hassan, Le Caire, Égypte.

La *khanqa* constitue l'un des types d'édifices qui, du fait de sa fonction et de sa forme, peut être associé à la *madrasa*. Ce terme indique une institution plutôt qu'un type particulier d'édifice, qui abrite les membres d'un ordre mystique musulman. Il existe de nombreux autres termes synonymes de *khanqa*, utilisés par les historiens musulmans : au Maghreb, *zaouïa* ; dans les territoires ottomans, *tekke* et, le terme le plus généralement utilisé, *ribat*. Le soufisme domine constamment la *khanqa*, en provenance de Perse orientale au cours du IVe/Xe siècle. Dans sa forme la plus simple, une *khanqa* est une maison rassemblant un groupe d'étudiants autour d'un maître (*cheikh*). Celle-ci est dotée de salles de réunion, de prière et communautaires. La création de *khanqas* se développe sous les Seldjoukides au cours des Ve/XIe et VIe/XIIe siècles et bénéficie de l'étroite association entre le soufisme et le *madhhab* (doctrine) shafiite favorisés par l'élite au pouvoir.

Les mausolées

Dans les sources islamiques, la terminologie servant à désigner le type de construction des mausolées est très riche. Le terme descriptif usuel *turbé* se réfère à la fonction d'inhumation de l'édifice. Un autre terme, la *koubba*, se réfère à son élément le plus identifiable, la coupole, et s'applique souvent à une construction qui commémore les prophètes bibliques, les compagnons du Prophète Muhammad et des notables religieux ou militaires. La fonction des mausolées ne se limite pas simplement à un lieu d'inhumation et de commé-

Qasr al-Khayr oriental, Syrie.

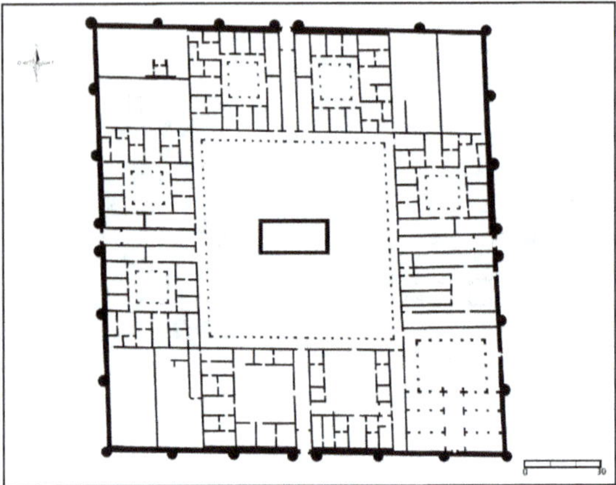

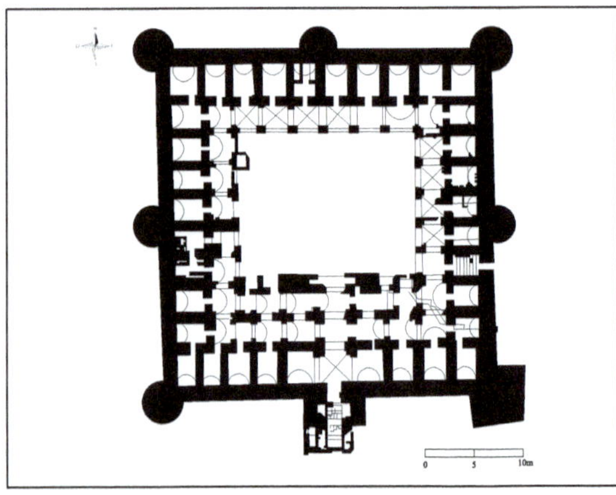

Ribat de Sousse, Tunisie.

moration, mais joue également un rôle important dans la religion "populaire". Ils sont vénérés comme des tombeaux de saints locaux et sont devenus des lieux de pèlerinage. Très souvent, la structure du mausolée est embellie par des citations du Coran et est dotée d'un *mihrab*, afin d'en faire un lieu propice à la prière. Dans certains cas, le mausolée fait partie d'une institution commune. Les formes des mausolées islamiques de l'époque médiévale sont variées mais la forme traditionnelle consiste en un quadrilatère recouvert d'une coupole.

Architecture séculaire

Les palais

La période omeyyade se caractérise par des palais et des bains publics somptueux dans les lointaines régions désertiques. Leur plan de base découle des modèles de campements militaires romains. Malgré leur décoration éclectique, ils constituent les meilleurs exemples du style décoratif islamique naissant. Les mosaïques, les peintures murales, les sculptures en stuc ou en pierre sont les moyens utilisés pour cette remarquable variété de décorations et de thèmes. Les palais abbassides en Irak, notamment ceux de Samarra et d'Ukhaidir, suivent le même plan que leurs prédécesseurs omeyyades mais se caractérisent par des dimensions plus imposantes, par l'utilisation de grands *iwans*, de coupoles et de cours, et par l'utilisation intensive de décorations en stuc. Les palais de la fin de la période islamique élaborent un nouveau style distinctif, plus décoratif et moins monumental. L'Alhambra constitue probablement l'exemple le plus remarquable de palais royaux ou princiers. La grande superficie du palais est fragmentée en une série d'unités indépendantes : jardins, pavillons et cours.

Cependant, l'élément le plus singulier de l'Alhambra est la décoration qui produit un effet extraordinaire à l'intérieur de l'édifice.

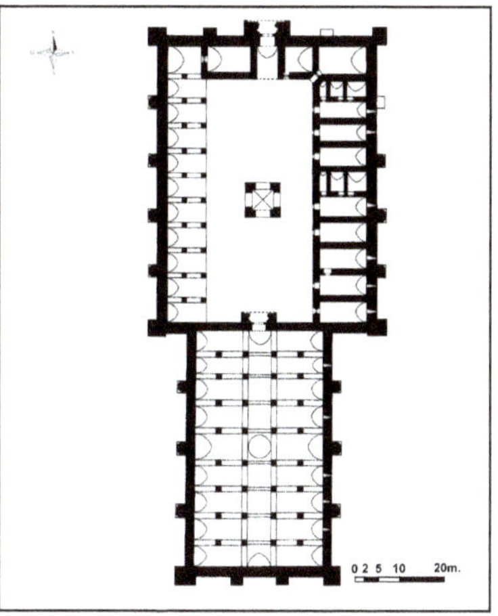

Han Sultan Aksaray, Turquie.

Les caravansérails

Un *caravansérail* se réfère généralement à une grande structure qui offre le gîte aux voyageurs et aux commerçants. Il s'agit normalement d'un espace carré ou rectangulaire, avec une entrée monumentale en saillie et des tours qui flanquent l'enceinte extérieure. Une cour centrale est entourée de portiques et de pièces réservées à l'hébergement des voyageurs et au stockage des marchandises, et qui abritent également des écuries pour les animaux.

Cette typologie d'édifice répond à une grande variété de fonctions, comme le démontrent ses différentes dénominations : *khan, han, fondouk, ribat*. Ces termes ne sont que le reflet de différences linguistiques régionales et ne désignent pas véritablement des fonctions ou des types distinctifs. Les sources architecturales des différents types de *caravansérails* ne sont pas aisément identifiables. Certaines découlent probablement du *castrum* ou campement militaire romain, dont les palais omeyyades du désert se rapprochent. D'autres types d'édifices qui existent en Mésopotamie et en Perse sont associés à l'architecture domestique.

Organisation urbaine

À partir du IIIe/Xe siècle, chaque ville, quelle que soit son importance, se dote d'enceintes fortifiées et de tours, de grandes portes élaborées et d'une puissante citadelle (*qal'a* ou *casbah*), symbole du pouvoir établi. Celles-ci sont des constructions massives réalisées avec des matériaux typiques de la région où elles sont édifiées : pierre de taille en Syrie, Palestine et Égypte ou brique, pierre de taille et terre battue dans la péninsule Ibérique et en Afrique du Nord. Le *ribat* constitue un exemple unique d'architecture militaire. Techniquement, il s'agit d'un palais fortifié conçu pour les guerriers de l'islam engagés, temporairement ou de façon permanente, à défendre les frontières. Le *ribat* de Sousse en Tunisie comporte des similitudes avec les premiers palais islamiques, mais présente des différences dans l'organisation intérieure pour ce qui est de la grande salle, de la mosquée et du minaret.

La division de la plupart des villes islamiques en quartiers est basée sur l'affinité ethnique et religieuse et constitue, par ailleurs, un système d'organisation urbaine qui facilite l'administration de la population. La mosquée est toujours présente dans le quartier. Un bain public, une fontaine, un four et un ensemble de magasins se trouvent soit à l'intérieur du périmètre du quartier, soit à proximité. Sa structure se compose d'un réseau de rues et d'impasses, et d'un ensemble de maisons. En fonction de la région et de l'époque, les maisons présentent différentes caractéristiques régies par les traditions historiques et culturelles, le climat et les matériaux de construction disponibles.

Le marché (*souk*), qui fonctionne comme le centre névralgique du commerce local, constitue l'élément le plus caractéristique des villes islamiques. Sa distance par rapport à la mosquée détermine l'organisation spatiale par corps de métiers. Par exemple, les professions considérées comme propres et honorables (libraires, parfumeurs, tailleurs) se trouvent à proximité immédiate de la mosquée, tandis que les métiers bruyants et nauséabonds (forgerons, tanneurs, teinturiers) s'en éloignent progressivement. Cette distribution géographique répond à des impératifs qui s'appuient sur des critères purement techniques.

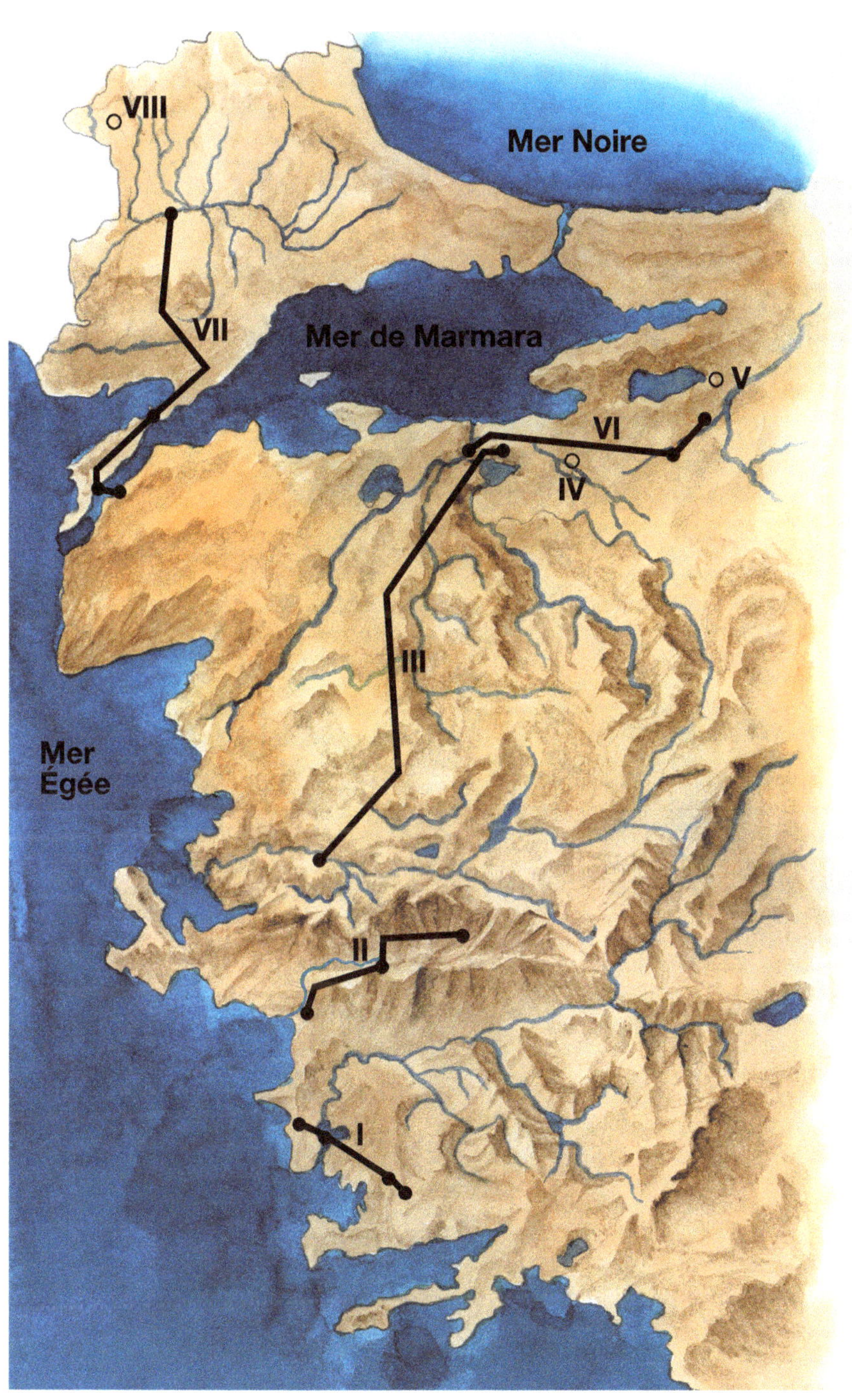

VIII
Mer Noire
VII
Mer de Marmara
V
VI
IV
III
Mer
Égée
II
I

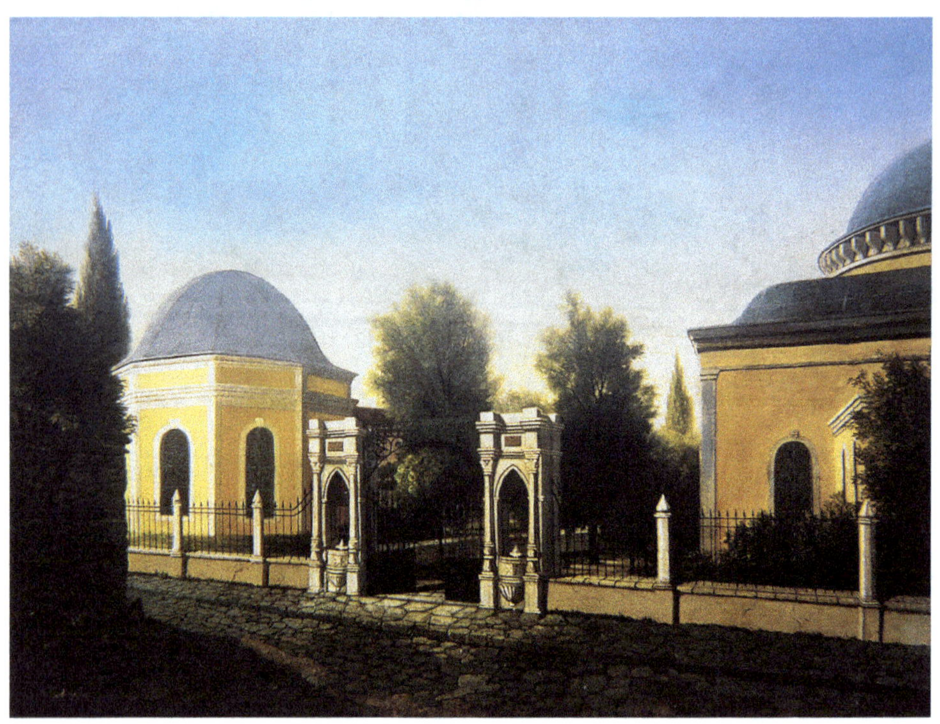

Turbés d'Osman Gazi et d'Orhan Gazi, par Mineli Muhip, peinture à l'huile, XIXe siècle, collection Banque Iş, Istanbul.

GENÈSE DE L'ART OTTOMAN: L'HÉRITAGE DES ÉMIRS

Gönül Öney

Avec les XIVe et XVe siècles, c'est une nouvelle ère qui s'ouvre pour l'art et la culture des populations turques d'Anatolie occidentale. À cette époque, 200 ans environ après la conquête du plateau anatolien, les côtes de la mer Égée et de la mer de Marmara vont passer sous contrôle turc. Alors, la richesse des sites antiques comme la présence commerciale de Venise et de Gênes dans la région vont ouvrir un nouvel horizon pour toute la culture et l'architecture turques. La découverte des arts locaux aura une influence décisive sur le devenir de l'art anatolien occidental à l'époque des émirats et sous le règne des Ottomans. L'art turc, qui va prendre forme aux XIVe et XVe siècles et atteindra son apogée au XVIe siècle, avait plongé ses racines dans l'Asie centrale des époques grand-seldjoukide et seldjoukide anatolienne.

L'ensemble des huit circuits organisés par Musée Sans Frontières invite à la découverte des œuvres d'art et des monuments qui nous semblent contribuer au mieux à la compréhension de la culture turque pendant la période ottomane. C'est dans ce souci qu'ont été soigneusement sélectionnés ces parcours du sud au nord de l'Anatolie occidentale.

La longue et féconde histoire de l'Anatolie, qui remonte à pas moins de 9 000 ans, s'est lentement construite sur le développement en autarcie d'une mosaïque de cultures nettement différenciées les unes des autres. De par sa situation géographique particulière, la péninsule anatolienne faisait fonction de pont entre l'Orient et l'Occident et la plupart des peuples immigrant en Anatolie continuaient à entretenir des liens culturels avec leur terre d'origine.

L'Âge classique de la civilisation anatolienne occidentale s'étend jusqu'à la fondation des cités-États ioniennes (1050-323 av. J.-C.). Au cours de la période hellénistique (323-30 av. J.-C.), il y aura une floraison de monuments et de statues dans les cités de Milet (l'actuelle Balat), Éphèse (Selçuk) et Pergame (Bergama). Les Romains, héritiers de ce patrimoine culturel et artistique, sauront le porter à son plus haut niveau, en particulier dans les cités anatoliennes d'Aphrodisias, Tralles, Éphèse et Pergame. Les vestiges de rues à colonnades, de marchés, de gymnases, de

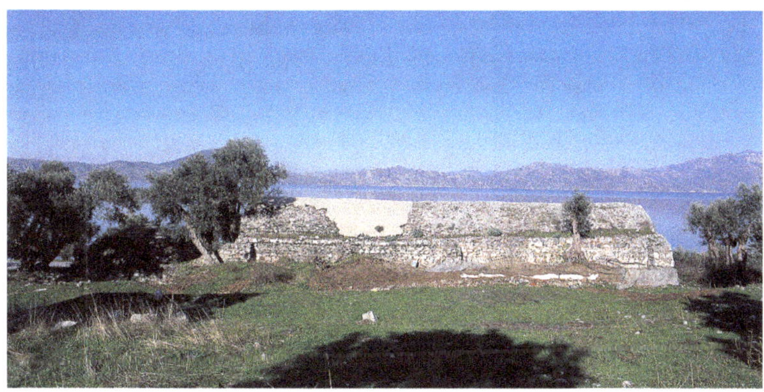

Han Bafa, vue de l'ouest, Çamiçi.

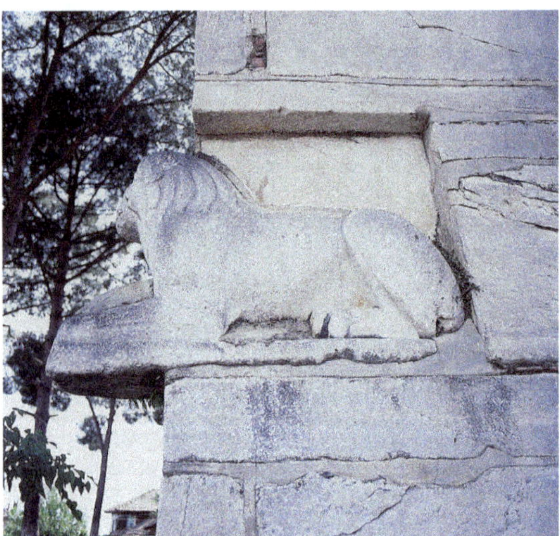

Grande Mosquée, statue de lion, remploi inséré à l'angle sud-est, 1312-1313, Aydınoğlu Mehmet Bey, Birgi.

théâtres, de palais, de thermes, de stades, d'aqueducs et de statues que l'on peut admirer dans les cités hellénistiques et romaines illustrent admirablement l'art de cette époque. Entre les IVe et VIe siècles ap. J.-C., à la chute de l'Empire romain et au tout début de l'ère chrétienne et de l'époque byzantine, la culture de l'Anatolie occidentale brille à nouveau d'un éclat particulier. La prospérité des cités antiques comme Pergame, Sardes, Éphèse, Milet et Hiérapolis ne cessera de se maintenir pendant tout l'Empire byzantin. Ce patrimoine architectural mais aussi son système routier permettront à l'Anatolie occidentale de profiter pleinement de l'essor culturel et commercial des XIVe et XVe siècles.
L'art turc commence à apparaître en Anatolie à l'époque seldjoukide (1077-1318). À l'apogée de l'État seldjoukide d'Anatolie, les influences perses, syriennes et irakiennes, dues à la migration des Turcs d'Asie centrale vers l'Anatolie, seront indissociablement mêlées au fonds culturel et artistique pluriséculaire d'origine proprement anatolienne. Si les emprunts aux cultures de Byzance, d'Asie centrale, de Perse, d'Arabie et du monde antique sont indubitables et manifestes ici ou là, il n'en reste pas moins que les apports et l'esprit caractéristiques du style seldjoukide sont parfaitement identifiables. Dans la période des émirats qui succède au règne seldjoukide, cette affirmation d'un style sera non seulement transmise mais enrichie de nouvelles expériences et ouverte à l'innovation. L'émirat de Menteşe régnait sur Halicarnasse (l'actuelle Bodrum), centre renommé de la culture classique, sur Milet, Milas, Muğla et Beçin. L'émirat d'Aydın englobait les cités de Tralles (Aydın), Éphèse (Selçuk) et Téos (Seferihisar), ainsi que Tire, Birgi et Izmir. L'émirat de Saruhan s'étendait sur la région qui allait de l'antique Magnesia ad Sypilum (Manisa) à Pergame (Bergama). L'émirat de Karasi était situé dans la région de Balıkesir. Quant à l'émirat ottoman, il est d'abord limité à la région comprise entre la célèbre cité byzantine de Nicée (Iznik) et Bursa (Brousse), avant d'étendre plus largement sa domination jusqu'à Edirne. La présence de matériel de remploi, colonnes, bases et chapiteaux d'époque byzantine, que l'on retrouve souvent inclus dans les portes monumentales ou intégré aux murs des édifices de cette période, est porteuse pour nous de la mémoire de l'héritage pluriséculaire de la région.
La période ottomane voit le renforcement des croyances soufies, des antiques traditions turques – comme les corporations *Ahi* – et des traditions islamiques mais, simultanément, commence à émerger une culture cosmopolite et des modes de vie influencés

par la tradition islamique des pays qui entourent le bassin méditerranéen, les Balkans, Byzance et surtout Constantinople. La vie des palais ottomans s'enrichit du concours de poètes, *cheikhs* itinérants, derviches et artisans. La langue turque est un indéniable facteur d'unification de la mosaïque anatolienne. Contrairement à la tradition islamique courante, de nombreux édifices byzantins seront assignés à de nouvelles fonctions. Orhan Gazi, par exemple, va faire transformer en mosquée la célèbre basilique Hagia Sophia (Ayasofia) d'Iznik et y ajouter une *madrasa.* Osman Gazi, Orhan Gazi, Murad Ier et Bayézid II doteront les grandes cités ottomanes telles qu'Iznik, Bursa, Yenisehir et Edirne de mosquées, *madrasas*, *imarets*, *tabhanes*, *zaouïas*, *hammams, bedestens*, *hans*, *turbés*, ponts et forteresses. En dépit de l'extraordinaire patrimoine architectural des XIVe et XVe siècles conservé de nos jours, il ne subsiste rien des palais et des maisons privées. Il faut sans doute imputer à l'utilisation de matériaux périssables, bois ou briques d'argile crue, l'engloutissement de ce patrimoine, retourné à la terre par suite des incendies ou de la dégradation naturelle.

On ne saurait trop recommander aux amateurs des arts d'Anatolie occidentale des XIVe et XVe siècles de profiter de tout ce que la familiarisation avec l'art ottoman classique et, plus généralement, l'ensemble de l'art turc peut ajouter à leur compréhension intime.

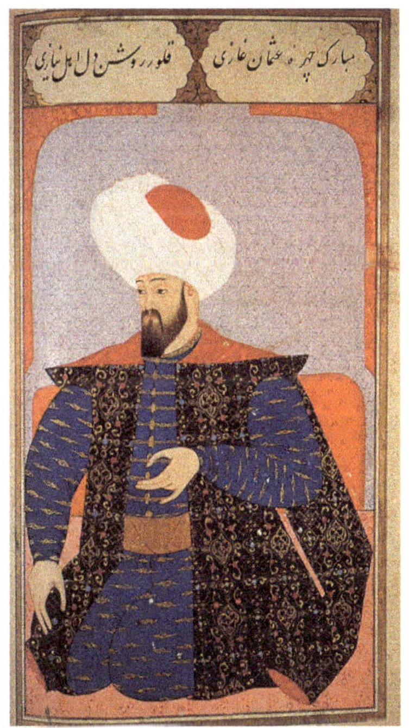

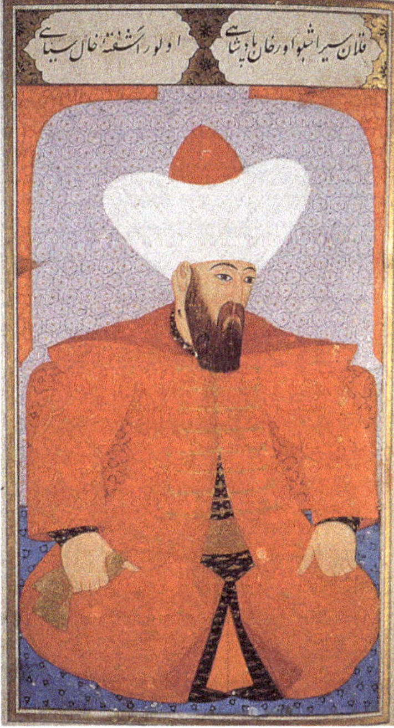

Osman Gazi, enluminure du "Kıyafetü'l-İnsâniyye fî Şemâili'l-Osmâniyye", par Seyyid Lokman Çelebi, 1579, H. 1563, 24b, Bibliothèque du palais Topkapı, Istanbul.

Orhan Gazi, enluminure du "Kıyafetü'l-İnsâniyye fî Şemâili'l-Osmâniyye", par Seyyid Lokman Çelebi, 1579, H. 1563, 29a, Bibliothèque du palais Topkapı, Istanbul.

HISTOIRE DE L'ANATOLIE OCCIDENTALE AUX XIVᵉ ET XVᵉ SIÈCLES

Aydoğan Demir

Les populations turques apparaissent tôt dans l'histoire de l'Anatolie, terre de migrations aux origines ethniques plurielles, ravagée par d'innombrables invasions. Dès le Moyen Âge, à l'époque du califat abbasside de Bagdad (750-1258), la présence turque est liée à son rôle militaire. Afin de protéger leurs frontières contre l'Empire byzantin (395-1453) et en appui de leurs incursions dans l'Anatolie sous hégémonie byzantine, les Abbassides vont établir des bases militaires dans les villes de Tarse, Adana, Maraş et Malatya, en Anatolie orientale et méridionale. Il y aura un fort contingent turc parmi les soldats que les Abbassides détachent dans ces garnisons et, de même, une très grande majorité de Turcs dans l'armée du calife abbasside al-Mou'tasim (833-842), qui va avancer jusqu'aux rives du fleuve anatolien, le Sakarya.

Dans la seconde moitié du XIᵉ siècle, sous la pression de l'Empire grand-seldjoukide (1040-1157), des vagues d'immigration sont poussées vers l'ouest, du Khorasan (une région historique située à l'intérieur des frontières de l'actuel Iran et de la République du Turkménistan) jusqu'en Anatolie qui, de ce fait, va passer sous administration turque, à l'exception des côtes.

Des membres de la Première Croisade qui, à la fin du XIᵉ siècle (1096-1097), veulent rejoindre Jérusalem en traversant l'Anatolie témoignent d'une domination turque sur toute la région qu'ils appellent "Romania". Un siècle plus tard, les croisés de la troisième expédition, qui tentent de traverser l'Anatolie sous les ordres de Frédéric Iᵉʳ Barberousse (r. 1152-1190), nomment cette région "Turcia/Turchia/Türkiye". La formation de la culture turco-islamique a lieu dans ce creuset ethnique anatolien où coexistent Turcs, Kurdes, Rums, Arméniens, juifs et chrétiens syriaques. L'architecture monumentale introduite par les Seldjoukides, les Danishmendites, les Mengücekides, les Saltukides et les Artukides va imprégner fortement cette culture naissante.

Une série de mesures destinées à encourager le développement du commerce vont être prises sous le règne du sultan seldjoukide anatolien 'Ala al-Din Kay Kubad Iᵉʳ (r.1220-1237), dont le pouvoir s'étend des villes d'Analya et d'Antalya, près des rives de la Méditerranée, aux villes de Sinop et Samsun, près de la mer Noire, et à une grande partie de l'Anatolie. De même, il va intensifier la construction des caravansérails fortifiés, inaugurée par ses prédécesseurs, pour renforcer la sécurité sur les Routes de la Soie et des Épices qui empruntent l'Anatolie. Les caravansérails sont des édifices où les marchands et toutes sortes de voyageurs pouvaient faire étape, trouver un abri, des provisions et des commodités pour eux-mêmes et pour les animaux de bât.

Les traités bilatéraux conclus avec tous les États concernés participaient de la même préoccupation de sécuriser et de développer le commerce à cette époque. Comme pour les accords commerciaux passés entre les Seldjoukides d'Anatolie et les Chypriotes en 1213, l'ensemble de la législation élaborée avant son règne sera réexaminé dans les moindres détails par Kay Kubad Iᵉʳ. Le pacte signé avec les Vénitiens le 8 mars 1220 garantit la protection de la vie et des biens de leurs marchands qui commercent en Turquie. Cette facilitation des activités commerciales

pour les Vénitiens et leurs alliés va favoriser l'implantation de colonies latines dans les villes turques les plus importantes.
À l'instigation des Vénitiens, la Quatrième Croisade de 1204 va mobiliser les cités italiennes. Lorsque les croisés décident de surseoir à la prise de Jérusalem pour occuper Constantinople, la voie est ouverte à la division de l'Empire byzantin, lequel ne retrouvera plus jamais sa puissance initiale. Si l'empereur de Nicée, Michel VIII Paléologue (r.1259-1282), parvient à reprendre Constantinople aux Latins en 1261, son règne et celui de ses successeurs seront constamment confrontés à la pression latine et aux problèmes des Balkans. De ce fait, Michel VIII Paléologue perdra lentement de son autorité sur l'Anatolie occidentale; les postes frontaliers sont abandonnés à mesure que la solde des gardes-frontières (*akritoi*) vient à manquer. Pour les *beys* voisins qui guettaient la moindre opportunité, l'occasion s'offre de conquérir le pays où ils pénètrent par les axes débouchant sur la mer. C'est ainsi qu'à la fin du XIIIe siècle, ces territoires vont voir naître les émirats menteşide, aydınide, saruhanide, karaside et ottoman.
La complexité des relations entre les communautés turques, les Rums et les autres groupes ethniques qui composent la population des émirats d'Anatolie occidentale est essentielle à la compréhension de l'émergence des nouvelles civilisations. Ce qui a été déterminant pour les relations entre ces peuples, c'est sans doute l'imprégnation par des idiosyncrasies islamiques du mode de vie de la majorité des Turcs installés en Anatolie occidentale, et notamment ceux des régions rurales. Ces croyances composites, qu'on peut englober sous le terme "d'islam populaire", trouvent leurs sources dans le chamanisme, l'animisme, le bouddhisme, le manichéisme, le zoroastrisme, le christianisme et le judaïsme. Les modes de vie de ces populations sont nettement empreintes de tolérance dans les relations sociales, il n'y a pas de séparation entre les sexes pendant les cérémonies religieuses et la consommation d'alcool au cours de festivités est habituelle. Il n'y a pas vraiment de ségrégation ethnique entre les différents groupes, que ce soit au marché ou au bazar, pour le partage des fonctions administratives et même pour les relations amoureuses et les mariages. Ces gens-là, bien loin de pratiquer la discrimination, savent faire preuve de tendresse, comme en témoigne cette strophe tirée d'une chanson populaire turque:

Comme tu te languis sur la terrasse,
rayonnante comme la lune,
Tes joues semblables à une pomme,
semblables à une grenade
Viens, embrassons-nous, tous deux enlacés
comme un seul être
J'apprends que tu es arménienne,
que m'importe
Car tu es ce que mon cœur désire,
tu es mon salut, ma providence.

Oublions l'origine de cette chanson, la date et la région où elle était chantée, pour écouter la profondeur des sentiments exprimés qui traversent les siècles. Lorsque, au milieu du XIIIe siècle, la pression mongole sur le sultanat seldjoukide d'Anatolie s'intensifie, toutes les catégories de commerçants se retrouvent privées

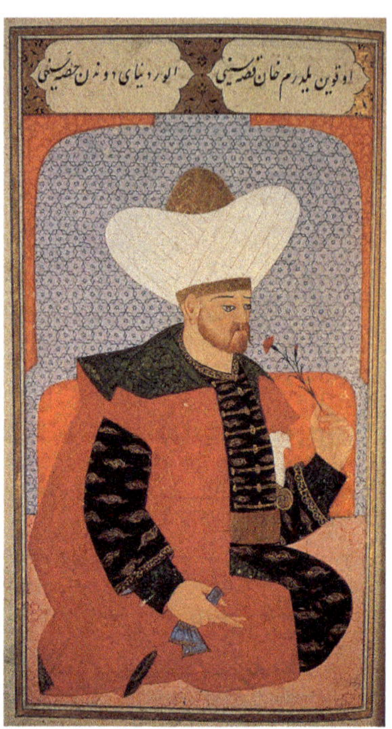

Bayézid Ier, enluminure du "Kıyafetü'l-İnsâniyye fî Şemâili'l'-Osmâniyye", par Seyyid Lokman Çelebi, 1579, H. 1563, 36a, Bibliothèque du palais Topkapı, Istanbul.

de protection, il ne leur reste qu'à s'organiser par eux-mêmes, ce pourquoi ils vont fonder la corporation dont les membres portent le nom d'*Ahi*. Il est généralement admis que ce mot provient soit du turc *aki*, "jeune homme généreux, munificent", soit de l'arabe *akhi*, "mon frère". L'unité de la corporation *Ahi* est fondée sur les idéaux de "bravoure" (chevalerie), de "moralité" et "d'art". Elle édicte elle-même les règles auxquelles les cellules doivent se conformer, et ceux qui refuseraient de s'y soumettre sont du coup interdits d'activité professionnelle. Face à la désagrégation des pouvoirs politiques, les *Ahi*s ont su prendre en main la défense et même l'administration de leurs villes. Leurs chefs étaient férus de connaissances juridiques, scientifiques, littéraires ou artistiques.

Le grand chroniqueur Ibn Battuta (1304-1369) nous rapporte que l'organisation des *Ahi*s reposait sur les petites *zaouïa*s des villes, des bourgs et des villages. Dans les réunions d'une *zaouïa* figurent non seulement les maîtres, les maîtres assistants et les apprentis, mais aussi des *müderris*es, des *kadı*s, des poètes, des calligraphes et des administrateurs régionaux. La formation professionnelle des hauts fonctionnaires, des gouverneurs, des commandants, des enseignants, des juges et des docteurs était réservée aux *Ahi*s qui, bénéficiant du soutien de tous ceux qu'ils ont formés, vont jouir d'un grand pouvoir dans les institutions des émirats, et particulièrement de celui des Ottomans. Bien loin de chercher à restreindre la libre activité des maîtres arméniens et rums implantés en Anatolie, ils ont su respecter l'exercice de leurs activités.

Lorsqu'ils se rendaient d'une ville à l'autre, les religieux, les *Ahi*s et les voyageurs en général pouvaient être hébergés dans les *zaouïas Ahi*, lesquelles sont tantôt attenantes à la mosquée, tantôt indépendantes. Ainsi, les *zaouïa*s répondaient à un besoin social en offrant l'hospitalité, le gîte et le couvert pour l'étape, dans les villes, les bourgs et même les villages, à cette époque où les routes sont loin d'être sûres. Les émirats menteşide et aydinide vont aussi tenter de s'assurer le contrôle des îles de la mer Égée. Inquiète de la puissance de l'émir aydınide Gazi Umur Bey (r.1334-1348), la papauté décidera d'organiser une croisade pour reconquérir la ville côtière d'Izmir (1344).

Cependant, tout ne se résume pas à la guerre en Égée, on y passe aussi des alliances. Une fois les frontières définies, le commerce peut reprendre ses droits. Des traités commerciaux seront signés entre les émirats ouest-anatoliens et les Latins. À cette époque, les villes de Balat (Milet), Selçuk (Ayasuluğ, Éphèse) et Foça (Phocée) sont des centres commerciaux prospères. Bursa, alors capitale de l'émirat ottoman, fait partie de ces cités qui accordent un grand poids au commerce. S'il n'y a plus de troubles intérieurs opposant entre elles les différentes populations, les émirats, pour leur part, n'hésitent pas longtemps à s'affronter. L'émirat de Karaman [sud-est de Konya et Taurus occidental] (1256-1438), l'un des plus puissants d'Anatolie, prétend à la succession de l'État seldjoukide d'Anatolie. Cette revendication va causer des guerres acharnées entre les Karamanides et les autres émirats anatoliens entraînés par l'émirat ottoman. Il en résultera de grandes souffrances et la réalisation de l'unité anatolienne devient l'objectif prioritaire des Ottomans afin de mettre un terme à ce déchaînement de ressentiments et de haine. Leur conduite avisée de la guerre va leur permettre de soumettre les autres émirats et, quoiqu'ils aient été formellement restaurés à la suite de la défaite de Bayézid Ier contre Tamerlan en 1402 à la bataille d'Ankara, on

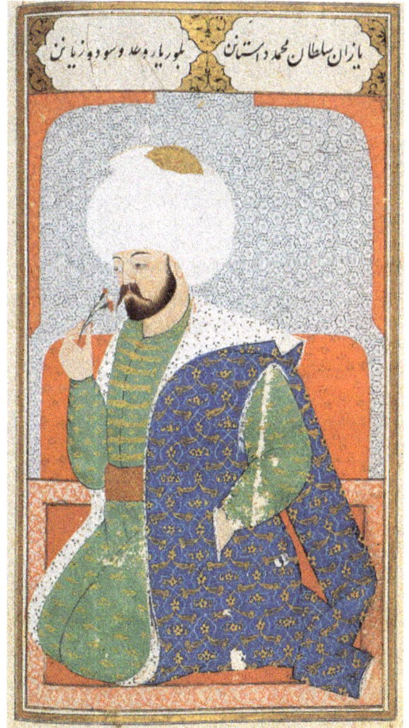

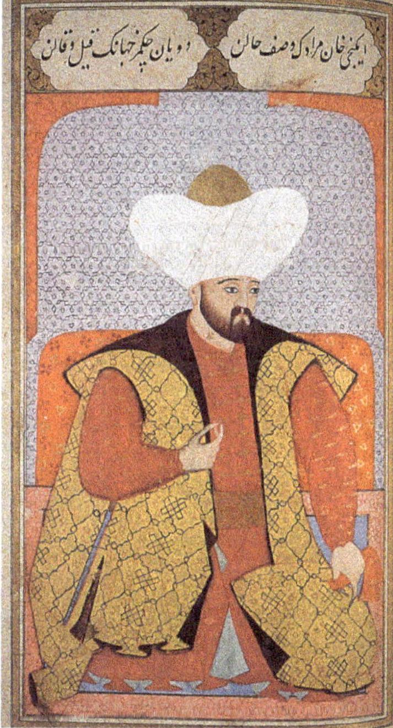

Mehmet Ier, enluminure du "Kıyafetü'l-İnsâniyye fî Şemâili'l-Osmâniyye", par Seyyid Lokman Çelebi, 1579, H. 1563, 40b, Bibliothèque du palais Topkapı, Istanbul.

Murad II, enluminure du "Kıyafetü'l-İnsâniyye fî Şemâili'l-Osmâniyye", par Seyyid Lokman Çelebi, 1579, H. 1563, 44a, Bibliothèque du palais Topkapı, Istanbul.

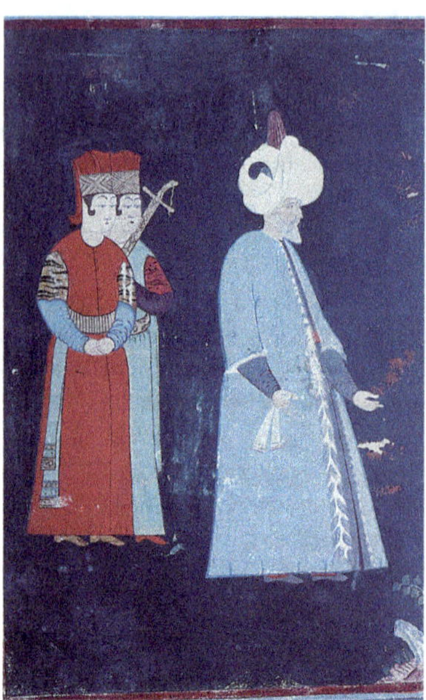

Portrait de Soliman le Magnifique par Nigari, 1560-65, Palais Topkapı, H. 2134, f° 16.

peut dire qu'ils ont été rayés de l'Histoire dès le règne des sultans Mehmet Ier (r.1413-1421) et Murad II (r.1421-1451). Les *beys* anatoliens vont s'attacher à promouvoir le développement des régions qu'ils contrôlent: ils encouragent les travaux scientifiques; ils savent attirer dans leurs palais les hommes de savoir de toutes origines; ils soutiennent les traductions turques de nombreuses œuvres rédigées en arabe, qui fait alors fonction de langue savante dans la région. Ils ont su aussi susciter la création d'œuvres originales dans les domaines de la médecine, de l'astronomie, de l'histoire, du *fiqh*, du soufisme, etc. Sachant habilement tirer parti de sa position stratégique, l'émirat ottoman, le plus petit d'Anatolie, fondé par Osman Gazi en 1299 dans la région de Marmara, va rapidement s'affirmer comme l'un des plus puissants. Les Byzantins (395-1453), avec leur organisation féodale pour la région de Marmara, vont s'avérer incapables de défendre leur territoire contre ses assauts. Car, pris entre les querelles de succession et l'impérative nécessité de protéger les Balkans contre les Serbes, ils n'auront d'autre choix que de faire appel à l'aide d'Orhan Gazi (r.1324-1362). Les soldats ottomans vont porter les Cantacuzènes sur le trône impérial et précipiter le retrait des Serbes, inaugurant ainsi de nouveaux rapports avec la Roumélie. Pour gage des services rendus, l'empire leur cède la citadelle de Çimpe (Tzympe) dans la ville de Gelibolu (Gallipoli) où les garnisons ottomanes disposeront désormais d'une base militaire. Une base d'où, en 1354, partent les premières armées qui vont engager les conquêtes en Thrace. À la suite de la prise d'Edirne, pendant le règne de Murad Ier (1362-1389), les territoires de Bulgarie, de Macédoine et de Serbie vont susciter à leur tour la convoitise des troupes ottomanes. Les conquêtes de Bayézid Ier (r.1389-1402) les mènent jusqu'au Danube et la principauté de Valachie devient leur vassale. Mais en 1402, après sa défaite à la bataille d'Ankara, ses fils vont se lancer dans de longues querelles de succession et l'interrègne ne se conclura qu'en 1413, à la victoire de Mehmet Ier.

Grâce à Murad II, le projet des croisés de contenir la puissance ottomane dans les Balkans est brisé par la cuisante défaite de Varna en 1444 et de Kosovo en 1448. Mehmet II (r.1451-1481), qui a déjà exercé par deux fois le sultanat du temps de son père, a 19 ans et des idéaux ambitieux quand il accède au trône. Il est âgé de 21 ans quand il met fin à l'histoire de l'Empire byzantin, la plus longue de tous les temps, en conquérant Constantinople, et les Rums qui siègent à son conseil vont saluer en lui un nouvel empereur romain. Sultan d'un empire qui s'est étendu du Danube à l'Euphrate, Mehmet II sera célèbre sous le nom de Mehmet le Conquérant en hommage non seulement à l'extension de ses conquêtes mais aussi à son intérêt pour les travaux scientifiques et l'aménagement de son territoire. On rapporte qu'il veillait personnellement à la gestion des *madrasas*, qu'il aimait participer aux leçons des *müderrises*, et qu'il savait récompenser ses protégés. Il parlait le turc, l'arabe et le persan et a aussi appris le latin et le grec. D'après l'estimation de sa bibliothèque, sur les livres conservés de nos jours, pas moins de 50 traitent de sujets de culture occidentale. Les murs de son palais étaient ornés de fresques de style Renaissance et c'est le peintre vénitien Gentile Bellini lui-même qui peint son portrait en 1479.

Plusieurs historiens ont émis des doutes sur les circonstances de sa mort à l'âge de 49 ans, attribuée à une chute de cheval au cours d'une campagne militaire, le 3 mai 1481. Ses conquêtes avaient singulièrement contribué à réduire la sphère d'influence des Vénitiens en mer Égée et en mer Noire et il avait même entrepris une campagne militaire en Italie du Sud en 1480; de quoi justifier que les Vénitiens aient ourdi au moins 12 complots pour se débarrasser de lui par un assassinat, comme le suggère l'éminent historien F. Babinger.

Bayézid II accède au trône en 1481 et, jusqu'en 1495, son frère Cem Sultan sera un véritable cauchemar pour lui car, par deux fois, il va tenter de s'emparer du pouvoir sans y parvenir et devra finalement se mettre sous la protection des Chevaliers de Saint-Jean qui l'expatrieront d'abord en France puis en Italie. Bayézid II vivra dans la terreur que la libération de Cem Sultan ne relance le conflit successoral jusqu'à la mort de ce dernier en 1495. Ainsi s'expliquerait sa politique de neutralité à l'égard de l'Occident.

Bayézid II (r.1481-1512) sera le dernier des sultans du XVᵉ siècle et sa succession sera assurée par Selim Iᵉʳ (r.1512-1520) puis par Süleyman Iᵉʳ (r.1520-1566), dit "Soliman le Magnifique" et "le Législateur", qui va parachever l'accession de l'Empire ottoman au rang de puissance mondiale dont la domination s'exercera de la Méditerranée à la mer Noire et jusqu'à l'océan Indien.

Les sultans ottomans, modèles de tolérance, ont su faire fructifier l'empire et pratiquer un mécénat éclairé; ainsi, divers historiens parlent de *Pax ottomana* (paix ottomane) pour qualifier cette période extrêmement bénéfique pour la vie de leurs peuples.

ART ET SOCIÉTÉ À L'ÉPOQUE DES ÉMIRATS ET DU DÉBUT DES OTTOMANS

Gönül Öney

L'époque des émirats et du début des Ottomans est une page passionnante de l'histoire de l'art en raison de sa fécondité et de ses innovations, comme pour l'influence qu'elle aura par la suite. L'ambitieuse politique d'aménagement mise en œuvre dès la constitution des émirats, puis au fur et à mesure de leur montée en puissance, semble attester une volonté semblable de marquer l'empreinte des nouveaux pouvoirs dans tous les territoires anatoliens. Les ouvrages qui vont en résulter portent cependant témoignage des traditions architecturale, culturelle et artistique antérieures de la région. Les circuits que vous allez découvrir privilégient l'art de l'Anatolie occidentale. Ce choix s'imposait du fait que l'implantation de la culture turco-islamique dans la région y est exemplaire par sa lisibilité, tant en termes d'originalité que de créativité de l'architecture et des arts. Les œuvres d'art héritées des émirats et du début de l'époque ottomane, et pas seulement dans le domaine monumental, auront une influence déterminante pour l'avenir de l'art ottoman classique. Les créations des XIVe et XVe siècles se caractérisent par la volonté d'explorer, dans une recherche constante de nouveauté, un éventail de formes d'expression artistique, culturelle et sociale à la fois audacieuses et diverses. La période qui succède, plus assagie par rapport aux deux siècles qui précèdent, marque en somme l'entrée dans la maturité. Alors que l'empire atteint l'apogée de sa puissance politique au XVIe siècle, ce style caractéristique de la maturité va se diffuser en Anatolie, dans tous les domaines de l'art, et empreindre de sa tonalité l'ensemble des pratiques sociales. Cet art des émirats et du début des Ottomans, si résolument expérimental, aura cependant peu contribué à l'émergence de styles régionaux distinctifs. Il n'y a guère d'innovations qui restent purement locales du fait qu'elles se répandaient d'un émirat à l'autre. Comme des semences jetées au vent, l'art nouveau a pris racine et fructifié dans toute la région.

Il nous a semblé plus commode pour cette introduction d'adopter une approche typologique des œuvres: chaque exemple présenté ici ne sera que l'ambassadeur d'un ensemble réparti dans les différents émirats. Nous en présenterons les lignes directrices sous trois têtes de chapitre, res-

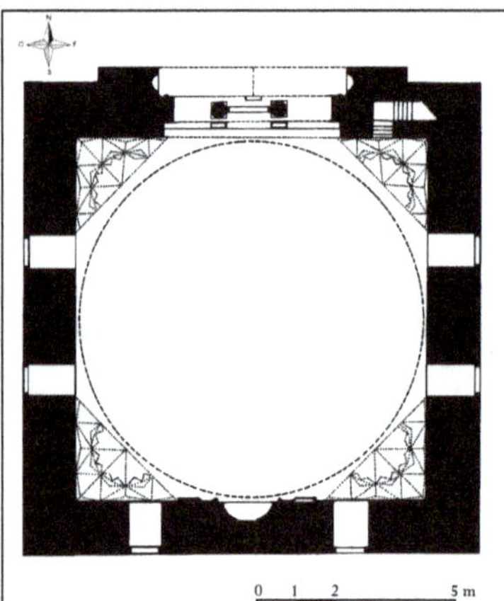

Plan de la mosquée İlyas Bey, 1404, İlyas Bey, Balat (A. Durukan).

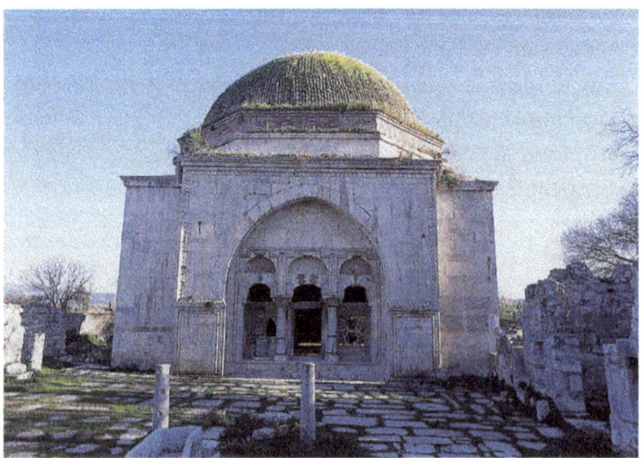

Plan de la mosquée Ilyas Bey, 1404, Ilyas Bey, Balat.

pectivement: l'architecture, l'ornementation architecturale et l'artisanat, cette méthode nous paraissant la plus appropriée du point de vue pédagogique. Le visiteur/lecteur découvrira lui-même que chaque circuit permet d'aborder un échantillonnage judicieux d'ouvrages pour chacune des catégories distinguées.

Architecture

Cette présentation succincte et l'analyse séparée de chaque catégorie d'édifices permettra de mieux comprendre le développement de l'architecture de l'époque des émirats et du début des Ottomans.

Les mosquées et les masjids

Les mosquées (*cami* en turc) et les *masjids* (*mescit* en turc) sont des édifices majeurs pour l'architecture des XIVe et XVe siècles et qui ont évolué au cours du temps. On se représentera ces variations en les classant selon leur plan type.

Les mosquées et les masjids cubiques à coupole unique

Les mosquées et les *masjids* de ce groupe, de conception simple, sont très courantes dans les émirats et pendant la première période ottomane. L'origine de ce modèle de mosquée remonte aux époques grand-seljoukide et seldjoukide-anatolienne. À côté des réalisations les plus simples, dépourvues et de minaret et de portique, on remarquera aussi de magnifiques édifices aux dimensions monumentales avec des portiques à arcades. On trouvera des exemples simples et d'autres plus élaborés de mosquées et de *masjids* cubiques à coupole unique dans nos circuits.

Citons dans ce groupe la mosquée Yelli de Beçin (début du XVe siècle), la mosquée Yeşil à Iznik (1392) et la mosquée Ilyas Bey à Balat (XVe siècle). Parfois, une cour monumentale entourée de portiques vient compléter l'ordonnance de la mosquée cubique à coupole unique, comme à Tire, le complexe de la mosquée Yavukluoğlu (XVe siècle) ou à Edirne, le complexe de la mosquée Bayézid II (1488). Dans le cas de Tire, la mosquée et la *madrasa* ont une cour commune. L'ornementation de ces édifices monumentaux à structure symé-

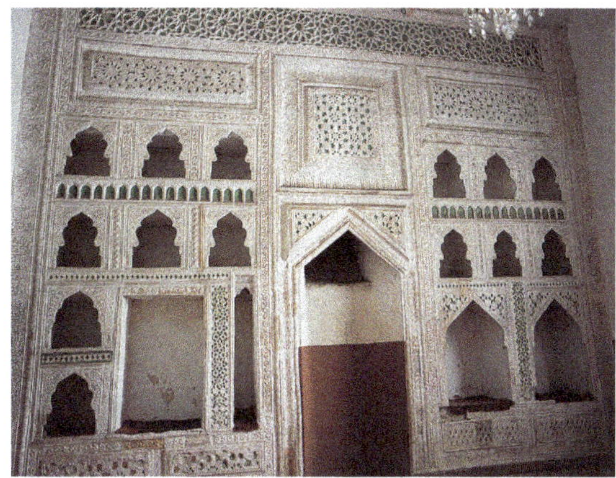

Mosquée Yıldırım, cheminée et niches du tabhane, 1389-1399, Bayézid Ier, Bursa.

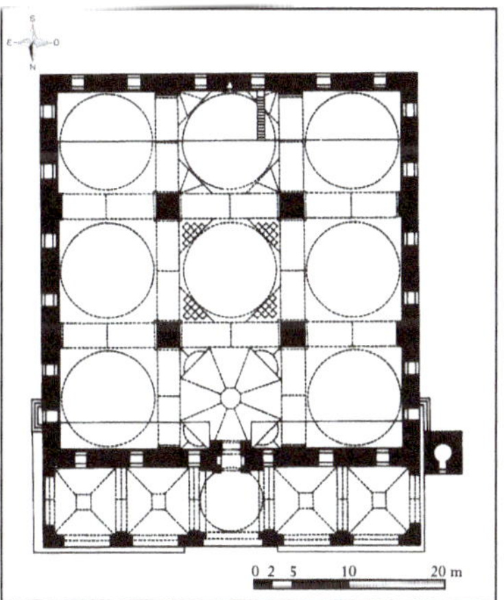

Plan de la mosquée Eski, 1414, Mehmet Ier, Edirne.

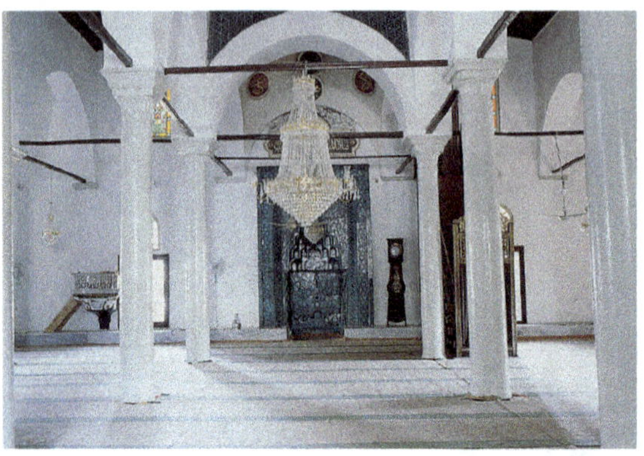

Grande Mosquée, salle de prière, 1312-1313, Aydınoğlu Mehmet Bey, Birgi.

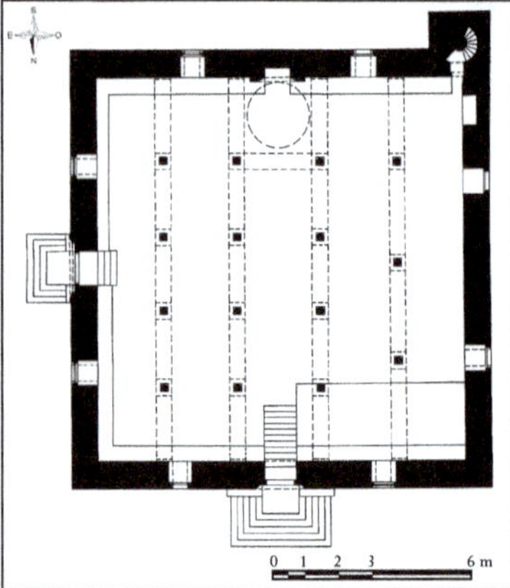

Plan de la Grande Mosquée, 1312-1313, Aydınoğlu Mehmet Bey, Birgi.

trique est généralement limitée à l'embellissement de leur façade principale.

Les mosquées hypostyles

La conception de ces mosquées est une déclinaison des modèles seldjoukides du type Kufa, avec leurs piliers régulièrement espacés. Elles datent du début de la période ottomane. Dans ce type d'édifice, qu'illustrent bien la Grande Mosquée de Bursa (1400) et la mosquée Eski à Edirne (1414), la salle de prière se compose d'un ensemble d'arcades de dimensions égales, chacune recouverte d'une coupole. Ces mosquées dépourvues de cour sont généralement de forme carrée ou rectangulaire.

Les mosquées à plan basilical

Le plan basilical, repris de celui des nombreuses basiliques arméniennes et byzantines d'Anatolie, sera adopté avec quelques remaniements pour les mosquées. La salle de prière comporte trois ou cinq nefs, séparées les unes des autres par des rangées de piliers ou de colonnes qui s'alignent perpendiculairement au mur de la *qibla*. Elles sont fréquemment surmontées de coupoles, surtout la nef centrale, toujours plus large et plus haute. Le plan basilical, couramment utilisé pour les mosquées anatoliennes de la période seldjoukide, se retrouve, quoique moins systématiquement, à l'époque des émirats, comme l'illustrent la Grande Mosquée de Birgi (1312-1313) et la Grande Mosquée de Milas (1378).

Les mosquées à transept

Ici, une nef transversale vient couper les nefs parallèles au mur de la *qibla* et l'intersection située en face du *mihrab* est généralement surmontée d'une coupole. Pendant la période artukide, ce type de mosquée, qui se rattache nettement au modèle des mosquées omeyyades de Syrie (voir la Grande Mosquée de Damas), est très répandu en Anatolie sud-orientale. Cependant, on retrouve ce plan dans l'ordonnance de la mosquée Isa Bey (1375) à Selçuk dans l'émirat aydınide. En effet, l'architecture et l'ornementation caractéristiques des périodes omeyyade, fatimide, ayyoubide et mamelouke, originaires de Syrie, se sont propagées le long de la Méditerranée et de la mer Égée avant de se diffuser en Anatolie occidentale. L'in-

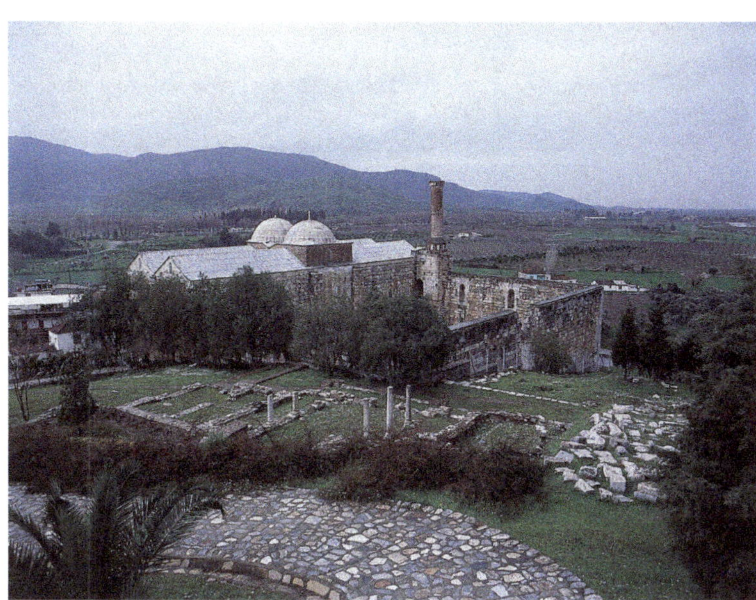

Mosquée Isa Bey, vue du côté nord-est, 1375, Isa Bey, Selçuk.

fluence syrienne, évidente dans le plan et l'ornementation de cet édifice, s'explique certainement par les origines damascènes de l'architecte; la facture des marbres polychromes ornant les façades et le portail est tout à fait caractéristique de l'architecture médiévale syrienne.

Dans la Grande Mosquée (1367) de Manisa, dans l'émirat saruhanide, la dominance d'un seul dôme central vient se substituer à la pluralité des dômes du transept de la mosquée Isa Bey. Dans la cour de la Grande Mosquée, le remploi de colonnes byzantines est conforme aux traditions d'éclectisme de l'art régional.

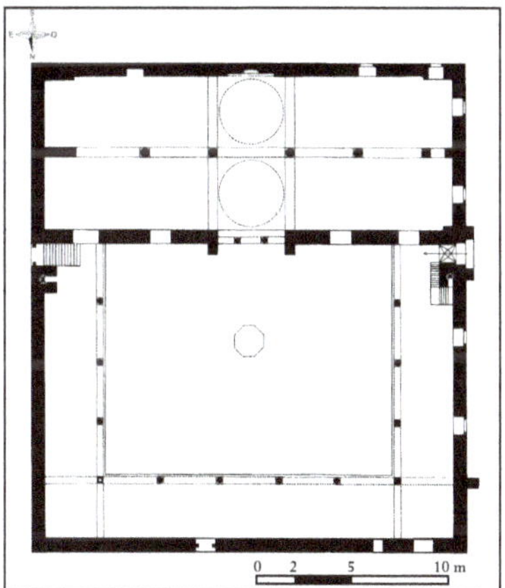

Plan de la mosquée Isa Bey, 1375, Isa Bey, Selçuk.

Les mosquées avec tabhanes (zaouïas)

L'adoption de ce nouveau plan est caractéristique de l'évolution de la mosquée dans les émirats et au début de la période ottomane. Cet ordonnancement, qui évoque un "T" renversé, est remarquable dans la mosquée Orhan Gazi à Bursa (1339-1340) et dans la mosquée Firuz Bey à Milas (1396). L'*iwan*, surmonté d'un dôme ou

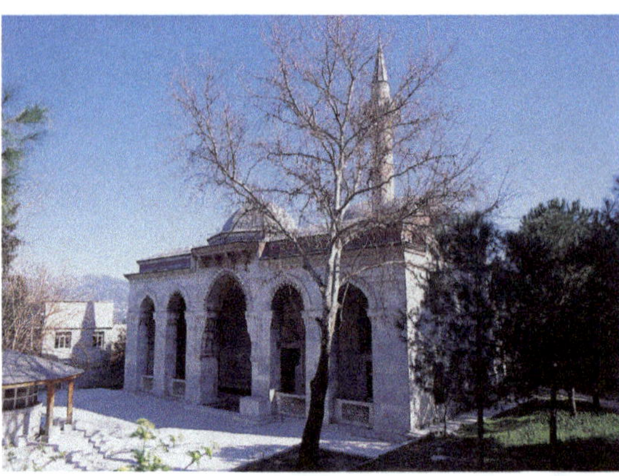

Mosquée Firuz Bey, vue du côté nord-ouest, 1396, Hoca Firuz, Milas.

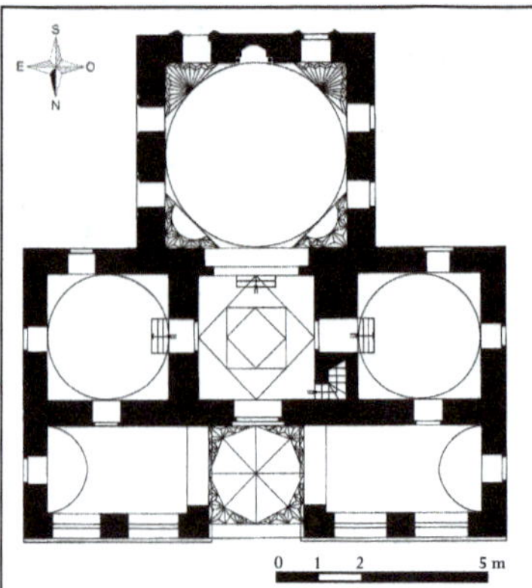

Plan de la mosquée Firuz Bey, 1396, Hoca Firuz, Milas.

d'une voûte qui fait face à la *qibla,* est la salle de prière. Face à elle, l'espace central, généralement couvert par une coupole, est flanqué de *tabhanes* qui servaient à héberger les *derviches* itinérants avec, dans certains cas, des *iwans* latéraux.

L'*imaret* Nilüfer Hatun que Murad Ier fait construire à Iznik en 1388 dispose de cheminées dans chaque *tabhane*. Autant l'usage des *tekkes* et des *hanikas* est familier à l'époque seldjoukide, où ils servaient à héberger les *derviches* et les *cheikhs* itinérants, autant nous manquons d'informations sur leur existence pendant la période des émirats. Nous savons qu'aux XIVe et XVe siècles l'organisation *Ahi* utilisait les mosquées avec *tabhanes* pour ses multiples activités. On y recevait aussi les *derviches* *Ahi* itinérants. En tant que membres de droit de cette organisation, les sultans ottomans y disposaient d'un logement privé. En dehors de leur participation aux activités religieuses, tous ces intervenants assumaient diverses fonctions sociales et culturelles. Nous savons que plusieurs mosquées avec *tabhanes*, destinées aux *derviches* itinérants, ont été construites sous le règne du premier sultan ottoman, Osman Gazi (r.1281-1324).

Les complexes avec tabhane (zaouïa)

La plupart des mosquées comportant une *zaouïa* (*tabhane*), que l'on appelle aussi mosquées à plan en "T" renversé ou mosquées multifonctionnelles, sont entourées de dépendances et font partie de complexes dont la construction se multiplie pendant la première période ottomane. Dans le contexte de l'effort d'aménagement urbain des sultans ottomans, les centres-villes seront dotés de complexes monumentaux regroupant une mosquée, une *madrasa*, une *darüşşifa,* un *hammam*, un *imaret*, un *han* et un *turbé*. Ces constructions sont des symboles du pouvoir, pouvoir du palais et des dignitaires de l'administration qui en sont les décideurs. Le système du *waqf*, qui permet d'organiser la gestion courante et l'entretien de ces complexes, assume des fonctions à la fois religieuses et sociales. Cette concentration de bâtiments à vocation cultuelle permet d'y disposer aussi de lieux d'enseignement, d'accueil pour les *derviches* et pour les nécessiteux qui y sont nourris gratuitement. L'antériorité de cette même tradition en Syrie et

en Égypte, où les complexes étaient très répandus, est certainement à l'origine de son adoption en Anatolie.
La mosquée Hüdavendigar à Bursa (1385) est l'un des plus remarquable complexe avec sa *madrasa*, son *imaret* et son établissement thermal. Cette construction à étage disposait de trois *iwans*. Sa façade, nettement influencée par les antécédents byzantins du XIIIe siècle, est une véritable synthèse des styles les plus différents adoptés aux XIVe et XVe siècles. Le complexe Yıldırım (1389-1399), toujours à Bursa, est lui aussi un édifice aux dimensions monumentales. La mosquée Yeşil (1419-1429) à Bursa, due au sultan Mehmet Ier, et les mosquées Muradiye construites à Bursa (1426) et à Edirne (1426-1427) sous Murad II, sont toutes des mosquées avec *tabhanes* (*zaouïas*), intégrées dans ces vastes complexes religieux caractéristiques de l'époque.

Les mosquées à coupole centrale

Aux XIVe et XVe siècles, la nécessité d'offrir aux fidèles un vaste espace ouvert pour se réunir va conduire à privilégier le modèle de la mosquée à coupole centrale de dimensions de plus en plus importantes. Dans leur majorité, ces mosquées monumentales sont intégrées dans de vastes complexes.
Une de leurs caractéristiques est le recours à la verticalité qui met en valeur leur silhouette imposante, comme celle de la mosquée Üç Şerefeli (1445) que Murad II fait ériger à Edirne. L'évolution de la coupole centrale est parfaitement illustrée par la comparaison entre la mosquée Isa Bey (1375) à Selçuk, la Grande Mosquée (1367) et la mosquée Hatuniye (1491) à Manisa.

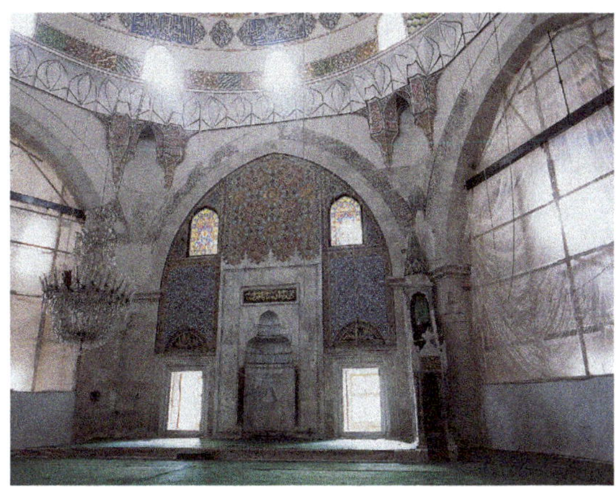

Mosquée Üç Şerefeli, salle de prière, 1445, Murad II, Edirne.

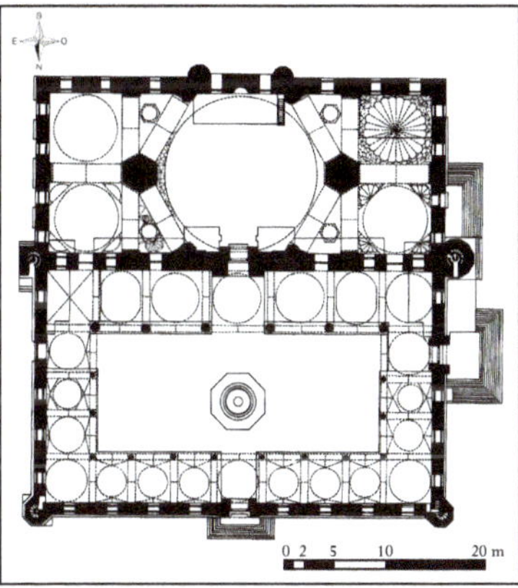

Plan de la mosquée Üç Şerefeli, 1445, Murad II, Edirne.

Les madrasas et les darüşşifas

En terre d'islam, il est de tradition que les mosquées restent ouvertes en dehors des heures de service religieux, compte tenu du rôle éducatif qu'elles assument par ailleurs. La *madrasa*, un bâtiment toujours adjacent ou très peu éloigné de la mosquée, dont l'usage est strictement consacré à l'enseignement, dispense une formation de haut niveau. Elle est généralement fondée soit par le sultan, soit par un grand

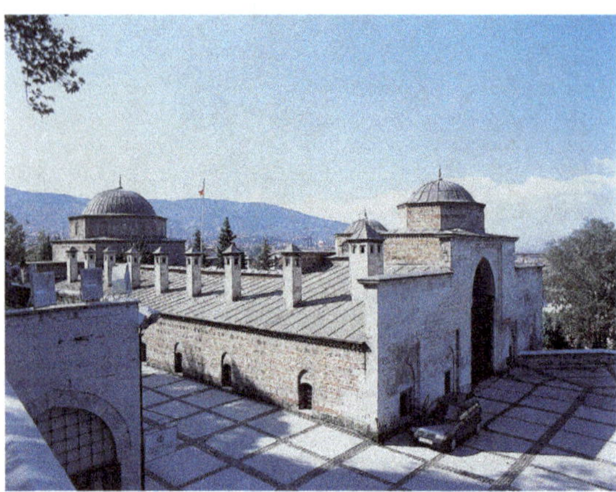

Madrasa Yildırım, façades est et sud, 1389-99, Bayézid Ier, Bursa.

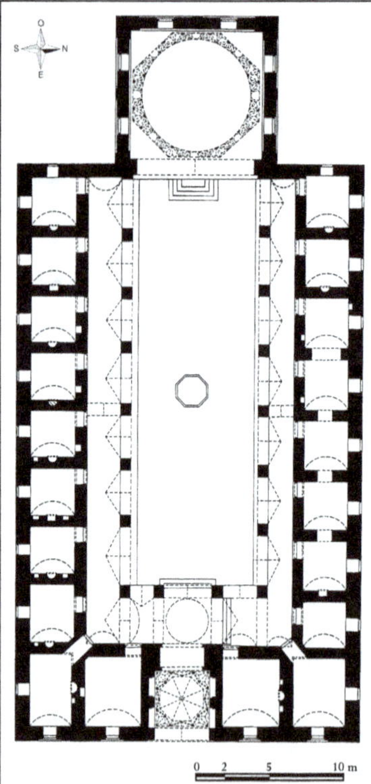

Plan de la madrasa Yıldırım, 1389-99, Bayézid Ier, Bursa.

dignitaire, soit par une personne fortunée. Le *waqf* désigne la fondation charitable qui, en plus de l'entretien des bâtiments, prend en charge leur financement, comme le coût d'hébergement des étudiants par exemple, car la gratuité complète est de règle dans les *madrasas*.

La *madrasa* dispense, outre la formation aux matières de l'islam, toutes sortes de disciplines, telles la philosophie, la médecine, les mathématiques et l'astronomie. Les plus anciennes *madrasas* connues sont perses et remontent à l'époque du vizir grand-seldjoukide Nizam al-Mulk. Les *şifahanes*, dont les bâtiments sont similaires à ceux des *madrasas*, dispensaient, eux, un enseignement médical. Les divers locaux dévolus tant aux *madrasas* qu'aux *darüşşifas* se répartissent tout autour d'une vaste cour centrale. En général, l'*iwan* principal qui fait face à l'*iwan* d'entrée est doté d'une coupole. Pour les pièces voûtées ou à coupole qui flanquent l'*iwan* principal de part et d'autre, leur fonction reste incertaine. Il semble que ces salles, plus spacieuses que les cellules des étudiants, servaient de *dershanes*, c'est-à-dire de salles de classe. Au moins deux côtés de la cour étaient bordés par des portiques dans la plupart des *madrasas*. Cette disposition reprend en fait celles des *madrasas* des Seldjoukides d'Anatolie.

L'une des plus anciennes *madrasas* à deux *iwans* connue est celle d'Ahmet Gazi (1375), édifiée à Beçin durant l'émirat menteşide. On remarquera la sépulture d'Ahmet Gazi, son fondateur, sous la coupole de l'*iwan* principal. Au cours de nos circuits, vous pourrez découvrir quelques exemples illustres de ces réalisations monumentales du début de l'ère ottomane avec les *madrasas* Yeşil (1419-1424) et Yıldırım (1399) à Bursa et Süleyman Pacha à Iznik (milieu du XIVe siècle).

Les turbés

Tant par leur plan que par leur physionomie, les mausolées de l'époque des émirats et de la première période ottomane offrent une grande diversité. Les *turbés* sont des sépultures monumentales, de corps polygonal ou cylindrique presque toujours coiffé d'une coupole. Le couronnement conique ou pyramidal des *turbés* seldjoukides ne s'utilise plus que rarement à l'époque des émirats; de même, la tradition des cryptes va tomber en désuétude. C'est une ancienne église byzantine de Bursa qui servira de sépulture au premier sultan ottoman, Osman Gazi, ce qui montre bien la tolérance de ces sultans envers le patrimoine architectural et culturel reçu en héritage.

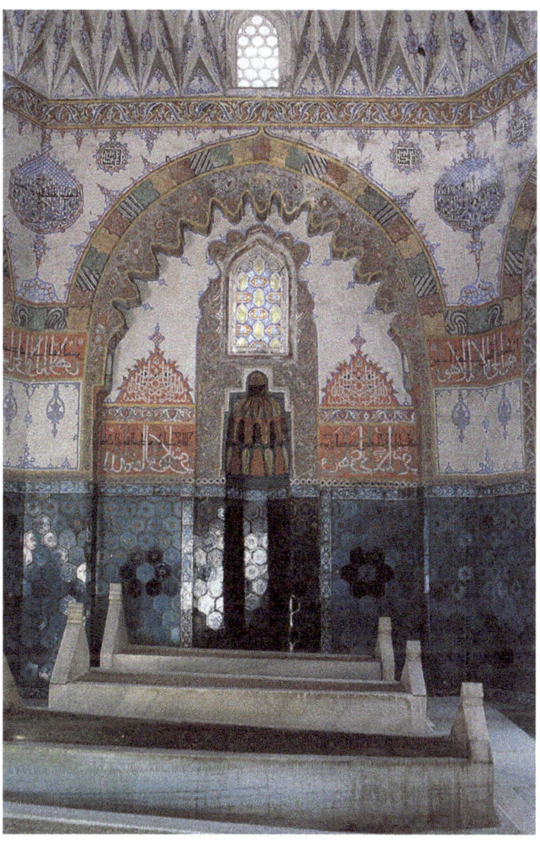

Turbé de Şehzade Moustafa et Cem Sultan, mihrab et sarcophages, 1479, Bursa.

Si la sobriété est plutôt caractéristique du genre, certains *turbés* sont somptueusement ornés. Ainsi, le corps polygonal du mausolée Yeşil (1419-1424) à Bursa est entièrement paré d'azulejos à l'intérieur comme à l'extérieur. Quelques *turbés* du début de la période ottomane, comme le *turbé* Hatuniye (1449) à Bursa, sont dotés d'un porche monumental en forme d'*iwan* qui domine la façade. On trouve aussi des *turbés* cubiques à couronnement conique, tels ceux de Gülsah Hatun (1486) et de Devlet Hatun (1413-1414), tous deux à Bursa. L'origine du style des mausolées des XIVe et XVe siècles remonte à une époque antérieure aux Seldjoukides d'Anatolie et aux Grands Seldjoukides, et puise ses racines jusqu'en Asie centrale. Dans l'ensemble, les *turbés* ne font pas vraiment assaut d'originalité, tant pour leur apparence extérieure que pour leur plan, de

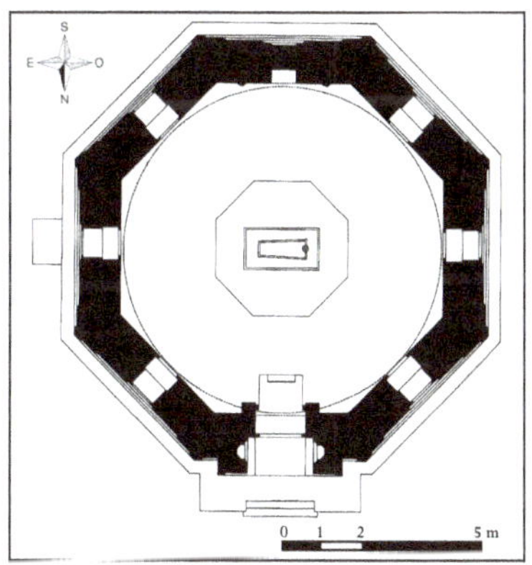

Plan du turbé Yeşil, 1419-24, Mehmet Ier, Bursa.

Hammam Saadet Hatun, soyunmalık, XIVᵉ-XVᵉ siècle, Selçuk.

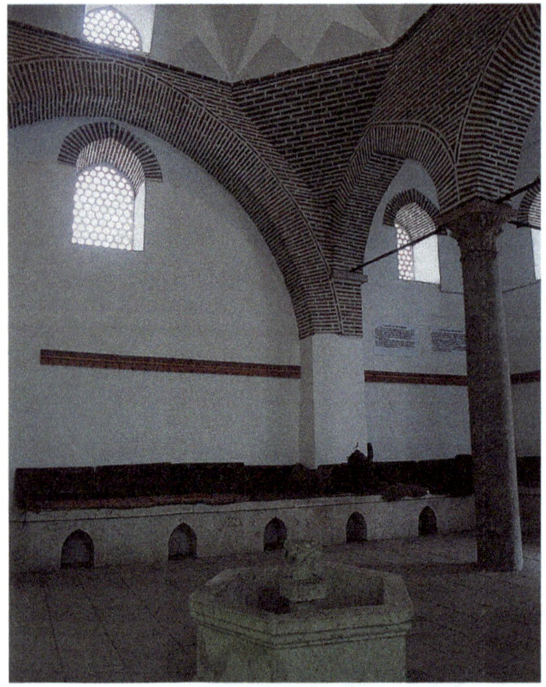

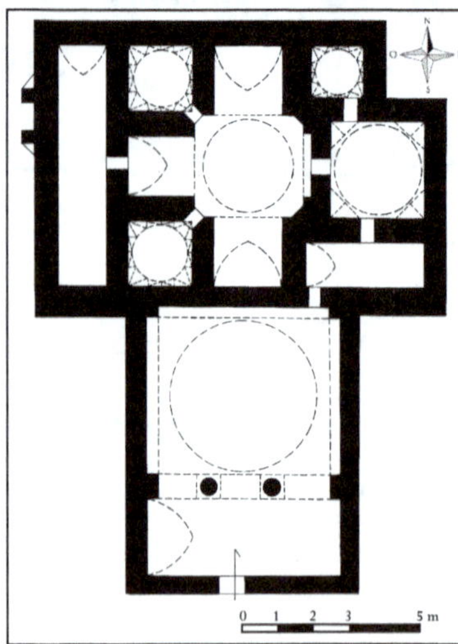

Plan du hammam Saadet Hatun, XIVᵉ-XVᵉ siècle, Selçuk.

sorte que l'exemple fascinant du mausolée Yeşil à Bursa fait figure d'exception.

Les hammams

Pour la religion islamique, la propreté revêt une importance primordiale. Ainsi, tout musulman, homme ou femme, doit se laver entièrement le corps après chaque rapport sexuel. Il existe des prescriptions très strictes pour les ablutions corporelles imposées avant la prière, le *namaz*. Selon un précepte musulman, "la propreté est un impératif de la foi". Et en effet, cette insistance sur la propreté explique la multiplication des *hammams* dans les cités de la période des émirats et du début des Ottomans. À côté des *hammams* de dimensions modestes, comme celui d'Ismail Bey à Iznik (fin XIVᵉ-début XVᵉ), on trouve aussi ces vastes *hammams* mixtes, avec des zones séparées pour les hommes et les femmes. En général, les *hammams* étaient construits sur des sources thermales ou à proximité d'une mosquée. Ils représentaient d'importants apports de revenus pour les *waqfs*. La technique de chauffage et la disposition générale des bains turcs reprennent le modèle des thermes romains: l'air chaud circule en sous-sol à travers l'hypocauste jusque dans les conduites insérées dans les murs d'où il est évacué à l'extérieur; on entrait par le *soyunmalık* voûté (*apodyterium*), une salle où l'on se déshabillait, puis on allait dans l'*ılıklık* (*tepidarium*), une salle de repos un peu écartée, pour arriver enfin dans les bains proprement dits, le *sıcaklık* (*caldarium*), la section la plus chaude. La plupart du temps, le plan du *sıcaclık* est cruciforme, comme celui du *hammam* Saadet Hatun, à Selçuk, avec trois *iwans*, ou celui du *hammam* Murad II, à

Iznik, avec quatre *iwans*. Les usagers s'allongent sur la banquette chauffée au centre du *sıcaklık* où ils se font masser et frictionner au *kese*. Les *halvets* situés aux angles de la salle chaude étaient des pièces réservées aux bains privés. Par contre, dans les bains turcs, on ne retrouve pas les salles froides et leur piscine (frigidarium) comme dans les thermes romains.
L'usage traditionnel du *hammam* jouait un grand rôle dans la vie sociale puisqu'il répondait à la fois aux besoins de propreté, de repos et de distraction, un rôle encore plus central pour les femmes que pour les hommes.

Les bedestens et les hans (caravansérails)

Des *hans* –appelés aussi *caravansérails*– destinés à accueillir les caravanes et les marchands étaient ménagés tout au long des grandes routes de commerce. La plupart d'entre eux étaient de conception très simple. Sous leur apparence de forteresse, c'étaient des bâtisses rectangulaires pourvues d'une seule entrée. Les voyageurs prenaient leurs repas et dormaient sur les bancs installés dans les cours et sous les voûtes des salles couvertes. Des *tandirs* étaient mis à leur disposition pour se chauffer et cuisiner. Aux *menzil hans*, littéralement les "*hans* à une journée de voyage", placés à mi-parcours entre deux villes, caractéristiques de la période seldjoukide, viendront progressivement se substituer les "*hans* urbains", à l'époque des émirats et du début des Ottomans. Dans les *hans* ottomans, les bancs de pierre étaient le plus souvent alignés le long des murs de la partie couverte, comme les cheminées servant à la cuisson des aliments et éventuellement au chauffage. On attachait les animaux de bât aux bancs de pierre flanqués de mangeoires remplies de fourrage. Le *han* d'Issız (1394-1395), sur les rives du lac d'Apolyont (Ulubat), l'un des premiers *hans* ottomans, est un bon exemple de transition avec l'époque seldjoukide: ici, les deux foyers, accompagnés de cheminées maçonnées et surélevées par des petites colonnes, étaient placés sur le banc central.
Les *hans* urbains, où les caravanes et les marchands font halte pour la nuit, vont devenir d'importants centres de commerce. Selon son importance et celle de ses

Bedesten, vue du côté sud, 1413-1421, Mehmet Ier, Edirne.

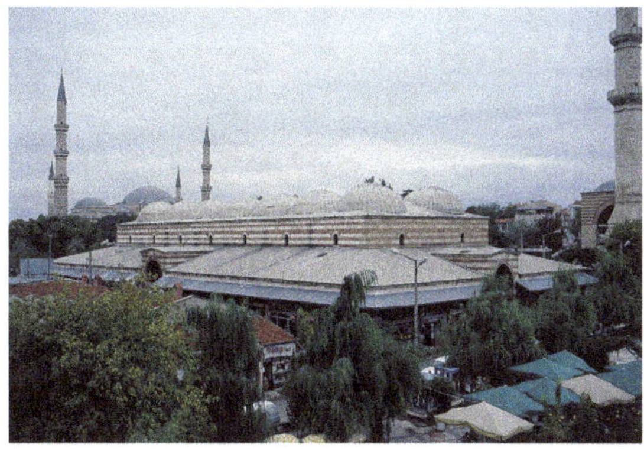

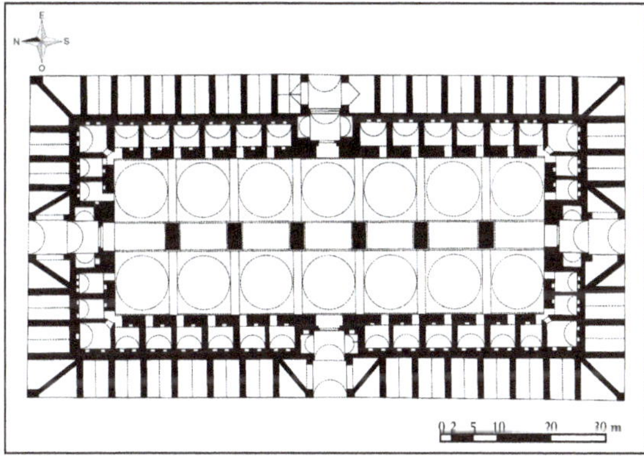

Plan du bedesten, Edirne.

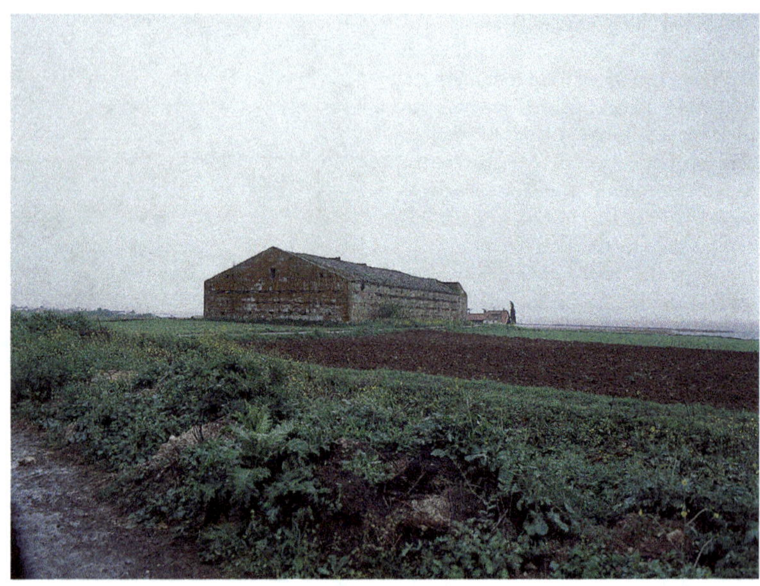

Han Issiz, vue du côté nord, 1394, İne (Eyne) Bey, Ulubat.

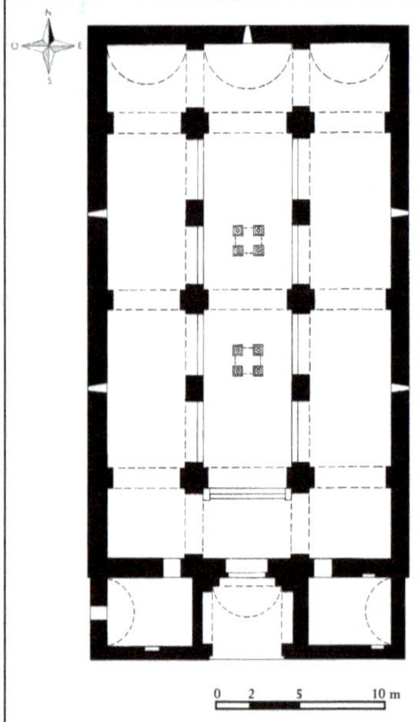

Plan du han Issiz, Ulubat.

activités commerciales, la ville aura un seul ou plusieurs *hans*. Ils sont généralement construits sur deux niveaux, la cour centrale non couverte est entourée de portiques qui donnent sur les salles fermées. La porte unique, qui sert à la fois d'entrée et de sortie, répond aux exigences de sécurité. Dans la plupart de ces *hans*, le *masjid* et/ou la *şadirvan* se trouvent au centre de la cour intérieure, comme on le voit bien dans le *han* Kosa (1492) à Bursa. À l'extérieur, tout autour des murs de certains *hans* et *bedestens*, viendront se greffer diverses boutiques. Citons aussi le *han* Émir (XIVe siècle), autre *han* urbain typique dans Bursa, lui aussi. La plupart de ces *hans*, construits en bois et en brique crue, n'ont pas survécu à la destruction.

On retrouve dans toute grande cité ottomane les bâtisses typiques des *bedestens*, des *hans* et des bazars qui font le charme de leurs centres commerciaux. Au début de la période ottomane, ceux de Bursa et d'Edirne seront très renommés; de fait, ces villes profitent de l'intensité des relations commerciales avec les pays de la Méditerranée et des Balkans. L'espace intérieur des *bedestens*, de forme rectangulaire, est séparé par une rangée de piliers maçonnés en arcades. Les deux allées ainsi distinguées sont couvertes par des coupoles, toutes de mêmes dimensions. Les quatre côtés de la bâtisse reçoivent une porte centrale. La plupart du temps, on retrouvera, tout autour de l'édifice, des boutiques en appui sur le mur extérieur. Le *bedesten* de Bursa, dû à Bayézid Ier, et le *bedesten* d'Edirne, dû à Mehmet Ier, sont encore aujourd'hui des centres commerciaux très actifs. Dans ces bâtiments monumentaux, qui étaient solides et sûrs, les marchands pouvaient se rassembler, entreposer et mettre en sûreté leurs marchandises – et même les acheter et les vendre –, et y déposer sans crainte leurs biens les plus précieux: argent, bijoux et soie. Comme la fixation des prix et les contrôles de qualité dépendaient des marchands des *bedestens*, qui faisaient aussi fonction d'experts pour les litiges commerciaux, on prenait le plus grand soin à les choisir parmi les personnes de confiance. Les gages des employés étaient financés par le *waqf* qui gérait l'établissement. Du fait du rôle central des *bedestens* dans les activités commerciales de la cité, ils vont occuper une place d'intermédiaire de premier rang entre l'État et les corporations.

Au XVe siècle, Bursa est un des très grands centres d'Anatolie occidentale pour la production de la soie et des textiles. C'est aussi à Bursa qu'est confié le tissage des étoffes destinées au palais et l'on n'y dénombrera pas moins de

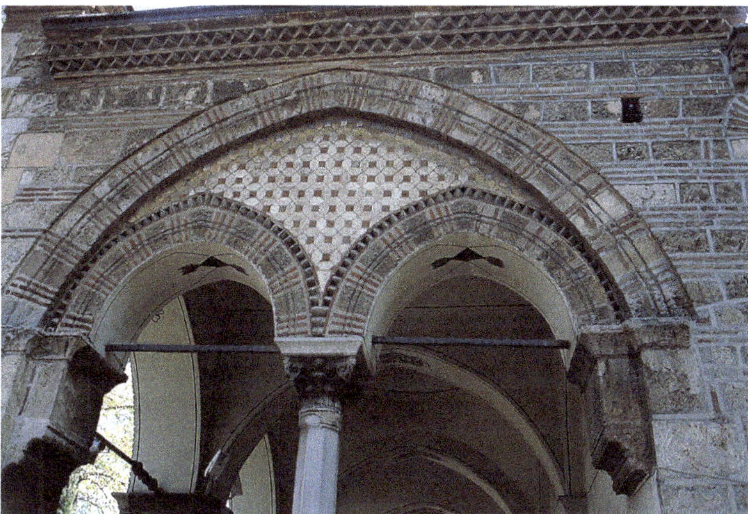

Mosquée Orhan, partie ouest du portique, 1339-1340, Orhan Gazi, Bursa.

Mosquée Yeşil, fenêtre de la façade nord, 1419-1424, Mehmet Ier, Bursa.

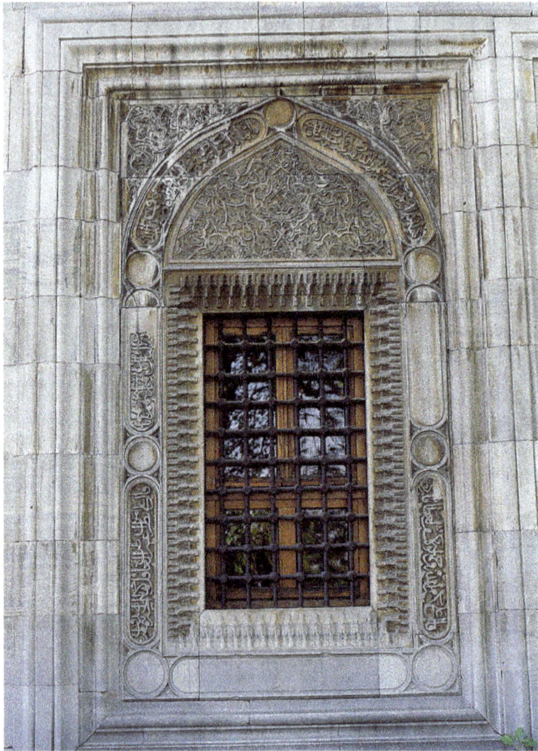

Bedesten, vue du côté sud-ouest, 1413-1421, Mehmet Ier, Edirne.

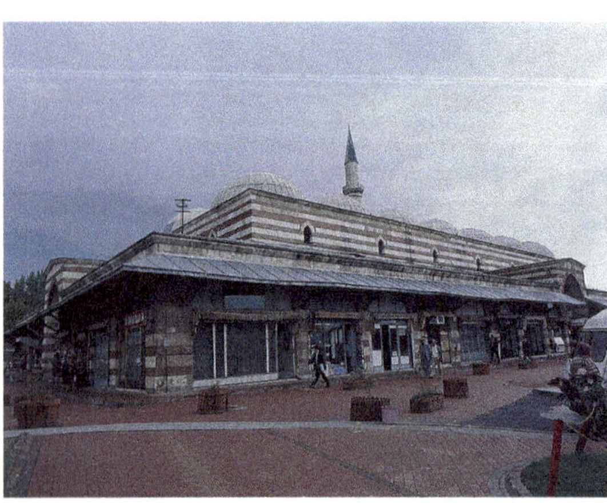

10 000 métiers à tisser. Traditionnellement, à la mort du sultan, sa garde-robe et ses caftans étaient empaquetés, étiquetés et rangés. Le contenu de ces paquets, soigneusement conservés au palais Topkapı à Istanbul, est pour nous une source d'informations extrêmement précieuses pour l'étude de l'évolution des techniques textiles ottomanes. Nous pouvons ainsi faire remonter les premières pièces de coton et de soie originaires de Bursa au règne d'Osman Gazi (r. 1281-1324), le fondateur de l'État ottoman: neufs caftans de toile de coton blanc sont ornés de grands motifs de grenades jaunes. Si Bursa est alors très renommée pour ses étoffes de soie sur coton, à la même époque, Ödemiş, Bergame, Soma et Edirne sont elles aussi des centres de tissage très actifs. Les sources écrites nous apprennent que Bursa exportait des soieries, des velours, des taffetas, des brocarts et des cotonnades jusqu'en Europe, en Perse et en Russie. Les collections d'étoffes et de caftans précieux conservées dans les musées européens et américains nous permettent de nous rendre compte de leur merveilleuse qualité artistique. En fait, Bursa aura même du mal à répondre à la demande, et l'on en viendra à craindre la répercussion du manque de main-d'œuvre sur le travail, ce qui aboutira au décret impérial de 1502, qui établit des normes de qualité très strictes. Les artisans ottomans utilisaient sept couleurs: rouge, bleu, vert, rose, jaune, noir et crème. Pour les caftans des sultans et des plus favorisés, on utilisait aussi des fils d'or et d'argent. Les chemises et le linge de corps étaient en étoffes légères et d'une seule couleur.

L'ornementation en architecture

Le travail de la pierre

Pendant la période des émirats et du début des Ottomans, la pierre restera le matériau le plus utilisé en architecture, tant pour la construction que pour la décoration. Le savoir-faire incomparable des métiers de la pierre, déjà attesté du temps des Seldjoukides, ne se démentira pas tout au long des XIVe et XVe siècles. L'appareil caractéristique des murs de cette époque alterne la pierre et la brique, un choix déjà courant au XIIIe siècle chez les Byzantins. L'ornementation architecturale, qui reste généralement très simple, est le plus souvent réservée à la façade principale. Les porches, les châssis et les tympans des fenêtres, les arcades, les *mihrabs* et les *minbars*, de pierre ou de marbre, étaient ornés de moulures, de décors en relief, d'entrelacs, de *mouqarnas* et de rangs de pierres ou de marbres bicolores. Les colonnes, les piliers, les chapiteaux et, plus rarement, les *mihrabs* était ornés de sculptures en pierre. Comparé au travail des Seldjoukides, l'art du motif floral fait preuve à cette époque d'un bien plus grand réalisme. Le marbre, dont toute l'architecture méditerranéenne fait généreusement emploi, provenait des carrières locales ou des matériaux de récupération, en particulier les colonnes et les chapiteaux étaient couramment réemployés.

Les stucs et les décors peints

Il y a, aux XIVe et XVe siècles, un engouement certain pour les ornements en stuc dans les *tabhanes* des mosquées, comme par exemple à la mosquée Yıldırım (1389-1399) à Bursa: les rayonnages, les niches et les cheminées sont parés de motifs floraux et géométriques moulés en bas-relief. Il faut aussi faire remonter approximativement à cette période de transition l'apparition des kalemişi et on en trouve de remarquables à Edirne et à Bursa. Ce sont des motifs floraux et calligraphiques peints sur plâtre en brun, noir, bleu et rouge. On parle de *kalemişi* tant pour les peintures sur plâtre décorant la face interne des arches, des coupoles et des voûtes, que pour les décors peints sur

Turbé de Murad II, décor sur bois du dessous de l'auvent, 1451, Murad II, Bursa.

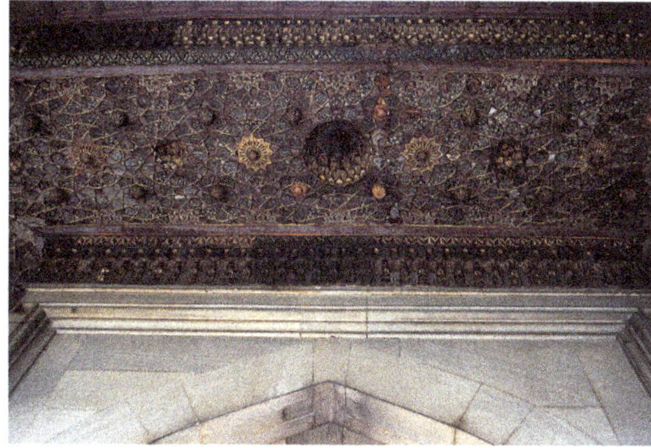

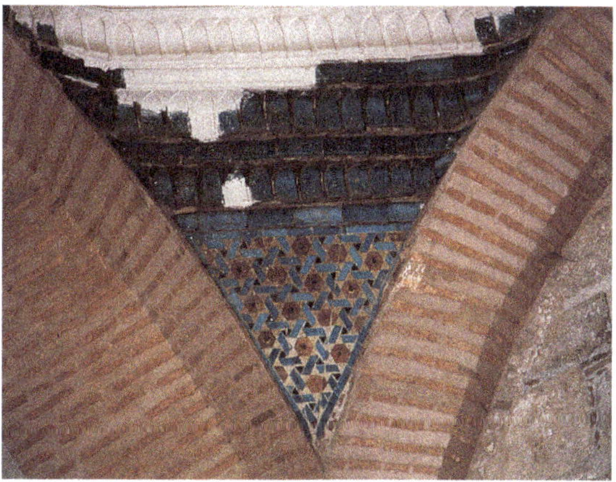

Mosquée Isa Bey, détail d'un pendentif du dôme, 1375, Isa Bey, Selçuk.

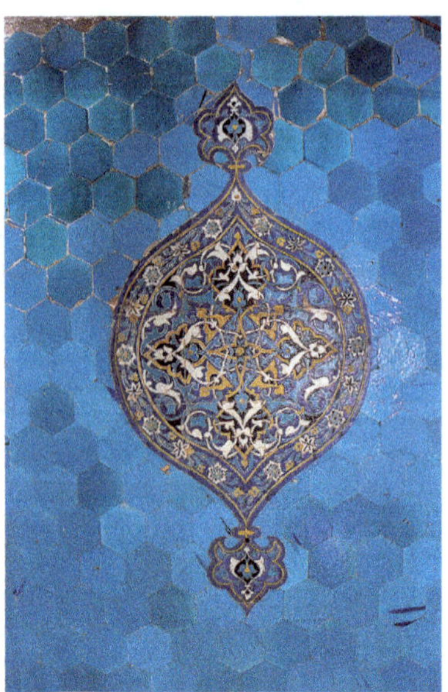

Turbé Yeşil, décor de carreaux de céramique représentant un şemse (soleil), 1419-1424, Mehmet Ier, Bursa.

un support de bois recouvert de plâtre. Dans les mosquées, on en trouve souvent en décoration de la surface intérieure des coupoles qui couvrent les portiques.

À Bursa et à Edirne, certains édifices datant du début de la période ottomane avaient des décors de laque à dessins floraux et géométriques de couleur rouge, bleu foncé, jaune, verte et blanche. Ces laques ornaient les bois des plafonds, les corniches, les encadrements des fenêtres et des portes, les *minbar*s, les étagères et les tiroirs. On retrouve dans ces décorations les mêmes motifs et les mêmes compositions que dans les carreaux de céramique, les poteries, les étoffes et les tapis contemporains. Au cours des siècles suivants, Edirne va devenir un centre de production renommé pour ces objets en bois laqué, à tel point que les laques décoratives portent le nom de cette technique appelée "Edirne karité" (style d'Edirne). Les plafonds du *turbé* Murad II (1451) et la mosquée Muradiye (1426) de Bursa permettront de découvrir de véritables chefs-d'œuvre de cette technique.

Les carreaux de céramique

Par rapport à la période seldjoukide, abstraction faite de quelques édifices à Bursa et Edirne, on est frappé de voir que les azulejos ont été si peu utilisés à l'époque des émirs. À de rares exceptions près, ils n'interviennent que dans la décoration des façades des édifices religieux. Les minarets des Grandes Mosquées de Birgi (1312/13) et de Manisa (1367), de la mosquée Yeşil à Iznik (1392), et enfin celui de la mosquée de l'*imaret* Yeşil à Tire (1441) constituent des exemples insolites; ils sont les seuls à conserver le style seldjoukide.

Par la suite, à la gamme des couleurs caractéristiques des briques vernissées seldjoukides – turquoise, violet et bleu foncé – viendront s'ajouter de nouvelles couleurs comme le jaune, le vert et le blanc. L'art de la mosaïque de céramique, portée à son apogée sous les Seldjoukides, va décliner au cours des XIVe et XVe siècles; et lorsque la tradition est prolongée, il est rare que les artistes parviennent à égaler les réussites anciennes. Dans la technique de la mosaïque de céramique, le motif est obtenu en découpant les carreaux avant leur assemblage et les glaçures ont des teintes principalement turquoise, et moins couramment aubergine, bleu cobalt et noires. Les mosaïques de la période des émirats et du début des Ottomans se distinguent de celles des Seldjoukides par la simplification des motifs et par une découpe plus grossière des tesselles. Dans certains cas, le recours au blanc, au vert et au jaune commence aussi à s'affirmer à côté des tons turquoise, noir et bleu cobalt de l'école seldjoukide. Citons la décoration du *mihrab* de la Grande Mosquée de Birgi (1312-1313) et des pendentifs qui soutiennent la coupole de la mosquée İsa Bey à Selçuk (1375) comme illustration de cette technique rarement utilisée pendant les émirats. On trouve quelques rares exemples d'utilisation conjointe de la mosaïque et des carreaux de céramique travaillés à la *cuerda seca* (vernis coloré) sur des édifices du début de la période ottomane, pour l'ornementation des murs, des arcades, des embrasures et des *mihrabs,* comme à la mosquée Yeşil (1392) à Iznik, à la mosquée, à la *madrasa* et au *turbé* Yeşil (1419-1424), à la mosquée Muradiye (1426) à Bursa et à la mosquée Muradiye (1426-27) à Edirne.

Les plus anciens exemples attestés de l'emploi de la *cuerda seca* se trouvent à Bursa et à Edirne. Le motif était obtenu soit par moulage, en pressant un moule sur l'argile, soit par gravure du dessin. Les joints entre les couleurs étaient ensuite remplis d'un composé de cire d'abeille, d'huile végétale et de manganèse pour éviter qu'elles ne se mélangent pendant la cuisson au four. Lorsque la cire fondait, le composé devenait transparent et faisait apparaître le rouge de l'argile. Selon une autre méthode utilisée en Espagne, c'est un fil qui servait à séparer les différentes couleurs, il brûlait pendant la cuisson et soulignait d'un trait noir le contour du motif. D'où le terme de *cuerda seca* qui, en espagnol, veut dire "corde sèche". Cette technique a grandement facilité la réalisation de motifs floraux et scripturaux entrelacés. L'utilisation d'une riche palette de couleurs englobant des turquoise, des bleu foncé, des noirs, des mauves, des blancs, des jaunes, des verts pistache et des dorures facilitait la création des motifs les plus complexes.

Il n'existe pas d'informations précises concernant le lieu de production de la *cuerda seca*. Cependant, il est très probable que ce sont des maîtres artisans originaires de Tabriz et de Samarkand, où cette technique était bien connue et répandue, qui l'ont introduite en Anatolie à la faveur de l'invasion des armées de Tamerlan. Par ailleurs, on peut imaginer que ces artisans itinérants ont travaillé dans des petits ateliers sur des chantiers à Bursa, à Edirne et à Istanbul.

Outre la mosaïque et la *cuerda seca*, la décoration des édifices du début de la période ottomane utilise aussi les carreaux vernissés monochromes. Ces carreaux turquoise, bleu clair et bleu foncé, verts et blancs permettaient d'obtenir des motifs géométriques. Quelle que soit leur forme, hexagonale, octogonale, rectangulaire, carrée ou

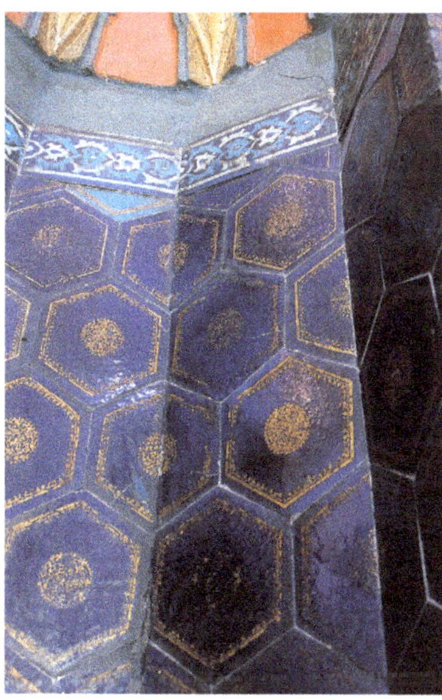

Turbé de Şehzade Moustafa et Cem Sultan, détail des carreaux de céramique du mihrab, 1479, Bursa.

Grande Mosquée, minbar, 1377, Manisa.

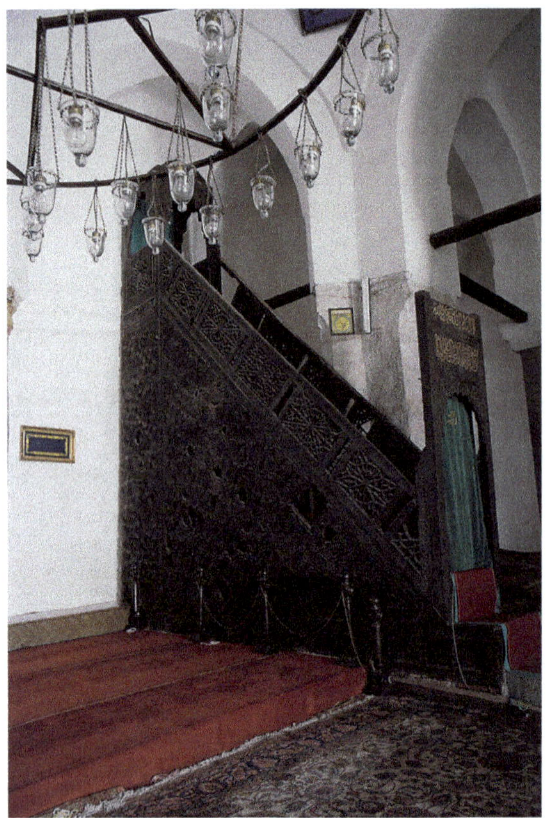

triangulaire, ils étaient toujours assemblés bord à bord, sans joint visible. Il arrivait aussi qu'ils soient décorés à la feuille d'or ou qu'on y imprime des motifs floraux.

C'est à Iznik, Bursa et Edirne qu'on pourra découvrir les plus belles céramiques murales du début de la période ottomane, qui appartiennent au genre dit "bleu et blanc". Les fouilles en cours ont prouvé que ces carreaux avaient été fabriqués à Iznik dans la première moitié du XVe siècle. On pourra en voir de remarquables exemples mettant en œuvre la technique de la sous-glaçure dans le *turbé şehzade* Moustafa et Cem Sultan (1479) à Bursa, et dans les mosquées Üç Şerefeli (1445) et Muradiye (1426-1427) à Edirne.

Ces carreaux de forme hexagonale ou rectangulaire étaient ornés de motifs peints en bleu et turquoise puis recouverts d'une glaçure transparente et incolore. L'argile utilisée pour leur fabrication devenait dure et blanche comme de la porcelaine. Parmi les nombreux motifs, ce sont les décors de fleurs printanières et de pivoines, ainsi que les nuages ou les dragons de style réaliste et d'origine extrême-orientale, qui retiennent l'attention. Cette ressemblance singulière avec les porcelaines de l'époque Ming, pour ce qui concerne le thème et les couleurs, est probablement due en grande partie à la présence de porcelaines chinoises importées en Anatolie. Un grand nombre de ces céramiques dites "bleu et blanc" ont été mises au jour au cours des fouilles d'Iznik d'où provient la majeure partie des collections des musées d'Iznik et de Bursa.

Les arts du bois

Les arts du bois vont occuper une place importante dans l'architecture des XIVe et XVe siècles. Ils utilisent une grande variété d'essences: noyer, pommier, poirier, bois de rose et cèdre. Comme sous les Seldjoukides mais à une moindre échelle, l'art des émirats et du début des Ottomans est marqué par une importante production d'ouvrages d'ébénisterie de grande valeur: des *minbars*, des volets, des portes, des balustrades, des porte-livres et des lutrins. On trouvera de remarquables collections d'œuvres de cette époque illustrant la variété des techniques de travail du bois dans les musées de Manisa, de Bursa et d'Edirne.

C'est sur les *minbars*, ces chaires qui se trouvent à la droite des *mihrabs*, que figurent les décors d'entrelacs les plus raffinés, véritables chefs-d'œuvre d'ébénisterie. La technique dite *kündekari*, un héritage de la période seldjoukide, est magnifiquement illustrée par les décorations des côtés des *minbars* des Grandes Mosquées de Manisa (1367), de Birgi (1312-1313) et de Bursa (1400). Le *kündekari* est une forme de marqueterie attestée en Égypte et en Syrie dès le XIIe siècle. Ici, les éléments, en forme d'octogone, de losange ou d'étoile, ornés de *rumis* sculptés, étaient assemblés à l'aide de baguettes mortaisées, sans un clou ou une pointe de colle. L'usage de mortaises et de tenons (ou languettes et rainurages) permettait d'éviter que l'assemblage n'éclate ou ne s'écarte au séchage. Un cadre en bois, qui servait aussi à renforcer le *minbar*, contribuait au maintien de l'emboîtement du *kündekari*. Cette décoration en bois, généralement réservée aux *minbars*, était parfois utilisée aussi pour les encadrements des portes et des fenêtres. Un travail proche du *kündekari*, mais utilisant, lui, la colle ou les clous pour l'assemblage des pièces, s'appelle par distinction "faux *kündekari*".

Les motifs floraux, géométriques et scripturaux, sculptés sur des surfaces planes ou arrondies, sont les plus courants dans l'art du bois des XIVe et XVe siècles. Les décors des encadrements des fenêtres et le *minbar* (1322) de la Grande Mosquée de Birgi sont des chefs-d'œuvre de la sculpture sur bois de l'époque. Les marqueteries du XVe siècle sont souvent enrichies d'incrustations de nacre, d'os, d'ivoire et même de jade. Les collections des musées d'Edirne, de Bursa et d'Iznik permettront de découvrir quelques beaux spécimens de ce travail avec incrustations et sculptures décoratives. L'incrustation était déjà connue à Damas au XIIIe siècle et le contexte de son utilisation va s'élargir considérablement au XIVe siècle sous la dynastie mamelouke.

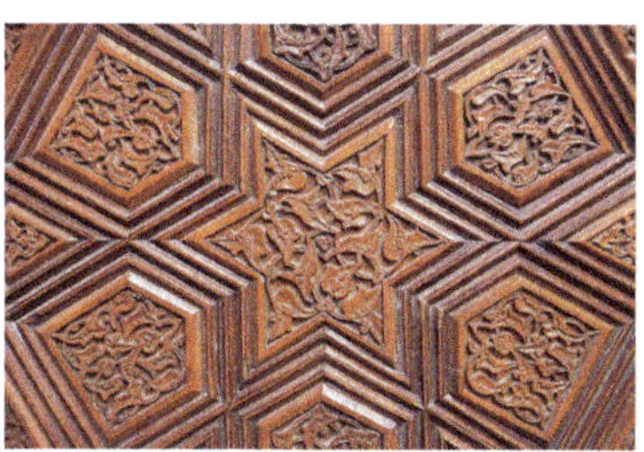

Grande Mosquée, détail des battants en bois des portes, 1400, Bayézid Ier, Bursa.

Les tapis

Dans les pays musulmans, les tapis d'une manière générale, y compris les petits tapis de prière, font traditionnellement l'objet

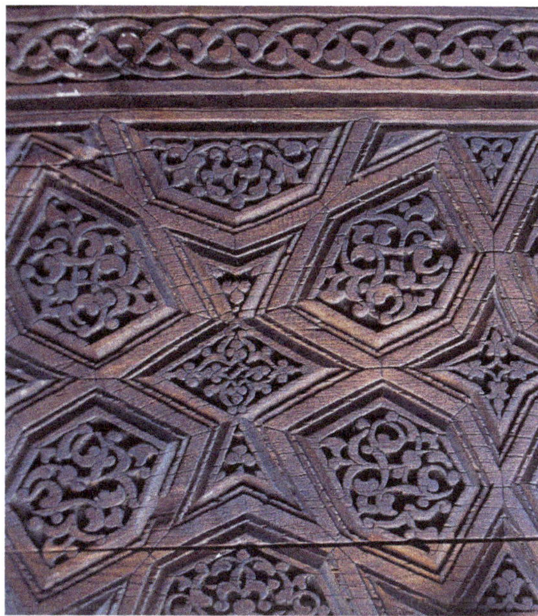

Grande Mosquée, détail des volets en bois des fenêtres, 1312-1313, Aydınoğlu Mehmet Bey, Birgi.

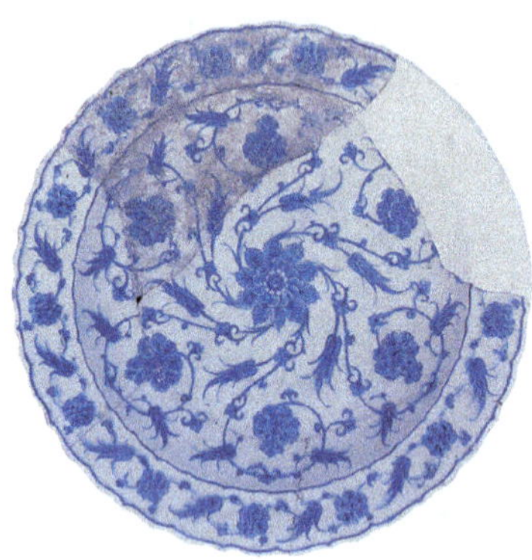

Plat en céramique (N° inv. 4377), XVe siècle, musée d'Iznik.

de donations et contribuent à l'atmosphère accueillante des mosquées par la beauté de leurs couleurs et de leurs motifs. De fait, l'Anatolie occidentale du XIVe siècle occupe une des premières places pour la production de tapis. Le chroniqueur Ibn Battuta, qui visite la région à cette époque, nous rapporte que les tapis anatoliens sont très prisés et exportés dans un grand nombre de pays. Ce sont des tapis de pure laine et la technique de nouage utilisée, dite "nœud turc" ou "nœud görde", leur est spécifique. Les couleurs les plus employées sont les nuances de rouge et de bleu pour la dominante, avec des jaunes, des crèmes, des violets, des bruns et, minoritairement, des verts. Les tapis de prière de Milas, Izmir, Uşak, Kula, Gördes, Bergame, Balıkesir, Çanakkale, Ezine et Bandırma restent extrêmement réputés de nos jours. Citons – à côté des tapis de la Grande Mosquée de Milas, des pièces authentiques d'époque plus tardive – la collection du musée des Arts turcs et islamiques d'Istanbul qui regroupe les trésors inestimables de la mosquée Muradiye d'Edirne. Par contre, on ne peut que déplorer l'invasion des tapis mécaniques et monochromes dans quantité de mosquées anatoliennes.

Les techniques de fabrication sont transmises par les Seldjoukides. On estime que le début de la fabrication de tapis à Konya et dans sa région remonte au XIIIe siècle. La continuité de la tradition est attestée au cours des XIVe et XVe siècles, à l'époque des émirats et du début des Ottomans, et l'éventail de la production va même s'enrichir au cours du temps.

En 1935-1936, le chercheur suédois C. J. Lamm découvrira dans le vieux Caire (Fustat) une centaine de fragments de tapis de dimensions variables. De nos jours, ces pièces font partie des collections du Musée national de Stockholm, du Röhs Museum de Gothenburg et du musée Bénaki d'Athènes. Les publications de C. J. Lamm sur ses découvertes concernent sept spécimens d'époque seldjoukide et des tapis anatoliens des XIVe et XVe siècles. Ces derniers présentent, pour la plupart, des décors animaliers stylisés ou des dessins géométriques. Les musées d'Istanbul et de Konya détiennent aussi des fragments de pièces originales.

De nos jours, les sources d'information privilégiées sur les tapis à décor animalier restent les peintures des XIVe et XVe siècles des écoles italienne, flamande, hollandaise et espagnole. Ces représentations de tapis turcs d'origine anatolienne, figurant au titre d'éléments de décor en tapis de table ou de sol, ont été traitées par les peintres avec une remarquable précision. Elles nous renseignent sur les motifs stylisés des grandes rosaces hexagonales et octogonales où l'on retrouve des arbres de vie abstraits et géométriques, des oiseaux, des aigles bicéphales, des cerfs et des animaux affrontés. L'ornementation des bordures des tapis animaliers utilise soit des motifs géométriques, soit des motifs évoquant la calligraphie coufique. Ces témoignages sont de véritables prouesses du fait de leur fidélité à

l'original et de leur finesse d'exécution qui réussit à rendre les moindres détails.
Au début du XVe siècle, les tapis animaliers vont faire place à des tapis de grande taille, la plupart du temps à décor géométrique, et à des tapis de prière de facture plus simple. On a généralement identifié la production de la région d'Uşak, en Anatolie occidentale, dans les exemplaires pris pour sujets par les peintres du XVe siècle, tels que Lorenzo Lotto, Gentile et Giovanni Bellini et en particulier Hans Holbein. Ce peintre allemand les a si souvent représentés qu'on les appelle maintenant "tapis Holbein".
Malheureusement, aucun des musées d'Anatolie occidentale n'est, à l'heure actuelle, en mesure d'offrir un échantillon de ce patrimoine historique. En contrepartie, on trouvera dans plusieurs villes d'Anatolie occidentale une production de qualité qui a permis de transmettre jusqu'à nos jours les motifs traditionnels. Une tradition qu'on a su préserver aussi dans les villages et dans certains centres de tissage grâce à un artisanat de haut niveau. Pendant des siècles, les étoffes et les tapis originaires de la ville d'Izmir et de ses environs seront exportés sans discontinuer vers toute l'Europe et principalement vers l'Italie.

Les collections d'artisanat traditionnel dans les musées d'Anatolie occidentale

Le fonds d'artisanat traditionnel concernant les émirats et le début de l'époque ottomane, disponible de nos jours, se caractérise par sa facture généralement simple et la sobriété de sa décoration.
La visite des musées recommandés dans nos circuits permettra aux visiteurs d'avoir un bon aperçu des collections archéologiques et ethnographiques concernant l'histoire pré-turque et l'époque ottomane tardive. Par contre, la carence d'œuvres datant des XIVe et XVe siècles, tant en céramiques et en tapis qu'en artisanat sur bois ou sur métal, nous conduit à souhaiter que la politique muséale turque couvre plus équitablement l'espace turc du patrimoine historique. Quoi qu'il en soit, la découverte des collections actuelles permettra quand même de faire quelque peu connaissance avec l'art traditionnel des émirats et de la première période ottomane.

L'art de la poterie

L'examen des poteries exhumées dans les fouilles de Milet, Beçin, Selçuk-Éphèse, Iznik et Edirne et des collectes provenant d'origines diverses permet d'affirmer que la céramique de la période des émirats et du début de la période ottomane se différencie nettement de celle de l'époque seldjoukide. La plupart des collections proviennent du site de Milet et portent d'ailleurs l'appellation de "céramiques de Milet", du fait qu'elles ont fait l'objet des premières fouilles et des premières publications. Cependant, à l'encontre de cette appellation, les progrès de la recherche et les nouvelles découvertes, en particulier celles des fouilles d'Iznik, attribuent plutôt à cette dernière la production de ces poteries. Les collections des musées de Bursa et d'Iznik offrent un bon panorama de la céramique "de Milet". Ces poteries d'usage quotidien étaient en argile rouge. Leurs décorations de motifs floraux et géométriques, de rosaces et de lignes radiales, colorés en bleu cobalt, noir, turquoise et vert, étaient recouvertes d'une glaçure transparente, achromatique ou parfois turquoise.

À côté des céramiques "de Milet", les fouilles d'Anatolie occidentale ont mis au jour plusieurs autres types de poteries. Certaines recouraient à la technique dite du *"sgrafitte"*, où les dessins abstraits sont obtenus par incision. Parfois encore, les motifs étaient peints sur une couche d'engobe, sorte de pâte d'argile liquide appliquée généreusement sur la poterie crue, puis recouverts d'une glaçure. Il s'agit encore de décors abstraits soit floraux soit géométriques. Les couleurs utilisées pour la peinture sur engobe sous glaçure transparente et incolore étaient le beige, le bleu, le vert, le brun ou le jaune; les motifs présentaient un léger relief.

Il existe aussi un genre de poteries dites "bleu et blanc", ainsi dénommées pour la même raison que la céramique murale de même type dont nous avons parlé précédemment. Les objets de céramique "bleu et blanc" qui provenaient des ateliers d'Iznik et de Kütahyia étaient produits en grande quantité aux XVe et XVIe siècles. Pour ce genre de céramique de très belle qualité, on utilisait une argile blanche qui devenait dure comme de la porcelaine. Avec leurs motifs de fleurs printanières, de pivoines, de feuilles, de lierre, de nuages, et de dragons stylisés, sous un glaçage transparent et incolore, elles évoquent irrésistiblement elles aussi la porcelaine Ming du XVe siècle. Leur décor bleu sur fond blanc était recouvert d'une glaçure transparente et dure, de très haute qualité. On pourra découvrir dans les musées d'Iznik et de Bursa un large éventail de céramiques de ce type, comme par exemple des bols, des assiettes et des tasses, ainsi que des objets semblables en "céramique de Haliç" (céramique de la Corne d'Or).

Grâce à la collecte de fragments de céramique "bleu et blanc" provenant des fouilles d'Iznik, nous pouvons nous rendre compte que la gamme de cette production était très variée: vases, gobelets, tasses, sucriers, lampes, etc. L'ampleur de cette collecte mais aussi la quantité de vestiges de fours de cuisson retrouvés montrent suffisamment qu'Iznik était véritablement le centre principal de production. Mais Kütahya, où l'on produit encore la majeure partie de la céramique d'aujourd'hui, était aussi un centre de fabrication de céramique "bleu et blanc", comme le prouvent les inscriptions, les *firmans* et les tessons mis au jour. On continue de fabriquer de la céramique "bleu et blanc" au XVIe siècle, mais dans le style ottoman classique, avec des décors plus réalistes.

Les arts du métal

Notre connaissance des arts traditionnels de la métallurgie pendant les émirats et la première période ottomane est extrêmement limitée. L'étude des fragments dispersés entre diverses collections privées et les musées montre qu'il n'y a pas de rupture de la tradition à la fin de la période seldjoukide. Au XIIIe siècle, les maîtres artisans iraniens et seldjoukides, chassés par l'invasion mongole, vont perpétuer la tradition grand-seldjoukide du travail des métaux en Irak et en Syrie où ils se réfugient. Les inscriptions retrouvées nous prouvent bien que les artisans syriens travaillaient sur commande pour les émirats anatoliens, et cela depuis le XIIIe jusqu'au XVe siècle. Il est généralement admis aussi que les artisans syriens immigrant en Anatolie vont introduire leur savoir-faire traditionnel dans leur nouvelle patrie. De l'art de la métallurgie aux XIVe et XVe siècles, la très grande majorité des œuvres qui ont pu être conservées sont en cuivre, en fer et en bronze. Il existe peu d'objets en or et en argent. Le travail de ces artisans est d'une extrême précision et leur art est très élaboré. La diversification de cette production est remarquable: bassins, bols, plateaux, aiguières à long col, vases, candélabres, plumiers, lampes à huile, brûle-parfums, pilons et mortiers, miroirs, boucles de ceinture, marteaux de portes, etc.

Les collections des musées d'Anatolie occidentale ne sont pas très étendues en nombre et la connaissance de leur origine est mal établie. Cependant, pour les candélabres en bronze incrustés d'or et d'argent de la fin du XIIIe siècle ou du début du XIVe, exposés dans le musée des Arts turcs et islamiques de Bursa, il paraît établi qu'ils proviennent des ateliers de Siirt en Anatolie du Sud-Est. Le brasero en bronze exposé dans ce même musée est une magnifique illustration de l'art des artisans du XIVe siècle.

Les quelques objets précieux de la première période ottomane ont été dispersés entre les collections des musées d'Istanbul et des musées étrangers. Le candélabre de bronze exposé au musée du Louvre à Paris porte une inscription mentionnant qu'il a été fabriqué pour Orhan Gazi en 1329. Toujours au Louvre, la carafe de bronze ayant appartenu au sultan Mehmet II est l'une des pièces les plus raffinées connues. De même, plusieurs des candélabres du palais Topkapı et du musée des Arts turcs et islamiques d'Istanbul méritent d'être distingués par la finesse de leur ciselure. On trouve aussi dans les collections du musée des Arts turcs et islamiques d'Istanbul la magnifique paire de candélabres ciselés, commandés pour la mosquée du complexe Bayézid II à Edirne. Ainsi ce petit nombre de pièces montre-t-il, à travers les exemples que nous avons étudiés, que la maîtrise de l'art des métaux est solidement implantée dans l'Anatolie des XIVe et XVe siècles et, même si elle n'a pas su s'inventer un style propre, cette époque sera le berceau de l'art ottoman du métal.

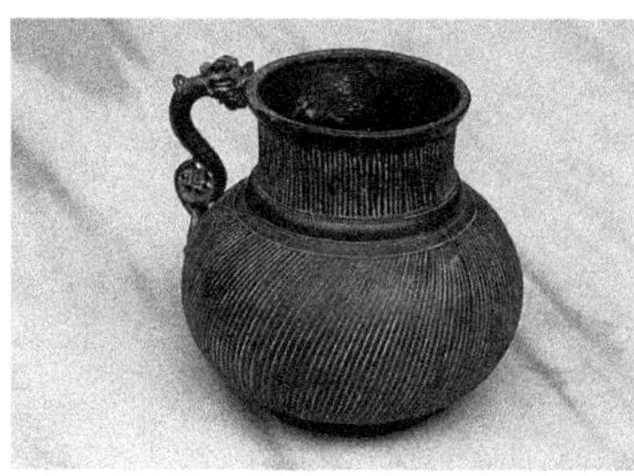

Pichet en bronze moulé (N° inv. 764), XVe siècle, musée des Arts turcs et islamiques, Bursa.

Les arts du livre

Dès les XIVe et XVe siècles, les souverains des émirats d'Anatolie occidentale vont encourager les arts du livre et de l'enluminure, dont ils deviennent les mécènes. À Tire, la bibliothèque Necip Pacha détient une précieuse collection de manuscrits. Leurs enluminures, splendidement rehaussées à la feuille d'or, sont remarquables par la magnificence de leurs coloris et la finesse de leur ornementation.

Bursa était particulièrement renommée pour l'habileté de ses *müzehhips,* des artistes disposant de la protection des sultans ottomans qui ont excellé dans l'art de l'enluminure et de la reliure. Tant le musée des Arts turcs et islamiques de Bursa que le musée Topkapı d'Istanbul détiennent de précieuses collections de manuscrits et de calligraphies des XIVe et XVe siècles.

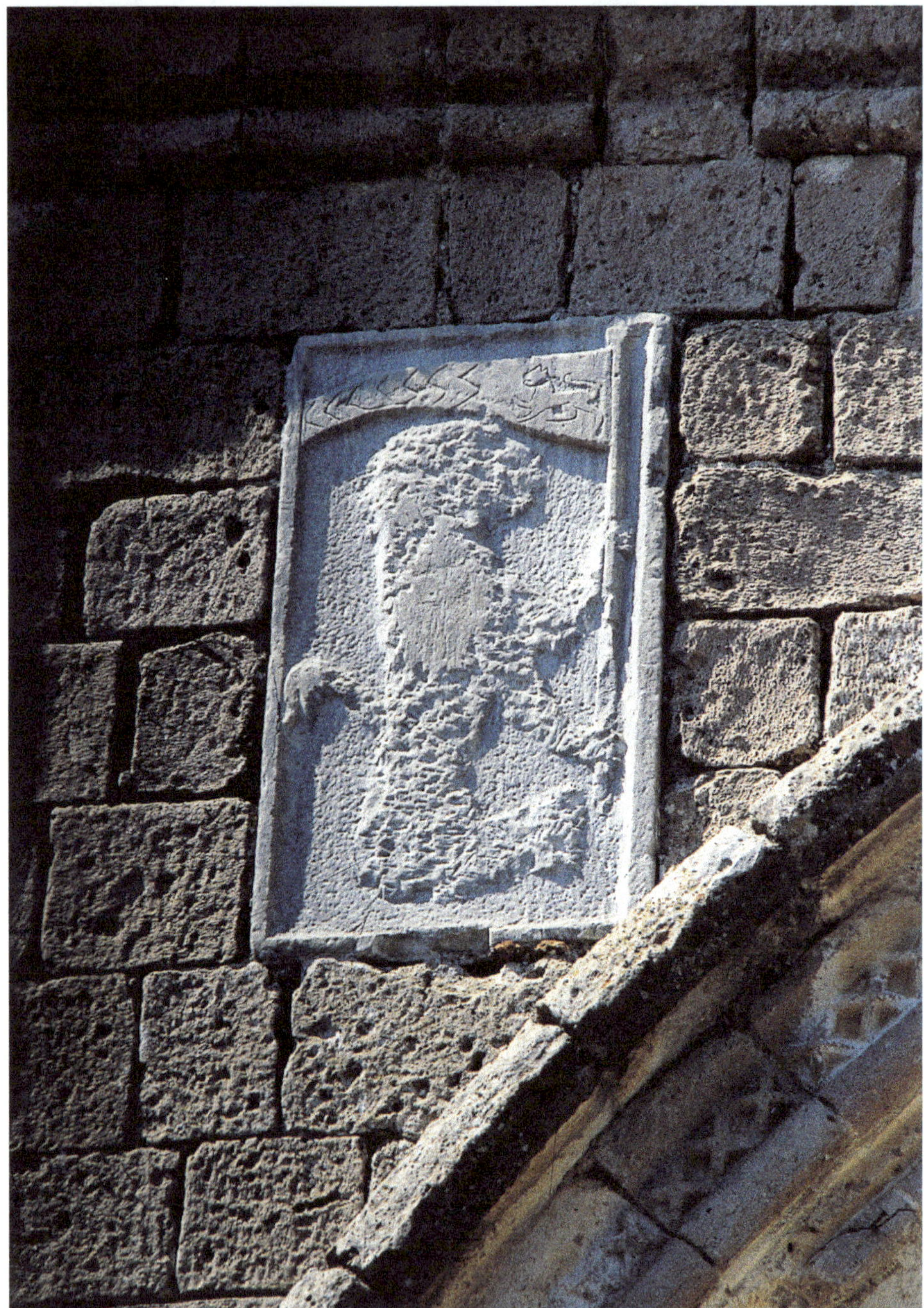

Le Sultan des Côtes

Aydoğan Demir, Yekta Demiralp, Rahmi H. Ünal

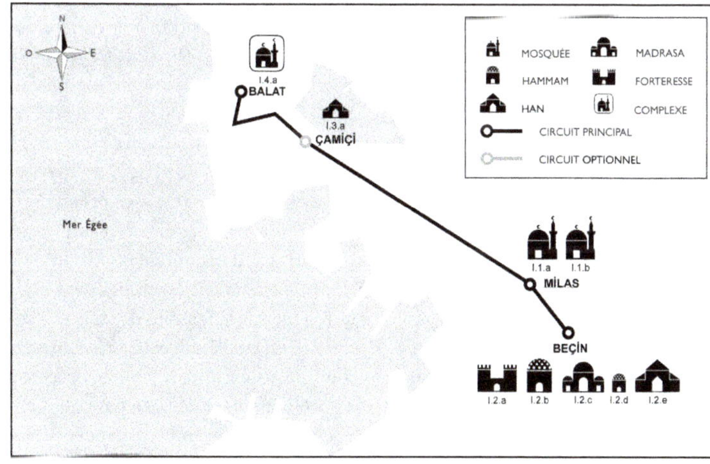

Madrasa Ahmet Gazi, bas-relief de lion sur l'écoinçon gauche de l'iwan principal (1375), Ahmet Gazi, Beçin.

L'Empire byzantin, la grande puissance dans les Balkans comme en Anatolie occidentale et septentrionale du XIe siècle, ne va pas trouver les moyens de surmonter les effets dévastateurs de la Quatrième Croisade (1204). De leur côté, les sultans seldjoukides d'Anatolie qui régnaient sur une grande partie de l'Anatolie sont vaincus par les Mongols en 1243. Des centaines de milliers de personnes fuyant l'oppression des envahisseurs vont se rassembler sous la bannière des *beys* turkmènes et de quelques administrateurs seldjoukides, briser la résistance des Byzantins, déjà grandement affaiblis en Anatolie occidentale, et finalement occuper la région.

Mosquée Firuz Bey, portail, 1396, Hoca Firuz, Milas.

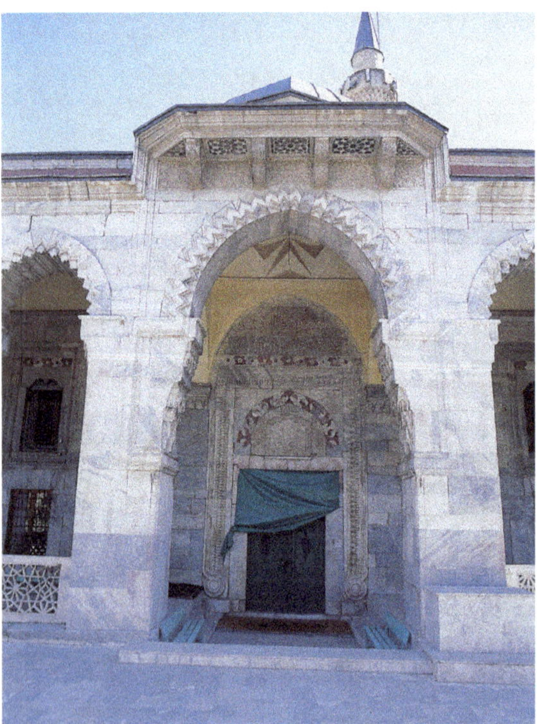

Menteşe Bey et ses successeurs occupent le territoire de l'ancienne Carie et y fondent l'émirat menteşide en 1280. Ils nouent des ententes avec les marins locaux, les Rums, dans l'intention d'accroître leur puissance et de s'ouvrir les mers. Pendant une courte période avant l'arrivée des Chevaliers de Saint-Jean en 1310, ils vont contrôler une partie de Rhodes. Ahmet Gazi, qui a fait construire une splendide *madrasa* à Beçin en 1375, prendra le titre de "Sultan des Côtes", une expression qui traduit bien sa volonté d'établir sa souveraineté sur les mers. Une fois la mainmise assurée sur l'important port de commerce de Balat (Milet), les Menteşides vont passer six accords successifs avec les Vénitiens entre 1331 et 1414 pour garantir la sécurité du commerce côtier. Aux termes de ces accords, les marchands vénitiens obtiennent le droit de commercer librement dans l'émirat, la liberté d'implantation à Balat et le libre exercice de leur religion dans leur lieu de culte, l'église qui recevra le nom de Saint-Nicolas. L'autorité judiciaire pour tous les conflits concernant des Vénitiens dépendra directement du consul de la République résidant à Balat. Aucun Vénitien ne pourra être arrêté ou être tenu responsable à la place d'un compatriote endetté. Pour favoriser le commerce, les *beys* menteşides créent une monnaie d'argent appelée "gigliati", dans le style figuratif napolitain et portant une inscription latine. L'économie de l'émirat, fondée sur la fertilité des terres agricoles et la sécurité des relations commerciales, dispose d'un important potentiel de développement dans un pays qui aspire à une plus grande prospérité. Ce contexte économique sain va permettre de financer des travaux monumentaux à Beçin, Milas et Balat.

Dans les années 1350, les forces ottomanes vont traverser le détroit de Çanakkale (les Dardanelles) pour conquérir la Thrace et avancer jusqu'au Kosovo; puis, ayant réussi à cantonner les Byzantins dans Constantinople et ses environs, ils engagent l'annexion progressive des émirats d'Anatolie occidentale. Nous ne connaissons pas avec précision la date de la conquête des émirats d'Aydın et de Menteşe. Toutefois, il semble avéré que Balat est prise dans les années 1389-1390. À sa mort en 1391, Ahmet Gazi est enterré dans la *madrasa* qu'il avait fait construire à Beçin. Sous le règne du sultan Bayézid Ier, Hoca Firuz, le gouverneur de Menteşe –la région garde encore ce nom– fait ériger à Milas la mosquée Firuz Bey, dont la construction est achevée le 29 novembre 1396.

En 1424, l'État ottoman élimine définitivement l'émirat menteşide qui avait été rétabli en 1402 après la bataille d'Ankara. À partir de cette date, les territoires de l'ancien émirat deviennent un *sandjak* (province) ottoman et des villes comme Beçin et Balat vont décliner au cours du temps pour finalement tomber à l'abandon.

A. D.

Ce circuit a comme point de départ le centre-ville de Milas, dans l'antique région de Carie, et comme point d'arrivée l'ancienne région d'Ionie. Après la visite du centre de Milas et de la forteresse de Beçin, prendre la nationale D 525 en direction du nord. Après avoir traversé la région accidentée qui longe la rive sud du

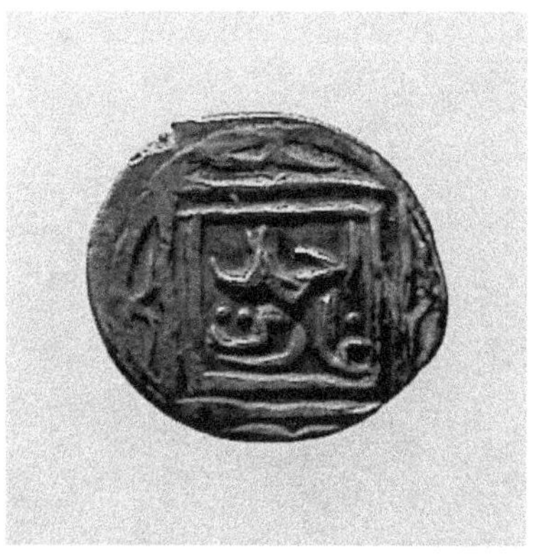

Monnaie d'argent frappée au nom d'Ahmet Gazi, 1359-1391, collection Üstün Erek.

lac Bafa, on entre dans la plaine de Söke, formée au cours des siècles par les alluvions du Büyük Menderes (le fleuve Méandre de l'Antiquité). Une fois arrivé à Söke, il faudra décider où passer la nuit: le choix est entre faire étape à Selçuk, le point de départ du circuit suivant, ou préférer la ville balnéaire de Kuşadası sur l'agréable frange côtière. Pour ceux qui choisiront de rejoindre Selçuk, la ville d'Ortaklar offre la possibilité de faire une pause dans l'un des nombreux restaurants qui proposent les spécialités de la région: le çöp şiş *(un* kebab *de tout petits morceaux de viande, ficelés en brochettes et grillés au charbon de bois),* l'ayran *(une boisson à base de yaourt et d'eau) ou le* sucuk *grillé (une saucisse très piquante).*

Si vous empruntez les transports publics, il est à craindre que vous n'ayez pas le temps de tout visiter en une journée. Disons quand même que le réseau interurbain de cars turcs est bien organisé. À partir de Milas, prendre un des minibus (dolmush) *pour Beçin qui partent de la Grande Mosquée, en face du musée. Le* han *Bafa se trouve sur la route principale Milas-Söke; ceci dit, il vous sera difficile de visiter ce site si vous ne disposez pas d'une voiture. Pour rejoindre Balat par les transports en commun, il faut*

Grande Mosquée, façade ouest, 1378, Ahmet Gazi, Milas.

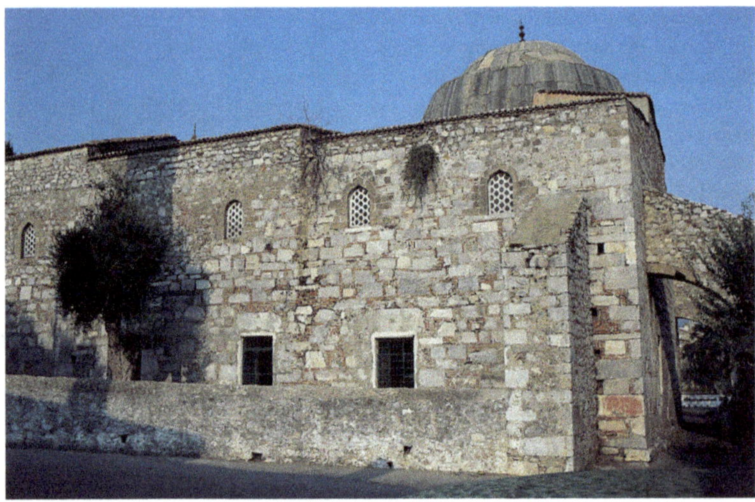

d'abord aller à Söke puis, à la gare routière, prendre un dolmush *pour Balat ou Didim. La route qui traverse la plaine de Söke est assez dangereuse à cause des nombreux tracteurs qui transportent les balles de coton car la plupart d'entre eux sont mal éclairés et mal signalés: conduisez prudemment, surtout pendant la saison des récoltes (septembre-octobre).*

I.1 MİLAS

Dans l'Antiquité, Milas, sous son nom de Mylasa, était l'ancienne capitale de Carie; un avantage qui reviendra à Halicarnasse (l'actuelle Bodrum) sous le règne de Mausole (IVe siècle av. J.-C.), le satrape perse de Carie. Grâce aux bonnes relations qu'il va entretenir avec l'administration perse, Mausole pourra régner en jouissant d'une grande liberté. À sa mort, son épouse lui fera construire une sépulture monumentale (le Mausolée), l'une des Sept Merveilles du Monde dont il ne reste que les fondations. À l'époque hellénistique, Mylasa reste une ville importante grâce à la proximité du centre religieux de Labranda (13 km à l'est). Plus tard, à l'époque romaine, elle va devenir un centre administratif. L'histoire de Milas à l'époque byzantine nous est très mal connue. Par contre, nous avons la preuve du regain d'importance de la cité avec la fondation de l'émirat menteşide.

I.1.a **Grande Mosquée (Ulu Cami)**

Quartier d'Hoca Bedrettin, avenue İnönü, en face du musée.

Après la mort de son père, le célèbre émir menteşide Ahmet Gazi va régner de 1359 à 1391 sur un territoire amputé par son partage entre les héritiers. Son règne sera non seulement plus long que celui des

autres souverains menteşides, mais il correspond à la période la plus brillante de l'émirat. Certains des édifices construits par lui à Beçin, Milas, Balat, Fethiye et Çine existent encore de nos jours. Parmi eux, la Grande Mosquée de Milas, encore en fonction aujourd'hui, a fait l'objet d'une restauration complète ces dernières années.
La mosquée est située dans un magnifique jardin d'arbres et de bosquets. Ses murs en appareil de brique et de pierre ont été construits en réutilisant des matériaux anciens dont certaines parties portent encore des inscriptions. Les décorations de brique sont tout à fait remarquables. En plus de l'entrée principale au centre de la façade nord, elle a deux autres entrées secondaires sur ses côtés est et ouest. L'escalier situé à droite du portail nord permettait d'accéder au toit pour l'appel de la prière. Une inscription en arabe au-dessus de l'entrée nous indique que sa construction a été achevée en octobre 1378. L'autre inscription, au-dessus de l'entrée de la façade ouest, cette fois en ottoman, est une charte *waqf* créée en 1904.
Les importantes différences de style que l'on peut voir sur la toiture et les soutènements de la mosquée sont la preuve des nombreuses rénovations qu'elle a subies au cours de son histoire: les contreforts massifs qui encadrent tout l'édifice sont certainement des ajouts plus tardifs.
Le plan et la conception du toit sont de tradition seldjoukide. Comme pour toutes les mosquées à plan basilical, les nefs sont orientées perpendiculairement au mur de la *qibla*. Les voûtes des nefs sont de différents types et la salle qui fait face au *mihrab* se différencie nettement par l'ajout d'une coupole. Le *minbar* en marbre, avec sa décoration en rosaces, est une restauration de 1879 et l'inscription qui donne la date de janvier 1380 n'est qu'une copie de celle du *minbar* original.

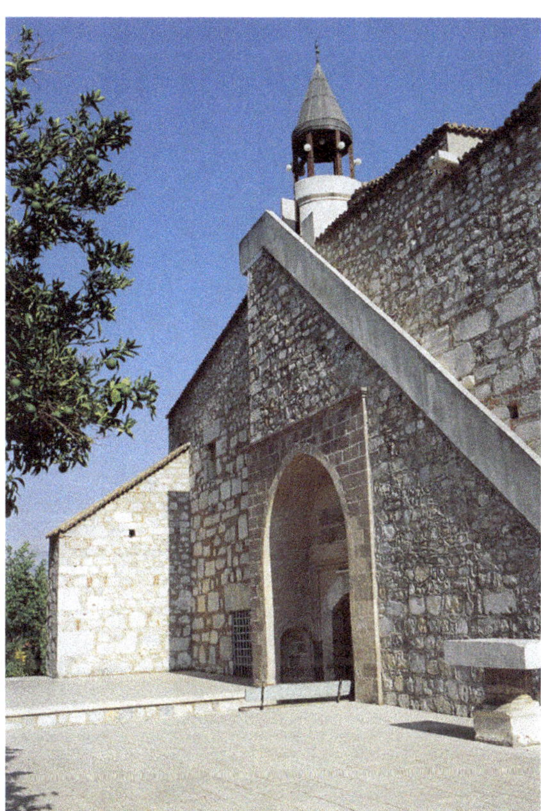

Grande Mosquée, façade d'entrée, 1378, Ahmet Gazi, Milas.

R. H. Ü.

I.1.b **Mosquée Firuz Bey (Kurşunlu)**

Quartier Firuz Pacha, avenue Kışla. Prendre la rue principale en face de la Grande Mosquée en direction du nord et tourner à gauche dans l'avenue Kışla.

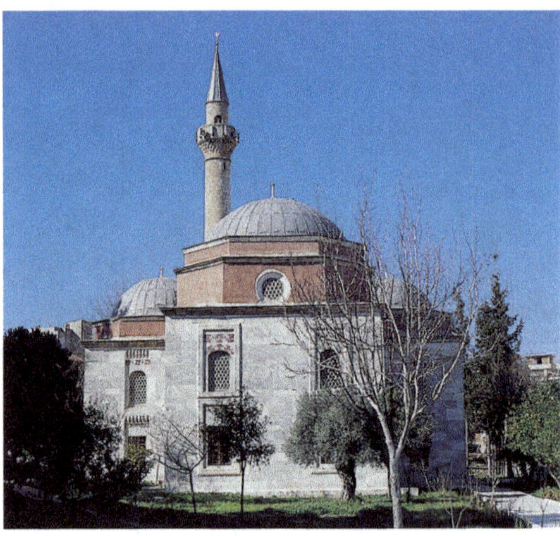

Mosquée Firuz Bey, façade sud, 1394, Hoca Firuz, Milas.

La mosquée se trouve dans le centre-ville au milieu d'une grande cour. Les tombes qui s'y trouvaient autrefois ont été déplacées dans un autre cimetière au cours des années 1930 et les cellules de la *madrasa*, alignées sur le bord ouest de la cour, ont perdu leur caractère original en raison des rénovations. L'édifice, terminé en 1396, a été entièrement rénové récemment et sert toujours de lieu de culte. Tous les extérieurs des façades sont parementés de plaques de marbre veiné de bleu. Le célèbre chroniqueur turc Evliya Çelebi écrit que "c'est à cause du marbre de couleur bleue que les Turcs ont dénommé cet édifice 'Gök Cami' (mosquée bleu ciel)". Les fenêtres, sur deux hauteurs, ont reçu chacune un très beau traitement décoratif individuel. D'habitude, le minaret s'élève sur une base en saillie jouxtant un des côtés de la mosquée à proximité de l'entrée. Ici, au contraire, il surmonte le mur de la salle de prière.

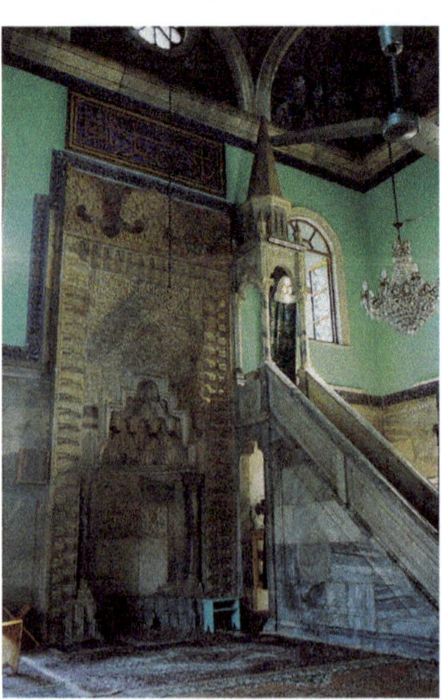

Mosquée Firuz Bey, mihrab, 1396, Hoca Firuz, Milas.

Le portique d'entrée mérite d'être remarqué pour l'harmonie de ses cinq arcades, les jalousies de marbre de ses balustrades à décoration géométrique et son élégant portail. L'ensemble est couvert par une coupole centrale et par deux voûtes latérales en berceau. Juste au-dessus de l'entrée, la frise florale qui orne la plaque fondatrice au niveau de l'arcade centrale du portique marque une rupture avec le style seldjoukide. La mosquée Firuz Bey, qui est une variante des mosquées multifonctionnelles servant à la fois de lieu de culte et d'hébergement, dispose de *tabhanes* de part et d'autre de la cour intérieure sur ses côtés est et ouest. Cette cour et la salle de prière ont des dimensions réduites par rapport aux normes habituelles. À l'intérieur, l'élégance des dômes est rehaussée de peintures effectivement plus tardives; la décoration du *mihrab* frappe le visiteur par la finesse de ses sculptures et le *minbar* de marbre nu n'est orné que d'un simple "sceau de Salomon" (étoile de David). L'édifice a été

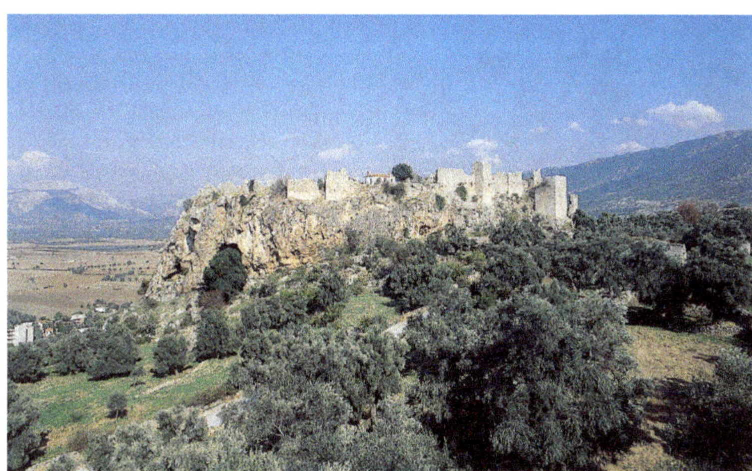

Citadelle de Beçin, vue d'ensemble du côté ouest, XIVe-XVe siècle, Beçin.

construit par un architecte du nom de Hassan Ibn Abdullah, tandis que l'ornementation a été confiée à un maître artisan du nom de Moussa Ibn Adil.

R. H. Ü.

Milas est une ville ravissante et animée qui dispose de beaucoup d'atouts pour retenir le visiteur: dans la vieille ville, on pourra découvrir la modeste mais charmante collection d'œuvres de l'Antiquité du musée local, quantité de maisons ottomanes anciennes et leurs jolies cheminées de style régional, le tombeau d'époque romaine de Gümüşkesen, le marché qui a lieu tous les mardis... Les vestiges du Mausolée, une des Sept Merveilles du Monde, se trouvent à Bodrum (l'antique Halicarnasse), à 50 km de Milas. La forteresse Saint-Pierre, construite par les Chevaliers de Saint-Jean avec des pierres de remploi du Mausolée, abrite maintenant un musée d'Archéologie sous-marine de renommée mondiale. Bodrum est une agréable ville balnéaire qui attire de nombreux touristes turcs et étrangers à la belle saison.

Beçin, au sud, est à 4 km du centre de Milas. Pour s'y rendre, emprunter un des minibus (dolmush) *juste devant la Grande Mosquée.*

I.2 BEÇIN

Sur le haut plateau en bordure de la plaine de Milas, la forteresse s'accroche à 200 m d'altitude sur son abrupte crête rocheuse, comme une couronne en surplomb de la ville moderne. Les ruines qui s'étagent aux abords et jusqu'au sommet de l'escarpement nord ont nourri l'hypothèse que le site aurait servi de nécropole dans l'Antiquité. Les traces de fondations d'époque hellénistique sur le côté oriental ainsi que le temple (IVe siècle av. J.-C.), à l'angle sud-est des remparts, attestent ensemble l'existence de la forteresse antérieurement à l'occupation turque.
La ville de Beçin se résume probablement à une modeste implantation au moment

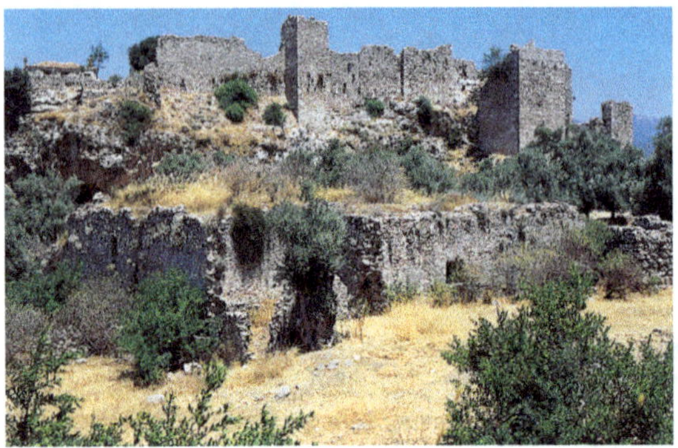

Hammam Büyük, vue d'ensemble du côté sud-ouest, XIVᵉ siècle, Beçin.

où elle tombe aux mains des Menteşides, vers la fin du XIIIᵉ siècle. Une thèse que viennent confirmer les dimensions modestes de la chapelle byzantine logée dans les ruines de la ville. Ibn Battuta, qui la visita autour de 1330, renforce encore la crédibilité de cette hypothèse en parlant dans ses écrits d'une "cité de fondation récente avec ces bâtiments et ces *masjids* nouveaux". Le fait que la majorité des ruines soient d'origine turque prouve que l'essor de la cité a été très rapide à cette époque. En raison de ce développement et de l'accroissement parallèle de la population, la majorité des édifices qui sont venus ennoblir la cité datent du XIVᵉ siècle.

R. H. Ü.

I.2.a **Forteresse (Kale)**

La route tourne juste devant l'escalier qui monte à la forteresse. À cet endroit se trouve une fontaine datant probablement de la période menteşide et, quelques pas plus haut sur la droite, la citerne qui alimentait toute la forteresse en eau. En dépit de l'abondance de sources et de puits retrouvés dans les ruines de Beçin, il n'a jamais été possible d'amener l'eau jusqu'ici à cause de l'obstacle que constitue l'abrupt éperon rocheux surplombant de 50 m le plateau où s'étend la ville.
La partie sud de l'enceinte circulaire, dont les remparts auraient bien besoin d'une restauration, prend appui sur les fondations d'un ancien temple que l'on croit avoir été dédié à Zeus, encore qu'il n'ait pas fait l'objet de recherches très détaillées. À l'intérieur, les maisons en grand état de délabrement sont maintenant abandonnées, bien qu'elles soient restées occupées jusqu'en 1980. Précisons que la plus vieille d'entre elles n'a pas plus de 100 ans. Par contre, les vestiges d'un *hammam* datant du XIVᵉ siècle laissent penser que le lieu était habité dans des temps anciens.

R. H. Ü.

I.2.b **Hammam Büyük**

Le chroniqueur Evliya Çelebi, qui visita Beçin au milieu du XVIIᵉ siècle, nous rapporte qu'on n'y trouve pas de *hammam*. Mais, comme de nos jours on peut encore identifier les vestiges de cinq d'entre eux, il faut certainement en conclure qu'ils étaient déjà tombés en ruine ou du moins qu'ils n'étaient plus en fonction à l'époque de sa visite.
Le Hammam Büyük, littéralement "grand *hammam*", situé dans l'oliveraie à droite de la route qui va de la forteresse à la *madrasa* Ahmet Gazi, est une des constructions les plus somptueuses de la ville. Bien que le toit se soit écroulé, une grande partie

des murs est encore debout. La salle du nord, rectangulaire et voûtée, servait de réservoir d'eau et l'on peut observer à l'extérieur la bouche du foyer par où l'on alimentait le feu. À l'est, la grande pièce est le *soyunmanlık*. Les fouilles ont permis de mettre au jour deux fontaines, l'une située dans le *soyunmanlık*, et l'autre dans l'*ılıklık*. Dans le vestiaire, deux portes mènent directement à l'extérieur et c'est une particularité de ce *hammam* car l'usage, dans la plupart des bains, est de n'en prévoir qu'une seule pour limiter la déperdition de chaleur.

Il existe un type de *hammam* composé de deux espaces de bains séparés et adjacents réservés l'un aux femmes, l'autre aux hommes. Dans ces établissements, l'entrée de la section réservée aux femmes s'ouvrait généralement sur une rue peu passante pour que les femmes puissent entrer et sortir discrètement. Précisons qu'à côté de ces *hammams* mixtes, on ne trouve pas d'établissements de bains réservés aux femmes. Quand il n'existe qu'un *hammam* simple, les femmes n'y ont accès qu'un ou deux jours par semaine.

Dans le Hammam Büyük, l'entrée ménagée à l'est ouvre directement sur la rue, alors que la porte de l'ouest, de plus petites dimensions, est une entrée secondaire peu visible de l'extérieur. Les jours réservés aux femmes, l'entrée principale était probablement fermée et les clientes devaient entrer et sortir par cette porte donnant sur l'arrière de l'édifice.

Il faut traverser la petite pièce ouest pour accéder à l'*ılıklık* qui, du côté nord, jouxte le *sıcaklık* avec trois *iwans* disposés en T et des *halvets* en angles. Tout le sol est dallé de grands blocs de marbre, des matériaux de remploi, et on a retrouvé des traces de plâtre sur les murs.

R. H. Ü.

I.2.c Madrasa Ahmet Gazi

De tous les monuments de l'émirat menteşide conservés jusqu'à nos jours, la *madrasa* commanditée par le célèbre *bey* Ahmet Gazi est celui qui a été le plus épargné. Depuis quelques années, des travaux de restauration –toujours en cours– y ont été entrepris. D'après l'inscription arabe au-dessus de l'entrée, "le grand souverain, le Sultan des Côtes, Ahmet Gazi" l'a fait construire en 1375. Ce titre de "Sultan des Côtes", attribué à Ahmet Gazi, témoigne que la volonté d'établir la souveraineté menteşide sur l'Égée, qui s'intensifie sous le règne des souverains Mesut Bey et Orhan Bey, est couronnée de succès. À

Hammam Büyük, soyunmalık après les fouilles et les travaux de préservation, XIVe siècle, Beçin.

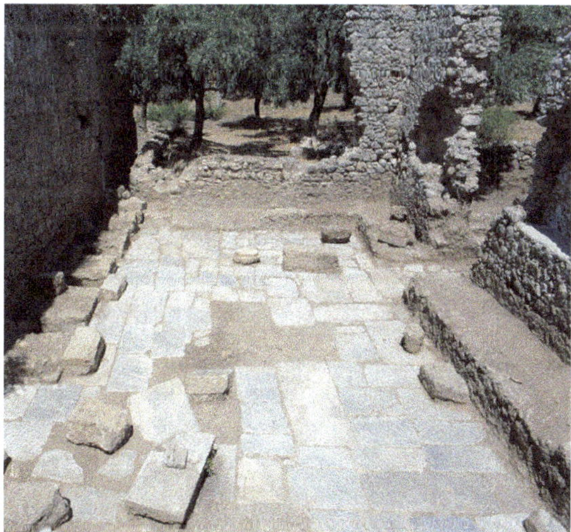

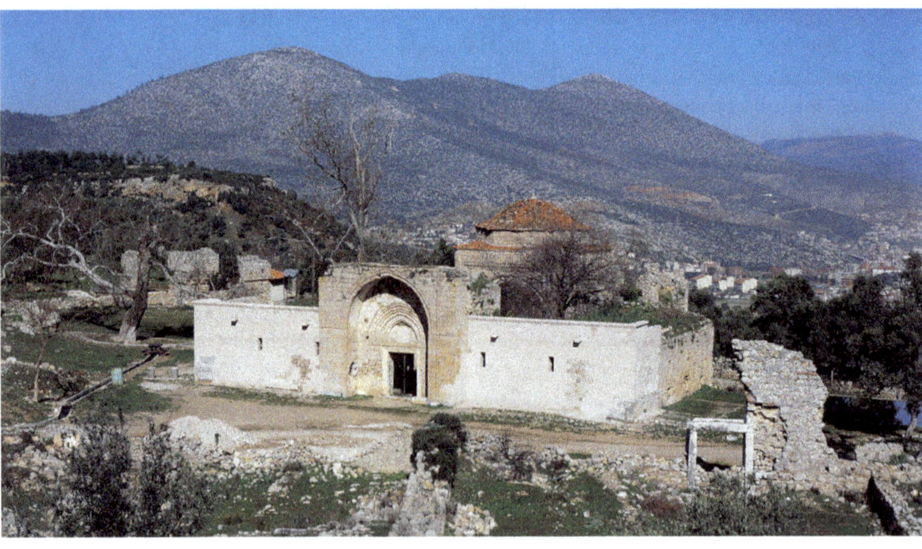

Madrasa Ahmet Gazi, façade d'entrée, 1375, Ahmet Gazi, Beçin.

cette époque, le renouveau des activités commerciales et de la libre circulation des personnes avec les îles égéennes, l'Italie et le sud de la France va se traduire par l'apparition d'éléments étrangers dans l'architecture turque pour la première fois de son histoire. Quoique son portail reprenne toutes les caractéristiques du portail seldjoukide traditionnel, l'entrée de la *madrasa* se distingue par l'introduction de différences significatives dans les détails. Si on les examine attentivement, les nombreuses moulures qui encadrent la niche principale de l'entrée ne sont pas sans rappeler les portails de style gothique.

L'*iwan* de l'entrée principale est situé face à l'*iwan* principal de l'édifice. Les huit pièces et les deux *iwans* de la *madrasa* donnent sur une cour dépourvue de portique, contrairement aux cours des autres *madrasas*. Les deux grandes pièces de chaque côté de l'*iwan* principal sont des salles de classe. Chaque cellule ainsi que les salles de classe disposent d'une cheminée. Les écoinçons de l'arc de l'*iwan* principal sont ornés de deux lions sculptés, de facture plutôt simple, portant chacun une bannière sur laquelle est inscrit "Ahmet Gazi" en caractères arabes. À l'époque seldjoukide, on retrouve déjà cet usage symbolique d'animaux tels que l'aigle et le lion, pour représenter le sultan; toutefois, on ne les voit jamais avec une bannière comme ici. L'une des deux sépultures de l'*iwan* principal, la plus proche de la cour, est celle d'Ahmet Gazi. Il a parfois été supposé que l'autre pourrait être celle du souverain menteşide Şücaeddin Bey. Dans les croyances des habitants, ces tombes passent pour être celles d'illustres personnalités religieuses, de sorte qu'elles sont des lieux de prières et d'offrandes.

R. H. Ü.

I.2.d **Hammam Bey** (option)

La grande maison, à 50 m à l'ouest de la *madrasa*, appartenait certainement à un éminent membre de la cité, et peut-être même à l'émir menteşide en personne. Le *hammam* Bey se trouve à 25 m au nord de ce bâtiment à étage.
Construit probablement au début du XVe siècle, il se trouve dans le voisinage immédiat, à 100 m environ, du *hammam* Büyük qui est une construction datant de la seconde moitié du XIVe siècle. Cette proximité de deux bâtiments de fonctions identiques conduit à supposer que le premier était réservé à un usage privé et dépendait sans doute de la maison voisine. Les traces de décoration encore décelables sur les enduits intérieurs permettent d'imaginer qu'un très grand soin avait présidé à cette construction. Si les superstructures du bâtiment ont été totalement détruites, une grande partie des murs reste cependant épargnée. Les fouilles ont permis de mettre au jour les fondations du vestiaire réduit à l'état de ruines.

R. H. Ü.

I.2.e **Han Kızıl**

La plus grande mosquée de Beçin, la mosquée Orhan (1330-1331), érigée au centre de la cité, fait face à la madrasa *Ahmet Gazi. Il suffit de suivre le chemin qui la contourne par la gauche, de dépasser une fontaine sur la droite pour se retrouver devant le han Kızıl.*

Un des itinéraires les plus importants de la Route de la Soie reliant la Chine à l'Europe traversait l'Anatolie; dès la fin du XIIe siècle, les Turcs qui s'en sont emparés prennent conscience des avantages matériels que rapporte ce commerce et vont décider de le développer. La construction des *caravansérails*, entreprise dans cette intention, va garantir aux commerçants un abri sûr pour la nuit, de même que le développement des mar-

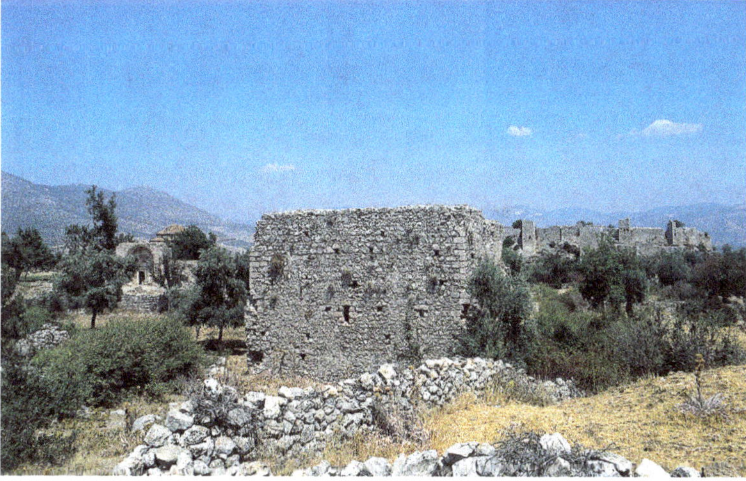

Han Kızıl, façade sud, XVe siècle, Beçin.

chés autour de ces places. Le commerce va prendre un essor sans précédent dès lors qu'au début du XVe siècle, les Ottomans s'emparent de l'administration et réussissent à pacifier la région auparavant livrée, tout au long du XIVe siècle, aux incessants conflits opposant les émirats d'Anatolie occidentale. Il faut donc attendre le XVe siècle pour trouver trace des premiers *hans* urbains comme ceux de Bergame, Menemen et Tire.

Ces *hans* ne seront ni aussi imposants ni aussi magnifiques que les *caravansérails* seldjoukides. Ainsi, les deux *hans* de Beçin, en partie bien conservés, restent des constructions simples et modestes. Le *han* Kızıl est un bâtiment d'un étage, dont il reste les murs, même si ses superstructures sont presque entièrement détruites. Son organisation intérieure est très semblable à celle du *caravansérail* de Döger, près d'Afyon. Le rez-de-chaussée de ce bâtiment en largeur et de forme rectangulaire faisait fonction d'écuries; on y attachait les animaux de bât et une partie des voyageurs se mêlait à eux pour la nuit. On voit encore l'emplacement de l'escalier à gauche de la porte d'entrée, il menait aux deux pièces du haut où d'autres voyageurs pouvaient aussi se reposer.

R. H. Ü.

Le han *Bafa se trouve sur la frontière entre les provinces d'Aydın et de Muğla à 40 km de Milas. Pour y aller, prendre la route de Milas vers Söke (la D 525).*

I.3 ÇAMIÇI

I.3.a **Han Bafa** (option)

Le commerce des caravanes entre Balat (Miletus), la grande ville portuaire de

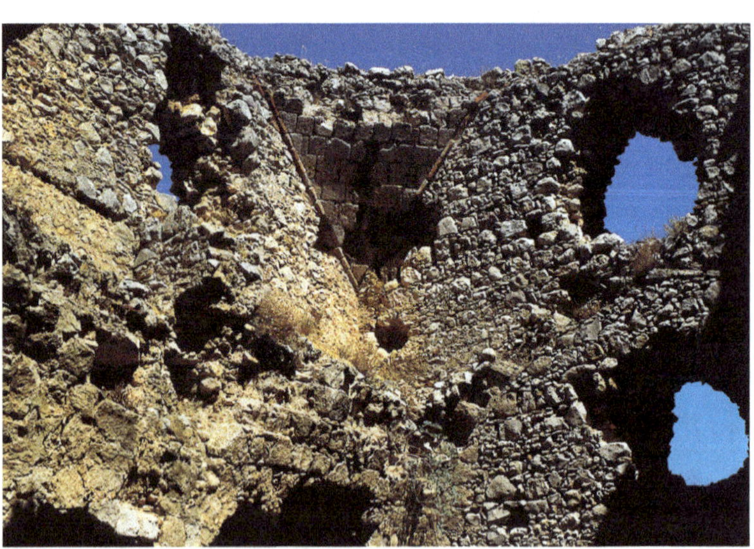

Han Kızıl, pendentif, salle nord de l'étage, XVe siècle, Beçin.

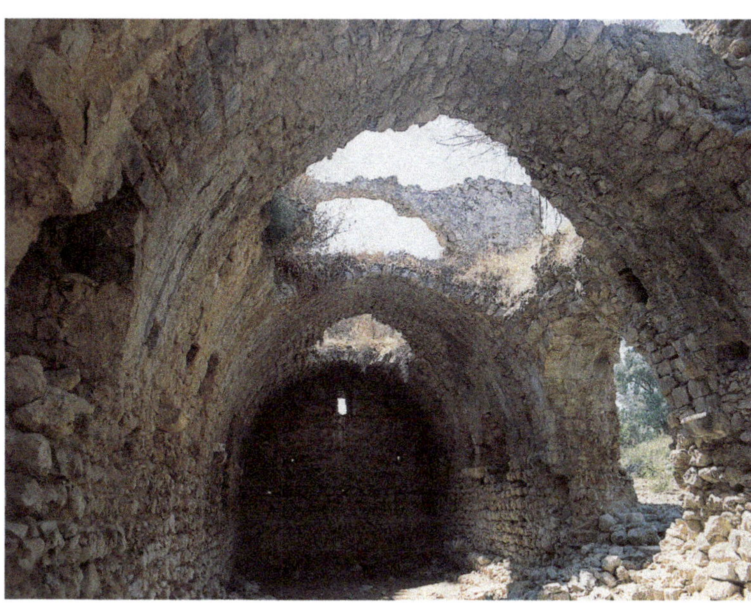

Han Kızıl, section couverte, XVe siècle, Beçin.

l'émirat menteşide, et Beçin, la capitale, était très important. Et même s'il commence à décliner après la fin de l'émirat, il va perdurer longtemps. Ainsi, Evliya Çelebi, le chroniqueur turc qui visita Balat aux alentours de 1670, nous rapporte que la ville était un lieu d'intense trafic maritime. Le *han* Bafa construit en bordure du chemin caravanier qui reliait Balat à Milas et à Beçin se résumait à une unique pièce rectangulaire avec une seule entrée.

La citerne cylindrique adjacente au *han*, probablement construite au XIVe siècle, retient davantage l'attention que le *han* lui-même, qui est de conception très simple. Nombre de citernes ont été aménagées dans la province de Muğla, région rurale très aride qui, sans être naturellement riche en eau, a quand même le deuxième indice de pluviométrie de Turquie. Ces citernes permettaient de collecter les pluies de saison pour en disposer pendant les mois d'été, quand il ne pleut pratiquement pas. Par ailleurs, l'eau était indispensable aux bêtes et aux voyageurs qui faisaient étape au *han* pour la nuit.

Les petits chenaux courant sur les longueurs du *han* au niveau des gouttières recueillaient la pluie du toit et l'amenaient directement à la citerne dont l'état actuel permettrait de l'utiliser encore au prix d'un minimum de restauration.

R. H. Ü.

La nationale Milas-Söke (D 525) longe la rive sud du lac Bafa, aujourd'hui parc naturel national. Le paysage est magnifique avec ses montagnes rocheuses et escarpées (les monts Beş Parmak) qui plongent directement

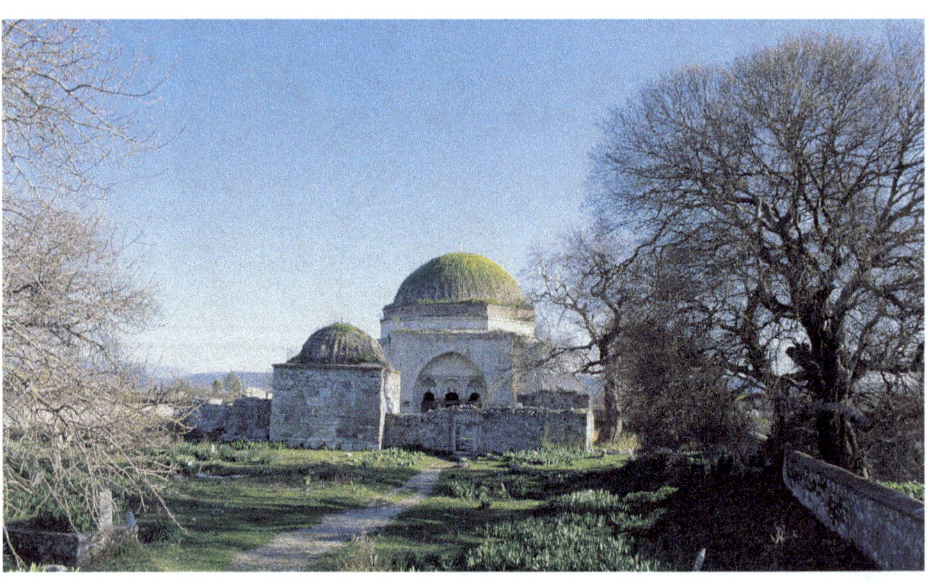

Complexe Ilyas Bey, vue de la mosquée et de la madrasa du côté nord, 1404, Ilyas Bey, Balat.

sur la rive nord du lac. Pour trouver les ruines de l'antique cité d'Herakleia sous Latmus (l'actuelle Kapıkırı), prendre la direction du nord au village de Bafa (Çamici) juste avant d'arriver au lac, puis suivre la rive.

Balat est le nom turc de l'antique cité de Milet. Pour s'y rendre depuis Milas, prendre la direction d'Akköy au km 55 de la nationale D 525. Si l'on utilise les transports en commun, il faut d'abord se rendre à Söke où l'on prendra le minibus dolmush *pour Balat. Le site du complexe Ilyas Bey comporte aussi un très bel ensemble de vestiges, magnifique témoignage du passé.*

I.4 BALAT

La cité antique de Milet, à laquelle succédera la ville de Balat, était une des villes majeures de la région ionienne. À l'époque, le site, à l'estuaire du Büyük Menderes (l'antique Méandre), formait une péninsule, alors que de nos jours, l'accumulation des alluvions charriées par le fleuve a repoussé la ville à 9 km à l'intérieur des terres. Construite sur l'application des principes du célèbre urbaniste Hippodamos, la cité adopte un plan quadrillé orthogonal. Elle va s'enrichir grâce à ses comptoirs sur les côtes de la Méditerranée et de la mer Noire et devenir ainsi l'un des grands centres d'Ionie. Elle s'illustre par ses célèbres philosophes, Thalès, Anaximène et Anaximandre (VIIe-V^e^ av. J.-C.), ses grands architectes, Hippodamos (V^e^ av. J.-C.) et Isidore (qui construira la basilique Sainte-Sophie à Byzance au VIe siècle), et elle conservera sa prééminence pendant toute l'époque romaine. Son importance va commencer à décroître avec la chute de son

activité commerciale alors que ses ports envasés se transforment peu à peu en marais. Dès lors, c'est en vain qu'elle cherchera à retrouver sa splendeur passée. Pendant la période byzantine, une forteresse est construite au sommet de la colline où était déjà le théâtre. En effet, Balat serait un dérivé turc du grec "Palatia".
Les Ottomans annexent l'émirat de Menteşe dans les années 1390. Ilyas Bey, de la dynastie menteşide, va cependant s'allier à Tamerlan dans la guerre qui l'oppose au sultan Bayézid Ier et qui conduit à la bataille d'Ankara de 1402. Après la défaite de Bayézid Ier qui sera fait prisonnier, Tamerlan rétablit la souveraineté d'Ilyas Bey sur l'émirat, comme il l'a fait avec tous les souverains alliés pour les récompenser. La capitale de l'émirat restauré est transférée de Beçin à Balat. Le commerce de la nouvelle capitale va très vite prospérer, particulièrement pendant cette période de restauration, grâce au négoce de produits comme le safran, le sésame, le miel, la cire d'abeille et les tapis. On exporte aussi du blé vers Chypre et Rhodes. Toutefois, à l'orée du XIXe siècle, la ville était réduite au plus grand abandon.

Les automobilistes devront laisser la voiture au parking près de la billetterie. On rejoindra le site en longeant les ruines de la cité antique de Milet (en passant par les thermes de Faustina) ou bien en suivant la route principale qui va de la billetterie au village de Balat, puis le chemin qui tourne à gauche 200 m plus loin.

I.4.a Complexe Ilyas Bey

Le chemin qui vient de la route principale et celui qui passe par les thermes de Faustina se rejoignent à l'ouest du *hammam*, à la hauteur du cimetière. On accède à la cour extérieure par un passage aménagé dans l'enceinte moderne. Après les tombes se

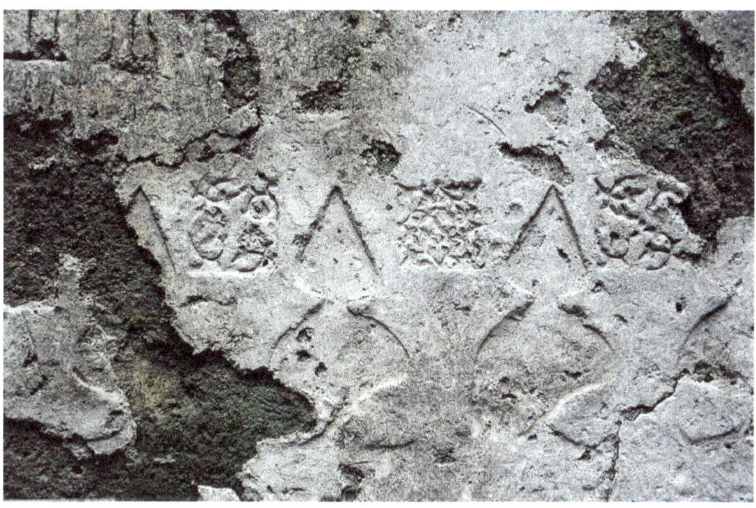

Hammam Ilyas Bey, détail du décor des plâtres des halvets, début XVe siècle, Ilyas Bey, Balat.

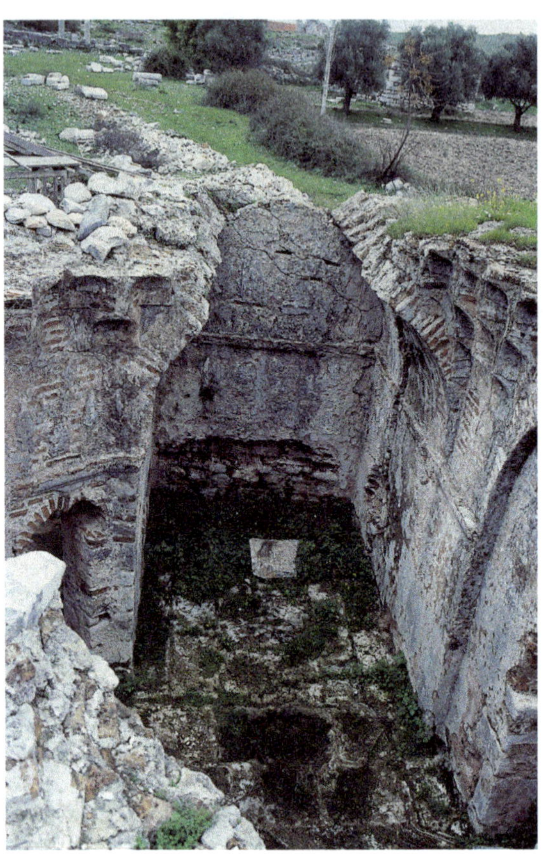

Hammam Ilyas Bey, sıcakık, début XVe siècle, Ilyas Bey, Balat.

trouve l'entrée de la cour intérieure commune à la mosquée et à la *madrasa*. Il semble que l'entrée principale du groupe de bâtiments se faisait par la porte de l'est puis par le chemin qui mène à l'autre porte de la cour intérieure, dans l'angle nord-est. À l'ouest de la cour extérieure, on remarquera une construction à l'allure de tour cachée par le grand arbre derrière le mur. Le bâtiment sans fenêtres recouvert d'un dôme, à gauche de l'entrée de la cour intérieure, est le *dershane* de la *madrasa*, et la grande coupole que l'on voit un peu plus loin est celle de la mosquée.

La mosquée

Si la mosquée Ilyas Bey est sans grand intérêt du point de vue architectural, sa riche ornementation, ses marbres sculptés d'une grande finesse d'exécution méritent l'attention. Les parements extérieurs des murs sont des réutilisations du marbre des ruines de Milet. Ici les façades de marbre évoquent celles de la mosquée Firuz Bey à Milas, de la mosquée Isa Bey à Selçuk ainsi que d'autres édifices contemporains courants dans les villes du voisinage; une parenté qui renvoie évidemment à l'abondance du matériel réutilisable des ruines environnantes, mais aussi au goût si particulier de cette époque et que l'on retrouve pareillement en Italie. Les côtés est, ouest et sud sont percés de quatre fenêtres réparties sur deux niveaux et les superbes décorations de leurs encadrements se distinguent particulièrement par les inserts de marqueterie de pierre polychrome.

Le style de l'entrée monumentale de la façade nord marque une rupture avec la tradition seldjoukide, une tradition qui, sans rester exclusive, se prolongera tout au long des émirats. L'entrée a trois arches, des balustrades en marbre ajouré ornant les deux arches latérales. Leurs décorations de marbre polychrome sont particulièrement raffinées. L'inscription arabe de l'arche centrale nous apprend qu'Ilyas Ibn Mehmet, de l'émirat menteşide, est le commanditaire de cet édifice qui a été achevé approximativement au milieu de l'année 1404.

Des murs de plus de 2 m d'épaisseur soutiennent la coupole de 14 m de diamètre qui vient recouvrir la salle de prière carrée. La décoration en bandeaux calligraphiques, avec des incrustations de pierres polychromes, à l'intérieur des arcs de décharge des fenêtres du bas, ne se retrouvera que sur quelques rares constructions de l'époque. Le *mihrab* de marbre, d'une hauteur de plus de 7 m et d'une largeur de plus de 5 m, porte, lui aussi, de superbes sculptures ornementales. Les traces d'un escalier encastré pourraient être celles de l'escalier intérieur d'un minaret disparu qui aurait été érigé sur cet angle nord-est.

La madrasa

Les cellules de la *madrasa*, de dimensions variables, sont réparties autour des côtés est, ouest et nord de la cour de la mosquée. Leur distribution désordonnée n'est pas cohérente avec le travail architectural très calculé qui caractérise cette construction et il faut certainement en déduire que la *madrasa* est un ajout tardif. En avant de la mosquée, la petite bâtisse couverte d'une coupole est le *dershane*. Les fouilles entreprises au cours de ces dernières années ont permis de mettre au jour les fondations d'une autre *madrasa* de construction plus récente, adjacente aux pièces de l'aile à l'ouest de la cour.

Le hammam

La construction des deux *hammams* au nord de la mosquée est en général attribuée à Ilyas Bey. On peut se demander pourquoi on en a construit deux l'un à côté de l'autre en laissant juste un passage de 2 m de large entre les deux. C'est une question sur laquelle les sources écrites nous apportent quelques lueurs en nous apprenant qu'habituellement, la construction des *hammams* précédait celle des mosquées afin que les ouvriers puissent faire leurs ablutions. Selon la tradition islamique, les musulmans, hommes et femmes, sont tenus de se laver tout le corps et de procéder à des ablutions après chaque rapport sexuel. Le musulman qui sortirait de chez lui sans y avoir procédé serait en état de péché. On pense donc que le plus petit des deux bains aurait été construit d'abord pour eux. Toutefois, quand par la suite on s'est aperçu qu'il allait être insuffisant, un second établissement a été construit à proximité. Une fois la construction de la mosquée achevée, le grand (*hammam* Büyük) a probablement été destiné aux hommes et le plus petit aux femmes. La salle rectangulaire et voûtée à l'ouest du *hammam* Büyük est en fait le réservoir d'eau. L'entrée du nord-est donne dans le *soyunmalık* qui s'est effondré. Puis, après être passé dans le réduit de l'angle nord-est, on arrive dans l'*ılıklık*, petite pièce flanquée au sud d'une autre –peut-être le *traşlık*– et au nord d'une pièce encore plus petite, le long du couloir. La grande salle à l'ouest est le *sıcaklık* qui comprend une partie principale en forme de T et deux *halvets* dans les angles. Les murs portent encore des vestiges de la magnifique décoration obtenue en pressant des formes dans le plâtre encore humide.

R. H. Ü.

L'ÉDUCATION DANS LES *MADRASAS*

Yekta Demiralp

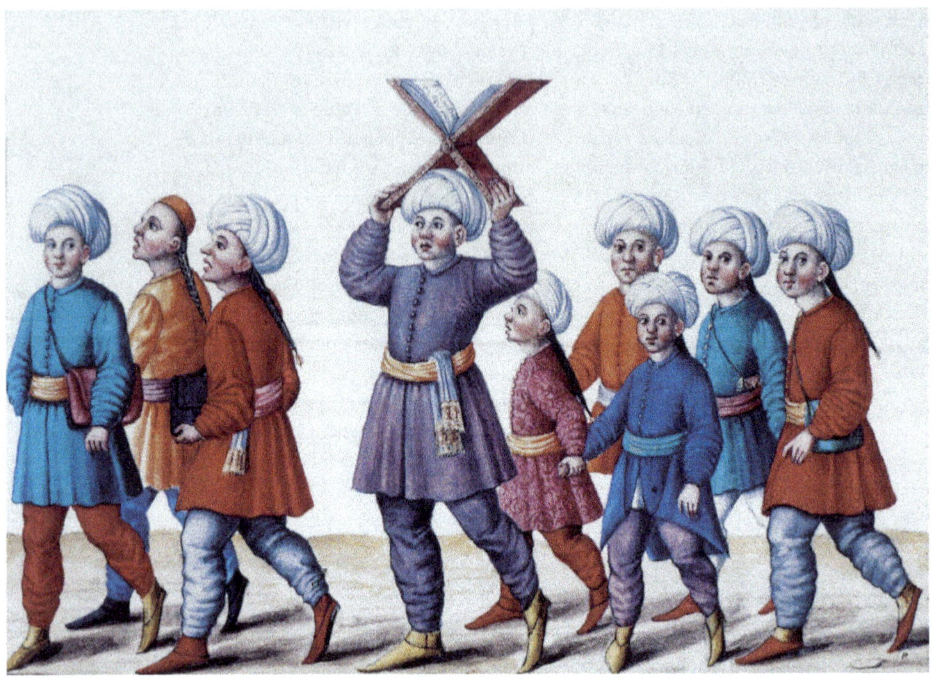

Étudiants d'une madrasa, Codex Vindobonensis, 8626, Österreichisches Nationalbibliothek, Vienne.

Les *madrasas* sont les premières véritables institutions d'enseignement qui apparaissent dans les pays musulmans. Avant elles, les seules écoles étaient les mosquées qui dispensaient, en dehors des heures de prière, un enseignement réduit à la mémorisation du Coran et à l'éducation religieuse. Plus tard, il a semblé inapproprié que ces lieux de culte servent aussi d'écoles. Les *hodjas* ont alors commencé à enseigner chez eux. Les premiers vestiges d'édifices identifiés comme étant des *madrasas* se trouvent au Khorasan et en Transoxiane et remontent au Xe siècle. Ces premières *madrasas* se composaient d'une cour intérieure entourée d'une enfilade de pièces qui étaient des cellules d'étudiants. Entre elles, au milieu de chaque côté, était ménagé un *iwan*. Ce plan sera repris dans l'ensemble de l'Anatolie: toutes les *madrasas* de cette époque qui ont été retrouvées comportent au moins une cour, un *iwan*, un *dershane* d'hiver et des cellules d'étudiants. En plus de ces éléments de base, certaines vont présenter des adjonctions comme des *masjids*, des *turbés*, des fontaines et des minarets. Plus tard, les *madrasas* construites en Anatolie sous les émirats, mais surtout celles des Ottomans, ne vont pas forcément toutes adopter la même disposition architecturale.

Les *madrasas* dont la construction est financée par de hauts dignitaires ou par des mécènes ne sont pas du ressort de l'État, qui ne prend en charge ni les frais d'hébergement des élèves ni les autres dépenses telles que les salaires des employés ou les frais de gestion et d'entretien des bâtiments. Pour cette raison, les commanditaires vont léguer à la *madrasa* une partie de leurs biens dont les revenus réguliers permettront d'en financer les dépenses même après leur mort. De ce fait, chaque *madrasa* est une fondation *waqf*.

L'organisation des enseignements, du calendrier scolaire, de l'emploi du temps journalier et des vacances diffère d'un établissement à l'autre. Chacune porte un nom précis en fonction du type d'enseignement qu'elle dispense: quand on y enseigne les Dits du Prophète, elles sont appelées *darülhadis,* celles où l'on mémorise le Coran sont des *darülhuffaz* et celles où l'on enseigne la médecine, des *darüttibs*. Les leçons sont données par des professeurs appelés *müderris*es qui sont assistés d'un ou de plusieurs *mu'ids* chargés d'aider les étudiants et de leur faire réviser leurs leçons. Chaque *madrasa* emploie aussi un portier, une personne chargée du nettoyage, un bibliothécaire et un "pointeur" qui contrôle la présence du personnel et des étudiants et qui en rapporte les absences au conseil d'administration du *waqf*. L'enseignement donné dans les *madrasa*s concerne une grande variété de domaines et celles-ci sont cotées selon les émoluments que reçoivent leurs professeurs.

Une *madrasa* prenait en charge de 20 à 40 étudiants. Toutefois, dans celles de l'époque ottomane, le nombre d'étudiants était déterminé par le nombre de cellules disponibles. Tous les frais des étudiants étaient pris en charge par le *waqf* et ils recevaient même une petite allocation.

Le temple d'Apollon de Didymes (Didim), à 20 km au sud de Balat, conserve toute sa majesté, bien qu'il n'en reste pour l'essentiel que des ruines. La plage d'Altınkum n'est qu'à 5 km du temple. À 16 km au nord de Balat, sur la nationale Balat-Söke, la cité antique de Priène séduira le visiteur par son site enchanteur.

Un autre centre d'intérêt régional est offert par le Parc national de la péninsule de Dilek. Cette réserve naturelle, conservatoire de la faune et de la flore, est située à 30 km au sud de Kuşadası. On pourra visiter le delta du Büyük Menderes qui fait partie du Parc national: pour s'y rendre, prendre vers le nord au village de Tuzburgazı. La visite du pittoresque village de Doğanbey permettra de retrouver tout le charme de l'Égée et de la Méditerranée.

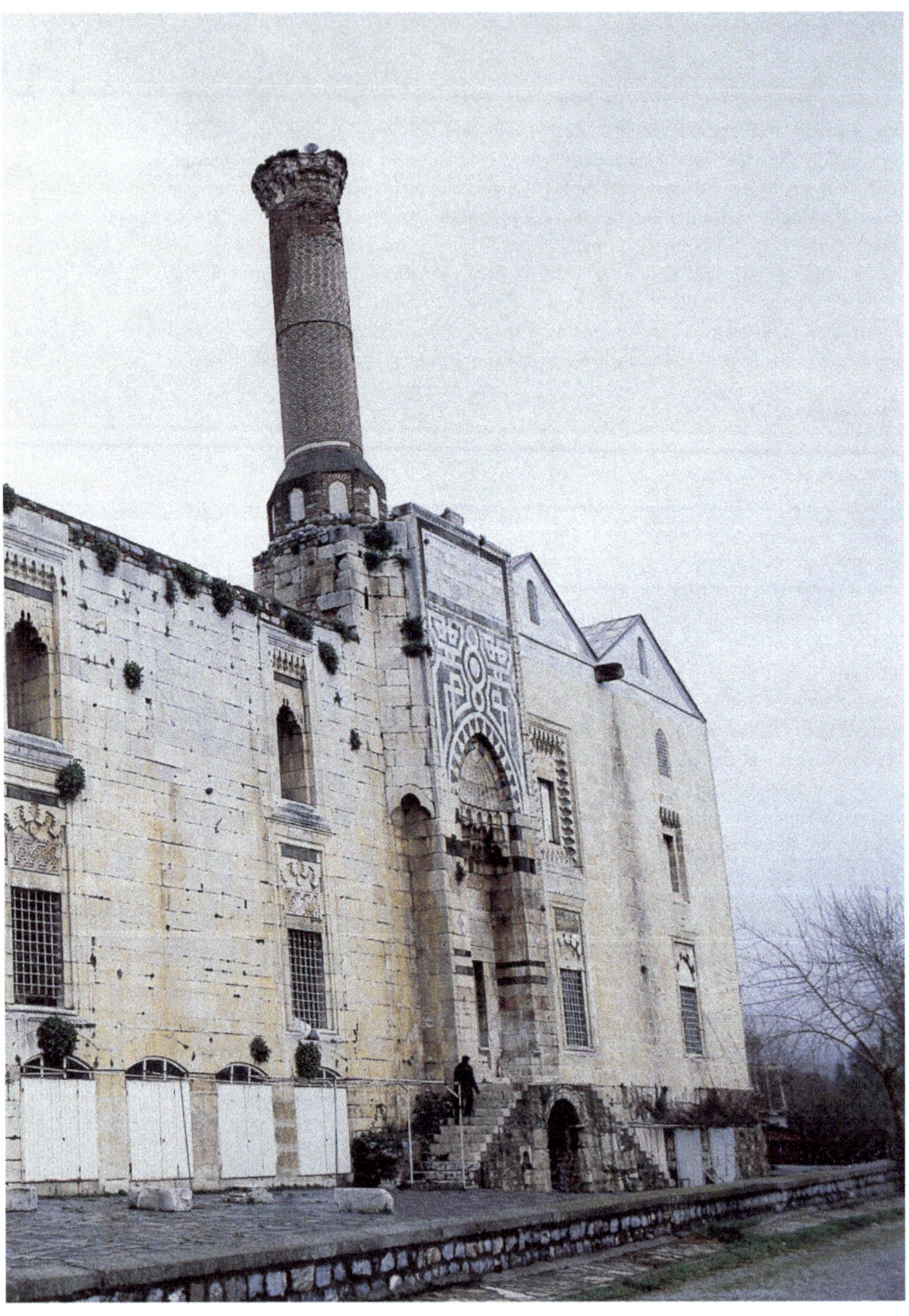

Les mécènes et les artistes

Lale Bulut, Ertan Daş, Aydoğan Demir, İnci Kuyulu

II.1 SELÇUK

- II.1.a Hammam Saadet Hatun
- II.1.b Hammam Isa Bey
- II.1.c Mosquée Isa Bey
- II.1.d Citadelle

II.2 TİRE

- II.2.a Han Kutu
- II.2.b Mosquée Yahşi Bey (imaret Yeşil)
- II.2.c Complexe Yavukluoğlu (Yoğurtluoğlu)

II.3 BİRGİ

- II.3.a Grande Mosquée (Ulu Cami)
- II.3.b Turbé Aydınoğlu Mehmet Bey
- II.3.c Turbé Sultan Chah (option)

Les traditions funéraires turques

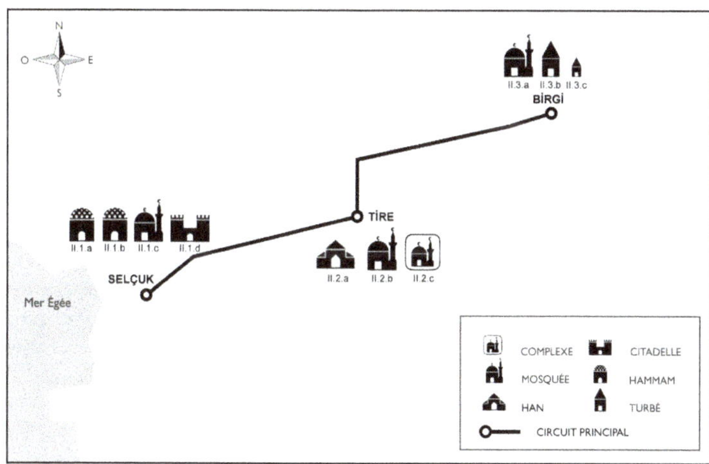

Mosquée Isa Bey, façade ouest, 1375, Isa Bey, Selçuk.

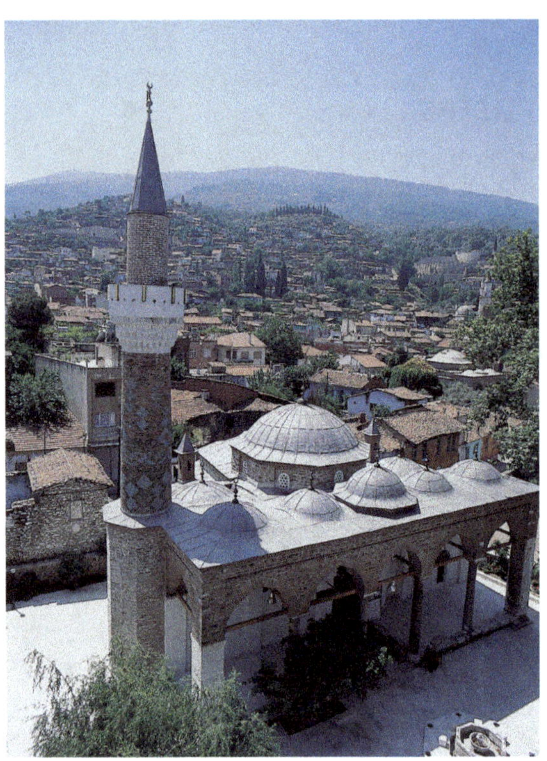

Mosquée Yahşi Bey, vue d'ensemble du côté nord-est, 1441, Halil Yahşi Bey, Tire.

C'est en 1308 que Mehmet Bey, fils d'Aydın, va fonder son émirat d'Anatolie occidentale par la conquête d'Ayasuluğ (Selçuk-Éphèse), de Tire et de Birgi puis par celle d'Izmir en 1317.

Les *beys* d'Aydın ne vont pas tergiverser longtemps avant de s'ouvrir des débouchés sur la mer; la mobilisation de leurs forces navales, en particulier de celles d'Ayasuluğ et d'Izmir, leur permet de monter des campagnes contre l'île d'Evvoia, le Péloponnèse, Gelibolu et la Thrace. Les Républiques de Venise et de Gênes sont les premières à s'inquiéter de cette expansion. La "sainte alliance" qui réussit à s'opposer à la menace de l'émirat va permettre à Venise de protéger ses intérêts en Égée. Les souverains, conscients des ravages causés par la guerre aux deux partis, se convainquent de faire la paix et vont conclure une série d'accords commerciaux: de 1337 à 1371, quatre négociations successives vont aboutir à la signature de plusieurs traités de cessez-le-feu, de paix, et d'alliances commerciales entre Venise et les Aydınides.

En fait, les revenus de l'émirat ont crû: butin des années de belligérance, nouvelles denrées et produits agricoles provenant de terres fertiles, accroissement des levées de taxes grâce aux accords conclus avec Venise. Une grande partie de ces ressources va être investie pour financer une architecture monumentale civile et religieuse. La Grande Mosquée Mehmet Bey (r. 1308-1334) de Birgi, la mosquée et le *hammam* Isa Bey (r. 1360-1390) à Selçuk sont de nos jours les témoignages illustres de cette politique. À Tire, qui restera un centre de commerce très actif pendant des siècles, on voit naître non seulement quantité de *hans*, mais des mosquées, des *madrasas* et des *hammams*.

Les Aydınides tiennent les savants et les lettrés en grande estime. Lors de son séjour à Birgi en 1333, le grand chroniqueur Ibn Battuta a l'honneur d'être reçu par Mehmet Bey et d'être traité avec le plus grand respect. Michel Doukas, grand-père de l'historien byzantin Doukas (1400-1470) et éminent érudit, trouve protection auprès d'Isa Bey quand les querelles de succession qui opposent les dynasties des Cantacuzènes et des Paléologues à Constantinople mettent sa vie en péril et l'obligent à prendre la fuite. Isa Bey

l'entoure de considération et lui assure toutes les prestations contribuant à son bien-être. Dans le livre qu'il lui dédie en 1381, le physicien Hacı Pacha fait l'éloge d'Isa Bey qu'il dépeint sous les traits d'un érudit et d'un sultan protecteur des lettrés. Après une longue résistance contre les Ottomans, Cüned (r. 1405-1426), dernier des émirs d'Aydın, doit finalement consentir à la reddition en 1426.
À partir de cette date, les possessions de l'émirat deviennent le *sandjak* d'Aydın avec le statut de province tombant sous administration ottomane.

A. D.

II.1 SELÇUK

Nous savons que le cours de l'Histoire oblige parfois des villes à choisir un nouveau site, que ce soit pour des raisons économiques et sociales ou par suite de phénomènes naturels: pour divers motifs, ce sera par trois fois au moins le cas d'Éphèse. Les opinions divergent sur l'implantation originelle de cette cité qui, dès l'Antiquité, est un important port de commerce. Bien que cela soit sans rapport direct avec ces mouvements, nous savons aussi que la cité a fréquemment changé de nom: l'antique colonie d'Éphèse, connue sous le nom d'Hagios Theologos au Moyen Âge, va s'appeler Ayasuluğ à l'époque turque et prendra le nom de Selçuk en 1914. La cité, qui s'est à nouveau établie dans une vallée étroite entre le mont Panayır et le mont Bülbül, à la fin du IVe siècle av. J.-C., va connaître une longue période de prospérité aux époques hellénistique et romaine. Toutefois, l'envasement de son port par les alluvions charriées par le Küçük Menderes va lui faire perdre son débouché sur la mer et rompre avec un long passé de ville portuaire. Ce qui ne l'empêche pas d'être à la fois un centre religieux et commercial majeur (c'est à Éphèse qu'est construit le temple d'Artémis, une des Sept Merveilles du Monde), et un prestigieux centre culturel et artistique, comme le prouve la taille impressionnante de son théâtre qui pouvait contenir jusqu'à 25 000 spectateurs. Le Livre de l'Apocalypse cite Éphèse comme étant l'une des Sept Églises de la Chrétienté dont elle sera un des hauts lieux: une terre d'évangile où saint Paul s'établit longuement, le lieu de la sépulture de saint Jean, la ville aussi où la Vierge Marie est supposée avoir passé les derniers moments de sa vie avant d'y mourir. Ajoutons que le troisième concile œcuménique se tient à Éphèse en 431. La dispute sur les deux natures, divine et humaine, du Christ se conclut par la victoire du monophysisme et la proclamation de l'hérésie du nestorianisme. En 449, c'est encore à Éphèse qu'un synode est rassemblé pour confirmer la doctrine monophysite.
Selçuk, une des grandes cités de l'émirat et qui devient sa capitale de 1348 à 1390, profite d'une intense activité de construction. La plupart des édifices qui ont survécu remontent à cette époque. Le fils de Mehmet Bey, Isa Bey, y fait ériger le plus somptueux de ses monuments, la mosquée qui porte son nom. Certains voyageurs occidentaux penseront que le nouvel édifice n'est autre que l'église Saint-Jean qui aurait été transformée en mosquée.

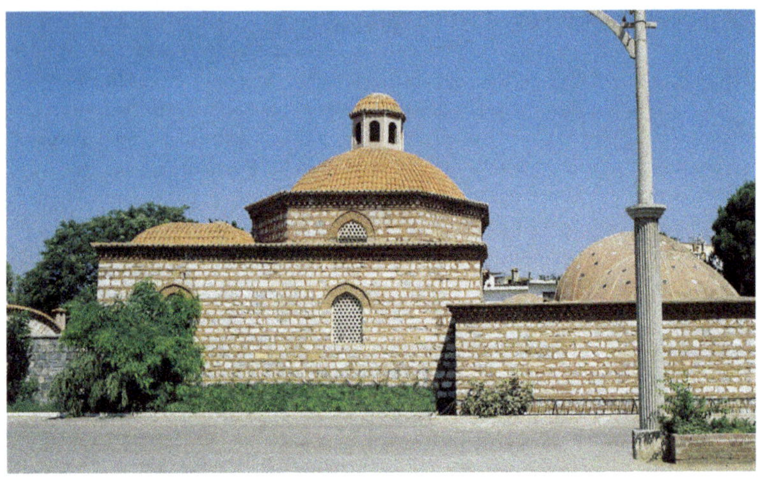

Hammam Saadet Hatun, façade est, XIVᵉ-XVᵉ siècle, Selçuk.

Ce deuxième circuit commence à Selçuk et se poursuit le long de la plaine du Küçük Menderes. On pourra consacrer une bonne partie de la matinée à Éphèse, l'illustre cité antique située à proximité de Selçuk. Si vous n'êtes pas en voiture, vous trouverez aux gares routières des cars qui vont à Selçuk, Tire, Ödemiş et Birgi. Izmir, la plus grande ville de la région, est une étape tout indiquée pour la nuit; vous y trouverez des hôtels de toutes catégories.

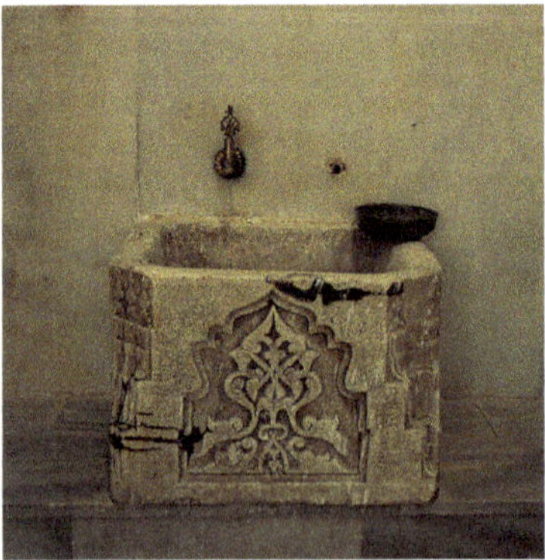

Hammam Saadet Hatun, bassin de marbre du sıkaklık, XIVᵉ-XVᵉ siècle, Selçuk.

II.1.a **Hammam Saadet Hatun**

De nos jours, ce hammam *est devenu une des salles d'exposition du département d'ethnographie du musée de Selçuk-Efes. Il est situé au centre-ville, au carrefour derrière le parc, rue Ugur Mumcu Sevgi.*
Entrée payante. Horaires: tous les jours de 8:00 à 12:00 et de 13:00 à 17:30 en hiver; de 8:30 à 12:30 et de 13:00 à 18:00 en été. Demander à l'entrée si la section du hammam *est ouverte.*

Passé la cour du musée, vous verrez sur la gauche le *külhan* à la base du réservoir d'eau. L'inscription brisée au-dessus de l'entrée sud n'est que partiellement lisible et aucune date n'y est mentionnée. En s'appuyant sur un déchiffrement erroné, on a cru pouvoir attribuer au *hammam* le nom de Saadet Hatun (Dame Saadet) qui ne figure dans aucun document d'archives. Cependant, on trouve mention d'un *hammam* construit par l'épouse d'Isa Bey, Aziza Hatun, sous la dénomination de "*hammam* Hatun" et qui pourrait être le nôtre.

L'entrée ouvre sur le *soyunmalık* de forme rectangulaire, précédé d'un espace vestibulaire. La restauration de 1969 à 1972 a permis de transformer le *soyunmalık* en salle d'exposition d'objets traditionnellement associés aux rites du *hammam*. Pour l'éclairage des bains, on utilisait la lumière du jour grâce aux puits de lumière aménagés dans les parties hautes et quand l'éclairage naturel devenait insuffisant, on allumait aussi des lampes à huile et des chandelles. Pour le *hammam* Saadet Hatun, il disposait à la fois de fenêtres murales et d'un lanternon polygonal à coupole au centre du dôme. Le *sıcaklık,* pour sa part, disposait de puits de lumière percés dans le dôme où venaient s'insérer des vases de verre. En passant par l'*ılıklık* et le *traşlık*, on arrivait dans le *sıcaklık* composé de trois *iwans* et de deux *halvets*. Au centre de cet éventail de cinq pièces était aménagée une banquette, généralement chauffée, sur laquelle on s'allongeait pour transpirer et se faire frictionner et masser. Les bassins de marbre des *iwans* et des *halvets*, en matériau de remploi, sont remarquables par leurs décorations très raffinées à motifs de lampes à huile, d'oiseaux aquatiques et de fleurs. Une fenêtre ouverte dans l'*iwan* central servait à accéder au réservoir mitoyen du *sıcaklık* pour faciliter son entretien et son nettoyage.

İ. K.

En quittant le musée de Selçuk-Efes, prendre la direction de Kuşadası à la sortie du parking et, 30 m plus loin, prendre la rue Kalinger à droite. Le hammam *Isa Bey, clôturé par des chaînes, se trouve 300 m plus loin, à gauche, juste après la colonne de l'Artémision.*

II.1.b **Hammam Isa Bey**

Rue Kalinger, Selçuk.

On manque de certitudes quant à l'attribution à l'émir de cet édifice érigé au sud-ouest de la mosquée Isa Bey. Dans son état actuel, le bâtiment ne porte aucune dédicace, mais l'inscription retrouvée dans le jardin d'une maison voisine et détenue actuellement par le musée Selçuk-Efes pourrait provenir de cet édifice. Sur cette pierre gravée, il est fait mention d'un *hammam* commandité par Hoca Ali, en octobre-novembre 1364, pendant le règne d'Isa Bey. Plusieurs historiens ont donc cru pouvoir en déduire que cette construction ne serait pas due à ce dernier. Il semblerait que le Hoca Ali en question ait été une personnalité importante de l'époque, bien qu'on dispose de très peu d'informations sur son compte. D'après sa pierre tombale, retrouvée dans la cour de la mosquée voisine, il serait mort en 1378.

Hammam Isa Bey, détail de la frise de transition du dôme de l'ılıklık, XIVe-XVe siècle, Isa Bey, Selçuk.

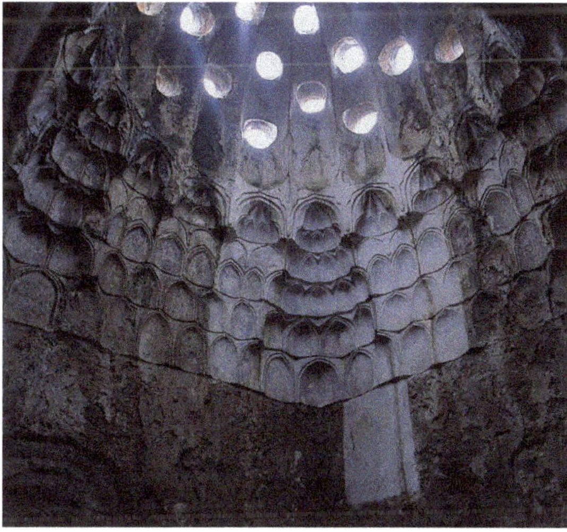

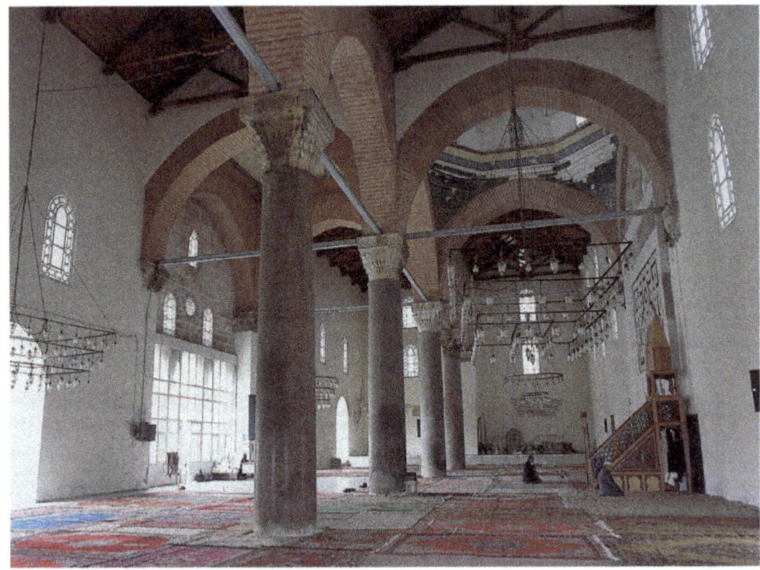

Mosquée Isa Bey, salle de prière, 1375, Isa Bey, Selçuk.

L'intérieur et les alentours du *hammam* ont récemment fait l'objet de fouilles approfondies. L'architecture de l'édifice reprend le plan caractéristique des constructions des XIVe et XVe siècles. Sur le côté sud, on remarque l'arc bas du *külhan* à la base du réservoir d'eau. Les vestiges d'une enfilade de pièces, adjacentes au côté est, sont certainement les ruines de boutiques venues se surajouter à l'établissement sans en faire initialement partie. C'est le cas de plusieurs autres bains turcs où on a retrouvé ces boutiques accolées à leurs murs. Il semble que les pièces adjacentes à la façade ouest soient aussi des ajouts tardifs. Dans celui de la partie nord, on pourrait identifier un ancien *keçelik*, car on a retrouvé ces dépendances réservées à la fabrication du feutre dans plusieurs *hammams*.

Du *soyunmalık* ne restent que les fondations des murs du côté nord, deux de ses quatre colonnes et les traces d'une ancienne fontaine en forme d'étoile au centre du dallage en marbre. Toutes les autres parties du *hammam* sont restées en bon état. Après le *soyunmalık*, un corridor conduit dans l'*ılıklık* puis dans le *sıcaklık* surmonté d'un dôme central et qui se compose de quatre *iwans* disposés en croix et de quatre *halvets* couverts de coupoles aux angles. Le jour, filtré par les puits de lumière du dôme malheureusement dépourvus de leur verre, participe à l'exotisme de l'ambiance intérieure par ses effets d'ombre et de lumière contrastés. Le réservoir d'eau est accolé au mur sud du *sıcaklık*. On remarquera, comme dans la plupart des *hammam*, la présence d'une petite fenêtre percée dans le mur mitoyen pour permettre l'entretien et le nettoyage du réservoir.

İ. K.

II.1.c Mosquée Isa Bey

Le monument se trouve au bout de la rue Kalinger, vers le nord. La mosquée est ouverte toute la journée d'avril à octobre mais seulement aux heures de prière en hiver.

Le bandeau épigraphique au-dessus du portail de la mosquée porte le nom de son commanditaire, Isa Bey fils de Mehmet fils d'Aydın, la date de construction, le 13 mars 1375, et le nom de son architecte, Ali Ibn al-Dmashki (Ali, fils du Damascène). Ce Isa Bey est le benjamin du fondateur de l'émirat aydınide, Mehmet Bey. Ce dernier partage la charge d'administrer les cités qu'il a conquises entre tous ses fils sauf Isa Bey qui, trop jeune encore à cette époque, restera à ses côtés avant de lui succéder, ainsi qu'à deux de ses frères aînés, Gazi Umur Bey et Hızır Bey, sur le trône aydınide. À la chute d'Alaşehir (la Philadelphie antique, une des Sept Églises du Livre de l'Apocalypse), Isa Bey, qui aura régné environ 30 ans, fera allégeance et soumission au conquérant ottoman, Bayézid Ier. Après l'annexion de l'émirat, sa capitale est transférée d'Ayasuluğ à Tire. La dynastie ottomane va chercher à consolider sa puissance et son pouvoir en multipliant des liens familiaux avec les dynasties des émirats anatoliens. Ainsi l'annexion d'Aydın se conclura-t-elle par le mariage de Bayézid Ier avec la fille d'Isa Bey, Hafsa Hatun.

Le haut mur qui ferme la rue Kalinger est celui de la *qibla* de la mosquée Isa Bey. L'arche pleine en son milieu passe pour être l'ancienne entrée de l'édifice quand, au XIXe siècle, il servait de *caravansérail*. L'austérité de ce côté contraste avec celui de l'ouest qui sert de façade principale. La route à droite, qui longe le mont Ayasuluğ, mène au sommet où sont l'église Saint-Jean et la citadelle.

La façade ouest est superbe avec ses deux étages de fenêtres, son portail monumental et l'enfilade de boutiques de plain-pied. La décoration des encadrements des fenêtres est remarquable tant par l'utilisation des *mouqarnas* que par les incrustations de pierres. Les deux volées d'escalier couronnant la fontaine conduisent au portail tout en hauteur dont l'élégance est rehaussée par le raffinement de son ornementation sculptée. Le marbre polychrome qui la compose a été restauré.

Cette mosquée avait deux minarets, une rareté pour les mosquées de l'époque des émirats. On reconnaît les vestiges de l'un d'eux au-dessus du portail d'entrée, l'autre surmontait autrefois la porte orientale de la cour. En pénétrant par le portail ouest, on découvre la salle de prière à droite de la cour, le portail oriental en face et une troisième entrée au centre du mur nord. À cause du terrain en pente, les portails du nord et de l'est sont surélevés par rapport à la cour. Les plafonds des passages des portails est et ouest, sous les minarets, portent une très belle ornementation de pierre sculptée. L'étude détaillée des vestiges atteste que la cour était à l'origine enclose de portiques sur trois côtés. C'est donc un exemple d'adoption très précoce de ce type de disposition pour des constructions datant d'avant la période ottomane.

Le plan intérieur de la mosquée rappelle celui de la Grande Mosquée de Damas: le transept orienté perpendiculairement à la *qibla* est surmonté de deux coupoles et les

nefs latérales, parallèles à la *qibla,* ont un toit en bois à double pente. L'évidente influence syrienne, tant dans son plan que dans les décors en pierre polychrome de ses portails et de ses fenêtres, est logique compte tenu de l'origine damascène de l'architecte. Le pourtour et le pendentif du dôme du transept, devant le *mihrab,* sont ornés de carreaux de céramique.
Le *mihrab* et le *minbar* originels du bâtiment ont été détruits au XIXe siècle. C'est à tort que l'on croit qu'une partie de ce *mihrab* a été réutilisée dans la mosquée Kestanepazarı d'Izmir. Quant à l'inscription du *mihrab,* qui a été brisée, elle a été reconstituée et se trouve au musée-agora en plein air d'Izmir.

İ. K.

Les stèles funéraires décrites ci-dessous sont exposées dans la cour de la mosquée Isa Bey. Elles font partie des collections du musée Selçuk-Efes mais ne portent pas de numéros d'inventaire.

Stèle funéraire d'Hoca Ali Ibn Salih

Cette stèle est celle d'Hoca Ali Ibn Salih, mort en 1378. Elle est composée de trois sections superposées, la base cylindrique, le corps polygonal et le faîteau, polygonal lui aussi. La pierre est entièrement décorée sur toutes ses faces de bandes épigraphiques évoquant "l'identité du défunt" ainsi que quelques sentences sur la vie et la mort en général. Il y est aussi mentionné que c'est un certain maître artisan du nom de Halil qui l'a sculptée. Cette mention donne à l'œuvre un intérêt particulier, le nom du tailleur ne figurant généralement pas sur les stèles anatoliennes.

L. B.

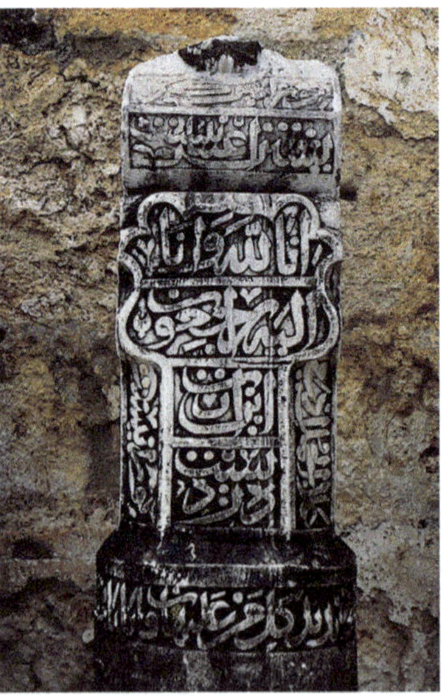

Stèle funéraire d'Hocı Ali Ibn Salih, 1378, Selçuk.

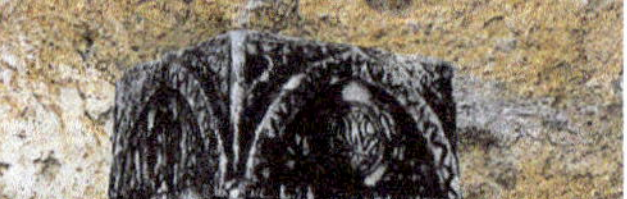

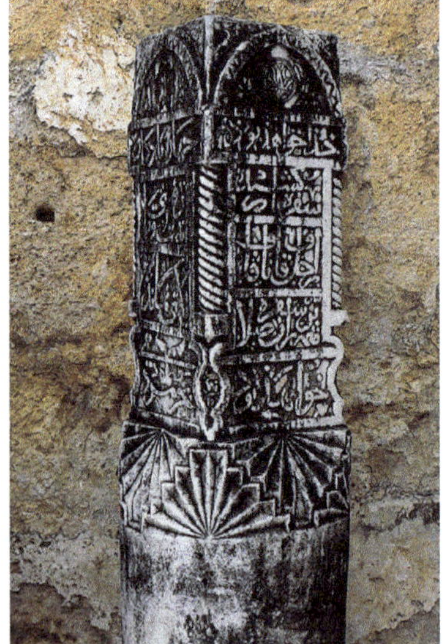

Stèle funéraire d'Hacı Umur Ibn Menteşe, 1400, Selçuk.

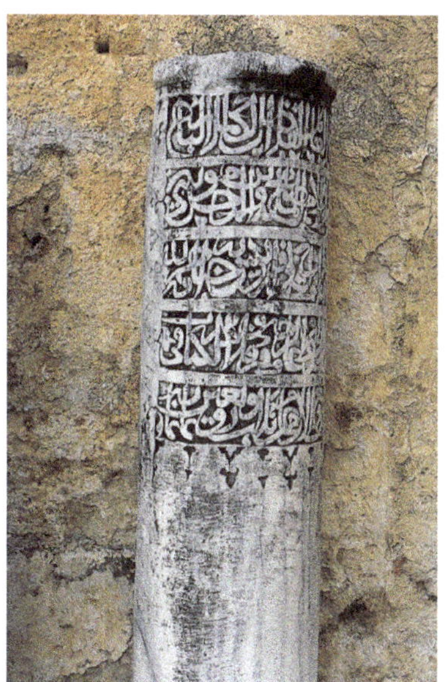

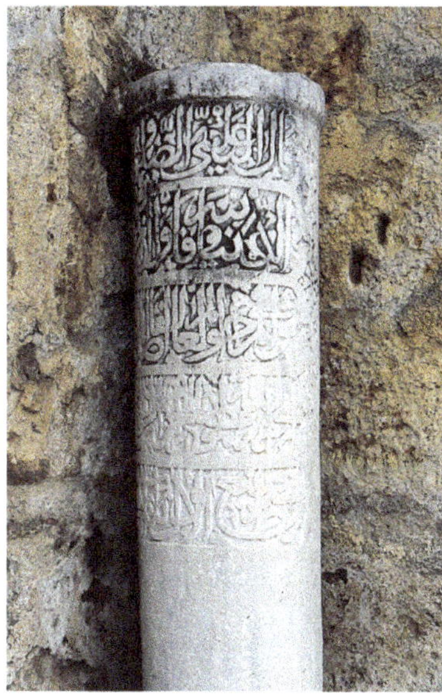

Stèle funéraire de Muhlisüddin Hassan, 1439, Selçuk.

Stèle funéraire d'Hassan Ibn Kadı Baba Yulug, 1439, Selçuk.

Stèle funéraire de Hacı Umur Ibn Menteşe

Cette magnifique stèle est celle de Hacı Umur Ibn Menteşe, un membre de la dynastie menteşide, mort en 1400. La pierre a été sculptée dans une colonne de remploi. Les quatre faces du corps de la colonne portent une ornementation sur deux niveaux: un panneau épigraphique rectangulaire surmonté d'un arc brisé. On y lit l'identité du défunt et "toute créature vivante sur la terre est mortelle". L'intérieur de chaque arc est orné d'une rosace sur un fond de décor floral. Les arêtes de la pierre sont adoucies par quatre colonnettes à spirale. La base qui supporte le corps de la pierre est elle-même ornée d'un motif en coquille.

L. B.

Stèle funéraire de Muhlisüddin Hassan

Sur cette stèle de marbre cylindrique, les bandes épigraphiques sont inscrites dans des cartouches entourés d'un délicat motif de palmettes sur la partie inférieure et sur les côtés. Le propriétaire de cette stèle, dont l'inscription nous apprend qu'il s'appelait Muhlisüddin Hassan et qu'il est décédé le 30 août 1439, demande au passant de prier pour lui.

L. B.

Stèle funéraire de Hassan Ibn Kadı Baba Yulug

La stèle est celle de Hassan Ibn Kadı Baba Yulug, mort en 1439. La colonne funéraire cylindrique est toute simple. Les

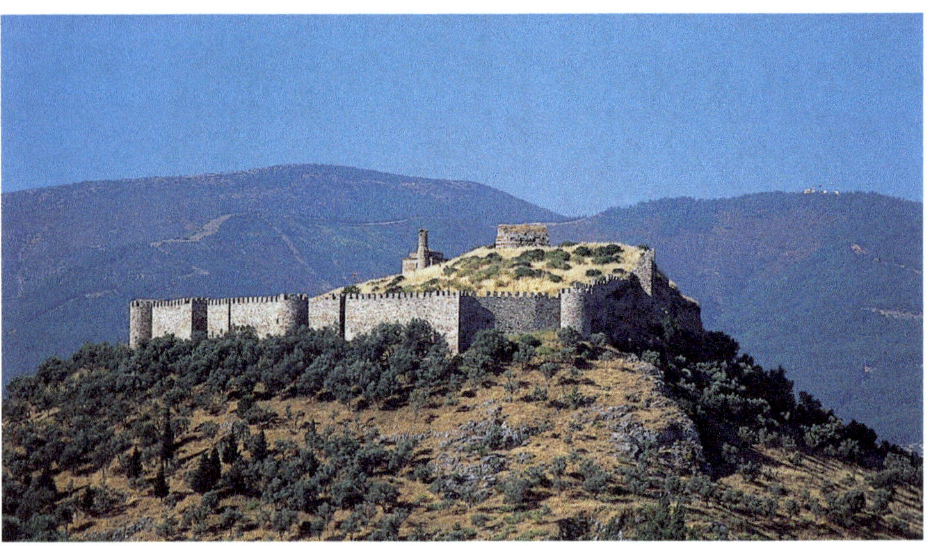

Citadelle de Selçuk, vue d'ensemble du côté nord, XVe siècle, Selçuk.

caractères inscrits dans les cartouches nous informent de l'identité du défunt et de la date de son décès.

L. B.

II.1.d **Citadelle**

L'accès à la citadelle, sur le mont Ayasuluğ, se fait par l'église Saint-Jean mais elle n'est pas ouverte au public.

L'histoire de la citadelle d'Ayasuluğ est très ancienne puisqu'elle remonte au IVe siècle. La vaste église dédiée à saint Jean, construite sous le règne de l'empereur byzantin Justinien (527-565) près de la forteresse, ne recevra son enceinte que plus tardivement. Cette protection, ajoutée au moment où les fortifications sont renforcées, répond à la menace entretenue par les razzias arabes. Après la conquête de la ville par Mehmet Bey fils d'Aydın, en 1304, la forteresse sera régulièrement réparée et renforcée. Au cours de la période ottomane, Ayasuluğ s'élèvera au rang des centres commerciaux les plus actifs et des ports les plus importants de toute la Méditerranée orientale. C'est un lieu de commerce international dont les marchands viennent de Venise, mais aussi de Gênes, de Pise, etc. Les indices historiques de l'intérêt de la ville sont patents: croissance exponentielle du rôle du consulat vénitien dès 1337, création du consulat génois en 1351, augmentation constante du nombre des résidents venus d'Occident, conclusion de divers accords commerciaux entre l'émirat et les Occidentaux.

Cette puissance se confirme tout au long de la période ottomane: pendant le règne du sultan Mehmet II, la garde chargée de la protection de la citadelle ne comptera pas moins de 60 soldats. À la fin du XVIe siècle, diverses mesures d'exemptions de taxes seront prises pour inciter à la participation aux travaux de rénovation de la citadelle. Evliya Çelebi, qui visite Ayasuluğ en 1671, rapporte que celle-ci, accrochée à un éperon rocheux, fait une circonférence de 300 pas (environ 200 m) et qu'elle est défendue par 40 soldats environ.

De nos jours, les remparts, construits avec des matériaux de remploi, sont encore en bon état; l'infrastructure originelle de l'entrée principale est restée inchangée. L'enceinte abrite une ancienne chapelle byzantine, plusieurs citernes et une petite mosquée.

İ. K.

Le village de Şirince est fondé par des Rums qui quittent Selçuk après la prise de la ville par les Turcs. Éloigné de la route principale, il joint au charme d'un village paisible l'avantage d'une vue magnifique. La plupart des maisons, construites dans le style régional traditionnel, datent du XIXe siècle. On y trouve aussi deux églises, dont l'une a été récemment restaurée. On peut oublier les fatigues de la journée en s'installant au café de la place pour prendre un bon thé bien fort. Au départ de Selçuk, prendre la direction d'Izmir et tourner à droite (vers l'est), immédiatement après la sortie de la ville.

II.2 TİRE

Par le partage de l'émirat entre les fils de Mehmet Bey, l'administration de la grande ville de Tire reviendra à son quatrième

Han Kutu, chambres à l'étage de l'aile ouest, XVe siècle, Tire.

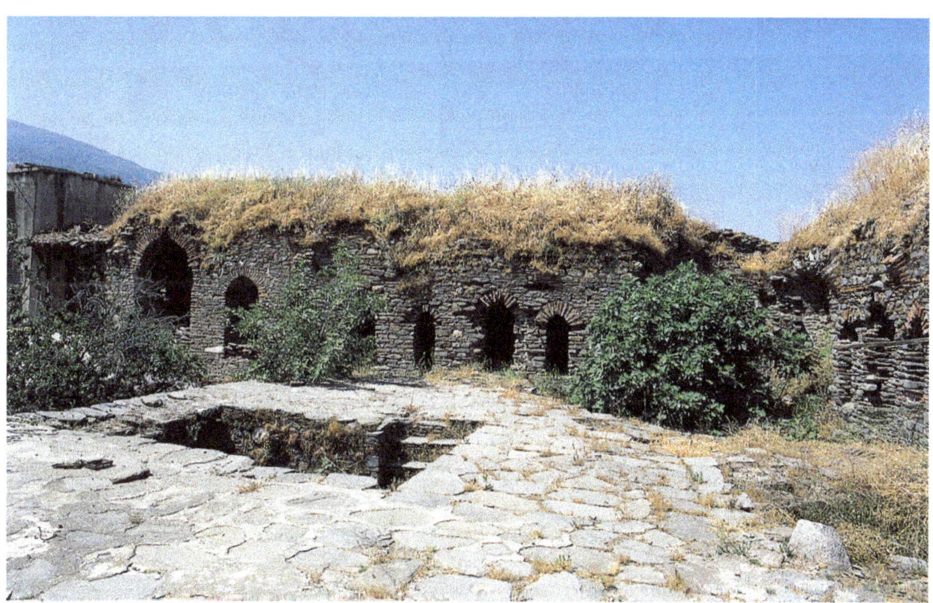

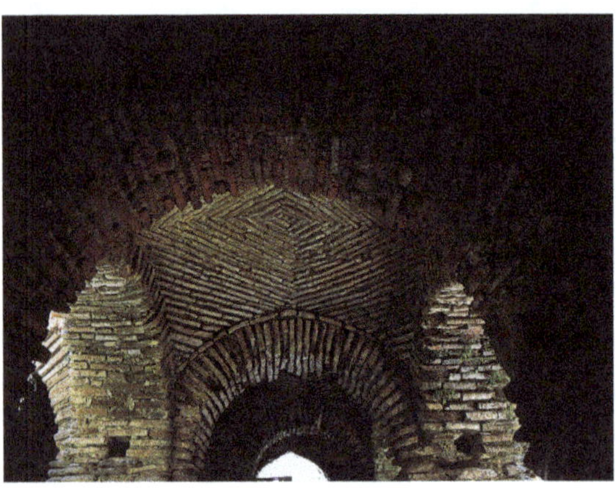

Han Kutu, voûte des écuries, XVe siècle, Tire.

fils, Süleyman Chah. C'est ici qu'en 1390, le sultan Bayézid Ier, qui avait annexé l'émirat aydınide, contraint Isa Bey à résider et, à partir du moment où elle va y séjourner, la dynastie aydınide jouera un rôle capital dans le développement de la cité. La bataille d'Ankara qui a lieu en 1402 entre Bayézid Ier et Tamerlan provoque la restauration des émirats anatoliens qui semblaient déjà éliminés de la scène de l'Histoire. Pour les récompenser de leur aide, Tamerlan vainqueur restitue aux souverains dépossédés l'administration des émirats que Bayézid avait englobés dans l'État ottoman. Les Aydınides Moussa Bey et son frère le recevront à Tire pendant l'hiver 1402-1403.

II.2.a **Han Kutu**

Quartier Yeni, place Tahtakale.
Ouvert tous les jours sauf le mardi. Au premier étage, deux artisans font la démonstration de la fabrication traditionnelle de cordes de chanvre avec une technique et des outils très simples.

C'est à l'époque des émirats que l'on commence à voir apparaître les premiers *hans* urbains. Leur nombre était proportionnel à la taille de la ville et au volume de son commerce. Les *hans* urbains étaient généralement des bâtiments à un étage, disposés autour d'une cour intérieure carrée ou rectangulaire entourée de pièces et de portiques. Au rez-de-chaussée se trouvaient les entrepôts et les étables et l'étage était probablement réservé aux boutiques et à l'hébergement des marchands.
Evliya Çelebi, l'un des visiteurs de Tire au XVIIe siècle, nous rapporte qu'on y dénombrait 144 mosquées et *masjids*, 30 *madrasas*, 60 *mekteps*, 13 *hammams*, 270 fontaines et 27 *hans*. Ces chiffres soulignent l'importance du développement de Tire. On trouve évidemment beaucoup moins de *hans* aujourd'hui. Toutefois, les 5 restants, même conservés partiellement, témoignent bien de la vitalité passée de la ville.
Au cours de la première époque ottomane, Halil Yaşhi Bey, un officier supérieur du sultan Murad II qui sera gouverneur du *sandjak* d'Aydın, va jouer un rôle crucial dans le développement de Tire. Les bâtiments, comme le *han* Çöplü, l'*arasta*, le *han* Toma et le *hammam* Tahtakale, qui relevaient de la juridiction de la mosquée de l'*imaret* Yaşhi Bey en tant que fondation *waqf*, se trouvent dans le voisinage de Tahtakale (le marché de Yenipazar) qui, tout comme au XVe siècle, reste aujourd'hui encore le centre commercial de la ville. Halil Yahşi Bey fait probablement construire le *han* Kutu entre 1425-1426, quand il est gouverneur de la province, et l'an 1441, quand la charte *waqf* est rédigée.
C'est un *han* urbain à un étage, entouré extérieurement de 9 boutiques au sud, 11

à l'ouest et 10 au nord, toutes construites comme des *iwans* séparés de la rue simplement par des vitres. L'*arasta* adjacente à la façade orientale, très modifiée par les restaurations, était une longue et étroite galerie couverte avec 26 boutiques réparties des deux côtés.

Du côté ouest, un grand porche donne accès à la cour carrée. La fermeture des portiques des côtés est, ouest et sud, permettait de disposer d'un espace supplémentaire pour les boutiques. Au nord de la cour, on remarquera les belles voûtes d'arêtes en briques des écuries. L'escalier au centre de cette aile nord permettait d'accéder à l'étage et à la terrasse ménagée au-dessus des écuries. Les portiques qui courent devant les pièces de dimensions égales du premier étage sont presque entièrement détruits, comme ceux de la cour.

İ. K

II.2.b **Mosquée Yahşi Bey (imaret Yeşil)**

Quartier de Cumhuriyet, 52 rue Aydınoğlu.

La mosquée Yahşi Bey, qui a abrité pendant un certain temps le Musée archéologique, est l'un des monuments les plus remarquables de la ville. Même si nous sommes très peu renseignés sur la vie de Yahşi Bey, nous savons de source sûre que cet officier de haut rang du sultan Murad II sera le fondateur de la mosquée après la conquête de Tire par les Ottomans. La charte *waqf* datée de 1441 mentionne qu'il fait donation de ses vignes, de ses vergers d'Ayasuluğ (Selçuk), ainsi que des établissements de Tire et de leurs revenus, *hans*, *hammams*, boutiques, etc., pour assurer l'avenir de la mosquée à travers les siècles. L'achèvement de sa construction doit précéder de quelques années ou coïncider avec la date d'établissement de la charte.

De toutes les mosquées de Tire, c'est celle-ci qui retient le plus l'attention d'Evliya Çelebi quand il visite la ville en 1671. Le voyageur nous rapporte que l'édifice, primitivement destiné aux Mevlevis (*derviches* tourneurs), ne fera fonction de mosquée que plus tard. D'après le nombre de Mevlevis résidant dans les environs, nous savons que la congrégation devait être très importante.

Mosquée Yahşi Bey, salle de prière, 1441, Halil Yahşi Bey, Tire.

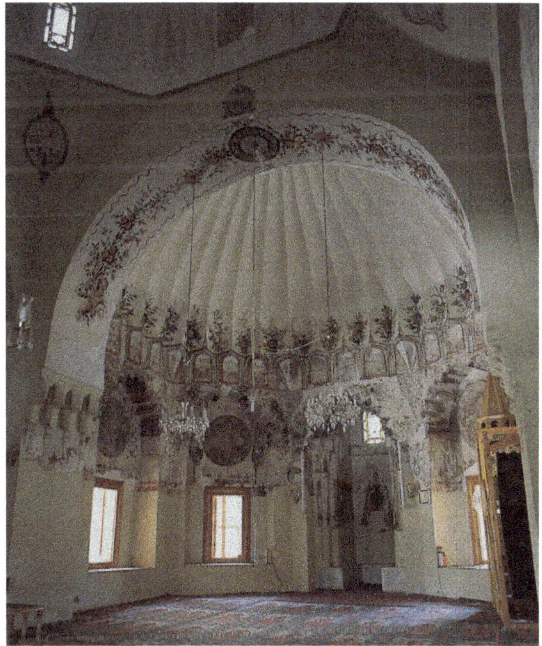

Si l'on approche de la mosquée par l'est, la rue débouche directement sur le minaret qui, étrangement, a été construit à l'angle nord-est. Sa décoration losangée de briques vernissées brun rouge, turquoise et vertes lui vaut d'être communément appelé "*imaret* Yeşil". Selon la légende, le contremaître, en se prosternant à la fin du chantier, aurait prié Allah en ces termes: "Pardonne-moi, ô Seigneur, si j'ai gaspillé du matériel en construisant cette mosquée et ce minaret ou si j'ai volontairement trop économisé le mortier ou le plâtre."
La construction mêle le recours à la pierre et à la brique. Le portique nord à cinq arcades est couvert d'autant de coupoles. Le porche de facture très simple, mais enrichi d'un dais en *mouqarnas*, donne accès à la cour centrale couverte d'un dôme. Les *tabhanes* répartis sur les ailes est et ouest ont chacun une cheminée et une niche, leurs portes et leurs persiennes en bois sont ornées de décorations très ouvragées, comme les vantaux du portail. Une inscription sur l'embrasure de l'entrée nous apprend que le nom du sculpteur est Ilyas Ibn Mahmoud. La salle de prière qu'on trouvera du côté sud est remarquable par sa forme inhabituelle, pentagonale surmontée d'un demi-dôme en coquille. À côté de peintures plus récentes, on remarquera les anciens décors muraux mis au jour par les restaurations. Le *mihrab*, en forme de niche profonde en saillie extérieure, est lui aussi orné de décors peints.

İ. K.

Mosquée Yahşi Bey, détail de la porte en bois du tabhane de l'ouest, 1441, Halil Yahşi Bey, Tire.

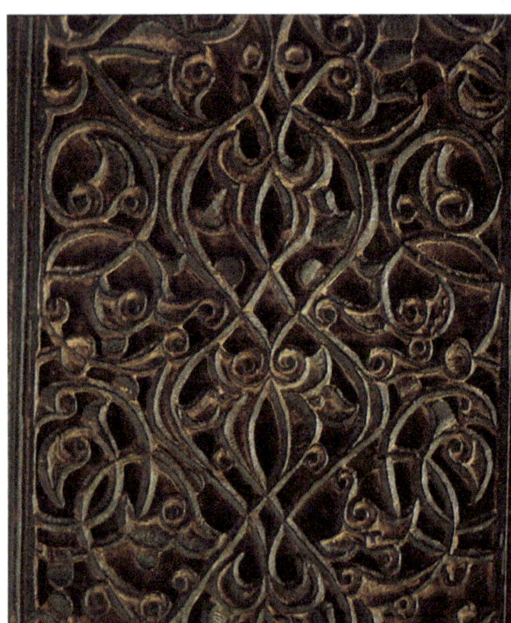

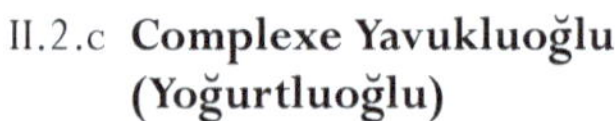

II.2.c Complexe Yavukluoğlu (Yoğurtluoğlu)

Quartier Turan, 7 rue Kaplan, Tire. Des travaux sont en cours pour transformer le complexe religieux, déjà restauré il y a plusieurs années, en institut pour handicapés. Vous pourrez sur demande vous faire accompagner par un fonctionnaire qui vous ouvrira le monument. S'adresser au Belediye ou Zabita.
En suivant les indications pour Kaplan, on trouvera le complexe religieux un peu plus loin sur la gauche, caché au milieu des oliviers.

Le complexe religieux Yavukluoğlu est un autre des grands monuments de Tire.

sud-est, XVe siècle, Yavukluoğlu Mehmet Bey, Tire.

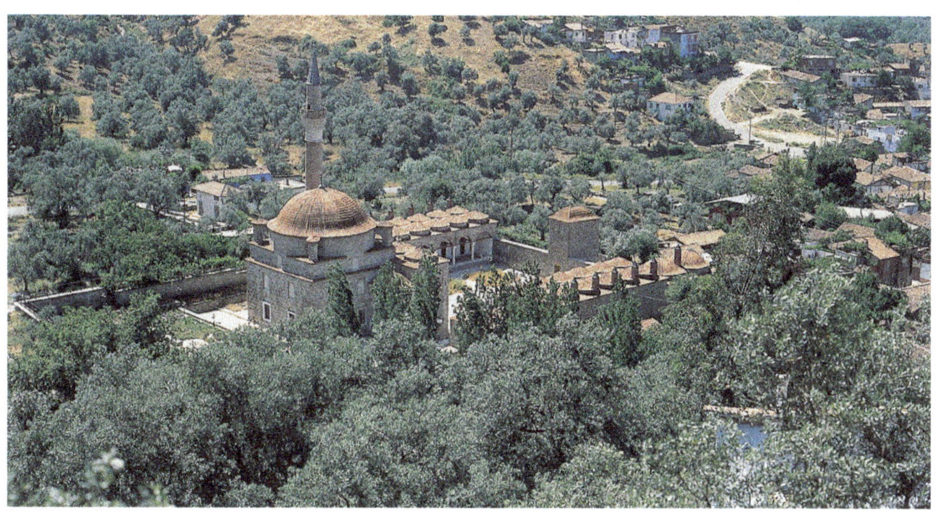

Bien qu'on manque de certitudes sur l'identité du fondateur, la construction de cette mosquée du XVe siècle est attribuée à un homme du nom de Yavukluoğlu ou Yoğurtluoğlu Mehmet Bey. La tradition veut que Yavukluoğlu Mehmet Bey ait gouverné la partie occidentale de Tire, la partie orientale revenant à Kazanoğlu Mehmet Bey, fondateur de la mosquée portant son nom. Au XVe siècle, ces deux potentats locaux sont des ennemis acharnés et toutes les tentatives des habitants de Tire pour les réconcilier échouent. Au cours du temps, leur animosité s'envenime et Yavukluoğlu Mehmet Bey finit par faire tuer Kazanoğlu Mehmet Bey. Cependant Yavukluoğlu Mehmet Bey se repentait de toute son âme. Il va alors se recueillir et pleurer sur la tombe d'un saint homme, Buğday Dede. Il exprime ses remords et demande à ce saint local de lui montrer la voie. Buğday Dede lui apparaît et déclare que s'il prend en charge les funérailles de Kazanoğlu, il lui sera pardonné. Selon une autre version, les habitants de Tire auraient réussi à réconcilier les deux potentats: ils vont dire à Yavukluoğlu que Kazanoğlu en personne est décidé à rendre visite à son aîné afin de faire la paix. À quoi Yavukluoğlu consent. Aussitôt, ils se rendent chez Kazanoğlu pour lui annoncer que Yavukluoğlu l'invite pour reprendre leurs rela-

Complexe Yavukluoğlu, chambres de l'aile ouest et portique d'entrée, XVe siècle, Yavukluoğlu Mehmet Bey, Tire.

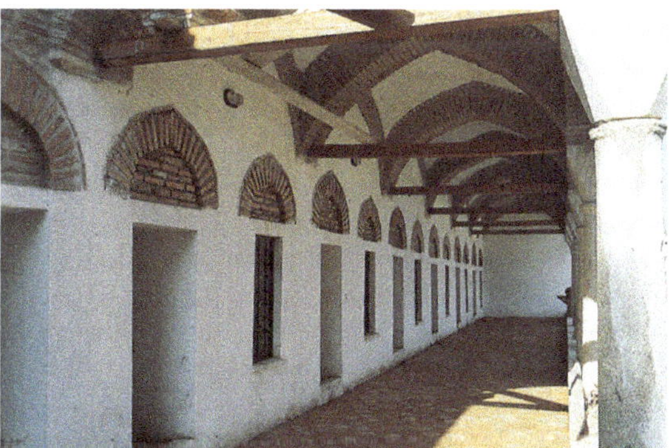

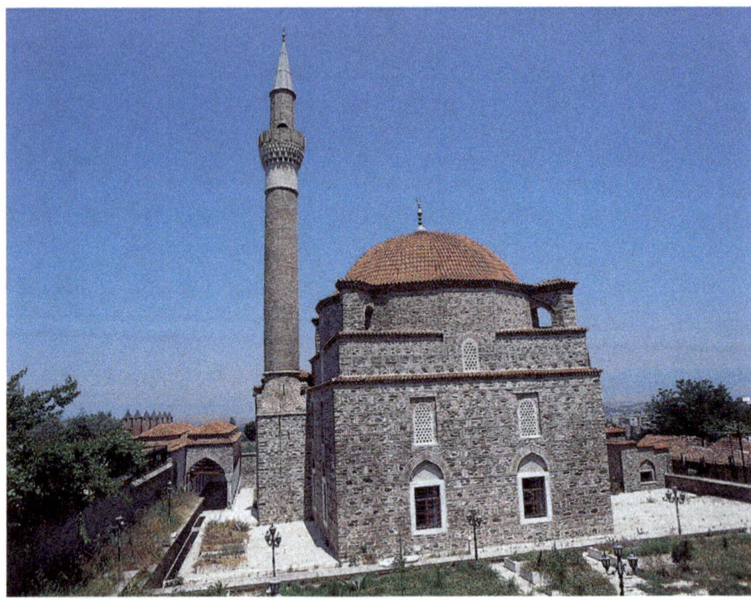

Complexe Yavukluoğlu, façade sud, XVe siècle, Yavukluoğlu Mehmet Bey, Tire.

tions. Kazanoğlu accepte l'offre. Ainsi les deux ennemis finissent-ils par se rencontrer et par oublier leur animosité.

Le complexe se compose d'une mosquée, d'une *madrasa*, d'un *muvakkithane*, d'une cuisine populaire (peut-être un *mektep*) et d'un *hammam* aujourd'hui en ruine. La restauration des bâtiments, construits sur une pente douce qui remonte du nord au sud, a duré sept ans et s'est achevée en 1997. La mosquée et la *madrasa* ont une cour commune. La mosquée, qui occupe le côté sud de la cour, est un bâtiment simple et carré couvert d'une coupole. Devant, le beau portique à 5 arcades court vers l'ouest jusqu'à l'angle du minaret. La fonction de la pièce adjacente au côté oriental du bâtiment et dotée d'un *mihrab* reste incertaine, mais ce pourrait être la bibliothèque. La pièce près de l'entrée orientale de la cour était utilisée pour les ablutions rituelles. Sur les ailes est et ouest, les deux enfilades de cellules de la *madrasa* sont précédées d'un portique à coupoles. Chaque cellule est dotée d'une cheminée et couverte d'une coupole plus grande que celles du portique. Sur le côté nord, la cour est fermée par un mur aveugle au milieu duquel est aménagé un porche. Cette entrée est surmontée d'une pièce, probablement un *muvakkithane*, c'est-à-dire l'observatoire ou salle de l'horloge: autrefois, dans ce petit bâtiment, qui était généralement construit à proximité des mosquées, on disposait de tous les instruments nécessaires pour déterminer l'heure du lever et du coucher du soleil et des appels aux cinq prières. Le responsable de cette fonction, moitié astronome moitié astrologue, faisait aussi des prédictions astrologiques. Le petit bâtiment à deux corps, adjacent à l'angle nord-est, servait probablement de cuisine populaire ou de *mektep*.

İ. K.

Depuis Yavukluoğlu, au lieu de revenir sur ses pas, suivre la route de la colline pour rejoindre Kaplan qui surplombe la plaine du Küçük Menderes. On y trouvera de nombreux restaurants. À Tire, le marché a lieu deux fois par semaine: le mardi, on y vend les marchandises les plus diverses mais le vendredi les villageois y vendent les fruits et les légumes qu'ils ont cultivés eux-mêmes. La ville est renommée pour ses köftes *(petites boulettes de viande hachée). Une promenade dans le dédale des ruelles de la vieille ville permettra de découvrir des mosquées, des* hammams, *des vieilles maisons –certaines très délabrées–, etc. Le minuscule musée archéologique possède une intéressante collection d'objets allant de l'Antiquité au Moyen Âge. Voir également de très belles stèles ottomanes dans le jardin du musée. La céramique de Çanakkale du XIXe siècle est aussi très intéressante.*

Un service régulier de minibus relie les gares routières de Tire à Ödemis et d'Ödemis à Birgi.

II.3 BİRGİ

Dans les régions de la Lydie et de l'Ionie antiques en Anatolie occidentale, Mehmet Bey, un des commandants en chef de l'armée de l'émirat germiyanide, fonde son émirat, qu'il appelle aydınide du nom de son père, et prend Birgi pour capitale. Surnommé aussi "Mübarizüddin", "le Guerrier

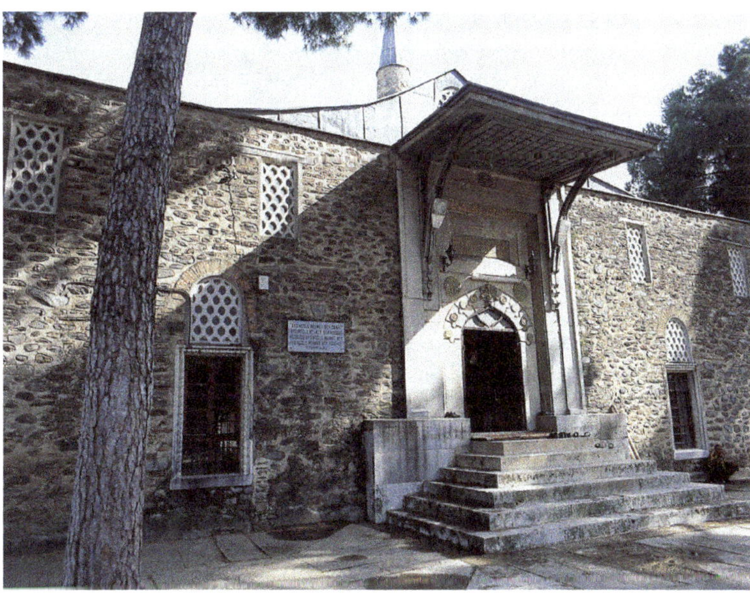

Grande Mosquée, façade nord, 1312-1313, Aydınoğlu Mehmet Bey, Birgi.

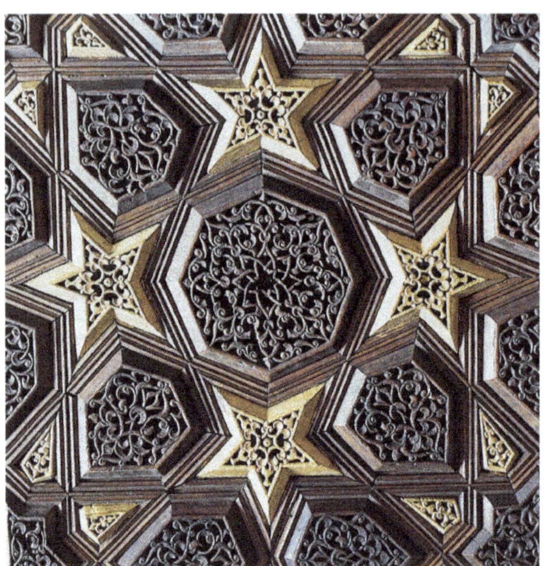

Grande Mosquée, détail du minbar en bois, 1322, Aydınoğlu Mehmet Bey, Birgi.

de la Religion", il partagera les régions qu'il a conquises entre ses fils. Il a conduit de nombreuses razzias sur les côtes d'Égée et de Roumélie avec les forces navales cantonnées à Ayasaluğ et Izmir. À sa mort, en 1334, son fils Umur Bey lui succède.
Quand Ibn Battuta visite Birgi en 1333, il reste pendant 14 jours l'hôte de Mehmet Bey. D'après les descriptions que ce chroniqueur nous a laissées, les appartements de l'émir étaient situés dans une partie élevée du palais; la piscine qui occupait le centre des appartements était ornée à chacun de ses angles d'une fontaine de bronze représentant un lion dont la bouche crachait des jets d'eau. La cour intérieure était entourée d'une enfilade de chambres. Le chroniqueur évoque aussi avec admiration les bols en céramique et les cuillers en or qu'il y avait vus, ainsi que les 20 jeunes Rums aux longs cheveux blonds, vêtus de robes de soie, qui l'avaient accueilli à son arrivée au palais.

II.3.a **Grande Mosquée (Ulu Cami)**

La Grande Mosquée érigée sur la berge escarpée d'une petite rivière est l'un des premiers monuments construits à Birgi pendant la période aydınide. En entrant dans la cour, le visiteur découvrira au premier coup d'œil une sorte de construction à peu près rectangulaire sur laquelle, au-dessus du portail, est rajouté un fronton en triangle couvert d'un toit à double pente. Cette façade nord de pierre brute plutôt laide est ponctuée par l'ornementation en marbre des fenêtres et la présence d'un portail de marbre orné de décorations sculptées à motifs de rosaces et d'arbre de vie. On y trouve aussi une inscription portant le nom du fondateur, Mehmet Bey fils d'Aydın, et la date de construction, 1312-1313. Passé la porte, on entre dans la nef centrale d'une salle de prière à plan basilical, comportant cinq nefs séparées les unes des autres par des alignements de colonnes de remploi qui supportent les arcs. Le plafond et le toit en bois sont actuellement protégés par une couverture métallique. L'espace dégagé de forme carrée, devant le *mihrab*, est surmonté d'un dôme.
Le bâtiment présente de magnifiques exemples de décorations en carreaux de céramique et en bois sculpté: le *mihrab* est revêtu d'une mosaïque de céramique de couleur turquoise et aubergine de tradition seldjoukide, comme l'arche nord de l'espace carré devant le *mihrab*.
Sur le *minbar* et les volets des fenêtres, on pourra apprécier l'art exquis des ébénistes

du XIVe siècle. Aucun des motifs des volets intérieurs des fenêtres du bas n'est semblable mais tous portent des inscriptions à caractère religieux. Le *minbar* en noyer est lui aussi orné de nombreuses inscriptions en calligraphie arabe dont la nature est principalement religieuse: celles du côté droit nous apprennent qu'il est dû à un maître artisan du nom de Muzzaffereddin Ibn Abdülvahid qui l'a réalisé en 1322. Pour les décors, l'artiste a utilisé la technique du *kündekari* sans clous ni colle. Les battants des portes de ce *minbar*, dérobés en 1995, ont été retrouvés à Londres dans une vente aux enchères.

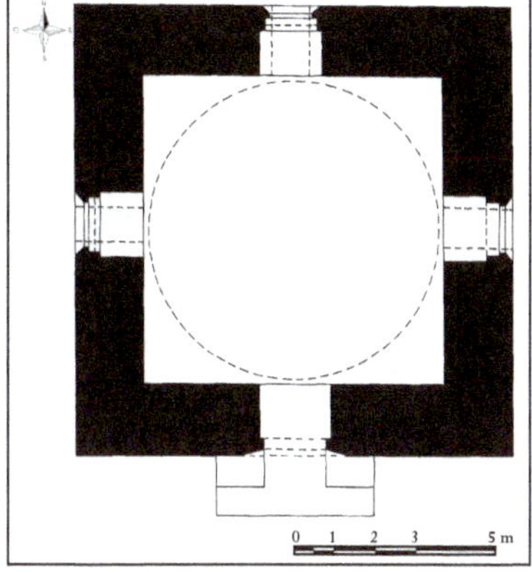

Plan du turbé Aydınoğlu Mehmet Bey, Birgi.

En sortant de la salle de prière, pour découvrir la mosquée de l'extérieur, le mieux est de commencer par la façade est. Les fenêtres sont alignées sur deux hauteurs et les décors de celles du bas sont tous différents. Le portail au centre est très dépouillé, comme celui de la façade nord. Les blocs de marbre intégrés dans les façades est et ouest, qui donnent toutes les deux sur la rue, proviennent de constructions plus anciennes, ainsi d'ailleurs que la statue de lion placée dans l'angle sud-est. La base du minaret, tout en blocs de marbre, est contiguë à l'angle ouest de la façade sud, elle aussi en parement de marbre. Le corps du minaret est

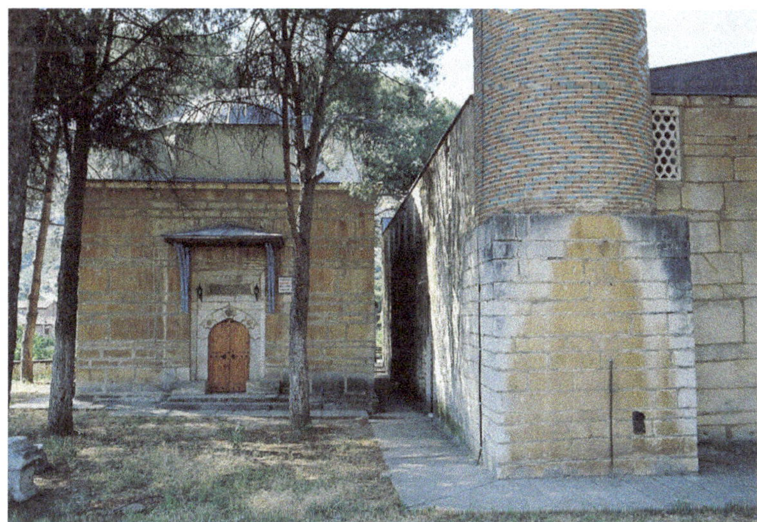

Turbé d'Aydınoğlu Mehmet Bey, façade sud, 1334, Aydınoğlu Mehmet Bey, Birgi.

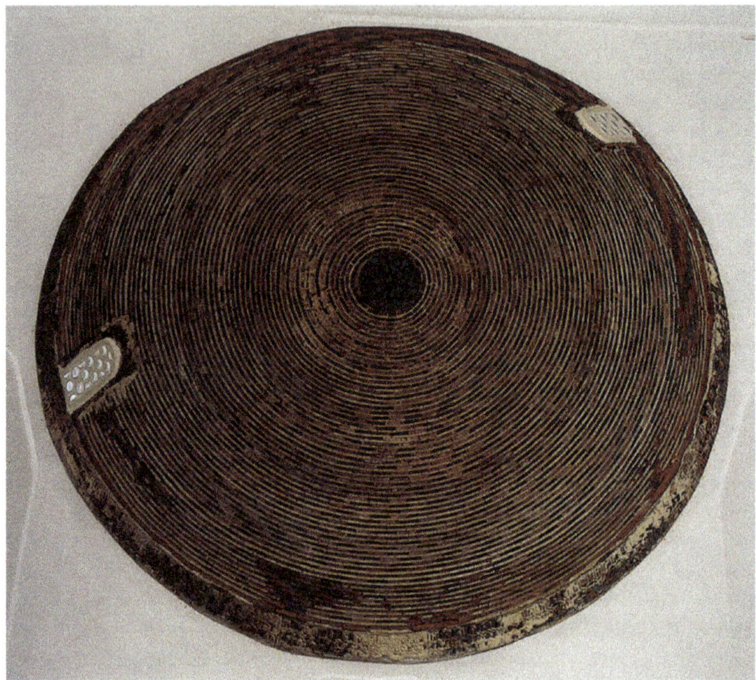

Turbé d'Aydınoğlu Mehmet Bey, dôme, 1334, Aydınoğlu Mehmet Bey, Birgi.

revêtu de briques vernissées et de mosaïques de céramique formant un décor en zigzags et en chevrons. Le tombeau de Mehmet Bey est presque accolé à la façade ouest, sans attrait particulier, avec juste un passage de 1,30 m.

İ. K.

II.3.b **Turbé Aydınoğlu Mehmet Bey**

Aydınoğlu Mehmet Bey (Mehmet Bey fils d'Aydın) meurt en 1334 des suites d'un bain forcé après une chute au cours d'une partie de chasse. Son tombeau jouxte le côté ouest de la Grande Mosquée dont il a lui-même ordonné la construction. Il a probablement fait construire son *turbé* avant même de tomber malade. L'inscription sur la porte mentionne la date du 9 janvier 1334 qui doit être celle de sa mort ou de ses funérailles.

La modeste tombe placée à droite de la porte d'entrée est dite "Tombe de la Fille du Roi". Selon la légende, la fille du souverain byzantin chrétien de Birgi remarque Mehmet Bey, le chef de guerre, qui mène alors le siège de la ville. Aussitôt, elle se prend de passion pour lui et lui fait porter une lettre l'informant qu'elle se rallie à la foi islamique et qu'elle lui ouvrira secrètement les portes de la ville. Quand ils apprennent le rôle de la jeune femme dans la perte de leur ville, les habitants de Birgi

la mettent à mort à l'emplacement même de sa sépulture actuelle. En effet, après la victoire, Mehmet Bey exige que la jeune femme soit enterrée sur le lieu du meurtre. Il existe quantité de récits de ce genre donnant une explication légendaire de la prise des citadelles byzantines.
Le monument, d'allure très simple et de forme cubique, est entièrement recouvert de marbre et surmonté d'une coupole. Trois façades, à l'est, à l'ouest et au nord, sont percées d'une fenêtre rectangulaire encadrée de marbre, la quatrième, au sud, recevant en son milieu le portail de marbre sculpté avec sa petite porte. Au-dessus du portail, l'appareil de marbre sculpté est un remploi de matériaux d'origine byzantine. L'auvent en bois qui protège l'entrée est un ajout récent. À l'intérieur, levez les yeux pour profiter de la splendeur du dôme avec son décor concentrique de briques vernissées; le bandeau décoratif à sa base et le médaillon central sont tous deux en mosaïque de céramique.
Le *turbé* abrite quatre membres de la dynastie aydınide. Les pierres tombales précisent bien l'identité des défunts mais aucune date n'y est mentionnée. La première en entrant appartient à l'un des fils de Mehmet Bey, Isa Bey, qui serait mort avant 1402; la deuxième est celle de Bahadir Bey, qui apparaît parfois sous le nom d'Ibrahim Bey dans les sources écrites, mort probablement un peu avant 1347; la troisième est celle d'Aydınoğlu Mehmet Bey lui-même, et la quatrième appartient à son deuxième fils, Umur Bey, connu aussi sous le nom de Baheddin Bey, qui trouva la mort au cours d'une bataille en 1348.

İ. K.

Le turbé *de Sultan Chah a été édifié à l'extérieur de la cour de la Grande Mosquée, côté sud. En sortant, il se trouve à 100 m à droite. Aujourd'hui il est en plein milieu de la route.*

II.3.c **Turbé Sultan Chah** (option)

Ce monument hexagonal, appelé aussi *turbé* d'Ümmü Sultan, est une construction de brique et de pierre brute avec, ici et là, des inserts de matériau de remploi. Au cours de la dernière rénovation, un avant-toit de béton a été rajouté et un revêtement de ciment a été coulé sur la surface extérieure de la coupole. La façade sud est dotée de deux fenêtres de chaque côté d'un portail en légère saillie. L'entrée se fait par un passage bas à arcades portant une inscription arabe de deux lignes sur une plaque de marbre: il y est dit que Mehmet Bey a fait édifier ce *turbé* pour sa sœur, Sultan Chah Hatun, et qu'il a été terminé en juin 1310. L'intérieur en forme d'hexagone régulier est surmonté d'un dôme en brique. Sur chacun des côtés de l'hexagone est ménagée une niche voûtée peu profonde, terminée par un arc brisé en appareil de brique. Mais plusieurs de ces voûtes ont subi les dommages de la restauration. À l'intérieur du *turbé*, une tombe, sans caractéristiques particulières, est amputée de ses stèles de tête et de pied. Rien ne laisse supposer l'existence antérieure d'une crypte.

İ. K.

LES TRADITIONS FUNÉRAIRES TURQUES

Ertan Daş

Les croyances chamanistes étaient largement répandues dans les populations turques avant leur islamisation. Dans cette forme de religion, la nature et les forces spirituelles sont objets de vénération. Le guide religieux –le chaman– entre en contact avec les esprits, exerce la magie et soigne les malades. Comme toutes les religions, le chamanisme croit à la résurrection des morts. Ainsi les adeptes fortunés du culte chamanique se faisaient-ils construire des tombes conçues pour préserver le corps du défunt qui devait être conservé intact jusqu'au jour de sa résurrection. On sait aussi que, de la même façon que les pharaons égyptiens avaient à leur disposition des barques pour naviguer sur le Nil après leur résurrection, les peuplades nomades turcophones se faisaient enterrer avec leurs chevaux.

Même après leur conversion à l'islam, les Turcs continuent d'être influencés par la conception de la mort et les rites funéraires originaires d'Asie centrale. Selon la foi de l'islam, la personne est poussière et, quand elle meurt, elle doit retourner à la terre et donc reposer dans la terre. La tradition exige que le défunt ait la tête orientée vers l'ouest, le visage tourné vers la *qibla*, le corps reposant sur le bras droit. La momification est contraire à l'islam. Cependant, on a retrouvé des corps momifiés dans les *turbés* des villes anatoliennes d'Amasya, Kemah, Harput, etc., et malgré des conditions de conservation peu favorables, ces momies ont été préservées jusqu'à nos jours.

Dès l'époque karamanide (842-1212), l'architecture turque s'illustre par la construction de monuments funéraires de grand intérêt. On a retrouvé dans de nombreux *kümbets* –autre dénomination des monuments funéraires– des cryptes aménagées en sous-sol pour recevoir les corps, une pratique très courante surtout à l'époque seldjoukide, aux XIIe-XIIIe siècles. Cette crypte, généralement enterrée jusqu'à mi-hauteur, disposait d'une petite ouverture sur un de ses côtés, destinée uniquement à permettre le nettoyage et l'entretien, car il était interdit d'y pénétrer. Toutefois, pendant les émirats (XIVe siècle), la crypte va progressivement disparaître. La salle du *kümbet* édifié au-dessus de la crypte, de forme tantôt cubique, polygonale ou cylindrique, abrite un *mihrab* et un sarcophage symbolique qui peut être en bois, en plâtre ou en pierre. Le monument est généralement couronné d'une coupole. La flèche pyramidale ou conique qui vient coiffer et cacher la coupole, élément architectural caractéristique de l'époque seldjoukide anatolienne, va peu à peu être abandonnée au cours de la période ottomane.

Que ce soit sous les Seldjoukides, les émirats ou les Ottomans, les cimetières anatoliens sont toujours à proximité du centre-ville. Par privilège, les autorités religieuses ou les grands dignitaires pouvaient être enterrés dans un petit cimetière dans la cour d'une mosquée.

Et comme dans la plupart des pays islamiques, une stèle funéraire est dressée à la tête et au pied de la tombe, que celle-ci soit placée dans un *turbé* ou soit isolée. Ces pierres sont de précieuses sources de documentation pour les informations qu'elles nous apportent sur les croyances, les choix esthétiques, la compréhension de l'art, ou encore sur les conditions de vie et de santé de l'époque. La tradition ornementale des stèles funéraires, épigraphique ou purement décorative, remonte aux origines seldjoukides et traverse toute l'histoire de l'Anatolie. On a retrouvé dans les environs d'Erzurum en Anatolie orientale et de Diyarbakır en Anatolie méridionale des stèles funéraires datant des dynasties akkoyunlu et karakoyunlu: ces stèles à forme animale, de moutons et de béliers, étaient ornées de figures décoratives. Ce sont les tribus nomades turkmènes qui introduisent cette tradition en Anatolie centrale, jusqu'à Afyon et Aydın. À Ahlat, cité célèbre pour ses pierres tombales seldjoukides, et dans quelques autres sites anatoliens, une tradition figurative, réminiscence des rituels chamaniques, persiste à côté de la tradition ornementale à motifs floraux ou géométriques. Il s'agit le plus souvent de représentations d'oiseaux, symboles de la promotion céleste de l'esprit pour le chamanisme, mais aussi de lions, symboles de la force et du pouvoir, ou encore de dragons et d'aigles. Dans les régions de Konya et d'Akşehir, on a retrouvé des pierres tombales portant des figures anthropomorphes qui évoquent les activités du défunt de son vivant: un homme dressant un faucon, une femme brodant au tambour, etc. Les thèmes figuratifs disparaissent dès le début de l'époque des émirats. Alors commence à s'imposer un type de sépulture dont la forme est très proche de celle du *mihrab* et dont l'engouement ne se démentira pas tout au long des XIVe et XVe siècles et en particulier dans les émirats d'Anatolie occidentale.

Au début du XVIIe siècle, l'art funéraire anatolien ne résistera pas plus aux influences occidentales que les autres domaines de l'art; si, pour l'essentiel, la forme de la pierre tombale reste inchangée, son ornementation va beaucoup évoluer et refléter l'empreinte des styles baroque, Empire ou rococo, tout particulièrement en Anatolie occidentale. Les rares exemples de sculptures funéraires anthropomorphes de cette époque seraient à rattacher à l'influence européenne, mais on pourrait aussi évoquer le rôle joué par la tradition balbal d'Asie centrale.

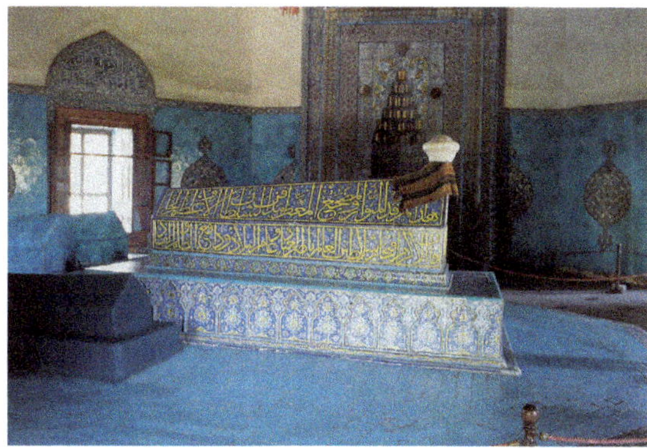

Turbé Yeşil, sarcophage du sultan Mehmet Ier paré de carreaux de céramique, 1419-24, Mehmet Ier, Bursa.

Par leur austérité, les tombes des hommes s'opposent à celles des femmes dont la stèle funéraire, légèrement évasée vers le haut, se termine par un fronteau généralement orné de décorations riches et variées. Alors que les premières pierres tumulaires des tombes masculines se résument à un pilier rectangulaire, à partir de l'époque ottomane vient s'y ajouter un couronnement en forme de turban et orné des attributs de la profession du défunt. Il existe encore des tombes d'hommes en forme de colonnes.

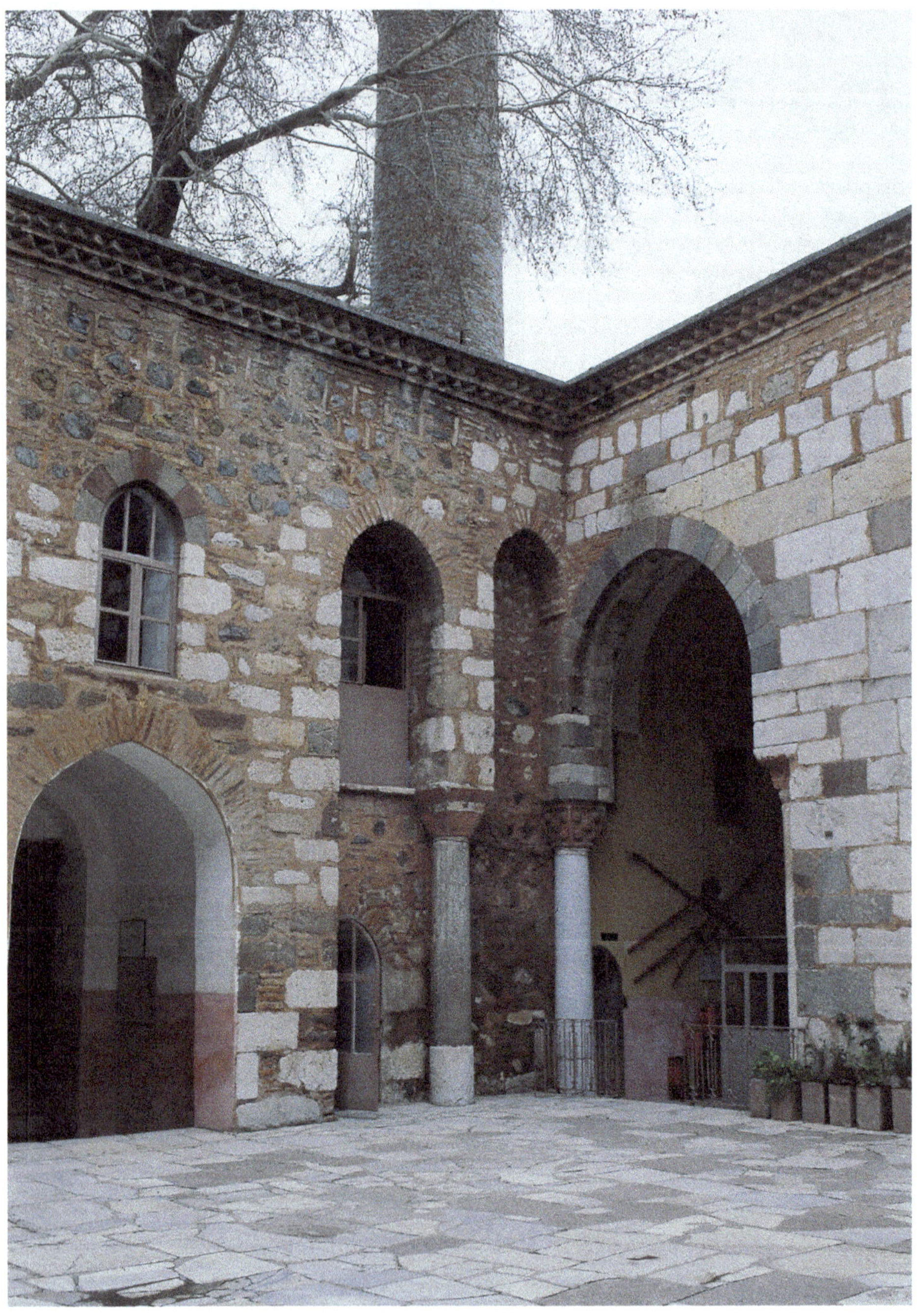

Manisa: la Cité des Princes

Lale Bulut, Şakir Çakmak, Aydoğan Demir, Rahmi H. Ünal

III.1 MANISA

III.1.a Musée archéologique de Manisa
III.1.b Complexe Hatuniye
III.1.c Complexe de la Grande Mosquée (Ulu Cami)
III.1.d Madrasa Karaköy (Sinan Bey) (option)

III.2 ULUBAT

III.2.a Han Issiz

Le commerce en Anatolie

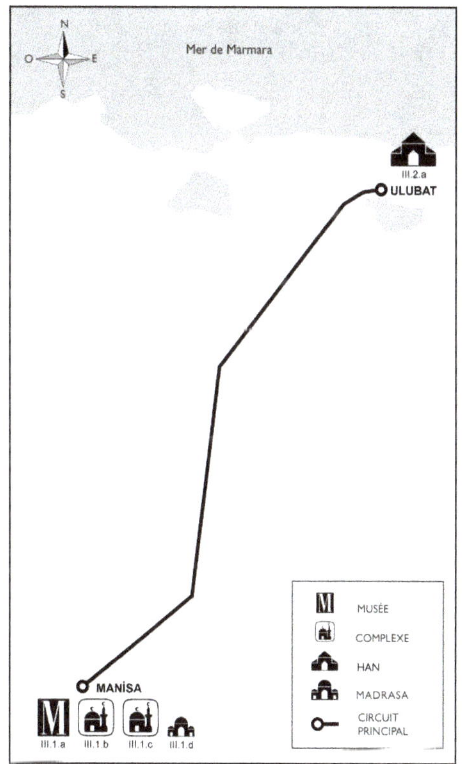

Madrasa de la Grande Mosquée, cour, 1378, Ishak Çelebi, Manisa.

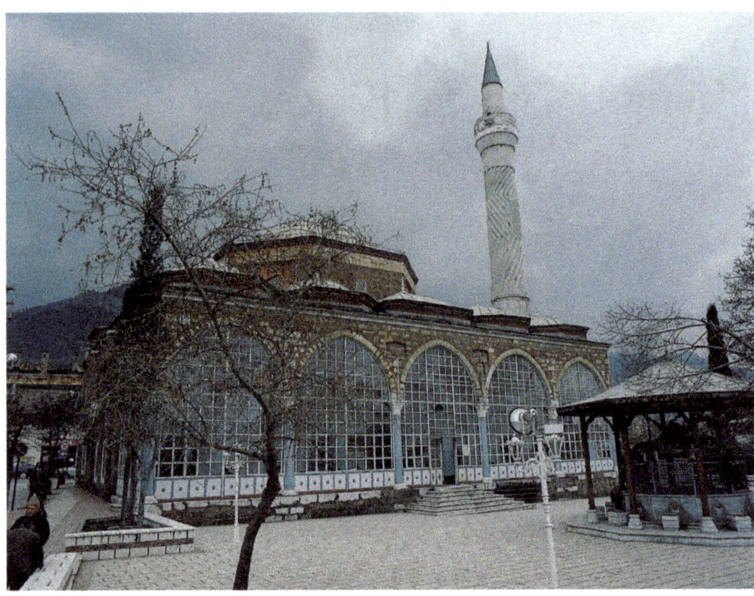

Mosquée Hatuniye, vue d'ensemble du côté nord-est, 1491, Hüsnüşah Hatun, Manisa.

Dès l'Antiquité, la cité de Manisa a une activité commerciale qui rayonne sur tous les territoires de l'Égée, de Marmara et d'Anatolie centrale. En 1305, Saruhan Bey (r. 1305-1345) fonde, dans la région qui correspond à la Lydie de l'Antiquité, sur les plaines fertiles du fleuve Gediz (l'Hermus antique), un émirat dont Manisa va devenir la capitale en 1313. Les imposants *hans* urbains qui ont résisté à l'usure du temps jusqu'à nos jours témoignent de cette prospérité. Mais l'émirat saruhanide ne parviendra jamais à imposer sa souveraineté sur les mers, au contraire de ceux de Menteşe ou d'Aydın. Au XIVe siècle, le port de Foça (la Phocée antique), base très active et fort bien protégée, est sous domination génoise et les Saruhanides ne peuvent compter que sur leurs ports d'importance secondaire. Cependant, s'ils contrôlent Foça, les Génois doivent quand même acquitter des taxes auprès des émirs de Saruhan pour que leur présence continue d'être tolérée dans la région.

Les revenus substantiels des terres fertiles de la plaine de Gediz, des taxes et du commerce vont permettre aux Saruhanides de doter Manisa en premier lieu, mais les autres cités aussi, d'une floraison de mosquées, *madrasas, hammams, hans, zaouïas, turbés*, etc. Deux des monuments les plus célèbres, la Grande Mosquée de Manisa et sa *madrasa* ainsi que le *mevlevihane*, seront édifiés par Ishak Bey (r. 1362-1388).

Sous les Ottomans, Manisa reste un des fleurons des possessions princières. Nombre de sultans des XIVe et XVe siècles commenceront par gouverner Manisa avant de régner. Le palais *şehzadeler*, littéralement le "palais des princes", dont il ne reste pas la moindre trace aujourd'hui, n'aurait cédé en importance que devant les palais royaux d'Istanbul et d'Edirne. Pendant la saison caniculaire, les princes trouvaient refuge dans leur résidence d'été de la Prairie des Sultans, sur le mont Sypile, pour se reposer et se divertir à leur aise. Les princes et leurs mères, qui vivaient ensemble, vont ordonner des travaux monumentaux pour embellir la capitale: l'un des plus somptueux, le complexe Hatuniye, construit en 1491, est dédié à Hüsnüşah Hatun, épouse de Bayézid II (r. 1481-1512) et mère de Şehinşah.

Après la défaite de Bayézid Ier (r. 1389-1402) à Ankara devant Tamerlan, souverain de Transoxiane et de Perse (r. 1369-1405), l'État ottoman entre dans une période de troubles sociaux et de conflits internes. Les disciples du *cheikh* Bedreddin (m. 1419), *kadiasker* du gouvernement ottoman, tentent de propager une sorte de communisme religieux prônant la mise en commun de tous les biens, nourriture, vêtements, champs labourés... à l'exception des femmes. À Manisa même, un disciple du *cheikh* Torlak Kemal, juif converti à l'islam, s'ingénie pour la cause au point de provoquer une insurrection dont les conséquences sur la région seront considérables. L'État ottoman ne parviendra à s'en rendre maître qu'au prix d'énormes difficultés.

Sous le gouvernement ottoman, l'administration de Manisa dépend du *sandjak* de Saruhan. De nos jours, la cité dont la prospérité était due à sa position stratégique sur les grandes routes commerciales est encore une ville d'importance non négligeable.

A. D.

Pour visiter tous les sites prévus dans ce circuit, il faudra gérer votre temps judicieusement car vous devrez parcourir près de 300 km pour rejoindre Bursa, point de départ du circuit suivant. D'autant qu'il serait dommage de manquer la visite du han *Issız, près d'Ulubat, qui est sur votre route. Si vous avez passé la nuit à Izmir, le réseau de cars interurbains relie Manisa. Là, pour gagner du temps, mieux vaut louer une voiture, prendre un minibus* dolmush *ou un taxi, même si les monuments à visiter ne sont guère éloignés les uns des autres. Nous recommandons de consacrer la matinée à la visite de Manisa où l'on pourra déjeuner d'un* kebab*, avant de prendre la route d'Ulubat. Votre trajet à partir de la D 565 vous permettra de découvrir la plus fertile des régions d'Anatolie occidentale. La route de nuit de Manisa à Ikhisar, dans les mois de juillet et août, est de nature à vous surprendre avec toutes les lumières brillant comme des lucioles dans les champs: ce ne sont que les lampes des paysans qui profitent de la fraîcheur du soir pour récolter le tabac.*

Madrasa de la Grande Mosquée, chapiteaux de la cour, remplois, 1378, Ishak Çelebi, Manisa.

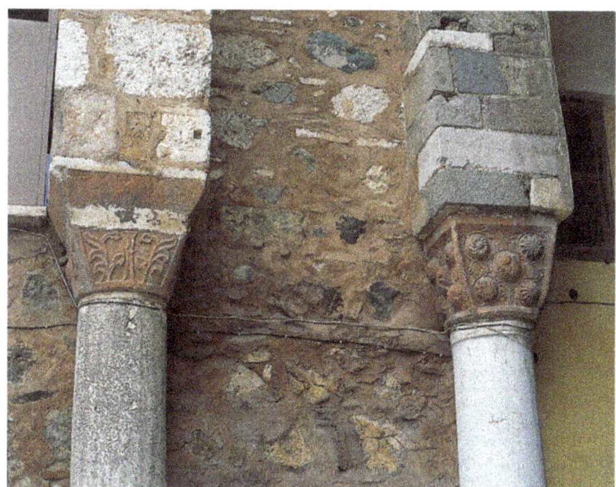

Paire de brassards, XVᵉ siècle, Musée archéologique, Manisa.

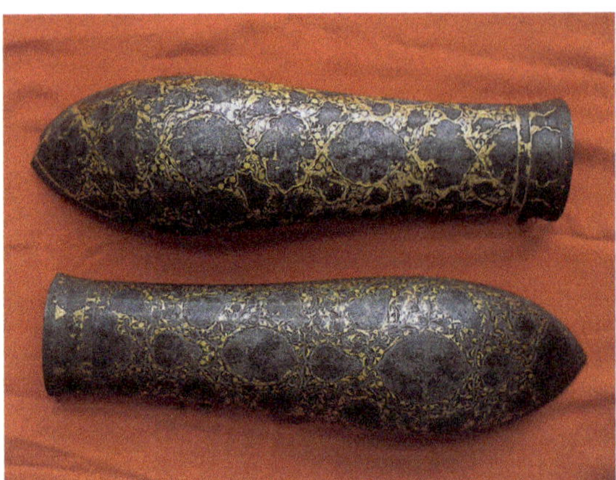

III.1 MANISA

Manisa –la Magnesia ad Sypilum antique– est fondée par les Thessaliens aux environs du deuxième millénaire av. J.-C., à leur retour de la guerre de Troie. L'histoire de la ville est parallèle à celle de toute l'Anatolie occidentale. La région, tombée aux mains du roi lydien Crésus au VIe siècle av. J.-C., est prestement conquise par les Perses en 546 av. J.-C. La domination perse prend fin en 334 av. J.-C., avec la victoire d'Alexandre le Grand sur les rives du Granique. À l'époque hellénistique, la cité est sous le contrôle du royaume de Pergame. L'époque romaine est une période de bien-être pour la cité, qui conserve aussi son importance sous les Byzantins, et cela jusqu'au XIIIe siècle quand, pendant l'occupation de Constantinople par les Latins, l'empereur Jean III Doukas Vatatzès, qui sera enterré à Manisa, y fera édifier une citadelle. Cependant, après la reconquête de Constantinople par les troupes byzantines, la cité entre progressivement en décadence pour finir par tomber aux mains des Turcs en 1313.

III.1.a Musée archéologique de Manisa

Quartier de Saruhan, 107, avenue Murad. Actuellement, la madrasa *et l'*imaret *du complexe Muradiye, de style ottoman du XVIe siècle, accueillent les salles du Musée archéologique. Les objets provenant des fouilles de Sardes et des sites avoisinants sont exposés dans l'*imaret *et les collections turco-islamiques dans la* madrasa.
Entrée payante. Horaires: de 8:00 à 12:00 et de 13:00 à 16:00 en hiver; de 8:30 à 12:30 et de 13:30 à 17:00 en été.

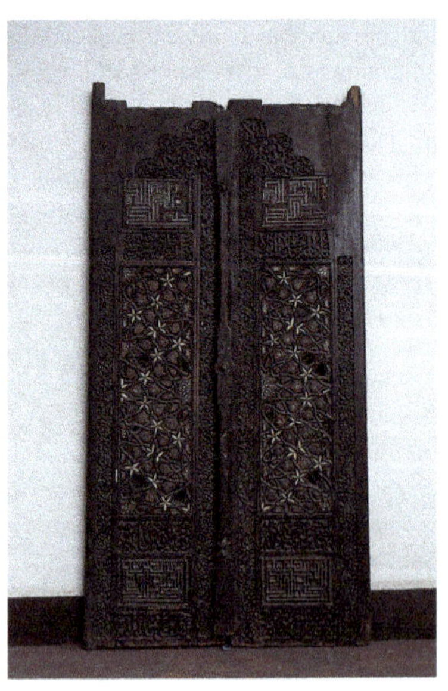

Battants de porte en bois du minbar de la Grande Mosquée, 1377, Hacı Mahmoud Ibn Abdülaziz, Manisa.

Paire de brassards en fer

À l'époque ottomane, les soldats étaient équipés d'armures, de brassards et de boucliers pour se protéger des armes et des flèches ennemies. Le brassard des guerriers est une pièce d'armure destinée à protéger l'avant-bras. Il comportait un élément principal qui se portait sur le dessus du bras et qui était relié à deux parties latérales par une série d'anneaux. Comme la plupart des modèles connus sont très finement travaillés et richement décorés, il semblerait que le port de ces brassards ait été réservé aux officiers de haut rang. Pour ceux qui sont exposés au musée de Manisa, seul l'élément principal a été conservé, les parties latérales étant manquantes. Les faces de ces brassards sont ornées d'une riche ciselure dorée. Ils se ressemblent beaucoup mais les différences sensibles des décors font penser qu'il ne s'agit pas d'une paire. Les motifs représentés forment des soleils (*şemse*), des cartouches et des tulipes, et le travail de dorure qui les cloisonne est une composition florale d'une exécution encore plus raffinée. Ces deux pièces datent du XVe siècle, comme celles de facture similaire que l'on peut voir au musée des Armées d'Istanbul.

L. B.

Battants de portes du minbar de la Grande Mosquée de Manisa

Le *minbar* de la Grande Mosquée est dû à un maître artisan du nom de Hacı Mehmet Ibn Abdülaziz d'Antep, qui l'a fabriqué en 1377, à la commande d'Ishak Çelebi, un des émirs de Saruhan; il est actuellement en restauration et les battants de ses portes ont été confiés au musée de Manisa. Travaillés dans l'ébène, ils font preuve d'une très grande maîtrise artistique. Le décor symétrique est une composition de panneaux portant soit une ornementation, soit une calligraphie. On remarquera particulièrement les deux panneaux principaux rectangulaires, encadrés de bandes décoratives et épigraphiques. L'entrelacs de longues et étroites baguettes de bois cerne un décor d'étoiles et de polygones irréguliers incrusté de nacre, d'ivoire et de marqueterie de bois d'essences et de couleurs différentes. D'après les inscriptions des battants, la conception de ce travail est due à un autre maître du nom de Fakih Ibn Youssouf.

L.B.

III.1.b **Complexe Hatuniye**

Quartier Anafartalar, avenue Borsa. En sortant du musée, suivre l'avenue Murad à droite (est), puis prendre la première rue au nord.

La capitale de l'émirat saruhanide, Manisa, va rester une cité importante bien après sa conquête par les Ottomans en 1410. C'est l'une des cités anatoliennes où les princes héritiers vont faire leurs premières armes d'administrateurs. Şehinşah, l'un des fils de Bayézid II, est l'un de ces *şehzades* qui y seront formés. Tandis qu'il veille aux obligations de sa charge, sa mère, Hüsnüşah Hatun, résidant auprès de lui, va commander la construction d'un important complexe réunissant une mosquée, un *han*, un *hammam*, un *imaret* et un *sıbyan mektebi*. Par la charte *waqf*, rédigée en 1497, les frais de gestion et d'entretien,

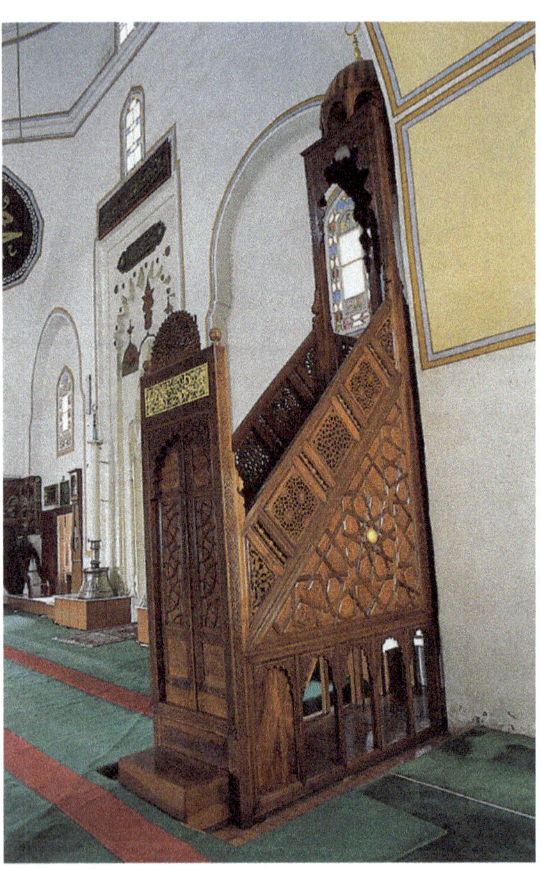

Mosquée Hatuniye, minbar, 1491, Hüsnüşah Hatun, Manisa.

comme les rétributions du personnel du complexe, sont pris en charge grâce à la dévolution de diverses propriétés dont les revenus reviennent au *waqf*. De nos jours, il ne reste plus que la mosquée, le *han* et le *sıbyan mektebi*.

La mosquée

Dans le quartier du marché, face à un magnifique parc, la mosquée Hatuniye émerge dans une altière solitude. Votre œil sera tout de suite attiré par l'appareil des murs qui alterne la brique et la pierre taillée d'andésite et de marbre. Le minaret s'élève à l'angle nord-ouest du bâtiment principal. Son corps cylindrique décoré de moulures en zigzags repose sur un beau socle à décor de brique. Vous devrez faire abstraction des grandes baies vitrées, un ajout qui défigure la façade, pour profiter du portique à cinq arches supportées par des colonnes et des chapiteaux byzantins de remploi. L'arche centrale, plus haute, est fermée par une voûte d'arêtes à extrados plat, les quatre autres sont surmontées de dômes. Derrière, la grande coupole de la salle de prière domine le bâtiment. En passant le portique, notez qu'il est très simple, sans décoration. L'inscription au-dessus de l'entrée indique que la construction de la mosquée a été achevée en 1491. À l'origine, la salle de prière à plan carré était fermée et flanquée de deux *tabhanes* surmontés d'un dôme. Plus tard, leurs murs de séparation ont été abattus et les deux salles sont venues l'agrandir. Le *minbar* de bois, d'une facture tout à fait originale, est daté de 1495. Il porte un riche décor à composition florale et géométrique. La mosquée a été restaurée en 1643, 1672 et 1831. Elle est toujours ouverte au culte.

Le mektep

Juste à l'ouest de la mosquée se trouve un petit édifice à deux coupoles. Il s'agit de l'école primaire qui aurait été commissionnée par Hüsnüşah Hatun. Comme il n'est pas mentionné dans la charte *waqf* du complexe, on tend à supposer que ce *mektep* a été construit après la rédaction de la charte en 1497. Aujourd'hui, ce petit bâtiment de deux pièces, surmonté d'autant de coupoles, est occupé par une boutique et un bureau.

Le han Kurşunlu

De l'autre côté de la rue, au sud de la mosquée, se trouve le *han* Hatuniye, le dernier des trois bâtiments qui ont été conservés. Il est communément appelé "*han* Kurşunlu", "*han* de plomb", en raison des plaques du même métal qui recouvrent ses coupoles. L'entrée principale est au milieu de la façade ouest. Cette bâtisse de pierre et de brique, avec étage et cour intérieure, présente toutes les caractéristiques d'un *han* urbain classique. Les deux niveaux sont entourés de galeries, aujourd'hui closes par des verrières et donnant sur la cour. Les 36 salles de plain-pied sont voûtées tandis que les 38 pièces de l'étage supérieur portent des coupoles; toutes ont reçu une cheminée et une niche où l'on pouvait ranger ses affaires personnelles. Le *han*, destiné à fournir des revenus au complexe de la mosquée, est décrit en détail dans la charte *waqf* de 1497, qui évoque aussi l'existence d'écuries et de 21 boutiques. On sait que les écuries devaient être adjacentes à la façade ouest, mais il n'en reste plus rien aujourd'hui. Les boutiques étaient accolées aux côtés nord et ouest du *han*, celles du nord ont dû être rasées pour élargir la route. Le bâtiment a fait l'objet de diverses rénovations, en 1643, puis en 1677. Il a été complètement remanié entre 1966 et 1970. Comme il sert actuellement de dortoir d'étudiants, il faudra être accompagné d'un des directeurs et se contenter d'une visite rapide.

Ş. Ç.

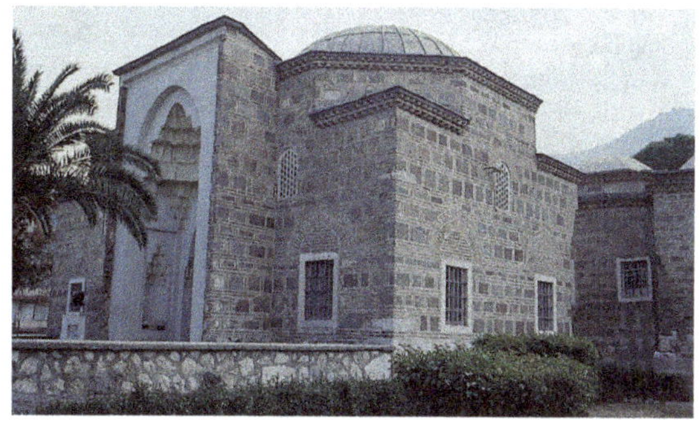

Mektep du complexe Hatuniye, 1491, Hüsnüşah Hatun, Manisa.

III.1.c Complexe de la Grande Mosquée (Ulu Cami)

Quartier Ishak Çelebi, avenue Ulutepe. En venant du complexe Hatuniye, monter vers le sud et prendre à droite dans l'avenue Ulutepe. Le complexe se trouve sur une hauteur juste derrière le musée; un autre accès est possible par la montée en escalier, à l'arrière de la mosquée Muradiye.

Le complexe de la Grande Mosquée, avec sa *madrasa* et son *hammam*, compte pour l'un des plus imposants de l'important

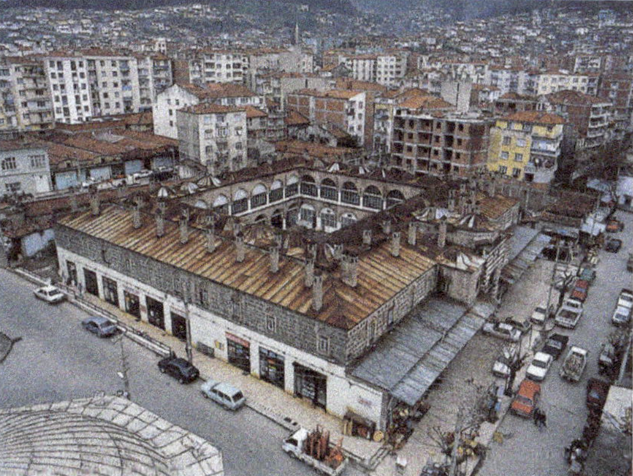

Han Kurşunlu du complexe Hatuniye, 1491, vue d'ensemble, Hüsnüşah Hatun, Manisa.

Mosquée Hatuniye, salle de prière, 1491, Hüsnüşah Hatun, Manisa.

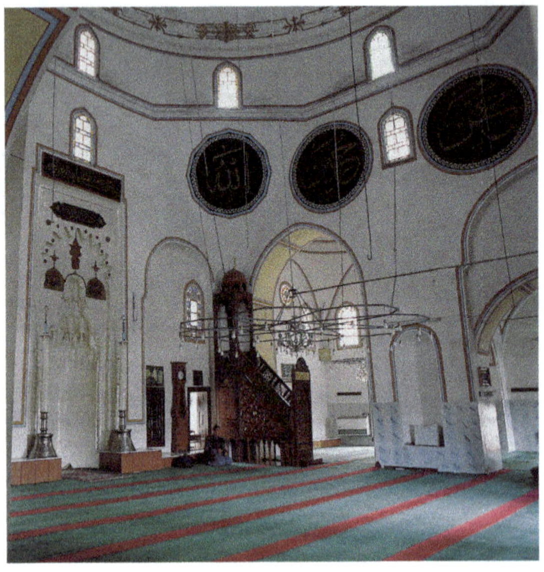

patrimoine légué à la cité de Manisa par les Saruhanides. Passé le *hammam* en ruine, on découvre d'abord la silhouette majestueuse de la mosquée –partiellement cachée par l'ancienne tour de surveillance– puis la *madrasa* sur la droite, derrière un rideau de platanes. Le complexe a été construit par l'architecte Emet Ibn Osman pour le *bey* de Saruhan, Muzafereddin Ishak Çelebi (1366-1388).

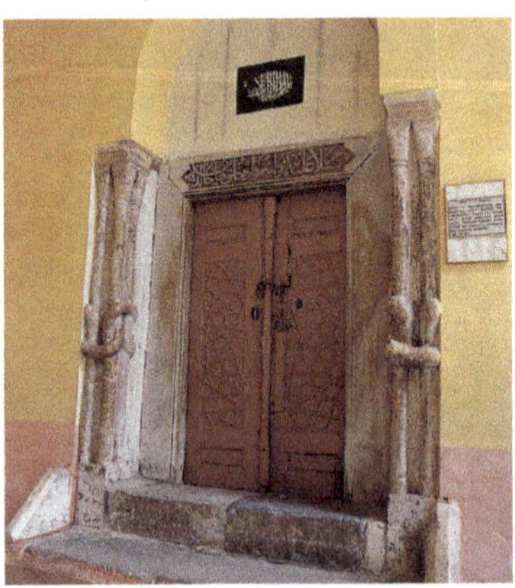

Madrasa de la Grande Mosquée, porte du turbé, 1378, Ishak Çelebi, Manisa.

La Grande Mosquée

La mosquée et la *madrasa* contiguë s'accrochent à une pente escarpée, de sorte que la partie nord-est des bâtiments est dominante. Les murs de la mosquée en pierre à parements grossiers et en blocs de marbre de remploi, dont certains portent des ornementations byzantines, sont percés de trois portails, l'un au milieu de la façade nord, l'autre à l'est et le troisième, à l'ouest, qui débouche sur la *madrasa*. Le portail oriental, beaucoup plus simple que les autres, est simplement ponctué de quelques remplois byzantins. Le portail nord, le seul à être en service actuellement, présente quelques très belles sculptures ornementales. Tout est remarquable: l'arche surbaissée du porche, le dais de *mouqarnas* dont la structure en brique a été dégagée, les rosaces sur les parois latérales et même l'inscription fondatrice qui mentionne la date de construction de la mosquée en 1367. Passé le porche, on entre dans la cour, l'une des plus anciennes cours à portiques –la salle de prière en est dépourvue– avec ses colonnes et ses chapiteaux byzantins de remploi de belle facture. Au-dessus de la salle de prière, la grande coupole est soutenue par huit piliers, tandis que les autres arcades sont en voûtes d'arêtes. On pourrait constater qu'elles sont tout à fait semblables aux arcades de la cour si un épais enduit de plâtre n'empêchait de s'en rendre comp-

Madrasa de la Grande Mosquée, façade nord, 1378, Ishak Çelebi, Manisa.

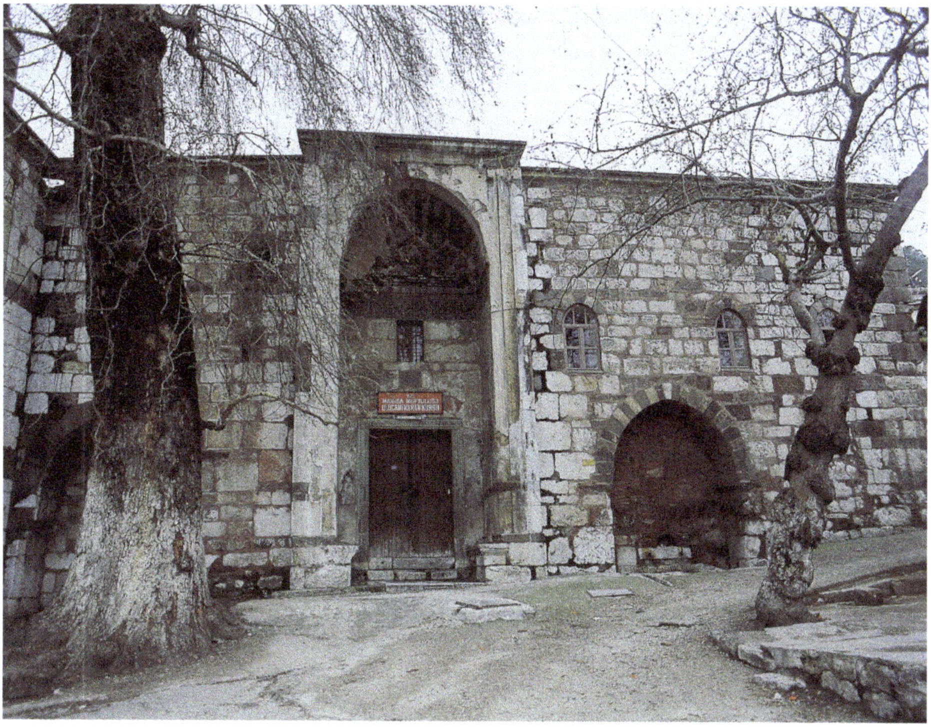

te. Le *minbar*, daté de 1377 – actuellement en restauration– est un chef-d'œuvre d'ébénisterie turque dû à un artiste du nom de Hacı Mehmet Ibn Abdülaziz, originaire d'Antep. On doit à ce même artiste le *minbar* de la Grande Mosquée de Bursa. Le minaret, partiellement décoré en briques vernissées, est un ajout tardif. De nos jours, on y accède seulement par le toit. La Grande Mosquée, avec sa coupole centrale monumentale et sa cour entourée de portiques, tout comme la mosquée Isa Bey de Selçuk, est une œuvre cruciale pour comprendre l'évolution de l'architecture turque.

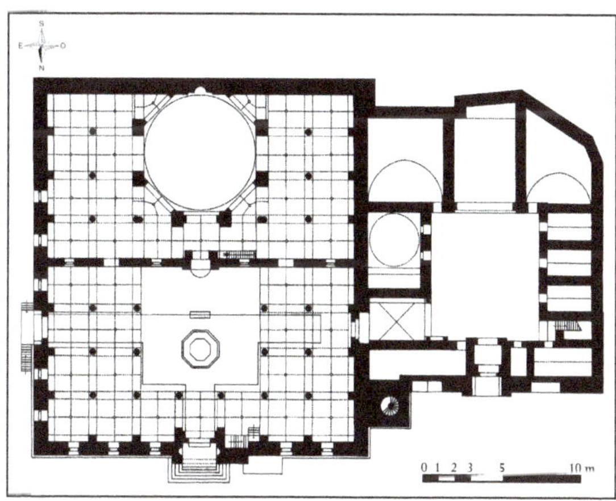

Plan de la Grande Mosquée et de la madrasa, Manisa.

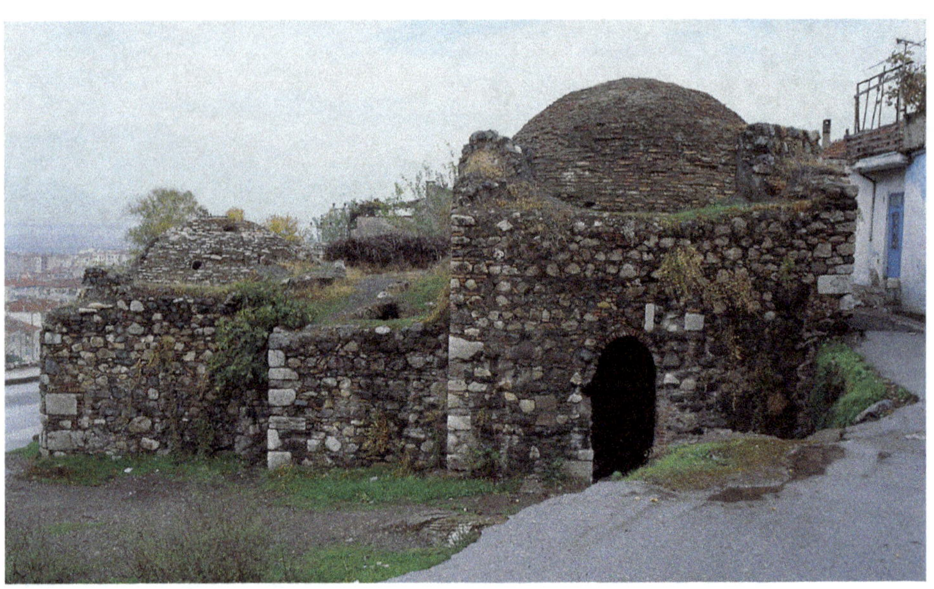

Hammam de la Grande Mosquée, côté ouest, seconde moitié du XIVe siècle, Ishak Çelebi, Manisa.

La madrasa

La *madrasa,* également connue sous le nom de *madrasa* Fethiye, jouxte la façade ouest de la mosquée et donne dans sa cour. On peut aussi y accéder par son portail nord, semblable à son équivalent dans la mosquée. Les belles niches latérales sont des fontaines. L'inscription indique qu'elle a été construite en 1378. Sa cour sans portique est entourée d'un édifice à deux niveaux. Ici, les étudiants n'avaient d'autre choix que de se concentrer sur leurs études ! Au sud se trouve le *dershane,* un *iwan* voûté. Les contraintes dues à la déclivité du terrain expliquent les particularités du plan de la *madrasa,* tout comme sa position par rapport à la mosquée.
L'entrée du *turbé* d'Ishak Çelebi, fondateur du complexe, ouvre dans le passage qui relie les deux édifices. Les jambages de la porte, terminés par deux magnifiques colonnes nouées byzantines de remploi, sont absolument remarquables. À l'intérieur se trouvent quatre sarcophages symboliques, l'un d'eux est celui d'Ishak Çelebi, on ignore à qui appartiennent les trois autres.

Le hammam

Au nord-est de la mosquée, on trouvera les vestiges du *hammam* Çukur, un des bâtiments du complexe. Malgré sa détérioration, le *hammam* reste un magnifique édifice avec son *sıcaklık* à quatre *iwans.* Des sources écrites nous relatent un important événement survenu dans cet établissement: à la suite de la conquête de Manisa en 1410, le fils de Bayézid Ier, le sultan ottoman Mehmet Ier, ordonne de faire rechercher Hızırşah, le dernier administrateur de l'émirat, qui sera finalement exécuté dans ce *hammam*. Cet épisode marquera la fin de l'émirat de Saruhan.

Ş. Ç.

L'endroit est parfait pour faire une pause: profitez du site devant un verre de thé à la sauge au café juste à côté du hammam.

III.1.d **Madrasa Karaköy (Sinan Bey)** (option)

Quartier de Tunca, 39 rue Temiz. À partir du musée, se diriger vers l'ouest et, au feu signalant Niobe, tourner deux fois à gauche. Depuis la Grande Mosquée, suivre l'avenue Ulutepe vers l'ouest puis vers le nord. La madrasa *se trouve dans la dernière rue sur la droite avant le feu.*

Nous savons qu'un grand nombre de *madrasas* ont été construites à Manisa sous les Saruhanides et les Ottomans, mais seules quatre d'entre elles ont pu être conservées: celles de la Grande Mosquée (XIVe siècle), de Sinan Bey (XVe), de Hafsa Sultan (XVIe) et de Muradiye (XVIe). La *madrasa* Sinan Bey est le seul de ces quatre édifices datant du début des Ottomans. Ce bâtiment, également connu sous le nom de *madrasa* Karaköy, ne porte aucune inscription, mais en dépit de la date tardive d'établissement de la charte *waqf* (1549), les caractéristiques architecturales inclinent plutôt à penser que sa construction remonte au milieu du XVe siècle, une hypothèse qui fait autorité dans la communauté scientifique car la charte indique que la *madrasa* et le *mektep* –qui n'existe plus– ont été commandités par un personnage du nom de Sinan Bey. Or, selon les recherches, il pourrait s'agir soit de l'un des trésoriers du sultan Mehmet II (1451-1481), soit de l'un de ses *müderris*es.

Le bâtiment est construit en pierre et en brique. On y pénètre par l'entrée monumentale médiane de la façade nord. La cour est entourée de portiques sur ses quatre côtés. Dix cellules d'étudiants sont réparties entre les ailes est et ouest de la cour, chacune disposant d'une cheminée et de nombreuses niches. Les cellules et les arcades ont été recouvertes de voûtes d'arête, un choix qui ne peut manquer de surprendre car ce type de voûte est rare dans l'architecture turque. Inversement, aux XIVe et XVe siècles, elle sera l'objet d'un véritable engouement dans les villes d'Anatolie occidentale comme Manisa, Tire et Menemen. Au sud, une volée de marches conduit au *dershane*. Dans la plupart des *madrasas* anatoliennes, le *dershane* était aussi utilisé comme *masjid*. Ici, le *dershane* et le portique qui le précède sont surélevés par rapport au reste de la structure, donnant ainsi à cet espace la qualité d'un *masjid* indépendant. Le *dershane/masjid* est couvert d'un dôme supporté par des trompes toutes décorées de *mouqarnas*. La *madrasa* Sinan Bey, qui a été entièrement restaurée en 1985, abrite aujourd'hui un centre d'artisanat spécialisé dans le travail de l'argent.

Ş.Ç.

Le mont Sypil, immédiatement derrière la ville, sera une aubaine pour les amoureux de la nature, de la solitude et du calme. Les visiteurs qui souhaitent profiter plus longuement de Manisa pourront visiter les complexes de la mosquée Muradiye et de la mosquée Sultanye (XVIe siècle). À ne pas manquer non plus, le Fes-

tival du Mesir, qui a lieu chaque année dans la dernière semaine d'avril. Le mesir macunu, *une confiserie du genre boule de gomme, fut inventé au* XVIe *siècle par Muslihüddin Merkez Efendi, le directeur du complexe de la mosquée Sultaniye, pour servir de remède dans le traitement de Hafsa Sultan, l'épouse de Yavuz Sultan Selim I*^{er}*. Plus tard s'est instaurée la tradition de distribuer une fois par an du* mesir macunu *à la mosquée Sultaniye (en face du musée), ce qui donne lieu à de grandes festivités. Le* mesir macunu *est composé de 41 ingrédients dont, entre autres, les clous de girofle, le gingembre, la coriandre, le cumin, la cannelle, la vanille, les zestes d'orange, le sucre, etc. Outre ses qualités toniques et digestives, le* mesir macunu *est aussi réputé pour ses vertus aphrodisiaques.*

Ulubat est très bien desservi par le réseau de cars interurbains, mais le han *Issız, qui se trouve sur la berge du lac, reste assez éloigné de la route.*

III.2 ULUBAT

III.2.a **Han Issız**

Actuellement, l'édifice sert d'entrepôt. L'entrée principale par la façade qui regarde sur le lac (au sud) est généralement fermée. On se procurera la clef à la ferme voisine, à environ 100 m de là.

La route caravanière qui reliait Bursa, deuxième capitale de l'État ottoman, aux chemins de l'ouest et du sud rejoint Karacabey en passant le long de la rive nord du lac Ulubat (Apolyont). En 1394, İne ou Eyne Bey, l'un des commandants en chef des sultans ottomans Murad Ier (r. 1362-1389) et Bayézid Ier (r. 1389-1402), ordonne la construction d'un *han* le long de cette route. Édifié sur la rive du lac, près du village de Seyran dans la commune de Karacabey, les populations locales le désignent par son autre nom de Han Susuz. İne Bey

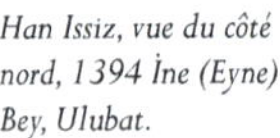
Han Issiz, vue du côté nord, 1394 İne (Eyne) Bey, Ulubat.

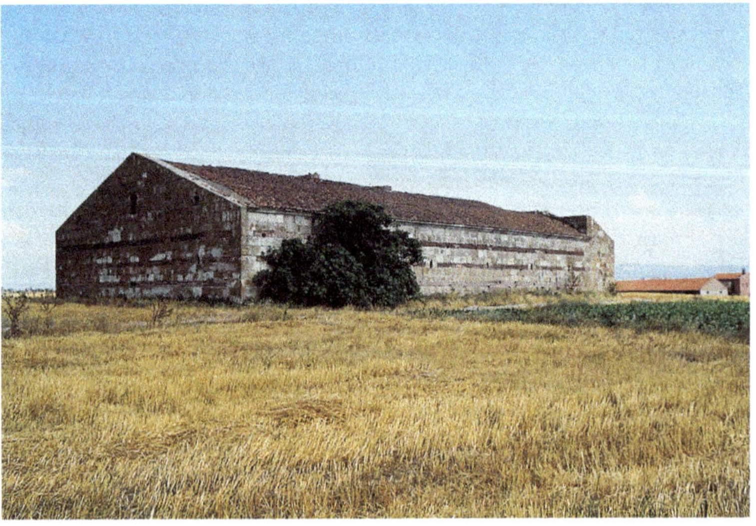

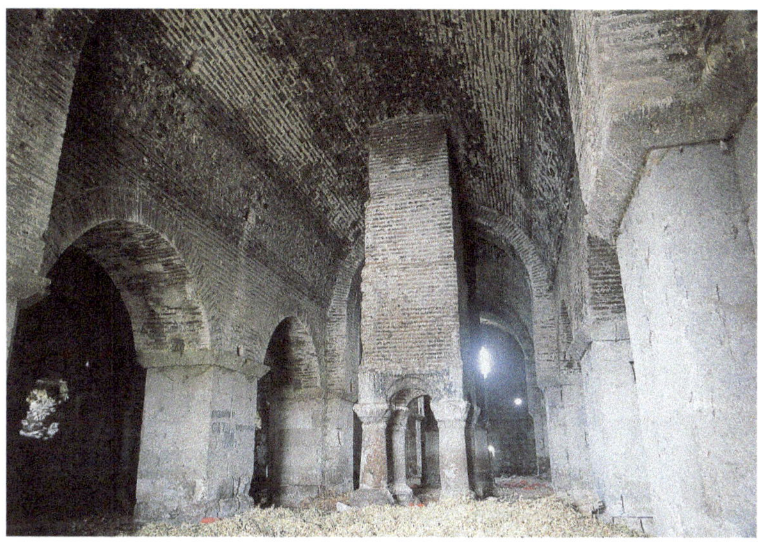

Han Issiz, intérieur, 1394, İne (Eyne) Bey, Ulubat.

lègue au *han* les revenus d'un village et d'un moulin, afin de pourvoir aux frais d'entretien ou de rénovation du bâtiment ainsi qu'aux salaires des ouvriers. Rappelons que la charte *waqf* engageait aussi la prise en charge financière de la totalité des prestations offertes aux hôtes de ce *han*. İne Bey est d'ailleurs connu pour avoir créé diverses autres fondations dans les cités de Bergame, de Balıkesir et de Bursa. Il va jouer un rôle important pendant l'interrègne qui suivit la bataille d'Ankara (1402) et perdra la vie en 1405 au cours des querelles de succession entre les fils du sultan Bayézid Ier.

Ce bâtiment, construit en pleine nature, présente un grand intérêt pour l'histoire de l'architecture. Sa disposition sur trois nefs sans cour reprend un plan fréquemment adopté dans les constructions de la période des émirats (XIVe-XVe siècles). De chaque côté de l'entrée, deux chambres étaient réservées aux hôtes de marque, les autres voyageurs devant se contenter de bancs à l'intérieur pour passer la nuit. Au centre, les hauts conduits des deux cheminées reposent sur quatre colonnes trapues. Un agencement jamais rencontré dans aucun autre *han* anatolien. En effet, la cheminée au sens où nous l'entendons, avec son foyer et sa hotte, n'a pas sa place dans les caravansérails de l'époque seldjoukide, les *tandirs* utilisés tant pour le chauffage que pour la cuisine se résumant à un trou creusé dans le sol et enduit d'argile ou à une simple jarre enterrée. En outre, ici les cheminées ne prennent pas appui sur un mur périphérique mais sont construites sur une plate-forme au centre de l'édifice. Le *han* Issız est de ce fait une excellente illustration de la transition entre le *caravansérail* seldjoukide anatolien avec ses *tandirs* attenants aux bancs et les *hans* ottomans avec leurs cheminées véritables en appui sur les murs.

Ş.Ç.

Rahmi H. Ünal

Par sa position géographique à la croisée des chemins, l'Anatolie est une terre prédestinée aux activités commerciales depuis les temps les plus reculés de l'Histoire. Elle est traversée par les plus grandes Routes de la Soie et des Épices qui relient l'Orient et l'Occident. Dès le XIe siècle, les tribus turques qui font déjà des razzias en Anatolie centrale vont tenter par tous les moyens d'imposer leur domination, et cela jusqu'à la seconde moitié du XIIe siècle. Il faut attendre le règne du sultan seldjoukide Kılıç Arslan II pour que des mesures destinées à développer le commerce dans la région soient prises par les nouveaux souverains d'Anatolie. Le commerce n'étant guère possible dans un pays où les voyages ne sont pas sûrs, la sécurité des marchands et de leurs biens devient une priorité pour les sultans. Ils vont inventer ce que l'on pourrait appeler le premier système d'assurance des biens commerciaux: les Seldjoukides anatoliens signent un accord avec les Chypriotes en 1213 et avec les Vénitiens en 1220, accord aux termes duquel ils s'engagent réciproquement à rembourser les pertes et les dommages subis dans leurs territoires par les marchands de l'autre camp. Les premiers *caravansérails* –ou *hans*– vont apparaître sous le règne du sultan seldjoukide Kılıç Arslan II et leur construction va s'intensifier sous 'Ala al-Din Kay Kubad Ier et Gıyaseddin Keyhusrev II. Les Mongols, qui imposent leur hégémonie aux Seldjoukides en 1243, sont eux aussi conscients de l'importance du commerce et de l'intérêt des *hans*. Ainsi, des *caravansérails* vont-ils être construits tout au long des Routes de la Soie et des Épices sous l'impulsion des sultans ou des fonctionnaires de haut rang. Ce sont des bâtiments essentiellement défensifs qui n'assurent aux voyageurs qu'un minimum de confort. Par leur architecture, les *hans* de cette époque s'apparentent à des sortes de petites forteresses: la plupart du temps, ils se composent d'une cour et d'une partie couver-

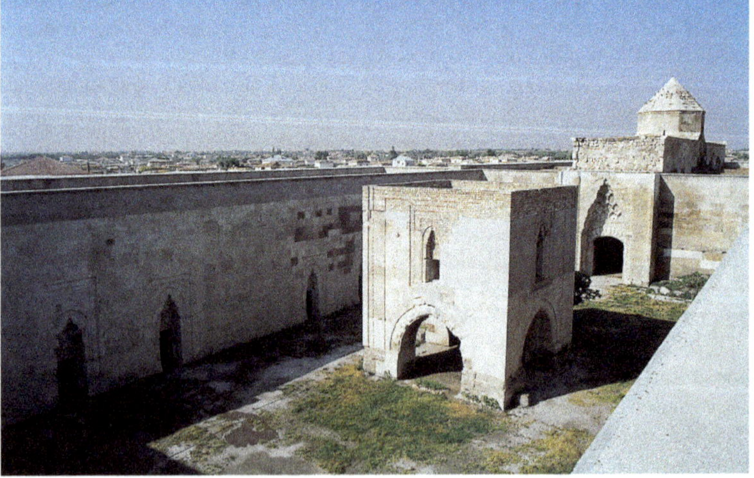

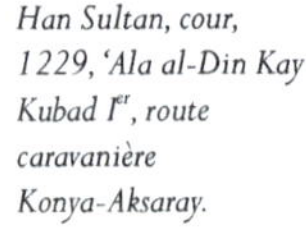
Han Sultan, cour, 1229, 'Ala al-Din Kay Kubad Ier, route caravanière Konya-Aksaray.

te. L'entrée n'est possible que par un seul porche monumental qui donne directement dans la cour, l'accès à la partie couverte dépendant encore d'une unique porte. Pour passer la nuit, comme pour assurer leur sécurité à la tombée du jour, les caravanes doivent faire étape dans ces bâtiments disposés à intervalles plus ou moins réguliers le long des routes. La distance entre deux *hans* en dehors des centres habités ne dépasse jamais 40 km et, en réalité, elle est réduite à seulement 5-10 km dès que la région est accidentée. On les appelait d'ailleurs *menzil hans*, littéralement "*han* à une journée de voyage". Souvent, de petites bourgades vont naître à partir de ces *hans* construits dans des régions précédemment désertes.

Cependant, vers la fin du XIIIe siècle, l'autorité centrale des Seldjoukides s'affaiblit et les potentats locaux, attirés par l'Anatolie occidentale, viennent y fonder des émirats. L'émergence d'une multitude de ces petits royaumes ne permet plus d'assurer la sécurité des routes caravanières et le transit des marchandises commence à décliner. Les *caravansérails* construits pendant cette période politiquement instable seront plus petits, dépourvus de cour, et ne pourront pas rivaliser avec la magnificence de ceux des Seldjoukides. Cette même époque voit apparaître les *hans* urbains dont le nombre ne va pas cesser de croître.

Après la découverte du cap de Bonne-Espérance par le marin portugais Bartolomeu Diaz, en 1488, les marchands européens privilégient la voie maritime pour le commerce avec l'Orient. Et, au fur et à mesure que les routes continentales reliant l'Orient à l'Occident perdent de leur importance, les connections entre les cités d'Anatolie centrale et les ports vont se développer de plus en plus. Sur ces nouvelles routes, on va construire des *hans* de taille plus réduite. Cette évolution va conduire aussi à construire des *hans* dans les centres urbains répondant aux besoins des commerçants d'entreposer leurs marchandises, de vendre et même de trouver un abri sur place pour la nuit. Par leur splendeur et leurs dimensions imposantes, les *hans* des XVIe et XVIIe siècles, du moins ceux qui ont pu être préservés, attestent que les routes des caravanes vont retrouver toute leur ancienne prospérité à mesure que la stabilité politique sera restaurée au cours de l'Empire ottoman. Ces *hans*, répondant à des exigences nouvelles, ne vont pas ressembler aux *menzil hans* disséminés au long des routes caravanières et cette évolution affecte même leur organisation intérieure. Les *hans* urbains sont généralement agencés sur deux niveaux et les locaux s'alignent autour d'une cour centrale. Dans ces *hans*, le rez-de-chaussée sera généralement utilisé comme entrepôt, les bureaux et les logements étant répartis à l'étage.

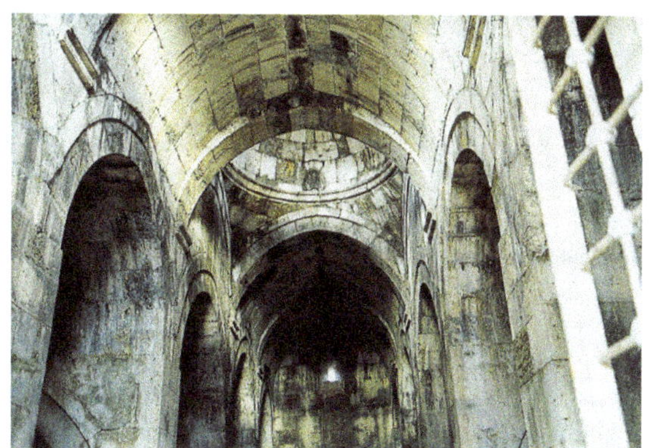

Han Susuz, intérieur, première moitié du XIIIe siècle, route caravanière Burdur-Antalya.

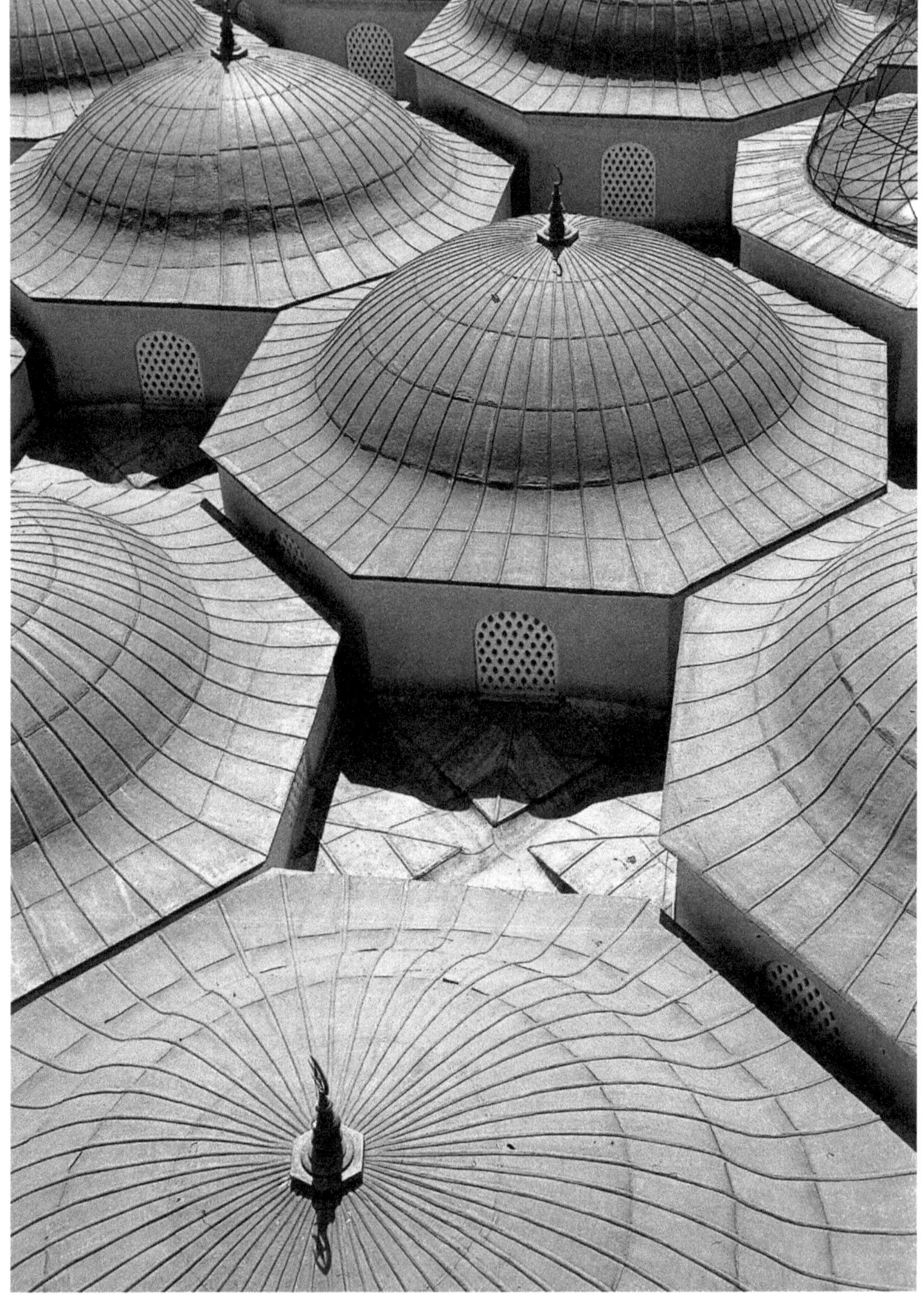

Bursa: la Cité des Sultans

Lale Bulut, Aydoğan Demir, Yekta Demiralp

IV.1 BURSA

Premier jour

IV.1.a Complexe Yeşil
IV.1.b Complexe Yıldırım
IV.1.c Mosquée Orhan
IV.1.d Han Koza
IV.1.e Grande Mosquée (Ulu Cami)
IV.1.f Han Émir (option)

Deuxième jour

IV.1.g Turbé Osman Gazi
IV.1.h Turbé Orhan Gazi
IV.1.i Complexe Muradiye
IV.1.j Madrasa Ahmet Pacha (option)
IV.1.k Sources sulfureuses (Kükürtlü Kaplıca)
IV.1.l Anciens thermes (Eski Kaplıca)
IV.1.m Mosquée Hüdavendigar

La tradition du hammam
La bataille d'Ankara

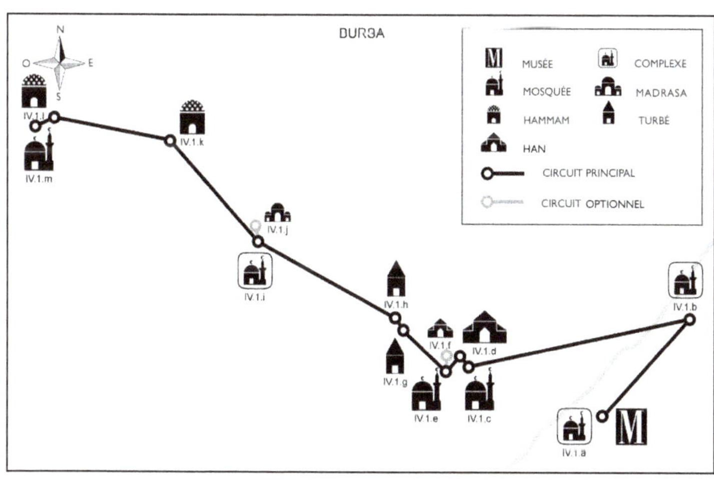

Grande Mosquée, dômes, 1400, Bayézid Ier, Bursa.

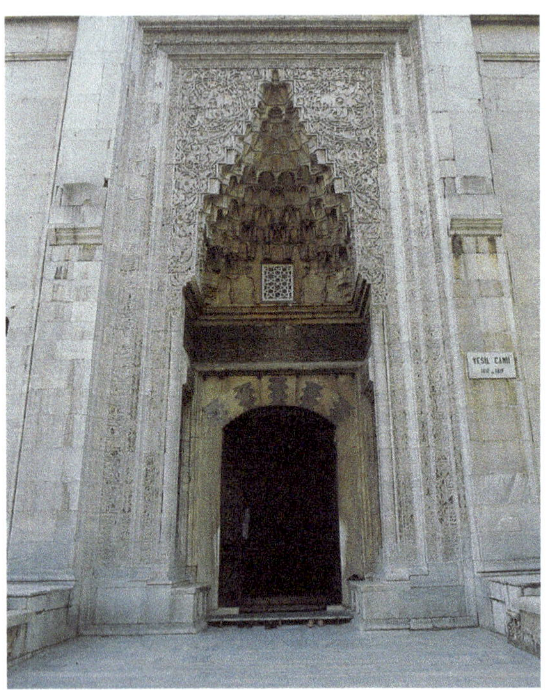

Mosquée Yeşil, portail, 1419-1424, Mehmet Ier, Bursa.

Située sur les pentes du mont Uludağ (l'Olympe de Mysie), Bursa, avec ses sources abondantes et sa plaine fertile, est un foyer de peuplement depuis les temps les plus anciens. Les civilisations anatoliennes y ont déposé leurs traces dès le milieu du premier millénaire av. J.-C. Dans l'Antiquité, Prusa (l'actuelle Bursa) est déjà une importante cité du royaume de Bithynie. Un des premiers actes de l'État seldjoukide d'Anatolie, fondé en 1075, avec Iznik (la Nicée antique) pour capitale, est d'imposer sa souveraineté sur Bursa. Ce sera pour une courte durée. Après leur défaite de 1097 devant les armées de la Première Croisade, les Seldjoukides, qui transfèrent leur capitale à Konya, vont s'avérer incapables de conserver leur mainmise sur la région de Marmara. S'ils réussissent à reprendre les côtes et Bursa en 1113, cette fois encore, ils ne parviendront pas à maintenir leur pouvoir sur la région. Entre la fin du XIIIe et le commencement du XIVe siècle, l'Anatolie occidentale est partagée entre les divers émirats naissants. Un *bey* turkmène du nom d'Ertuğrul (m. en 1281) et son fils Osman (r. 1281-1324) vont tenter de soumettre la région de l'antique Bithynie. Les héroïques guerriers d'Osman, tels les chevaliers occidentaux du Moyen Âge, entrent en guerre contre les petits fiefs byzantins, les deux camps faisant assaut d'honneur guerrier et d'esprit chevaleresque. Après quoi, dès lors que le pouvoir ottoman réussit à s'imposer, les deux communautés vont pouvoir coexister pacifiquement pendant des siècles.

Fondé par Osman Gazi en 1299, l'émirat va s'emparer de Prusa, l'une des cités les plus importantes de l'Empire byzantin, en 1326, sous le règne d'Orhan Gazi (1324-1362). Elle va devenir la capitale du nouvel État ottoman et prendra, avec l'usage populaire, le nom de Bursa.

Très vite, la cité, puissant centre de commerce et d'industrie, va s'enorgueillir d'une floraison de *hans*. La ville est

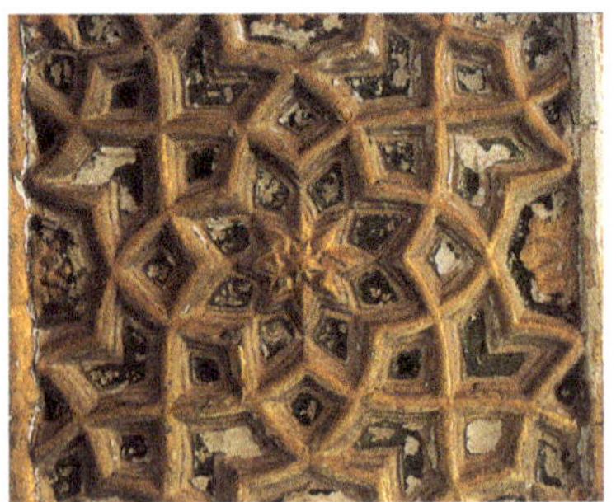

Mosquée Orhan, détail du mihrab, 1339-1340, Orhan Gazi, Bursa.

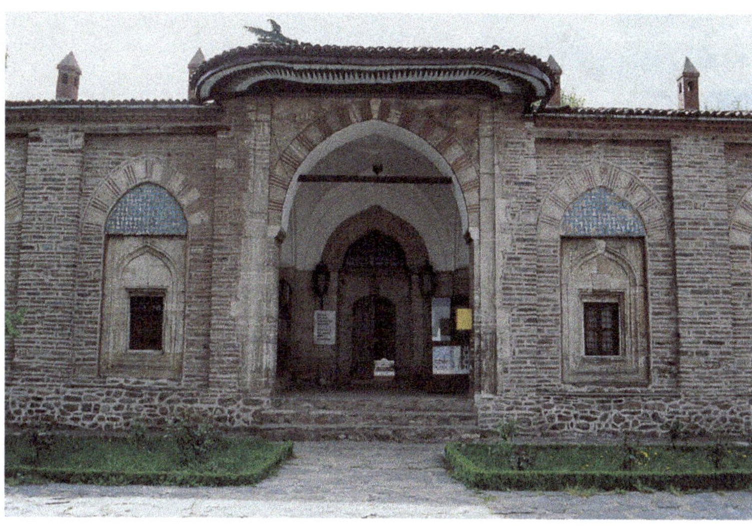

Madrasa Yeşil, iwan d'entrée, 1419-24, Mehmet Ier, Bursa.

particulièrement célèbre pour la qualité de ses tissages et de sa soie.

Entre le début du XIVe siècle et le milieu du XVe siècle, la dynastie ottomane se perpétue avec les règnes d'Orhan Gazi dit "Orhan Bey"(1324-1362), de Murad Ier dit "Hüdavendigar" (1362-389), de Bayézid Ier dit "Yıldırım" (1389-1402), de Mehmet Ier dit "Çelebi Mehmet" (1413-1421) et de Murad II (1421-1451). Tous vont contribuer au prestige de la cité par de grands travaux de construction d'édifices religieux et publics.

Les premiers sultans sont des hommes éclairés, aux manières simples. Après la conquête de Bursa, Orhan Gazi récompense Geyikli Baba, personnalité religieuse hétérodoxe qui s'est ralliée à lui, en lui faisant présent d'alcool. Bayézid Ier fait lui aussi partie de ces sultans qui ne dédaignent pas la boisson si l'on en croit la légende. Un jour qu'il demande à Émir Sultan, un chef religieux, s'il aime la Grande Mosquée qu'il vient de faire construire, il s'entend répondre: "La mosquée n'a qu'un défaut, il y manque une taverne de chaque côté pour t'inciter à la fréquenter plus souvent."

Bursa est aussi la cité des *turbés:* on y trouve les sépultures des six premiers sultans ottomans. Celle de Mehmet Ier est une étourdissante réussite tant par son architecture que par sa céramique ornementale. La ville n'est pas moins célèbre pour ses *hammams*, ses sources thermales et ses fontaines. Les Ottomans ont voulu que tous les citoyens accèdent aux mêmes prestations sans discrimination d'origine ou de religion. Après la conquête de la ville, par exemple, Orhan Gazi ordonne la construction de conduites d'eau pour alimenter le quartier juif.

A. D.

IV.1 BURSA

IV.1.a Complexe Yeşil

Quartier de Çelebi, avenue Yeşil.

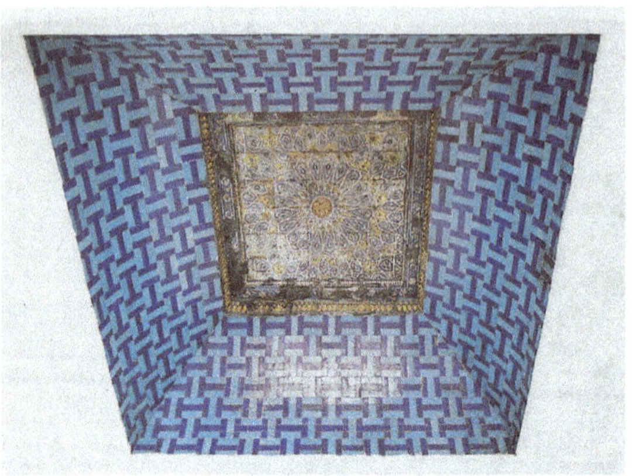

Madrasa Yeşil, voûte de l'iwan ouest, décor de céramique, 1419-1424, Mehmet Ier, Bursa.

Entrée payante pour la madrasa *qui est le siège du musée des Arts turcs et islamiques. Un don sera demandé pour la visite du* turbé.
Horaires d'ouverture du musée: de 8:00 à 12:00 et de 14:00 à 16:30 en hiver; de 8:30 à 12:00 et de 13:30 à 17:00 en été; fermé le lundi.
Tout près du centre ville, le complexe est un lieu habituellement très fréquenté par la population de Bursa.

Aujourd'hui le complexe comprend une mosquée, une *madrasa,* un *imaret* et un *turbé*. Le nom de Yeşil, qui veut dire "vert", vient de la décoration en carreaux de céramique turquoise présente sur la mosquée, la *madrasa*, et tout particulièrement sur le *turbé.* Mehmet Ier, dit aussi Çelebi Mehmet, accède au trône ottoman en 1413, lorsqu'il sort vainqueur des guerres de succession de l'interrègne qui font suite à la bataille d'Ankara (28 juillet 1402).
La construction du complexe Yeşil, qu'il ordonne très rapidement, est destinée à manifester la grandeur de l'État qui vient de rétablir son pouvoir. Cependant, en 1421, un accident de chasse à Edirne cause la maladie, puis la paralysie et, finalement, le décès rapide de Mehmet. Cette disparition malencontreuse va entraîner l'interruption des travaux. Par crainte de complots, Murad II va cacher au peuple la mort de son père jusqu'à son accession au trône. La dépouille du sultan ne sera transférée que plus tardivement dans le *turbé*, encore en construction au moment de sa mort. L'*imaret,* situé au sud-est de la mosquée, a été restauré récemment, mais il reste fermé au public. À l'ouest du *turbé*, le *hammam*, qui n'était pas mentionné dans la charte *waqf,* est encore en fonction.

La madrasa (musée des Arts turcs et islamiques)

À 100 m environ de la mosquée, la *madrasa,* située au centre d'une cour, abrite aujourd'hui le musée des Arts turcs et islamiques. La rue débouche sur l'arrière du bâtiment qu'on contournera par le côté est, en admirant la céramique à motifs géométriques des tympans des fenêtres, avant d'arriver à l'entrée qui se fait par un porche évoquant un *iwan,* au milieu de la façade nord. Les colonnes et les chapiteaux du portique sont des remplois de différents édifices byzantins. La cour est entourée sur trois côtés d'un portique dont la plupart des arcades sont surmontées d'une coupole individuelle; quant aux cellules, elles sont fermées par des voûtes, celle de l'*iwan* occidental se distinguant par son exquis décor de céramique turquoise et bleu foncé. On remarque les escaliers des bâtiments latéraux qui devaient conduire au premier étage, conformément aux plans initiaux. Mais après le décès inopiné de Mehmet Ier, les travaux furent ininterrompus et l'étage jamais achevé. Face à l'entrée, le *dershane* à

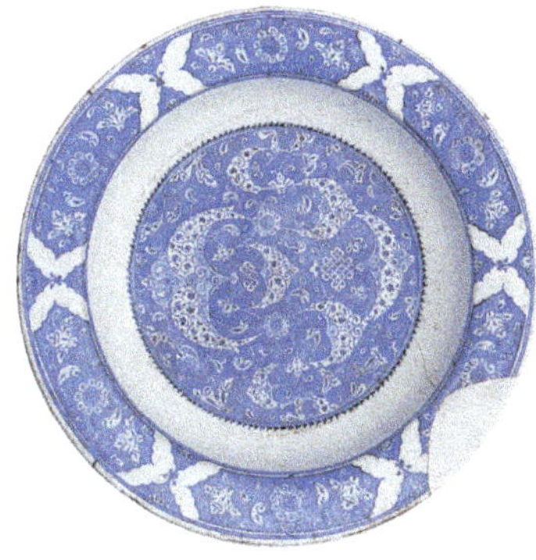

coupole, construit en saillie extérieure, est doté d'un *mihrab*, prouvant ainsi qu'il servait aussi de salle de prière.
Le premier *müderris* fut le fils d'un éminent intellectuel ottoman, le *mollah* Şemseddin Fenari. Il devait être impressionnant pour un jeune homme de 18 ans d'être nommé à un poste impliquant tant de responsabilités. Ainsi, lors de la leçon inaugurale, les étudiants et les érudits de Bursa et des environs lui posèrent quantité de questions, comme pour le tester. Par la suite, la coutume s'établira de faire de même pour tous les *müderrises* de la *madrasa* Yeşil.
Les collections du musée, fort bien présentées, retiennent l'attention: on trouvera de belles œuvres en bois sculpté, en céramique et en métal, des *firmans*, des broderies, etc. Les céramiques décrites ici sont exposées dans les vitrines de l'*iwan* ouest, les autres se trouvant dans les cellules de l'est.

Y. D.

Plat en céramique
(N° inv. 814, XVe siècle)

D'après les spécialistes, les premières céramiques à pâte blanche d'Iznik datent du XVe siècle. L'obtention de ces céramiques en argile dure et blanche sous glaçure fine, lisse et transparente, a été rendue possible par l'invention de nouvelles techniques de travail. Le décor va lui aussi faire preuve d'une grande qualité par son évolution et ses innovations. On suppose que l'adoption de la céramique chinoise par la cour ottomane a contribué pour beaucoup à ce développement. La gamme des céramiques qui ont la faveur de cette époque concerne des objets quotidiens tels que: bols, grandes coupes à pied, grands plats à bordures décorées, plats à bords ondulés, pichets et cruches.
Ce plat en argile blanche, provenant d'Iznik, appartient au genre dit "bleu et blanc". C'est un plat à fond creux, à bords plats et à décor sous glaçure. Les motifs de la bordure et du centre sont en blanc sur fond bleu cobalt et représentent des feuilles et des fleurs, de grands *rumis* et des nuages chinois.

Musée des Arts turcs et islamiques, plat en céramique (Inv. n° 814), XVe siècle, Bursa.

Brasero en bronze
(N° inv. 107, XVe siècle)

L'Homme a dû inventer quantité de méthodes pour chauffer son habitat. Les

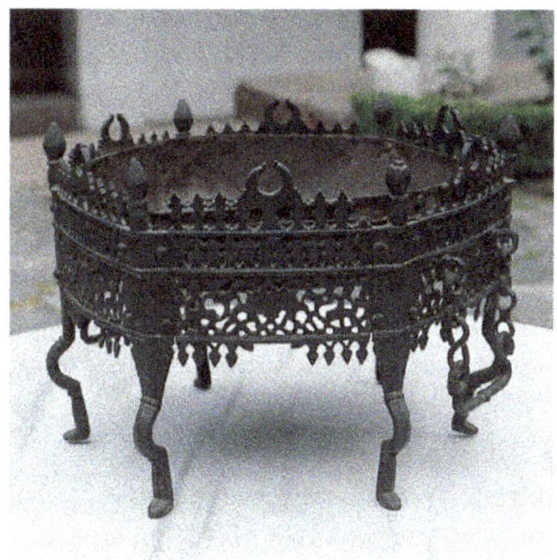

Musée des Arts turcs et islamiques, brasero en bronze (Inv. n° 107), XVe siècle, Bursa.

Musée des Arts turcs et islamiques, Coran (Inv. n° 207), 1435, Bursa.

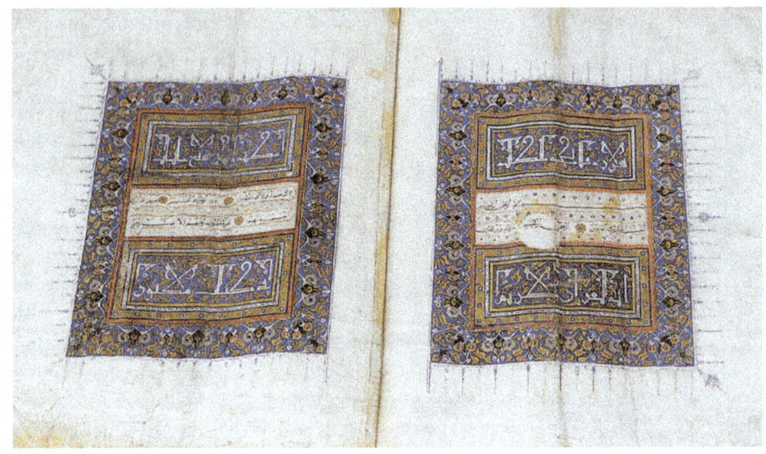

moyens dont on dispose au Moyen Âge sont les cheminées, les *tandirs*, sorte de fours creusés dans le sol et maçonnés en argile, et les braseros. Les cheminées sont d'usage courant surtout pour le chauffage des grandes superficies, comme les parties couvertes des *caravansérails* mais, en ce qui concerne les édifices privés, la déperdition de chaleur et la forte consommation de combustible réservent cet usage aux résidences des privilégiés. Pour les populations économiquement moins favorisées, l'usage des *tandirs* ou des braseros s'impose couramment.
Les braseros sont des récipients en terre cuite ou en métal, destinés à recevoir des braises. Le récipient servant de foyer est généralement posé sur un support à pieds. Pour éviter que les braises, les cendres ou les charbons ne causent des dégâts, on plaçait le support sur de grands "plats à brasero" ou des "planches à brasero" pour lesquelles on utilisait de préférence des bois de charme ou de chêne qui ne s'enflamment pas facilement.
Le corps hexagonal de cette pièce en fonte est muni de deux poignées et repose sur six pieds incurvés. Le décor symétrique est un entrelacs de motifs floraux qui court sur les six côtés.

L. B.

Coran

(N° inv. 207, 1435 [sultan Murad II])

Pour les musulmans, le *Qur'an* (ou Coran), le Livre sacré de l'islam, est la parole de Dieu révélée à Muhammad par l'archange Gabriel. La première sourate du *Qur'an* lui est transmise en 610 et cette Révélation va être émise vingt-trois ans durant, jusqu'à la mort du Prophète. À mesure que le Prophète reçoit les Révélations, il les mémorise avec d'autres fidèles; des scribes transcriront les versets sur toutes sortes de supports: pierre, os, feuilles de dattier et cuir. Toutefois, l'idée de rassembler ces différents textes en un seul livre est postérieure à la vie du Prophète; ce n'est qu'après sa mort, à l'époque du calife

Abou Bakr, que tous les textes existants seront réunis en un livre unique.
Le *Qur'an* est divisé en 114 chapitres ou sourates et chacun des versets qui composent une sourate s'appelle *ayet* en turc. Le dénombrement des versets –il y en a plus de 6 000– est sujet de controverses en raison des conflits sur la fixation du début et de la fin de chaque verset.
La calligraphie de ce Coran est de style *naskhi*. Les enluminures des titres et des entrées de chaque sourate sont dorées à l'or fin et la somptueuse ornementation des pages est généreusement rehaussée à la feuille d'or. Les motifs floraux de la reliure et des rabats en cuir brun sont estampés au fer. La décoration des faces internes de la reliure et des rabats a été obtenue par la technique *katı'* sur entoilage. Les motifs floraux des rosaces sont peints et soulignés de dorures.

L. B.

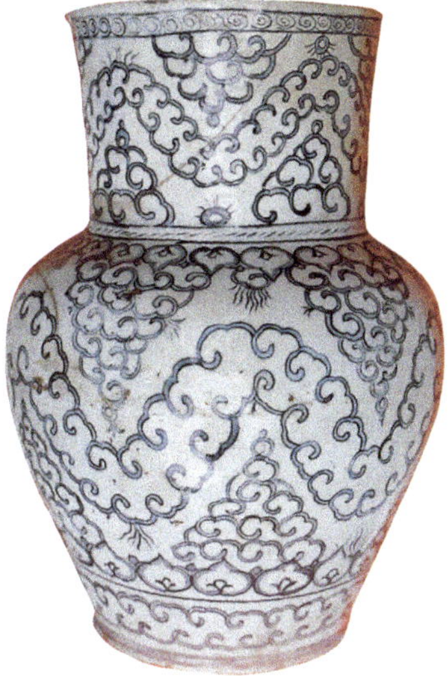

Musée des Arts turcs et islamiques, vase en céramique (Inv. n° 3374), XVᵉ siècle, Bursa.

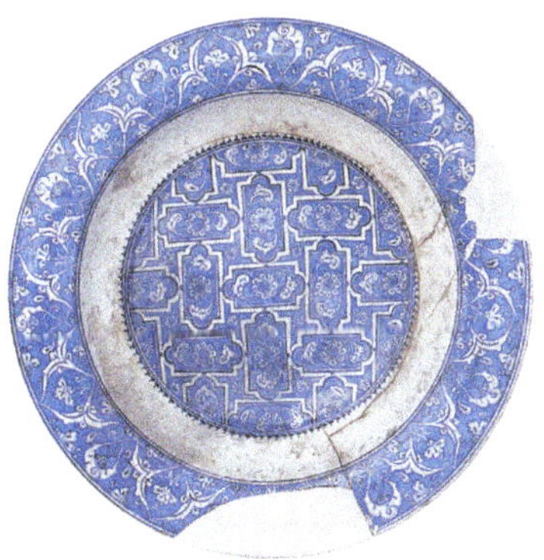

Musée des Arts turcs et islamiques, plat en céramique (Inv. n° 813), XVᵉ siècle, Bursa.

Vase en céramique
(N° inv. 3374, XVᵉ siècle)

Vase en céramique "bleu et blanc" d'Iznik en forme de poire à base étrécie et à col cylindrique évasé. Le décor sous glaçure se répète sur le corps et le col. Les motifs stylisés de nuages et de feuilles lancéolées sont appliqués en bleu sur fond blanc.

L. B.

Plat en céramique
(N° inv. 813, XVᵉ siècle)

Plat en céramique "bleu et blanc" d'Iznik. La matière de ces céramiques qui rivalise en blancheur et en dureté avec la porcelaine n'atteint pas la même translucidité. Leur glaçure est très fine, incolore, transparente et brillante. Ces propriétés lui évitent de se craqueler à la cuisson. Ce genre de céramique "bleu et blanc" est rendu particulièrement séduisant par le jeu des contrastes entre la couleur du fond et celle des motifs. La technique des décors sous glaçure a été utilisée pour l'ornementation de ce plat à fond creux et à bord plat. La frise de bordure, reprise d'un motif de *rumis* et de

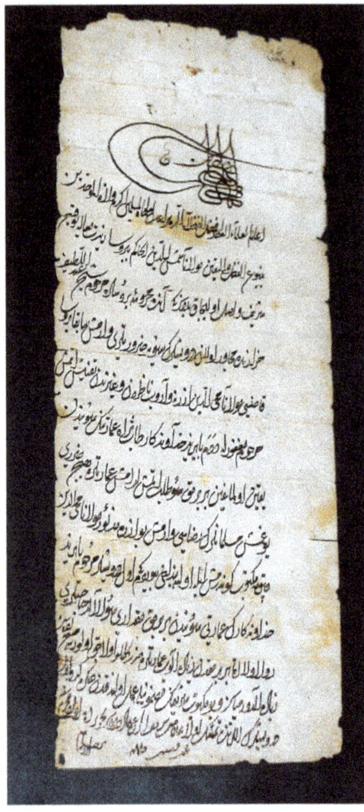

Musée des Arts turcs et islamiques, firman (Inv. n° 4320), 1458, Bursa.

palmettes, est peinte en blanc sur le fond bleu cobalt. Le médaillon central est une décoration géométrique dont les dessins ont été garnis d'un petit décor de fleurs et de feuilles

L. B.

Firman (N° inv. 4320, daté de 1458)

Les *firmans* sont les ordres écrits des sultans. Les collections des archives ottomanes, des musées et des collectionneurs privés sont une précieuse source d'informations sur l'administration et la vie socio-économique de l'État. Ces documents sont aussi de somptueux modèles de calligraphie ornementale. Ils portent la *tuğra,* monogramme chamarré du sultan, et le texte même, dont l'ordonnancement strictement ritualisé suit un schéma précis. Un *firman* va par exemple décliner successivement: les salutations, la *tuğra,* les titres du sultan, la prière, le récit, l'ordre, la confirmation de l'ordre et la date. Certains portent en outre des mises en garde qui mentionnent les peines encourues pour le cas où l'ordre serait enfreint ou si l'on manquait à son devoir. Et dans certains cas les formules prennent le caractère sacré d'une malédiction: "Que ceux qui n'obéiraient pas à cet ordre soient rejetés par le ciel et la terre." Celui-ci est un décret édicté à Edirne par le sultan Mehmet II adressé à Şemseddin, *kadı* de Bursa, et il est daté de 1458. Le texte, écrit à l'encre noire et dorée, traite d'une question de *derviche*s résidant autour d'un *imaret* construit par Murad Ier dit Hüdavendigar, l'arrière-grand-père du sultan. Le sens du *firman* est clair: les *derviche*s ont sollicité l'autorisation d'utiliser pour leurs propres besoins une partie de l'eau de l'*imaret* Hüdavendigar et le sultan accède à leur requête.

L. B.

Plat en céramique
(N° inv. 2659, fin XIVe-début XVe siècle)

Plat en céramique du genre "de Milet" provenant d'Iznik.
Ces céramiques se caractérisent par leurs motifs bleu cobalt sur fond d'engobe blanc. Sur ce genre de céramiques, les motifs sont peints à main levée, les plus courants étant des feuilles, une étoile cen-

Musée des Arts turcs et islamiques, plat en céramique (Inv. n° 2659), fin du XIVe-début XVe siècle, Bursa.

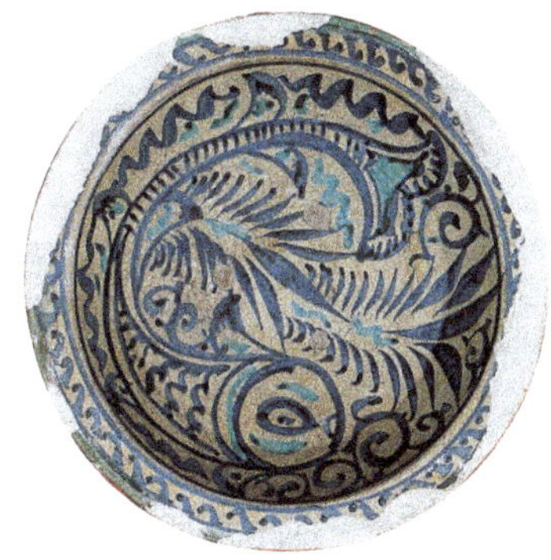

trale ou des rayons. D'après nos connaissances actuelles, il semble que les compositions n'étaient jamais répétées. Cette pièce est décorée de branches incurvées stylisées entourant un grand poisson qui épouse la forme du plat.

L.B.

Mosquée Yeşil

On arrivera par l'arrière de la mosquée, où l'appareil des murs est en pierre taillée couleur d'or pâle, pour découvrir les marbres de la façade nord somptueusement sculptés, particulièrement ceux du porche mais aussi ceux des encadrements des fenêtres dont l'ornementation est restée inachevée. Cette façade porte, en bas, quatre fenêtres et deux *mihrab*s extérieurs, surmontés de quatre loggias. La particularité essentielle de cette façade est d'être dépourvue de portique, bien que la présence de corbeaux nous indique qu'il avait été prévu mais que, pour une raison inconnue, il n'a jamais été terminé. Au-dessus de l'arc surbaissé du porche, une inscription mentionne le nom de l'architecte: Hacı İvaz. À l'entrée, les deux couloirs latéraux, avec leurs escaliers menant à l'étage fermé aux visiteurs, débouchent sur des pièces d'angle. Dans le prolongement de l'entrée, le petit réduit sombre en forme d'*iwan* est revêtu de céramique vert foncé avec des médaillons décorés à la *cuerda seca*. En arrivant dans la cour intérieure, on est transporté par la beauté de sa décoration –une décoration céleste, pour reprendre le mot d'Evliya Çelebi– et la façon dont elle tranche avec celle des mosquées de Bursa de la même époque. Ici, pour la première fois l'utilisation ottomane de la céramique ornementale va rompre délibérément avec le style seldjoukide. Cette audace ouvre des perspectives nouvelles pour le siècle à venir, même si la voie qui sera empruntée sera très différente de celle de la mosquée Yeşil. Dans le même temps, la qualité de la production de céramique d'Iznik sera portée à son apogée. La cour intérieure a reçu une coupole surhaussée à lanternon. Au centre, la fontaine est en marbre sculpté. Les deux grands *iwans* à l'est et à l'ouest sont coiffés de dômes cannelés surhaussés. Les deux petites pièces venant flanquer l'entrée nord de la cour étaient mises à la disposition des *muezzins*. La loggia au-dessus

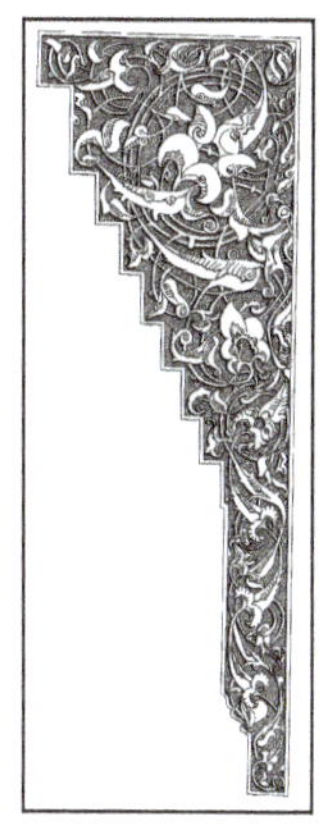

Reproduction du motif décoratif du portail de la mosquée Yeşil, Bursa.

Mosquée Yeşil, vue du côté sud, 1419-1424, Mehmet Ier, Bursa.

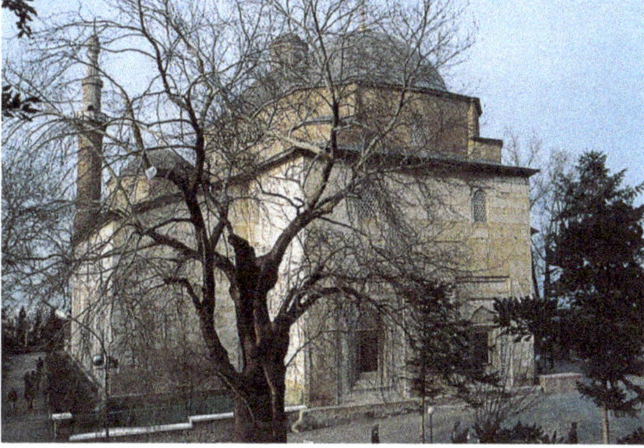

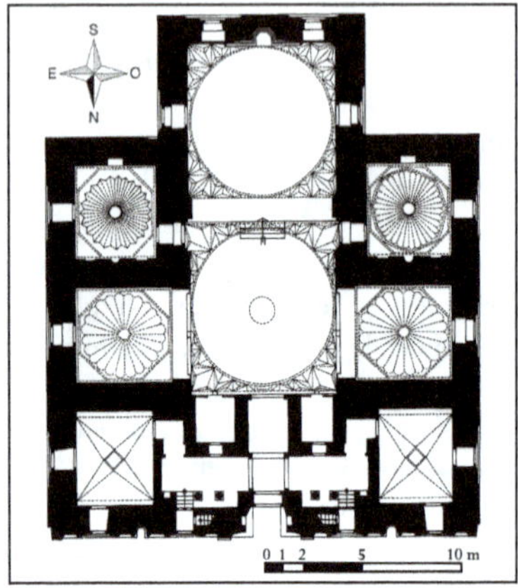

Plan de la mosquée Yeşil, Bursa.

de l'entrée servait de loge royale. Ces trois alcôves à plafonds plats sont entièrement revêtues de céramiques. Le décor de la loge royale est d'une richesse exceptionnelle. Les deux *iwans*, comme les petites pièces des *muezzins* au rez-de-chaussée, présentent des décors en carreaux de céramique hexagonaux à motifs floraux en or d'un grand raffinement.

À l'origine, la mosquée était un point de rencontre et servait à l'hébergement des *derviches* itinérants dont le rôle social et religieux était essentiel à l'époque. Aujourd'hui, l'ensemble du bâtiment a été récupéré par la mosquée. Les *tabhanes*, situés entre les *iwans* et la salle de prière aux angles sud-est et sud-ouest, étaient pourvus de cheminées et de rayonnages ornés de superbes stucs à motifs floraux et géométriques et servaient de logements pour les *derviches*. On a retrouvé des traces de peintures murales sur les bases des quatre dômes secondaires. La salle de prière au sud, séparée de la cour par un "arc de Bursa", est, elle aussi, revêtue de magnifiques céramiques et son *mihrab* est tellement somptueux qu'Evliya Çelebi avoue qu'il n'y a pas de mots pour le décrire. L'une des deux colonnes flanquant le *mihrab* porte, dans sa partie supérieure, une inscription qui mentionne que les carreaux de céramique du *mihrab* ont été fabriqués par des artisans de Tabriz (Iran). On retrouve cette influence perse dans les céramiques des pièces de l'étage supérieur. La mosquée sera ouverte au culte dès 1419, mais sa décoration ne sera pas terminée avant 1424. D'après les inscriptions de la loge royale, les peintures et la responsabilité de la décoration étaient confiées à Nakka Ali tandis que le maître d'œuvre des céramiques était Muhammad al-Majnun.

Y. D.

Turbé Yeşil

Au sud de la mosquée.

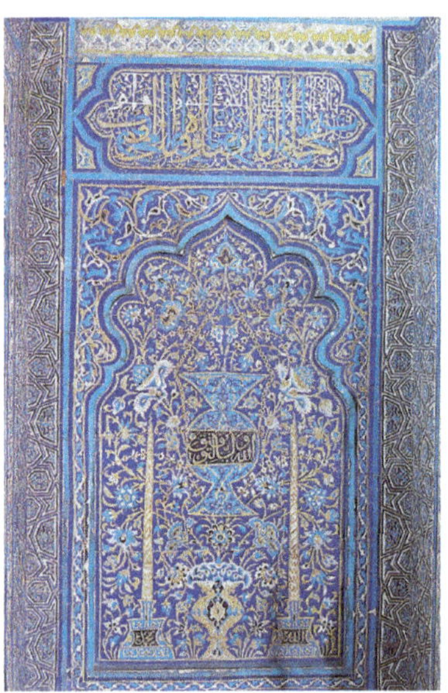

Turbé Yeşil, détail du mihrab, 1419-1424, Mehmet Ier, Bursa.

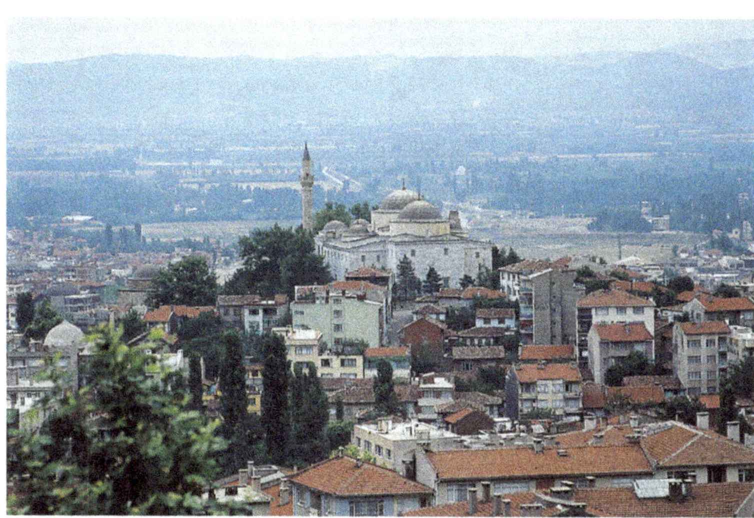

Complexe Yıldırım, vue d'ensemble du côté sud, 1389-1399, Bayézid Ier, Bursa.

Situé sur une petite colline, le *turbé* Yeşil domine toute la mosquée. Le bâtiment de forme hexagonale est presque entièrement recouvert de céramique turquoise. Sur chaque face du *turbé*, les fenêtres jumelées ménagées au registre inférieur portent des décors de céramique sur leurs tympans. S'il ne reste plus rien des céramiques de la façade du portail, les culs-de-four en coquille au-dessus des triangles turcs et les niches latérales ne manquent pas de charme. Les battants de la somptueuse porte de bois entièrement travaillés en *kündekari* se composent chacun de six panneaux, deux grands et quatre petits. Le tour des panneaux est orné de bandeaux épigraphiques citant les noms du sultan Mehmet Ier, de l'architecte Hacı İvaz fils d'Ahi Bayézid et du céramiste Hacı Ali fils d'Ahmet, originaire de Tabriz.

À l'intérieur, le registre inférieur des murs est revêtu de carreaux hexagonaux. Entre les fenêtres, le *şemse,* grand motif à soleil multicolore, a été exécuté à la *cuerda seca*. Le *mihrab,* entièrement en céramique, est aussi glorieusement ornementé que le *mihrab* de la mosquée. Sur la mosaïque des embrasures des fenêtres du registre inférieur, on remarquera certains détails ornementaux très rares. Le dôme prend son élan au-dessus d'une ravissante corniche de triangles turcs. Parmi les sarcophages exposés dans le *turbé,* quatre sont parés de carreaux de céramique dont celui de Mehmet Ier, au centre, qui peut être considéré comme un chef-d'œuvre inégalable. Les autres tombes sont celles de ses fils Moustafa, Mahmoud et Youssouf, des sultanes, ainsi que de la nourrice du sultan. Le plan de la crypte, habituellement fermée aux visiteurs, en cinq compartiments dont trois petits et deux plus grands, est très original. On ne connaît aucun autre exemple de crypte ainsi subdivisée.

Y. D.

Bursa

Madrasa Yıldırım, dôme à mouqarnas du portique est, 1389-1399, Bayézid Ier, Bursa.

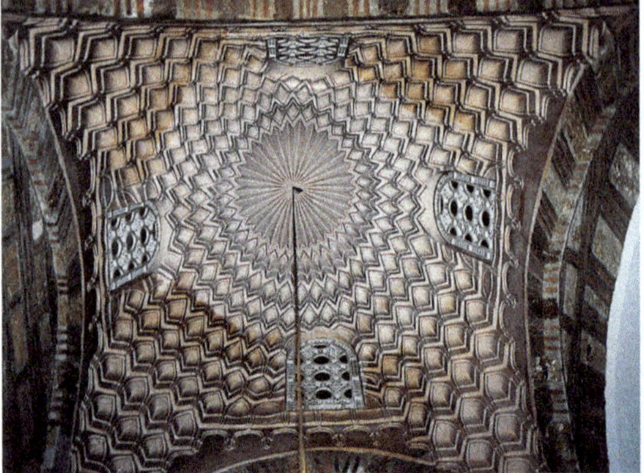

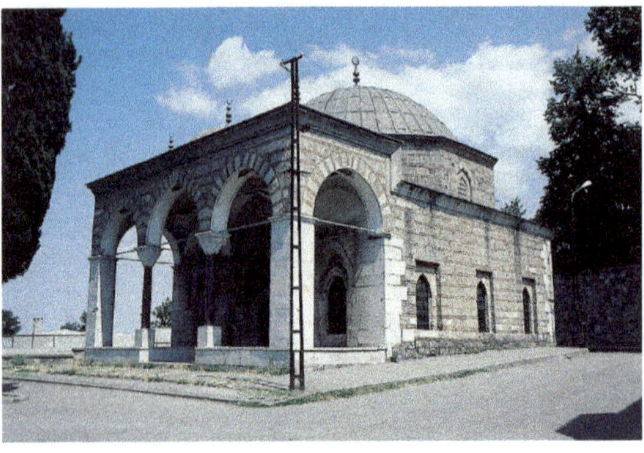

Turbé de Bayézid Ier, façade d'entrée, 1406, Émir Süleyman Çelebi, Bursa.

IV.1.b **Complexe Yıldırım**

Quartier de Yıldırım, Bursa.

Ce complexe dû à Bayézid Ier se compose d'une mosquée, d'une *madrasa,* d'un *darüşşifa,* d'un *imaret*, d'un *hammam* et d'un *turbé.* À l'exception de l'*imaret*, tous ces bâtiments ont pu être conservés. Le complexe est baptisé Yıldırım, qui veut dire "éclair" ou "foudre", épithète de Bayézid Ier, couramment appelé "sultan Yıldırım Bayézid": en effet, il était réputé pouvoir déployer ses armées et écraser ses ennemis avec la rapidité de l'éclair. Ainsi la plupart des monuments qu'il a fait ériger s'appellent-ils mosquée Yıldırım, complexe Yıldırım, etc. Le complexe situé sur une colline, un peu à l'écart du centre-ville, est entouré d'un agréable parc aménagé en terrasses qui épousent la pente. Le *hammam*, caché par les maisons, est encore en fonction.

La mosquée

Au centre du complexe, la mosquée a été construite en pierre de taille. Le minaret actuel est un ajout tardif, les minarets originels édifiés aux angles nord-est et nord-ouest s'étant écroulés à une date inconnue. Le portique frontal à cinq arcades coiffées de coupoles est lui aussi en appareil de pierre de taille. Les deux loggias surmontant les *mihrabs* latéraux du portail permettaient d'éclairer les deux rampes d'escalier menant aux anciens minarets. Après un simple porche en *iwan* surmonté d'une minuscule coupole, on entre dans la cour intérieure avec son dôme élancé et des *iwans* des deux côtés. Ces *iwans* sont eux-mêmes flanqués de part et d'autre d'une pièce couverte d'une voûte d'arêtes à extrados plat, mais seules les pièces sud, adjacentes donc à la salle de prière, ont été dotées de magnifiques cheminées et de rayonnages en stuc incrusté de carreaux de céramique. En fait, cette ordonnance de la mosquée répondait à la nécessité d'offrir aux *derviches Ahis* les lieux de réunion et d'hébergement dont ils avaient besoin et les salles avec les cheminées, tandis que les rayonnages servaient de *tabhanes*. Une arche monumentale sépare la cour intérieure de la salle de prière. C'est le premier exemple connu "d'arc de

Bursa", un arc en anse de panier, dont nous avons déjà rencontré une magnifique illustration dans la mosquée Yeşil. Quoique nous manquions d'informations précises sur la date de construction, il est généralement admis qu'elle a dû avoir lieu entre l'accession au trône de Bayézid Ier en 1389 et l'établissement de la charte *waqf* en 1399.

Y. D.

La madrasa

La *madrasa*, érigée sur une terrasse inférieure au nord-ouest de la mosquée, abrite aujourd'hui un centre médical. La beauté de ses murs avec leur appareil alterné de brique et de pierre est encore rehaussée par les décorations des tympans des fenêtres. Sa façade se singularise par l'adjonction de deux petites niches jumelées de part et d'autre d'un *iwan* d'entrée à dôme surélevé par des triangles turcs et qui se trouve dominer tout l'édifice, des caractéristiques rarement rencontrées ailleurs. À l'intérieur, on remarquera le dôme du portique orné d'une magnifique série de *mouqarnas*. Il y avait autrefois des latrines dans l'angle à droite de l'entrée mais elles ont été supprimées lors des dernières réparations. Les cellules des étudiants et les portiques qui les précèdent sont tous ornés de belles voûtes. Le grand *iwan* en avancée qui fait face à l'entrée servait de *dershane* d'été. Étrangement, cette *madrasa* est dépourvue de *dershane* d'hiver, contrairement aux autres *madrasas* de cette époque. À la saison froide, il fallait probablement fermer l'*iwan* par des cloisons en bois, ou faire la classe dans la mosquée même.

Y. D.

Mosquée Orhan, mihrab, 1339-1340, Orhan Gazi, Bursa.

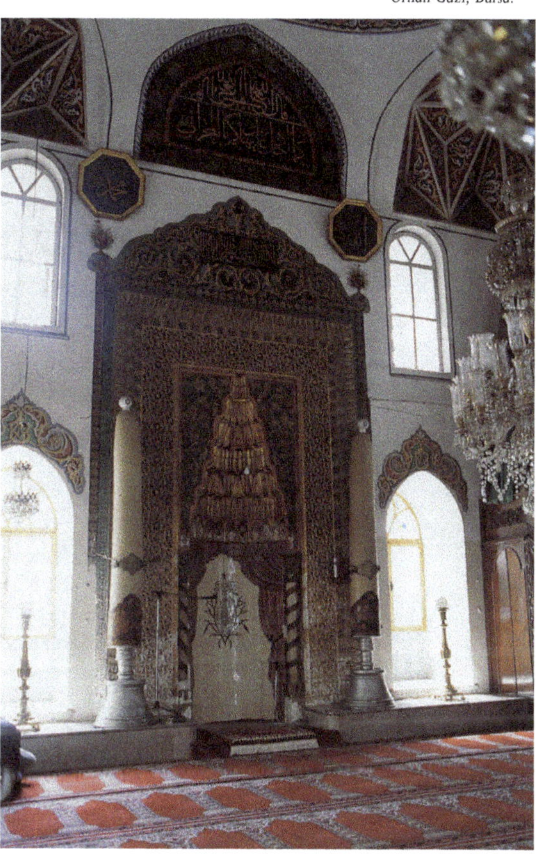

Le darüşşifa

L'un des grands édifices participant de cet ensemble est le *darüşşifa* qui a été restauré ces dernières années. Son intérêt principal vient de ce que très peu de *darüşşifas* ottomans ont pu être conservés. Les ailes du bâtiment en appareil de brique, avec leurs portiques et leurs cellules étagées sur une forte pente à l'est de la mosquée, sont desservies par une volée de marches.

Y. D.

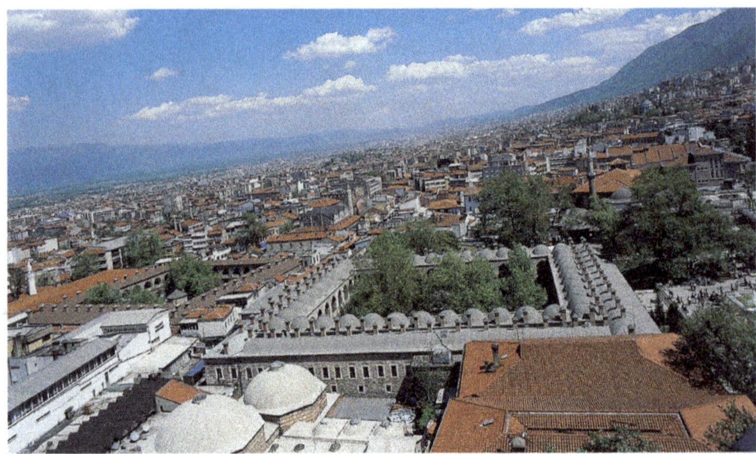

Han Koza, vue d'ensemble, 1492, Bayézid II, Bursa.

Le turbé

Ce tombeau est celui de Bayézid Ier, qui fut vaincu et fait prisonnier par Tamerlan à la bataille d'Ankara en 1402. Certains historiens affirment qu'il se suicida, d'autres qu'il tomba malade et mourut à Akşehir, en Anatolie centrale. Après sa mort, c'est là qu'il fut enterré, dans le *turbé* de Seyyid Mahmoud Hayran. Plus tard, sur ordre de Tamerlan, sa dépouille fut rendue à son fils Moussa Çelebi et transportée à Bursa. Selon ses vœux, il fut inhumé près de la mosquée qu'il avait fait ériger en 1403-1404. En 1406, son fils, l'émir Süleyman Çelebi, fit édifier l'actuel *turbé* sur sa tombe. En 1413, pendant le siège de Bursa, le *bey* karamanide Mehmet II, pour venger la mort de son père, fit déterrer et brûler le corps de Bayézid, son assassin.
Le *turbé* de Bayézid Ier est un bâtiment cubique très simple, surmonté d'une coupole. Son portique frontal à trois arcades servira de modèle aux *turbés* ottomans ultérieurs.

Y. D.

Les monuments indexés c, d, e, et f sont pratiquement côte à côte: la mosquée Orhan, à l'est de la place, est un très petit bâtiment si on la compare à la Grande Mosquée qui ferme le côté ouest de cette même place. Le han *Koza est le premier bâtiment à l'ouest de la mosquée Orhan. Passer les quelques boutiques qui cachent le* hammam *Bey pour arriver au* han *Émir et à la Grande Mosquée. Ce quartier s'appelle Heykel, c'est le cœur de la ville et il est très animé pendant toute la journée. D'autres* hans *et le* bedesten *du début de la période ottomane, tout de suite au nord, constituent aujourd'hui le marché central de Bursa. Ils sont fermés le dimanche et les jours de fêtes religieuses.*

IV.1.c **Mosquée Orhan**

Orhan, dont le règne débute en 1324, va capturer Bursa en 1326 et faire une entrée triomphale dans la ville. Pour agrandir la cité qui reste jusqu'alors confinée dans son enceinte, il va faire édifier à

l'est la "forteresse basse" et le complexe religieux qui porte son nom. À part la mosquée, les autres bâtiments, la *madrasa,* le *mektep* et l'*imaret* ont été détruits.
En 1413, le *bey* karamanide Mehmet II va profiter de l'éloignement du sultan Mehmet Ier, retenu en Roumélie par une campagne militaire, pour assiéger Bursa. Hacı İvaz Pacha se retranche dans la citadelle et organise la défense de la vieille ville. Dans les derniers jours d'un siège qui a duré un long mois, le *bey* karamanide va incendier la Grande Mosquée et celle d'Orhan, dont le portique et la façade principale seront gravement endommagés. L'inscription figurant au-dessus de l'entrée mentionne qu'elle a été édifiée par Orhan en 1339-1340. Mais après sa destruction par Mehmet Bey II, lors de l'occupation de Bursa, elle sera restaurée en 1417 par le vizir Bayézid Pacha sur ordre du sultan Mehmet Ier.
Les écoinçons des 5 arches de l'élégant portique présentent une belle ornementation de brique et de pierre. L'édifice a été conçu pour répondre aux besoins des *derviches* itinérants *Ahi* et leur offrir un hébergement et un lieu de réunions. Cette destination explique la présence des *iwans* à dômes qui flanquent la cour centrale coiffée d'une coupole. Dans la salle de prière principale, elle aussi surmontée d'une coupole, le *mihrab* est un des chefs-d'œuvre de l'art anatolien par ses stucs somptueux aux couleurs cependant inattendues.

IV.1.d **Han Koza**

La majorité des *hans* encore debout à Bursa datent des XIVe et XVe siècles, venant confirmer que la ville a été une des grandes places de commerce de cette époque. Les *hans* urbains d'Anatolie portaient des noms explicitant bien le type de marchandises qui s'y négociait: *han* du Sel, *han* de la Soie, *han* du Riz et *han* du Cuivre. L'existence de deux *hans* spécialisés, le *han* İpek (soie) et le *han* Koza (cocon), indique l'importance de la soie pour la ville aux XIVe et XVe siècles. La soie de Bursa est réputée dès l'époque byzantine, quand cette activité est très développée. Une légende rapporte que c'est une princesse chinoise émigrant à Bursa qui avait introduit les premiers œufs de vers à soie en les cachant dans sa chevelure car il était alors interdit de les sortir de Chine.
La soie est une fibre naturelle que l'on obtient à partir des cocons du *Bombyx mori* ou ver à soie. La première étape de production est la phase d'incubation des œufs. Ils sont minuscules et 2 000 d'entre eux ne pèsent pas plus d'un gramme. Dans des conditions favorables, les vers à soie mettent 11 à 14 jours pour éclore et vont se nourrir de feuilles de mûriers pendant 24 à 28 jours. Ensuite, ils sécréteront une fibre dans laquelle ils s'enroulent et qui mettra 48 à 72 heures pour former le cocon. Puis, à la fin de sa métamorphose, le *Bombyx mori* brise le cocon pour sortir. Il faut donc tuer les larves avant qu'elles ne détériorent les fibres, ce qui s'obtient par étouffement, soit en plongeant les cocons dans un bain de vapeur ou d'air chaud, soit en les faisant sécher au soleil. Dans la phase finale, différentes techniques vont permettre d'assouplir les cocons, les fibres étant ensuite retirées à l'aide d'une sorte de minuscule balai puis enroulées sur les dévidoirs. Enfin, le filage permet d'obtenir un fil de soie crue.

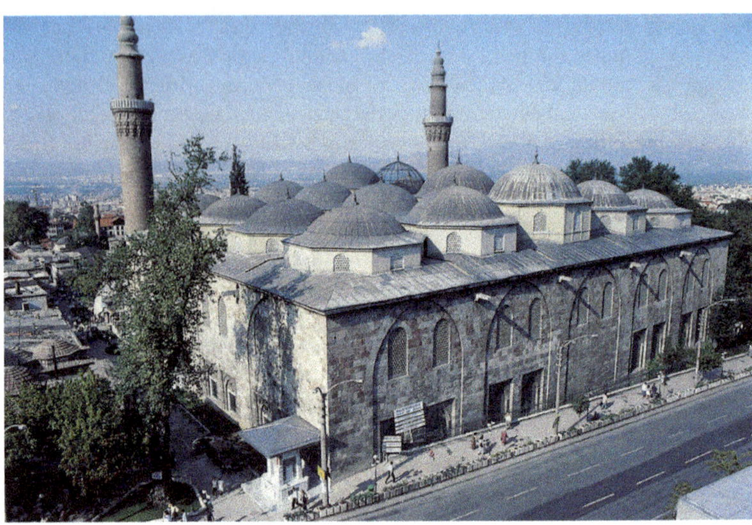

Grande Mosquée, vue d'ensemble du côté sud-ouest, 1400, Bayézid Ier, Bursa.

Chaque cocon fournit entre 300 et 1 400 m de fil. C'est en raison de cette nécessité de tuer l'insecte producteur que le port de la soie tombe sous l'interdit religieux des autorités islamiques.
Ce *han* construit sur deux niveaux a un beau portail au nord qui donne accès à la cour et une entrée au sud qui mène directement à l'étage supérieur. Le portique longe les quatre côtés de la cour sur les deux niveaux. Jusqu'à récemment, la partie supérieure était en bois mais elle a été reconstruite sur le modèle du portique inférieur.
Dans la cour, un édifice de forme octogonale repose sur une colonne centrale, octogonale elle aussi, et sur huit piliers d'angle formant une voûte qui protège la fontaine à ablutions. L'étage accueille un *masjid*. La construction du *han* Koza entre 1489 et 1492 fut ordonnée par le sultan Bayézid II pour subvenir aux dépenses de l'*imaret* de son complexe religieux d'Istanbul.

Y. D.

IV.1.e **Grande Mosquée (Ulu Cami)**

Bayézid Ier, le constructeur de la Grande Mosquée, succède à son père Murad Ier, qui a trouvé la mort au cours d'une bataille en 1389. Pendant la lutte pour la succession, il aura fait assassiner son frère, Yakup Çelebi. La légende veut qu'après sa victoire sur les croisés à Niğbolu (Nicopolis) sur le Danube en 1396, Bayézid Ier ait fait le vœu de construire 20 mosquées avec le butin dont il venait de s'emparer. Cependant, il se laissa convaincre de se contenter d'une mosquée à 20 coupoles dont la construction sera achevée en l'an 1400. On raconte que du temps qu'il occupait Bursa, Tamerlan l'aurait utilisée pour ses écuries et comme entrepôt pour le fourrage. Selon une autre légende, aux derniers jours du siège qui dura 31 jours en 1413, le Karamanide Mehmet II aurait tenté de brûler la mosquée en la faisant entourer de piles de bois. Certains historiens imputent à cette tentative la détérioration des pierres de la partie inférieure des murs et des portails, ce qui expliquerait la présence d'un enduit de mortier sur les parois extérieures. Le parement des façades a été complètement restauré en 1950.

Au sud de la mosquée, le mur de la *qibla* qui longe l'avenue Atatürk est en pierre de taille, avec des arches et des fenêtres qui contribuent à alléger cette façade, comme d'ailleurs les trois autres qui lui sont similaires. Ce bâtiment rectangulaire dispose de trois entrées: le portail principal, au centre de la façade nord, est plus ouvragé que les portails est et ouest. Deux minarets ont été édifiés aux angles de la façade nord. Ici, l'impression ressentie est toute différente de celle des mosquées à *tabhanes* de Bursa: la très vaste salle de prière est subdivisée en 20 espaces égaux et surmontée d'autant de coupoles, toutes de mêmes dimensions. Les 12 énormes piliers de soutien, sur trois rangées de quatre, cassent l'unité du lieu et contribuent à créer une atmosphère sombre et opprimante. Cette architecture, qui prolonge la tradition seldjoukide anatolienne des mosquées hypostyles, fait perdre l'impression d'espace ouvert et unifié, si caractéristique des constructions ottomanes du XVIe siècle. Ce plan est aussi celui de la mosquée Eski à Edirne, autre exemple datant du début de la période ottomane. Les minarets, comme les peintures ornementales de l'intérieur, sont des rénovations du XIXe siècle. Par contre, le *minbar* en noyer est un authentique chef-d'œuvre, justement renommé pour la prouesse de ses *kündekaris* et la beauté de sa décoration. En effet, la composition de marqueterie des côtés du *minbar*, fine juxtaposition de petits éléments géométriques ornés de motifs floraux, a été obtenue sans faire usage de colle ni d'autres artifices. Pour Evliya Çelebi, rien n'égale sa beauté sauf celui de Sinop, sur les côtes de la mer Noire, et même si tous les artisans du monde se mettaient ensemble, ils n'arriveraient jamais à produire une décoration aussi extraordinaire. Hacı Mehmet Ibn Abdülaziz d'Antep, le créateur de ce *minbar*, est aussi l'auteur de celui de la Grande Mosquée de Manisa.

IV.1.f. **Han Émir** (option)

Le *han* Émir, dit aussi *han* Bey, fait partie du premier complexe royal de Bursa, commandité par Orhan Gazi, et qui se composait d'une mosquée, d'un *hammam*, d'une *madrasa*, d'un *mektep* et d'un *imaret*. Une grande attention fut portée au choix du site car le développement de la ville en dépendait. Ce fut un espace non bâti, situé à l'est, qui fut retenu. La vie du quartier a été en effet stimulée par cette implantation et il reste de nos jours encore le centre commercial de Bursa.

Située à côté du minaret nord-est de la Grande Mosquée, une porte d'une grande sobriété conduit directement à l'étage supérieur, tandis que celle qui s'ouvre sur la rue au nord du bâtiment donne accès au rez-de-chaussée. Celui-ci comporte une cour et une petite écurie entourées par les portiques et derrière lesquelles s'alignent 36 salles dépourvues de fenêtres. À l'inverse, les 38 chambres de l'étage, dotées de cheminées, disposent de fenêtres ouvrant sur la rue. Bien que le bâtiment ne porte aucune date de construction, on pense qu'il a été érigé dans la seconde

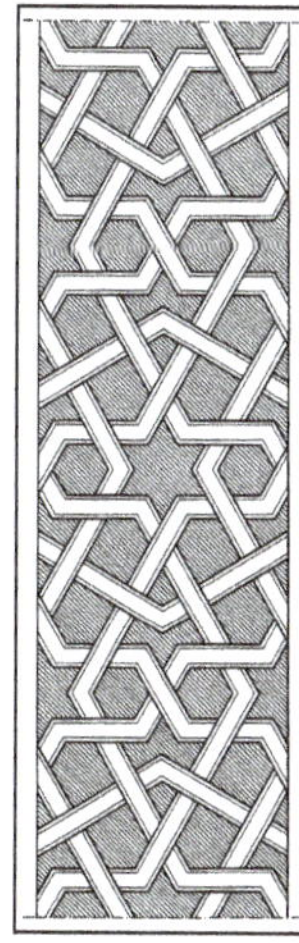

Reproduction du motif décoratif du portail de la Grande Mosquée, Bursa.

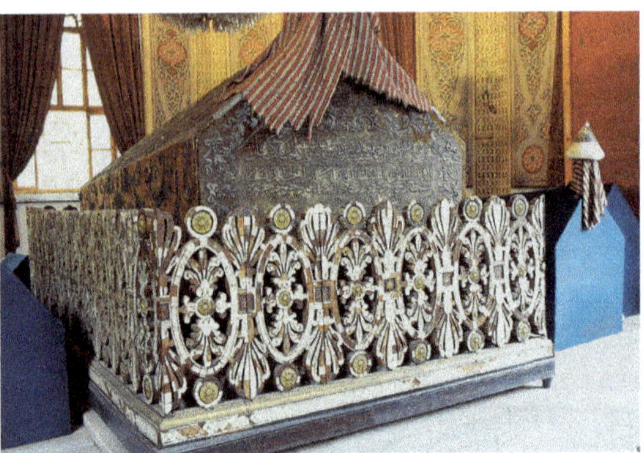

Turbé Osman Gazi, sarcophage en bois, 1863, Sultan Abdülaziz, Bursa.

moitié du XIVe siècle. C'est un des premiers *hans* urbains construit par les Ottomans.

Deuxième jour

Les turbés *d'Osman et d'Orhan Gazi se trouvent dans le quartier de Tophane (Mahallesi), sur l'avenue Osmangazi, à l'intérieur de la vieille citadelle de Bursa. Ce sera l'occasion d'une agréable promenade dans la ville haute et de découvrir ses maisons anciennes qui ont été rénovées. De la terrasse sur laquelle ont été édifiés les* turbés, *la vue est splendide.*

IV.1.g **Turbé Osman Gazi**

Près du turbé *d'Orhan Gazi.*

L'État ottoman tient son nom de son fondateur Osman Gazi, "Ottoman" se disant "*Osmanli*" en turc. Du fait de son âge et de sa santé précaire, il abdique en faveur de son fils, Orhan. Il est dit qu'avant même la conquête de Bursa, il confia à son fils son souhait d'y être enterré, sous la "Coupole d'argent". La date de sa mort est incertaine et il est difficile de préciser si elle a précédé ou non la conquête de la ville.

La "Coupole d'argent", ainsi évoquée par Osman, était une chapelle byzantine édifiée sur les hauteurs et, de loin, le bâtiment et sa coupole recouverte de plomb paraissaient être tout en argent. Osman Gazi y sera inhumé comme il l'avait souhaité, mais l'incendie de 1801 qui détruisit plus de la moitié de la ville endommagea gravement son *turbé* qui sera réduit en ruines par le tremblement de terre de 1855. Des réparations n'étant pas envisageables, en 1863, le sultan Abdülaziz ordonna la construction du *turbé* actuel sur les anciennes fondations.

Le monument est de forme octogonale et porte une coupole. Par son style architectural et sa décoration, il appartient à la "période occidentalisante" de l'art turc: à partir du XVIIe siècle, l'influence de l'art européen va envahir l'architecture et le style décoratif turcs traditionnels qui vont subir la fascination successive des styles baroque, rococo et Empire. Quelques décors de peintures murales à motifs floraux intriqués font ici leur première apparition. Dix-sept sarcophages reposent sur un dallage de marbre, mais seuls cinq d'entre eux ont pu être identifiés. Celui d'Osman Gazi, en position centrale, est ceinturé d'une grille de bois sculptée en entrelacs et incrustée de nacre.

Y. D.

IV.1.h **Turbé Orhan Gazi**

Près du turbé *Osman Gazi.*

Orhan Gazi, deuxième sultan ottoman, accède au trône en 1324 et meurt en 1362. C'est sous son règne que sont prises les premières mesures pour organiser l'armée, ainsi que des dispositions d'ordre monétaire, vestimentaire et foncière. Sa politique de conquêtes accroît les possessions ottomanes, il s'empare de Bursa en 1326, y fait une entrée triomphale et la promeut au rang de capitale du jeune émirat ottoman. Le développement de la ville est lancé immédiatement après la conquête. Pour l'améliorer et l'embellir, il va faire ériger le premier grand complexe religieux comprenant une mosquée, une *madrasa*, un *mektep*, un *hammam*, un *imaret* et un *han*.

À sa mort, Orhan sera inhumé, lui aussi, dans un édifice byzantin, non loin de la "Coupole d'argent" où est enterré son père. Le *turbé* d'Orhan Gazi souffrira lui aussi de l'incendie de 1801 et sera complètement détruit par le tremblement de terre de 1855. En 1863, le sultan Abdülaziz fait construire le *turbé* actuel sur ses anciennes fondations. La section centrale de l'édifice de forme carrée est coiffée d'une coupole que supportent quatre colonnes monumentales. Elle est entourée par des corridors voûtés. La somptueuse décoration en *opus sectile* qui orne le sol rappelle que le *turbé* d'Orhan Gazi se dresse sur l'emplacement même de l'ancien édifice byzantin. Le sarcophage d'Orhan Gazi, exposé au milieu de 20 autres tombeaux, est paré d'une grille de cuivre à décor d'entrelacs.

Y. D.

Près du complexe Muradiye se trouvent d'autres sites intéressants comme le Konak Muradiye et l'Evi Hüznü Züber, tous deux du XVIIe siècle.

IV.1.i **Complexe Muradiye**

Quartier de Muradiye. Suivre les indications pour Muradiye.

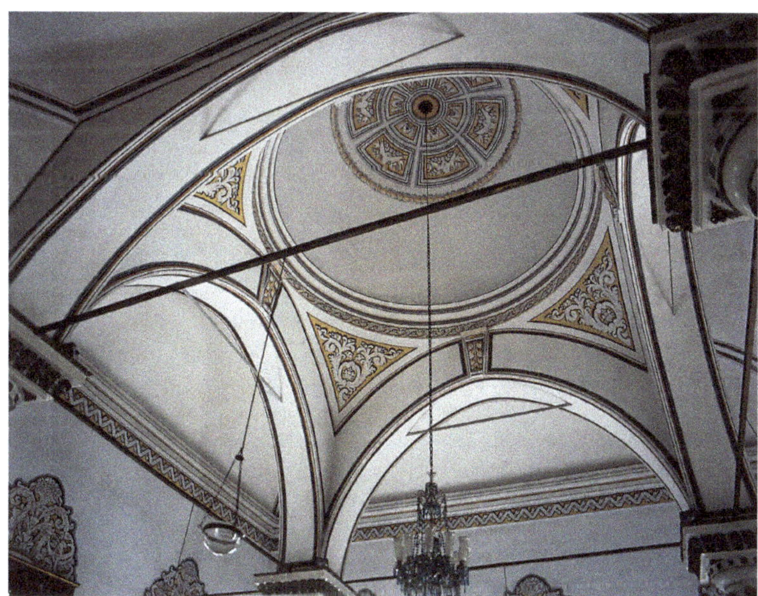

Turbé Orhan Gazi, dôme, 1863, Sultan Abdülaziz, Bursa.

Bursa

Mosquée Muradiye, détail des battants de porte en bois, 1426, Murad II, Bursa.

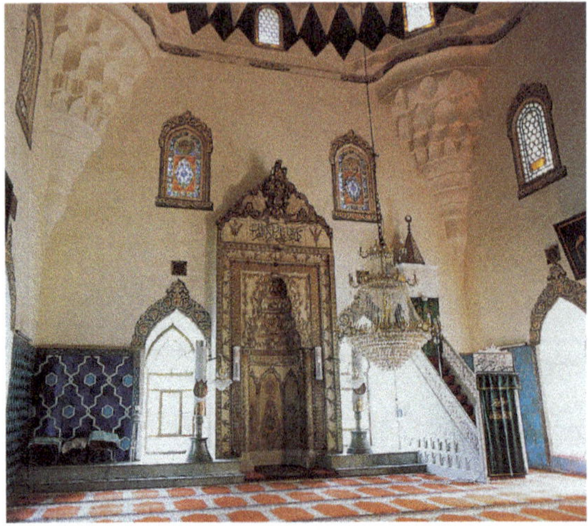

Mosquée Muradiye, salle de prière, 1426, Murad II, Bursa.

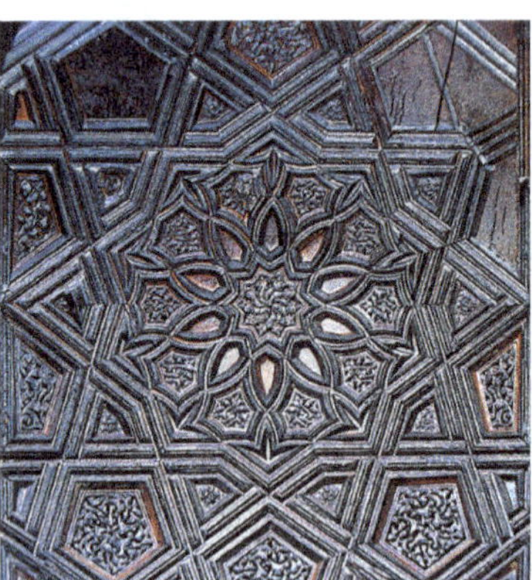

La construction de mosquées occupe une place privilégiée dans la politique d'urbanisation ottomane. Elles étaient généralement entourées d'édifices aux fonctions variées, tels que les *madrasas*, les *hammams*, les *darüşşifas*, les *imarets*, etc. Ces ensembles de bâtiments, appelés "complexes", étaient commandités par le sultan et portaient son nom. Ils répondaient à différents besoins sociaux et publics. Le complexe que Murad II fait ériger à Bursa comprend une mosquée, une *madrasa*, un *hammam*, un *imaret* ainsi que des *turbés* datant de différentes époques. Ce sera le dernier des complexes impériaux de la ville.

Y. D.

La mosquée

Le tremblement de terre de 1855 endommagea gravement plusieurs édifices historiques de Bursa, les minarets, entre autres, ont été soit partiellement soit complètement détruits. Le gouverneur, Ahmet Vefik Pacha, va confier la responsabilité des reconstructions à l'architecte français Léon Parvillé. Cependant, cette œuvre de restauration ne saura pas toujours respecter le style originel des bâtiments. La reconstruction des minarets, par exemple, sacrifiera au goût du XIXe siècle dont elle adoptera les solutions techniques. Dans la mosquée Muradiye, Parvillé fait reconstruire le minaret nord-ouest et abattre les murs est et ouest séparant les *tabhanes* de la salle de prière pour les transformer en *iwans*. Les écoinçons du portique à cinq arcades sont tous ornés de superbes décors à motifs géométriques alliant l'utilisation de la pierre, de la brique et de la céramique. Leur style est nettement influencé par les décors en brique des façades byzantines tardives. L'utilisation du jaune, que l'on remarquera sur les carreaux de céramique des tympans des fenêtres ouvrant sur le portique, remonte au début du XVe siècle; elle est caractéristique de cette période. Le porche d'entrée se résume à un réduit à plafond plat, orné de céramique et de *kalemişi*. L'inscription au-dessus de l'entrée indique que la construction commencée en mai 1425 s'est

Madrasa Muradiye, iwan principal, 1426, Murad II, Bursa.

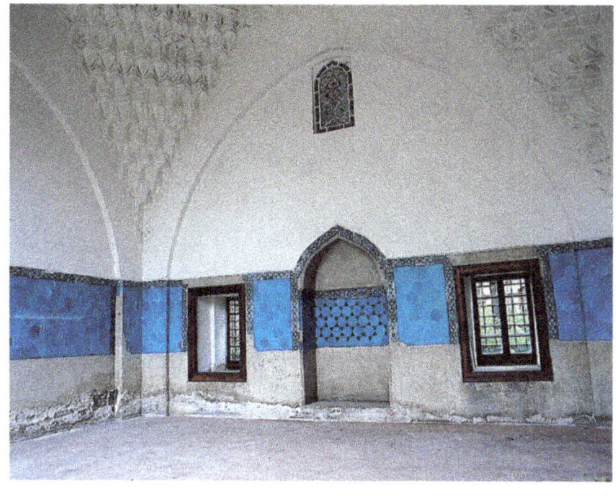

achevée en 1426. Les vantaux de la porte d'accès à la salle de prière, avec leurs magnifiques sculptures ornementales sur bois, sont un modèle du goût de l'époque. La mosquée Muradiye présente toutes les caractéristiques des mosquées à *tabhanes* classiques. On remarquera le corridor en "U", donnant originellement accès aux *tabhanes*. La coupole de la cour centrale est juste un peu plus grande que celle de la salle de prière. Cette dernière repose sur d'étonnantes trompes coniques. Les *iwans* latéraux sont eux aussi couverts d'un dôme. La salle de prière est revêtue de carreaux de céramique jusqu'à une certaine hauteur. Les peintures murales et la forme exotique des fenêtres sont dues aux restaurations du XIXe siècle.

Y. D.

La madrasa

Quoique ce soit actuellement un sanatorium, les visiteurs auront peut-être la chance d'accéder à la cour aux heures ouvrables.

La *madrasa* se trouve à l'ouest de la mosquée. Par ses dimensions, c'est le deuxième édifice du complexe, le troisième étant le *hammam,* situé encore plus à l'ouest et aujourd'hui désaffecté. Immédiatement au sud de ces deux bâtiments, le charmant jardin agrémenté de platanes et de vénérables cyprès abrite le *turbé* de Murad II ainsi que d'autres *turbés* de différentes époques.

La *madrasa,* qui a récemment fait l'objet d'abondantes restaurations, est construite en assises alternées de pierre et de brique. Cette technique de construction, déjà connue des Byzantins, est adoptée dans l'architecture turque dès le début du XIVe siècle. Au nord, le dôme du porche en *iwan* repose sur une corniche de triangles turcs. Les décorations des tympans des fenêtres sont, elles aussi, en brique et en pierre. La cour carrée est entourée, sur trois côtés, d'un portique derrière lequel s'alignent les cellules des étudiants. Le quatrième côté, au sud, est occupé par un *dershane*/ *iwan* surmonté d'une coupole. Toute la *madrasa,* et particulièrement la façade de l'*iwan*, porte une décoration de pierre et de brique, semblable à celle que l'on a vue sur les écoinçons du portique de la mosquée Muradiye. La présence d'un *mihrab* sur le mur sud du *dershane* indique que cette pièce servait aussi pour la prière. Ce *mih-*

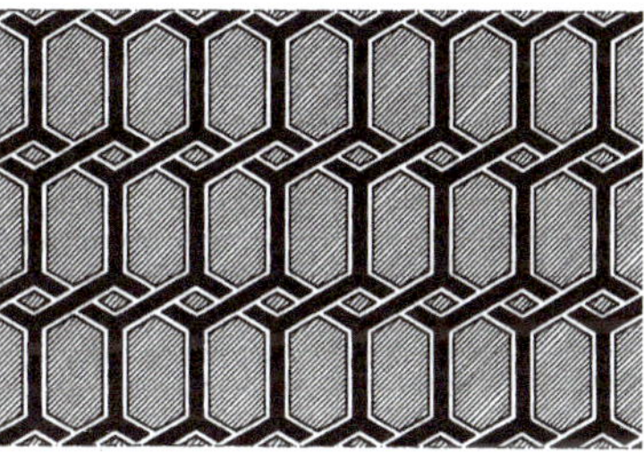

Reproduction du motif décoratif de la façade de l'iwan de la madrasa Muradiye, Bursa.

Turbé de Murad II, façade d'entrée, 1451, Bursa.

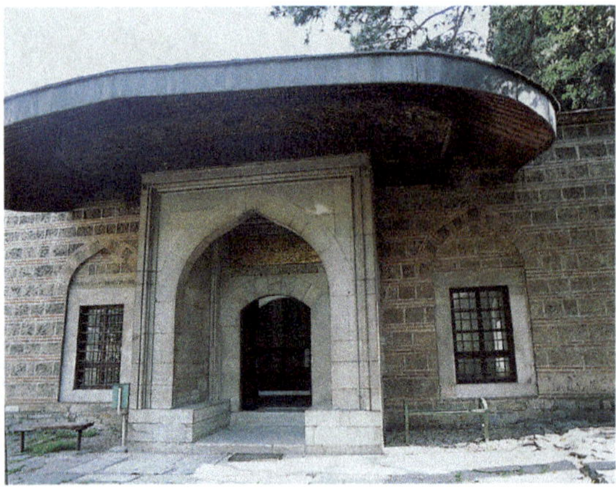

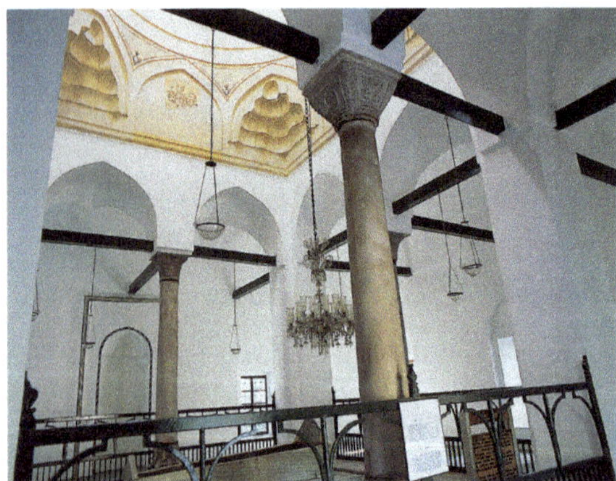

Turbé de Murad II, intérieur, 1451, Bursa.

rab, de forme rectangulaire, est revêtu de carreaux turquoise et bleu foncé.

Le fait qu'ici le *dershane* ait un côté complètement ouvert est assez surprenant car les leçons se poursuivaient été comme hiver et les constructions pré-ottomanes étaient toujours pourvues d'au moins un *dershane* fermé et d'un grand *iwan* pour l'été. Pour les écoles ottomanes, par contre, il n'y avait pas de règle fixe: elles pouvaient avoir un *dershane* utilisable en toute saison ou même en être complètement dépourvues et, dans ce cas, les leçons se faisaient dans la mosquée du complexe ou dans celle qui était la plus proche. Quand il n'y avait, comme ici, qu'un *dershane* d'été, il est probable que pour les mois d'hiver, on le fermait avec une cloison de bois.

Y. D.

Les turbés

Les nombreux *turbés* du jardin au sud de la mosquée et de la *madrasa* appartiennent à des époques différentes. Tant du point de vue architectural que décoratif, les plus beaux sont ceux de Murad II, de Hatuniye, de Cem Sultan et Şehzade Moustafa. Les gardiens à l'entrée vous ouvriront ceux qui seraient fermés. Entrée payante.

Turbé de Murad II

Murad II, le fondateur de ce complexe, accède au trône en 1421. Il abdique en faveur de son fils de 12 ans, Mehmet, en 1444, et se retire à Manisa pour se consacrer au mysticisme et à la contemplation. Jusqu'au moment où, écrasé par le poids du gouvernement, le sultan sollicite le retour de son père sur le trône. Selon la légende, pour vaincre ses réticences, Mehmet II s'adressa à lui en ces termes: "Si tu es le sultan, viens faire ton devoir, si je suis le sultan, je t'ordonne de remonter sur le trône et de gouverner." Murad va y consentir, mais en 1451, il tombe malade et meurt à Edirne. Son testament rédigé en 1446 en arabe et en turc stipule qu'il veut être mis en terre à Bursa auprès de son fils 'Ala al-Din Ali. Il y est mentionné aussi que le *turbé* devra avoir quatre côtés, que les murs seront aveugles mais qu'une ouverture devra être ménagée

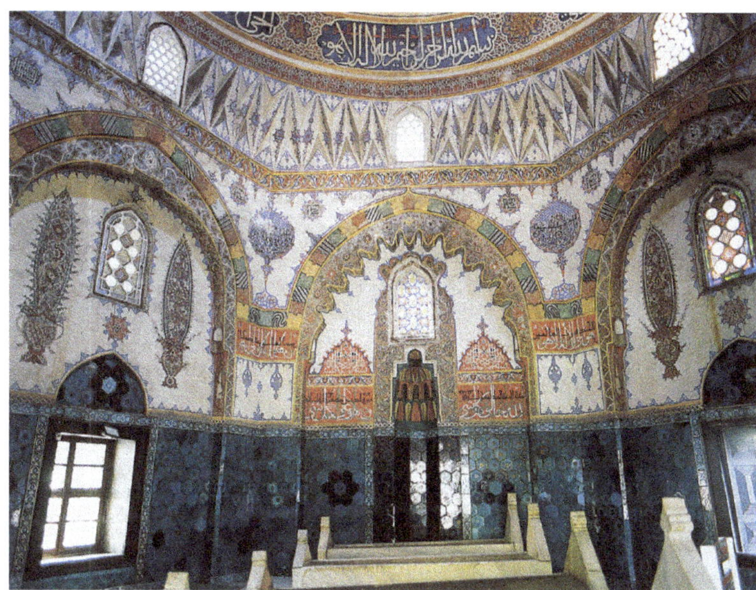

Turbé de Şehzade Moustafa et Cem Sultan, intérieur, 1479, Bursa.

dans le toit, et que personne ne sera enterré avec lui. Enfin, que s'il venait à mourir loin de Bursa, sa dépouille y sera ramenée et enterrée un jeudi. Murad II est le dernier des sultans ottomans à être inhumé à Bursa, son fils, Mehmet II et tous ses successeurs accordant leur préférence à la nouvelle capitale, Istanbul.

Le mausolée, une construction carrée en assises de pierre et de brique alternées, est adjacent à un autre tombeau à l'est. Le porche d'entrée en forme de niche profonde fait saillie sur la façade nord. Il est surmonté d'un auvent de bois dont le dessous s'orne de délicats *kalemişis* et d'une frise de bois tourné. L'intérieur est très lumineux en raison de la présence de nombreuses fenêtres. Le sarcophage, d'une grande simplicité, repose au centre d'un portique à quatre piliers d'angle, avec des colonnes byzantines intermédiaires de remploi. Le sommet carré se referme sur un médaillon circulaire ouvert afin que la miséricorde s'étende sur lui par les rayons du Soleil et de la Lune et sur sa tombe par la pluie et la rosée du Paradis, conformément aux dernières volontés de Murad II. Un *mihrab* très simple a été ménagé dans le mur sud. Une ancienne fenêtre transformée en porte communique avec le *turbé* de son fils 'Ala al-Din Ali. D'après son architecture, il semble bien que celui-ci ait été construit ultérieurement.

Y. D.

Turbé de Şehzade Moustafa et de Cem Sultan

Ce *turbé* a été érigé pour Şehzade (prince) Moustafa fils de Mehmet II. À son retour de la bataille d'Otlukbeli, Moustafa contracta une maladie rénale et mourut près de Niğde en Anatolie centrale. Sa dépouille fut d'abord transférée à Konya, puis à Bursa où il fut enterré dans le *turbé* de son oncle 'Ala al-Din Ali. Il sera finalement inhumé dans son propre tombeau construit en 1479. Cem Sultan, lui, meurt à Naples en 1495. Sa dépouille est remise à des plénipotentiaires ottomans en 1499 et il est enterré dans le mausolée de son frère, le prince Moustafa. À la mort de Mehmet II, en 1481, ses fils, Cem Sultan et Bayézid II, vont s'engager dans une longue guerre de succession. Après avoir été vaincu par deux fois, Cem Sultan trouve refuge à Rhodes auprès des Chevaliers de Saint-Jean. D'abord exilé à Nice, il est ensuite livré à la papauté. Quand le roi de France, Charles VIII, entre dans Rome en 1495, il lui rend sa liberté. Cem Sultan l'accompagne à Naples mais il y meurt le lendemain de son arrivée.

Ce monument hexagonal est en appareil alterné de pierre et de brique. Au nord, le porche, en forme de niche large et profonde construite en saillie, fait face au *mihrab*. Quatre sarcophages tout simples sont alignés les uns à côté des autres perpendiculairement à l'entrée. Ils appartiennent à Cem Sultan, Şehzade Moustafa, Abdullah Sultan, un des fils de Bayézid II, le dernier –le plus proche du *mihrab*– étant celui d'Alem Chah, un autre fils de Bayézid. Le mausolée est éclairé à la fois par les fenêtres étagées sur l'axe central de chaque mur du bâtiment et par le lanternon du dôme surélevé par une corniche de triangles turcs. À ce jeu de lumière participent les céramiques hexagonales turquoise et bleu cobalt avec leurs rehauts de dorures, qui ornent les murs jusqu'à une hauteur de 2,50 m. Au-dessus, les murs et le dôme sont parés de somptueuses peintures décoratives aux couleurs vives et brillantes rendues à leur splendeur originelle par la restauration. Ces décors développent superbement des motifs stylisés: des cyprès, des lampes à huile, des rosaces et des bandeaux épigraphiques à caractère religieux.

Y. D.

IV.1.j **Madrasa Ahmet Pacha** (option)

Quartier de Muradiye, avenue Beşkçiler, au nord du complexe Muradiye.

Cet édifice est également appelé "*madrasa* Geyikli" ou encore "*madrasa* du poète Ahmet Pacha", du nom de son fondateur, un *kadı* qui fit aussi fonction de *müderris* dans diverses *madrasas*. Mehmet II le nommera d'abord *kadıasker* puis, plus tard, vizir. La *madrasa* qui surplombe la plaine de Bursa est juste au nord du complexe Muradiye. En venant de cette direction, on découvre d'abord la cour extérieure où se trouve le *turbé* d'Ahmet Pacha, un bâtiment hexagonal, couvert d'une coupole, dont l'inscription donne la date de sa mort en 1497. Les deux monuments sont en appareil de brique et de pierre alternées. L'entrée de la *madrasa*, au centre de la façade orientale, passe entre les cellules d'étudiants qui occupent aussi le côté ouest. Le *dershane/iwan* en saillie longe le côté sud, le côté nord a été laissé ouvert et forme une terrasse en regard sur la plaine. Les arcades voûtées du portique sont soutenues par des colonnes. Chaque cellule d'étudiant, elle aussi coiffée d'une voûte, est dotée d'une cheminée et d'une niche de rangement. La *madrasa* ne porte pas d'inscription donnant sa date de construction mais, compte tenu de celle de la mort d'Ahmet Pacha, elle remonte probablement à la fin du XVe siècle. On remarquera que cet édifice ne disposait pas d'un *dershane* d'hiver. La restauration du bâtiment touchait à sa fin au début de l'année 2001 et il était question d'y installer un centre d'artisanat.

Y. D.

IV.1.k Sources sulfureuses (Kükürtlü Kaplıca)

Avenue Kükürtlü, Bursa. Les thermes, actuellement utilisés comme centre de rééducation par l'Université Uludağ, ne sont pas ouverts aux visiteurs. Par contre, on pourra profiter des paisibles jardins pour y faire une agréable promenade.

La tradition veut que le nom de la source soit dû à ses eaux sulfureuses. L'ensemble se compose de deux *hammams* séparés, l'un étant réservé aux hommes, l'autre aux femmes. La section des hommes a été construite sous Murad Ier (r. 1362-1389), le *hammam* des femmes et le *soyunmalık* des hommes sous Bayézid II (r. 1481-1512). À l'époque ottomane, les revenus d'établissements tels que les *hammams*, les sources thermales et les *hans* étaient couramment dévolus à des *waqfs*, des institutions créées pour pourvoir aux frais d'entretien ou de gestion quotidienne des édifices religieux comme les mosquées et les *turbés* ainsi qu'aux salaires de leurs employés. Cependant, Murad Ier, commanditaire de la construction de l'établissement pour hommes, ne l'avait aucunement dévolu à un *waqf* mais exigé, au contraire, que les clients puissent l'utiliser sans rien avoir à acquitter. Le *soyunmalık* est vaste et bien éclairé. Une plate-forme chauffée trône au centre du *sicaklık*. Les salles où l'on voit une série de bassins individuels étaient réservées aux soins thérapeutiques.

Y. D.

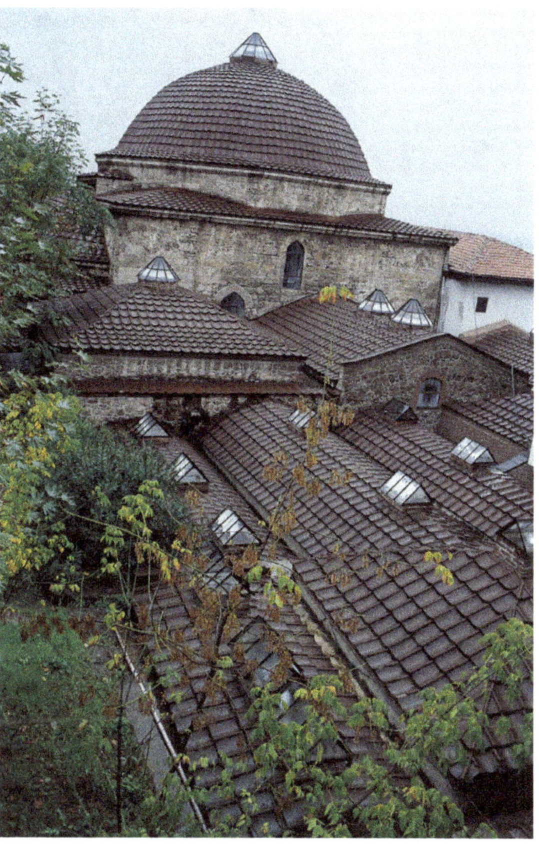

Kükürtlü Kaplıca, vue d'ensemble du côté sud, 1362-89, Murad Ier, Bursa.

IV.1.l Anciens thermes (Eski Kaplıca)

Place Çekirge, dans la cour de l'hôtel thermal Kervansaray.

Eski Kaplıca, vue d'ensemble du côté nord-ouest, 1362-89, Murad Ier, Bursa.

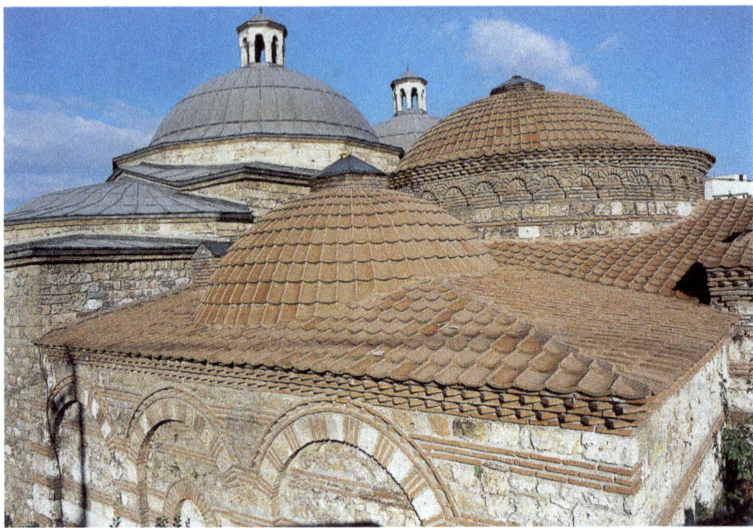

Entrée payante. Horaires: tous les jours de 7:30 à 22:30.
Thermes hommes et femmes séparés. Les personnes qui voudront simplement visiter seront les bienvenues.

L'existence de sources aux vertus thérapeutiques a souvent donné lieu à l'installation de véritables établissements thermaux. Par leur plan, ces thermes destinés au traitement de diverses maladies pouvaient se différencier de l'agencement classique du *hammam* et, par exemple, ne pas avoir de *halvet* dans le *sıcaklık* ou encore comprendre une piscine d'eau thermale, ce qui est le cas de plusieurs d'entre eux.
Bursa est déjà une ville thermale à l'époque byzantine. En 525, l'impératrice Théodora, épouse de Justinien Ier, vient y faire un long séjour accompagnée d'une suite de 4 000 personnes. La tradition rapporte qu'il fallut alors improviser un campement dans tout le voisinage, avec un nombre incroyable de tentes pour accueillir un rassemblement d'une telle importance que les bâtiments disponibles à l'époque n'y suffisaient pas. La construction d'Eski Kaplıca, dit aussi "*hammam* de la Poire", remonte au règne de Murad Ier (1362-1389). En raison de la pente du terrain, le *soyunmalık* (*apodyterium*) construit, lui, par Bayézid II en 1511, a dû être édifié sur un sous-sol dont on ne connaît pas l'usage auquel il était réservé. Quelques historiens ont avancé qu'il servait d'écuries pour les montures des clients du *hammam.*
C'est un élégant bâtiment en appareil de brique auquel Bayézid II fera rajouter les coupoles principales recouvertes de plaques de plomb. Les bains des hommes comportent un *soyunmalık* (vestiaire), un *ılıklık* (*tepidarium*) et un *sıcaklık* (*caldarium*). Celui-ci, extérieurement de forme cubique, est octogonal à l'intérieur. Des alcôves semicirculaires disposées en croix ont été

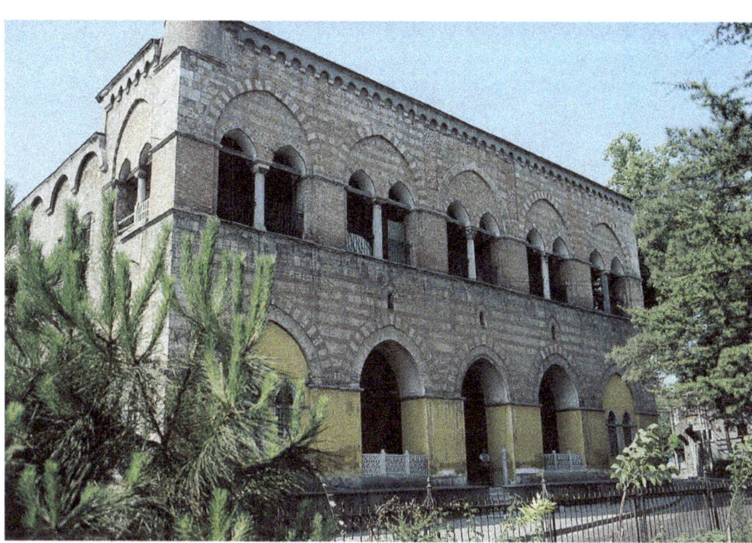

Mosquée Hüdavendigar, vue du côté nord-est, 1385, Murad Ier, Bursa.

construites en renfoncement sur quatre des côtés de l'octogone et le centre est occupé par une piscine d'un diamètre de 7 m. Une grande partie de l'édifice, et en particulier le *sıcaklık*, ayant été construite avec des matériaux de remploi, plusieurs chercheurs occidentaux en ont déduit qu'il s'agissait d'un édifice byzantin.

Y.D.

IV.1.m Mosquée Hüdavendigar

Quartier de Hüdavendigar, dans le secteur de Çekirge. À l'ouest d'Eski Kaplıca, au bout de la rue.

"Hüdavendigar" est l'épithète de Murad Ier, et signifie littéralement "sultan". À la mort de son père Orhan Gazi en 1362, le futur Murad Ier revient à Bursa pour lui succéder. Mais ses deux frères prétendent eux aussi au trône. Murad Ier les fait prisonniers à

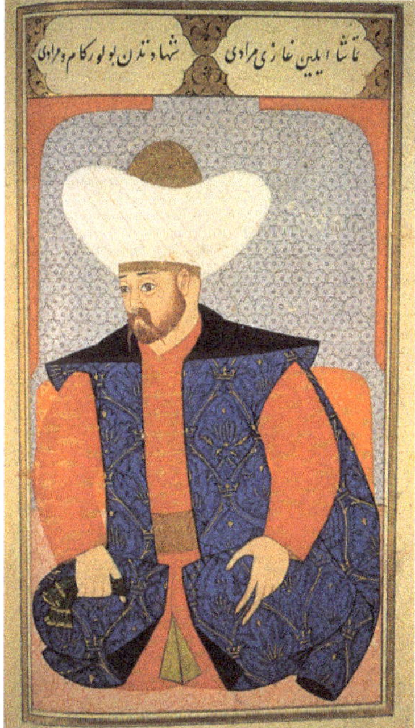

Murad Ier, enluminure du "Kıyafetü'l-İnsâniyye fi Şemâili'l'-Osmâniyye", par Seyyid Lokman Çelebi, 1579, H. 1563, 32b, Bibliothèque du palais Topkapı, Istanbul.

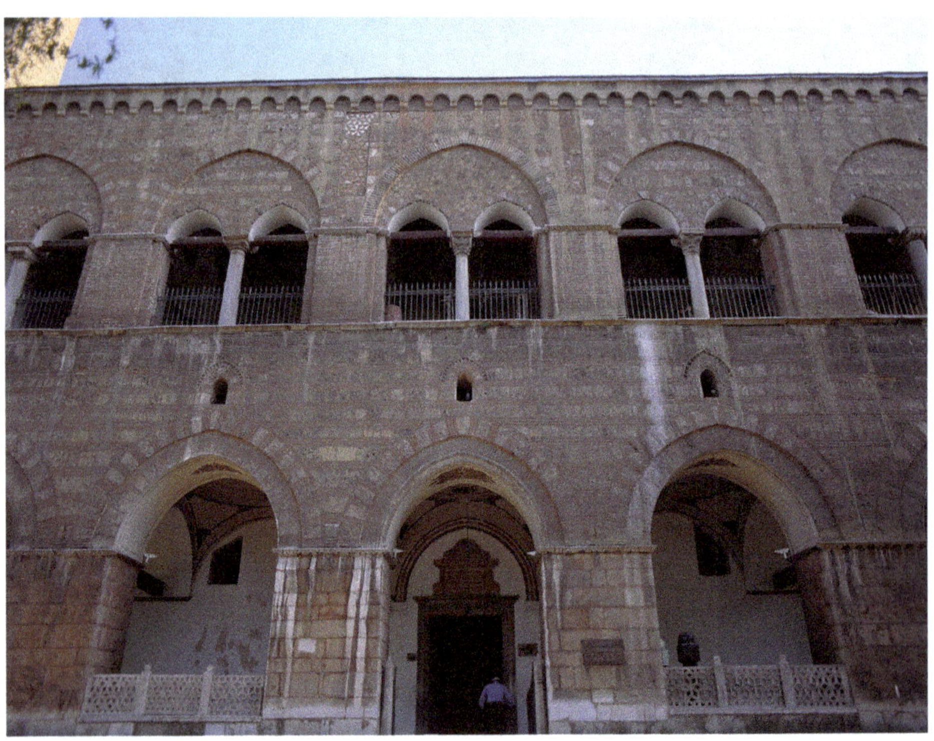

Mosquée Hüdavendigar, façade nord, 1385, Murad Ier, Bursa.

Eskişehir et les fait mettre à mort. C'est sous son règne, en 1368, que la capitale est transférée de Bursa à Edirne. En 1386, profitant du fait qu'il est en campagne en Roumélie, son fils, Savcı Bey, alors gouverneur de Bursa, se fait proclamer sultan à sa place. Quand Murad Ier l'apprend, il revient à Bursa où il fait aveugler son fils avec un fer chauffé à blanc puis, plus tard, exécuter.
Le complexe construit au sommet d'une pente escarpée jouit d'une vue magnifique sur la ville. En arrivant, sur la gauche, on passe devant un petit bâtiment à coupole qui abritait les latrines. La façade nord surprend par son portique à 5 arches de plain-pied et 5 baies jumelées à l'étage, une rareté dans l'architecture turque d'Anatolie. L'œil est aussi attiré par la corniche d'arcatures qui court sous l'avant-toit tout autour du bâtiment. Sur les deux niveaux de la façade, les colonnes, les élégants chapiteaux et divers éléments décoratifs sont des remplois de bâtiments byzantins. Les bandeaux décoratifs en brique sont d'un très bel effet. En raison de cet ordonnancement inhabituel de la façade principale et des composantes byzantines de l'architecture, certains historiens occidentaux ont supposé que l'édifice était originellement un palais byzantin, mais ces spéculations

sont totalement invalidées par l'orientation parfaite de la *qibla* et par l'agencement architectural du bâtiment.

La mosquée Hüdavendigar présente aussi la singularité architecturale d'abriter sous le même toit une mosquée et une *madrasa*, une combinaison nettement atypique pour l'architecture turque d'Anatolie. Le portail de la façade nord dessert à la fois la mosquée et la *madrasa* qui occupe l'étage. D'après l'inscription au-dessus de l'entrée, le bâtiment a été restauré en 1904, sur ordre du sultan Abdülhamid II. Les entrées des façades de l'est et de l'ouest seront percées plus tard. L'escalier du vestibule de la mosquée conduit à la coursive en surplomb de la cour du rez-de-chaussée, qui court tout le long de l'étage (en principe interdit au public) et dessert les 16 cellules à voûtes en berceau réservées aux étudiants. Les cheminées d'angle dont disposent certaines cellules sont des ajouts tardifs.

À l'origine, la mosquée était destinée à accueillir les *derviches* itinérants. Le foyer de l'entrée ouvre sur un petit vestibule en forme d'*iwan*, en bordure de la cour centrale surmontée de sa haute coupole. Les ailes latérales, à l'est et à l'ouest, comportent chacune un *iwan* flanqué de deux *tabhanes*; toutes ces salles ont des voûtes en berceau. Face à l'entrée se trouve la salle de prière qui a elle-même la forme d'un *iwan* couvert d'une voûte en berceau et dont le *mihrab* absidal est en saillie extérieure. Les peintures et les décorations sont dues à des rénovations ultérieures.

Cette mosquée fait partie d'un ensemble qui comprend une *madrasa*, un *imaret* et un *turbé*. L'*imaret*, à l'ouest, servant aujourd'hui d'office de tourisme, et le *turbé* au nord de la mosquée, ont été restaurés plus tardivement. D'après la charte *waqf*, le fondateur de ce complexe est le sultan Murad Ier. Aucune inscription ne mentionne la date de construction; de ce fait, il est généralement admis que les travaux ont été achevés en 1385, date à laquelle le document *waqf* a été établi.

Y. D.

Le mont Uludağ (2554 m), qui se trouve juste derrière la ville, est la station de sports d'hiver la plus réputée de Turquie. Il y a beaucoup moins de touristes pendant les vacances d'été mais c'est un lieu de pique-nique très apprécié par les habitants de la région. Le téléphérique, au départ de Bursa, vous déposera à la station de Sarıalan, proche du sommet. Pour le téléphérique, prendre un taxi où un minibus (dolmush) *sur la place Heykel, près de la Grande Mosquée. À la gare routière, des taxis et des cars permettent aussi de rejoindre le sommet par la route, au bout de 36 km de virages en épingles à cheveux. À Sarıalan, d'autres* dolmushs *vous emmèneront aux hôtels de la station ou aux remonte-pentes. Les menus barbecue des restaurants de Sarıalan vous proposent de faire vous-même votre cuisine. Uludağ est un parc national à la flore luxuriante avec des arbres d'essences variées: lauriers, oliviers, châtaigniers, ormes, chênes, platanes d'Orient, pins, genévriers, peupliers…Les pêches, les châtaignes (et particulièrement la purée que l'on en fait) de Bursa sont renommées. N'oubliez pas d'accompagner la dégustation d'un* Iskender kebab *(variété régionale du* Döner kebab*) d'un verre de* şira, *jus de raisin très légèrement fermenté, fabriqué avec des raisins secs. La ville est célèbre aussi pour son linge de toilette et ses soieries.*

Aydoğan Demir

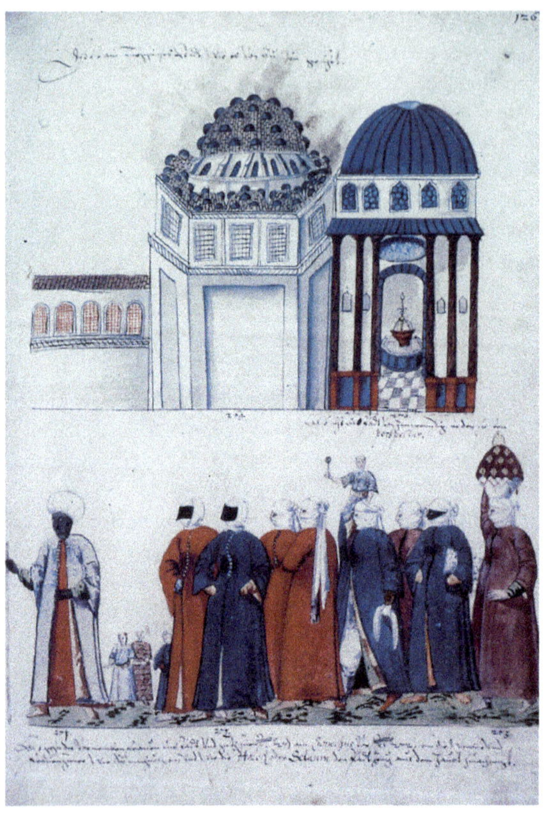

Femmes se rendant au hammam, Ain Turggische Hochzeit, J.2a, 1582, Sächsische Landesbibliothek, Dresde.

La tradition des bains publics, dont les origines remontent au deuxième millénaire av. J.-C. en Égypte, en Mésopotamie comme en Anatolie, va connaître son âge d'or à l'époque des Romains. À côté des plaisirs de la baignade, du sport et des loisirs, les pratiques du bain incluaient chez les Romains la culture de l'esprit et la discussion littéraire. Avec leur conquête des territoires de l'Empire byzantin d'Asie Mineure, les Omeyyades (661-750) vont se faire les héritiers de cette tradition. La religion islamique, par ses prescriptions de purification, comme l'obligation pour tout musulman, homme ou femme, de se laver entièrement le corps après une relation sexuelle, va contribuer à la diffusion de la culture du *hammam* dans le monde turco-islamique.

Durant le Moyen Âge, le fait de disposer d'eau courante reste un privilège limité notamment par les difficultés d'adduction. De sorte que seuls les plus riches peuvent s'offrir des bains privés, la majorité de la population devant recourir aux *hammams* publics pour profiter des plaisirs du bain et de ses divertissements. L'architecture des *hammams* construits pendant les émirats et la première période ottomane atteste que la jouissance de l'espace et la beauté des lieux est alors une préoccupation essentielle. Dès lors qu'on construit un complexe religieux, on commence toujours par le *hammam* afin que les centaines de travailleurs mobilisés sur le chantier puissent en profiter. Nombreux sont les voyageurs occidentaux à avoir décrit avec admiration la beauté, la grandeur et la propreté des *hammams* turcs.

Les *hammams* assument bien d'autres fonctions que le simple bain: les poètes comme les hommes politiques s'y retrouvent pour converser ou pour boire ensemble. C'est ainsi que Tamerlan (r. 1370-1405) pourra s'entretenir avec le célèbre poète Ahmeti, au cours de sa campagne militaire d'Anatolie en 1402, ou que Süleyman Çelebi, l'un des fils de Bayézid Ier (r. 1389-1402), se plaira à réunir ses hôtes dans les *hammams* d'Edirne où des boissons alcoolisées leur étaient servies.

Pour les femmes turques, dont la vie publique est fortement restreinte par la loi musulmane, le *hammam* était un véritable espace de liberté. Les maris étaient tenus d'allouer à leurs épouses l'argent nécessaire pour aller au *hammam* au moins une fois par semaine et le non-respect de cette obligation était un motif de divorce. Les femmes de condition se faisaient accompagner de leurs servantes et haussaient le rituel au niveau d'un véritable spectacle théâtral avec force draps de bain brodés, fines chemises, socques de *hammam* aux incrustations de nacre, bols d'argent et peignes d'ivoire. On y passait la journée entière. On y consommait des friandises et des douceurs, on buvait du *sherbet*, on jouait des instruments de musique et l'on dansait. Les mères qui avaient des garçons en âge de se marier en profitaient pour faire leur choix entre les candidates possibles.

Des règles strictes présidaient à des choses telles que l'interdiction de réutiliser le rasoir passé sur la tête d'un galeux, le respect des tarifs officiels et la propreté des *hammams*, d'autant qu'ils représentaient une source de revenus considérable pour les fondations *waqfs*.

L'agencement traditionnel du *hammam* turc, même s'il est directement inspiré de celui des thermes romains, se différencie nettement par son plan. Par contre, à l'exception du *frigidarium* ("bains froids"), tous les dispositifs présents chez les Romains sont repris par les Turcs. La première salle, par où l'on peut entrer et sortir, est le *soyunmalık* (*apodyterium*), où les usagers se déshabillent et s'habillent. L'*ılıklık* (*tepidarium*), la salle tiède, sert aussi de petit passage entre le vestiaire et la salle chaude. Dans certains *hammams*, il y a une autre pièce de dimensions réduites entre l'*ılıklık* et le *soyunmalık,* qu'on appelle *aralık,* ce qui signifie simplement "couloir". La partie centrale du *sıcaklık* (*caldarium*) est occupée par la plate-forme chaude sur laquelle on peut s'allonger pour transpirer avant de se faire frictionner et masser. Des salles servant aux bains privés, appelées *halvets*, occupaient généralement les angles du *sıcaklık*. Un bâtiment séparé abritait la citerne chauffée pardessous, comme le *hammam* lui-même.

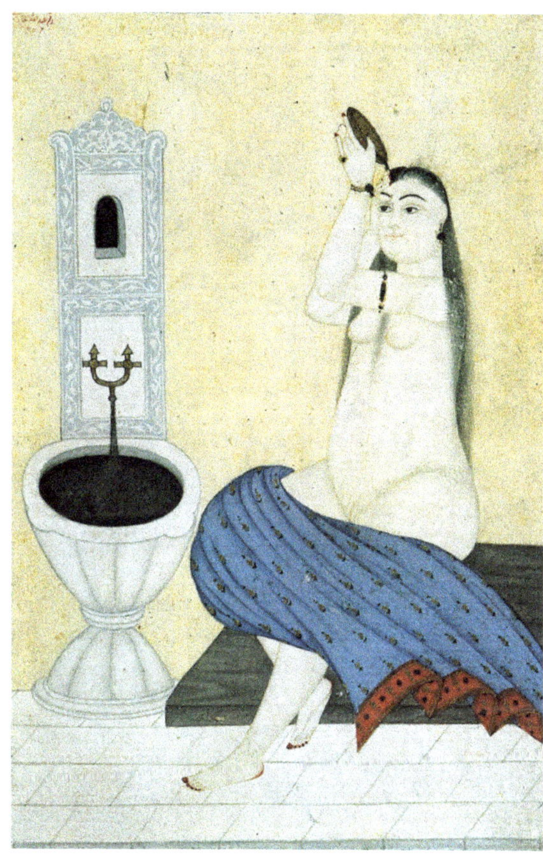

Femme au hammam, Adullah Buhari, 1741-42, YY. 1043, Bibliothèque du palais Topkapı, Istanbul.

Dans certains *hammams,* les bains pour femmes et pour hommes étaient des bâtiments adjacents mais séparés. Dans ces doubles *hammams*, l'entrée des femmes se faisait généralement du côté d'une rue peu passante pour qu'elles puissent entrer et sortir discrètement. Il n'a jamais existé d'établissement construit spécifiquement pour les femmes, qui fréquentaient soit ces *hammams* mixtes, soit les *hammams* simples qui leur étaient réservés un ou deux jours par semaine.

Aydoğan Demir

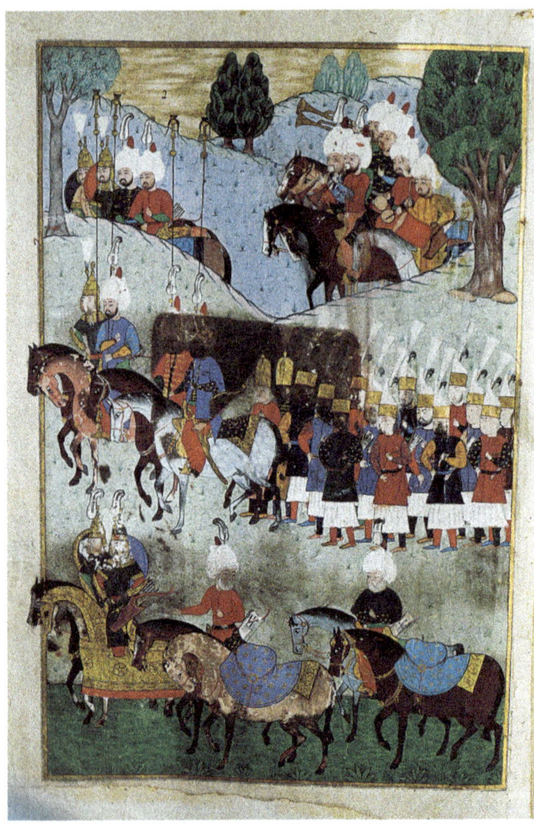

Armée ottomane en campagne, Zigetvarname de Nakkaş Osman, 1559-1568 H.1339, f° 103b, Bibliothèque du palais Topkapı, Istanbul.

Depuis la fondation de l'État jusqu'en 1402, les Ottomans n'ont pas cessé d'étendre leur empire en s'emparant d'une grande partie des territoires compris entre l'Euphrate en Anatolie et le Danube dans les Balkans. Toutefois, la défaite qu'ils essuient lors de la bataille d'Ankara en 1402 les conduit au bord de l'effondrement. Que s'est-il passé pour que Bayézid Ier (r. 1389-1402), surnommé Yıldırım, "la Foudre", qui volait de victoire en victoire, de Niğbolu (Nicopolis) sur le Danube à Erzincan en Anatolie moyen-orientale, se retrouve pris dans un événement historique devant conduire au désastre de son empire et à son asservissement personnel ?

La victoire de Tamerlan (r. 1370-1405) à Ankara ouvre une période de grave crise politique pour l'État ottoman. Surnommé Uluğ Bey –"le Bey resplendissant"–, il assoit son pouvoir politique sur le Turkestan occidental (qui fait aujourd'hui partie des territoires de la République d'Ouzbékistan). De sa capitale de Samarkand, Tamerlan entreprend la conquête de l'Ouest, en commençant par occuper l'Asie Mineure. Après avoir vaincu la Perse, l'Azerbaïdjan, l'Irak et le nord de la Syrie, il entend ajouter l'Anatolie à son Empire.

C'est une constante historique que les États des hauts plateaux perses, ou des pouvoirs qui s'y sont imposés, ont systématiquement cherché à s'emparer de l'Anatolie et de ses débouchés sur la mer Noire et la Méditerranée: Mèdes, Perses, Parthes, Sassanides, Omeyyades et Mongols, tous ont eu la même ambition. Il n'en est pas moins vrai que tous les États des régions occidentales ont eu pour visées la domination de ces mêmes régions, à commencer par Alexandre le Grand (356-323 av. J.-C.). Les empereurs et les consuls romains les plus célèbres ont tous occupé l'Asie Mineure à l'exception de la Perse. À la fin du XIe siècle, les croisés partis à la conquête de Jérusalem vont s'emparer de comtés et de royaumes en Anatolie et en Syrie. À la fin de la Première Guerre mondiale (1914-1918), les Occidentaux se disputeront le partage d'une grande partie de l'Anatolie.

Les raisons pour expliquer cet attrait de l'Anatolie sur les principaux États ne manquent pas: son rôle privilégié sur les grands axes du commerce mondial, sa position stratégique sur les détroits du Bosphore et des Dardanelles (en turc, les détroits d'Istanbul et de Çanakkale), enfin, son climat tempéré propice à toutes sortes de cultures, les céréales en particulier. À une époque où la richesse d'un État se mesure à la quantité de terres fertiles et au nombre de routes commerciales qui sont sous sa domination, on ne peut pas s'attendre à ce que Tamerlan pense ou agisse différemment.

Par une chaude journée d'été, le 28 juillet 1402, dans les environs d'Ankara, les armées de Tamerlan, épaulées par 32 éléphants, vont se livrer à un combat sans merci contre les forces du sultan ottoman Bayézid Ier dont les armées comptent une bonne part de soldats originaires des émirats anatoliens conquis par les Ottomans. Ils vont trahir et rallier les forces de leurs émirs réfugiés auprès de Tamerlan. À la suite de cette trahison, Bayézid sera vaincu et fait prisonnier.

Après plusieurs mois de captivité, Bayézid apprend que Tamerlan en personne s'apprête à l'emmener à Samarkand. Il entre dans le plus grand désespoir et l'on pense qu'il s'est suicidé avec le poison caché dans le chaton de sa bague, le 9 mars 1403.

Lorsque Tamerlan se retire d'Anatolie en 1403, les fils de Bayézid, Isa, Moussa et Mehmet commencent aussitôt à se disputer le trône. En 1413, Mehmet Ier, dit aussi Çelebi Mehmet, prend le pouvoir, mettant fin à un long interrègne. Cet événement peut être considéré comme la deuxième naissance de l'État ottoman.

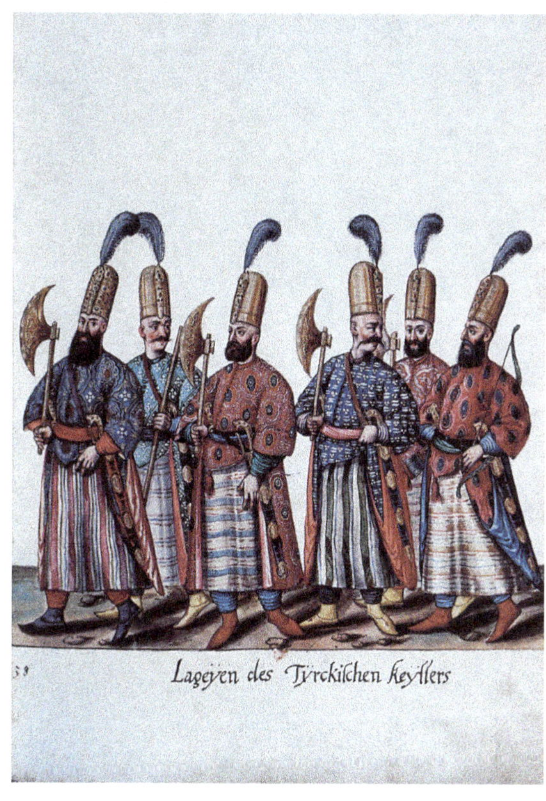

Soldats ottomans, Codex Vindobonensis, Cod. 8626, f° 38, Österreichische Nationalbibliothek, Vienne.

Avant de quitter l'Anatolie, Tamerlan va rendre leurs anciennes possessions aux *beys* qui s'étaient mis sous sa protection, pour les récompenser de leur aide. Les émirats germiyanide, saruhanide, aydinide, menteşide et karamanide renaissent et la dynastie des Candar retrouve, elle aussi, les territoires qu'elle avait perdus. Il faudra aux Ottomans plus de cinquante ans pour rayer définitivement les émirats de la carte du monde.

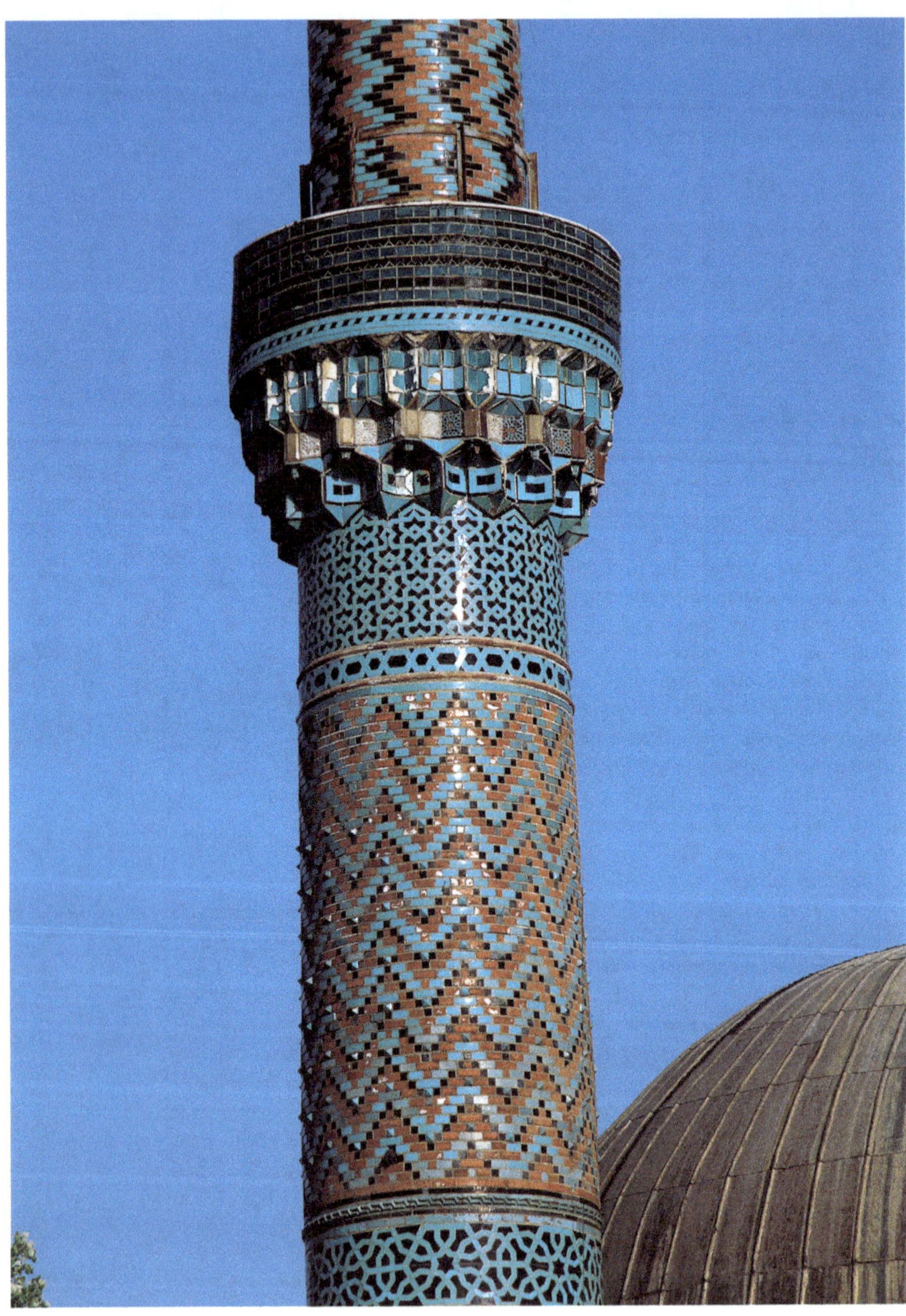

Orhan Gazi: le Sultan du Peuple

Lale Bulut, Aydoğan Demir, Rahmi H. Ünal

V.1 İZNİK

V.1.a Imaret Nilüfer Hatun (Musée d'Iznik)
V.1.b Mosquée Yeşil
V.1.c Madrasa Süleyman Pacha
V.1.d Hammam Ismail Bey
V.1.e Hammam Murad II
V.1.f Turbé Kırkkızlar

Les "fleurs écloses des flammes": l'art de la faïence et de la céramique aux XIVe et XVe siècles
L'administration dans l'État ottoman

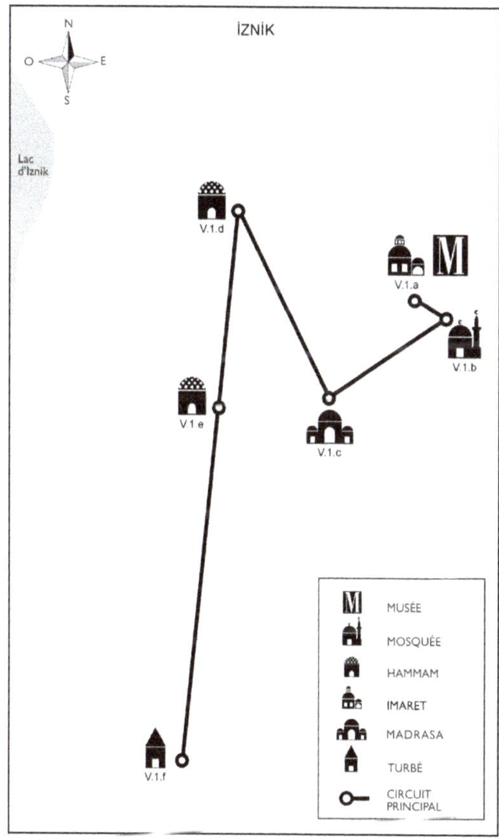

Mosquée Yeşil, minaret, 1378-92, Halil Hayreddin Pacha, Iznik.

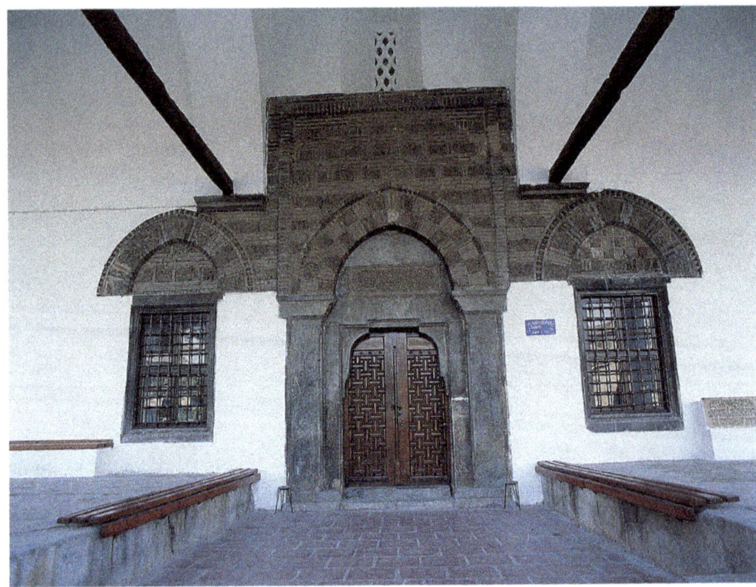

Imaret Nilüfer Hatun, portail, 1388, Murad Ier, Iznik.

Iznik (la Nicée antique), capitale de l'État seldjoukide d'Anatolie entre 1075 et 1097, retombe sous le joug byzantin pendant la Première Croisade. Cependant, en 1331, le second souverain ottoman, Orhan Gazi, reconquiert Iznik. D'après la légende, en faisant son entrée dans la ville, Orhan Gazi ordonne à ses soldats d'épouser les veuves rums pour que des épreuves supplémentaires soient épargnées aux femmes. L'histoire nous est rapportée en ces mots par un écrivain ottoman: "Ils obéirent à cet ordre. Il y avait dans la ville des maisons disponibles et elles furent allouées aux vétérans mariés. Chacun recevait une femme et une maison à lui. Qui aurait refusé une telle offre ?"

Sous le règne ottoman, la ville va s'embellir d'édifices de toutes sortes, commandités soit par les sultans soit par les dignitaires. Murad Ier, entre autres, fera construire un *imaret* en l'honneur de sa mère bien-aimée, Nilüfer Hatun. Orhan Gazi n'hésitera pas à manier la louche pour distribuer lui-même les repas dans l'*imaret* qu'il a fondé. Ce même sultan allumera aussi de ses propres mains les lampes à huile lors de l'inauguration de sa *madrasa* d'Iznik. Les premiers *müderris*es qui la dirigeront s'appellent Davud de Kayseri puis Taceddin le Kurde. Les sultans ottomans n'auront pas de politique de discrimination envers les populations, qu'elles soient turques, kurdes, albanaises ou circassiennes. Pour eux, le talent et l'intelligence primaient dans le choix des administrateurs.

La grande famille des Çandarlı va jouer un rôle de premier plan au service de l'État ottoman dès sa fondation. Çandarlı Halil Hayreddin Pacha, un *Ahi* aux talents d'organisateur reconnus, sera le premier *kadı* d'Iznik. On lui doit l'organisation du Corps des janissaires qui deviendra une composante essentielle de l'armée ottomane. Plu-

sieurs de ses fils et petits-fils seront élevés au rang de Grand Vizir. Des membres de cette même famille, portés aux plus hautes fonctions administratives pour leurs talents, n'oublieront pas leur ville natale et la doteront notamment de magnifiques monuments. Ainsi la mosquée Yeşil, un édifice de dimensions modestes, mais superbe et raffiné, a-t-elle été commanditée par Çandarlı Halil Hayreddin Pacha en personne.
Un personnage historique, Cheikh Bedreddin (m. 1419), dont l'identité même et les actes seront l'objet de controverses pendant des siècles, accédera à des responsabilités gouvernementales et deviendra *kadıasker*. Il était aussi un grand homme de science et de religion à qui l'on doit des œuvres dans le domaine du soufisme. En 1413, il est démis de sa charge et contraint de s'exiler à Iznik. Ses disciples, Börklüce Moustafa et Torlak Kemal, vont fomenter des révoltes, l'un à Karaburun près d'Izmir, l'autre à Manisa. Cheikh Bedreddin réussira à quitter Iznik pour se réfugier dans les Balkans où il va déclencher une insurrection populaire dans la ville de Deliorman. L'État ottoman ne parviendra à juguler ces révoltes qu'en 1419. L'importance d'Iznik ne fera que décroître après le XVe siècle, et la ville oubliera son passé glorieux pour mener l'existence d'une modeste cité ottomane. Elle commence à retrouver son prestige sous la République turque et compte de nos jours parmi les centres urbains les plus actifs de la région.

A. D.

Par la route, Bursa n'est distante d'Iznik que de 76 km environ. La visite des monuments de ce circuit est aisément faisable à pied: ils sont tous regroupés dans le centre-ville, à l'exception du turbé Kırkkızlar, un peu à l'écart. Pour mieux vous orienter, retenez que le centre-ville, délimité par ses deux superbes enceintes, est traversé par deux grands axes, l'un orienté nord-sud, qui va de la Porte d'Istanbul à la Porte de Yenişehir, et l'autre, orienté est-ouest, de la Porte de Lefke à la Porte Göl. L'église Ayasofya, au croisement de ces deux rues principales, est le lieu où se sont déroulés le Premier et le Septième Conciles œcuméniques.

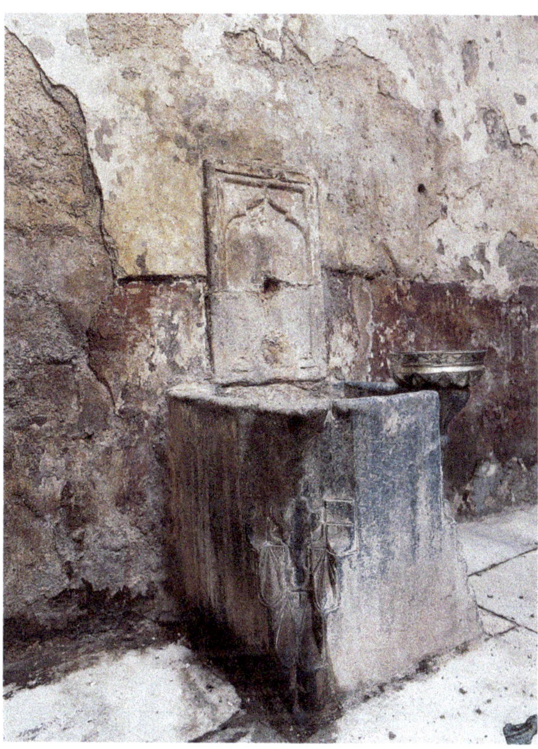

Hammam Murad II, bassin du sıcaklık de la section des femmes, XVe siècle, Iznik.

V.1 İZNİK

La cité est fondée dès 316 par Antigonos Monophtalmos (380-301 av. J.-C.), l'un des généraux d'Alexandre le Grand, qui lui donne le nom d'Antigonia. Un autre général

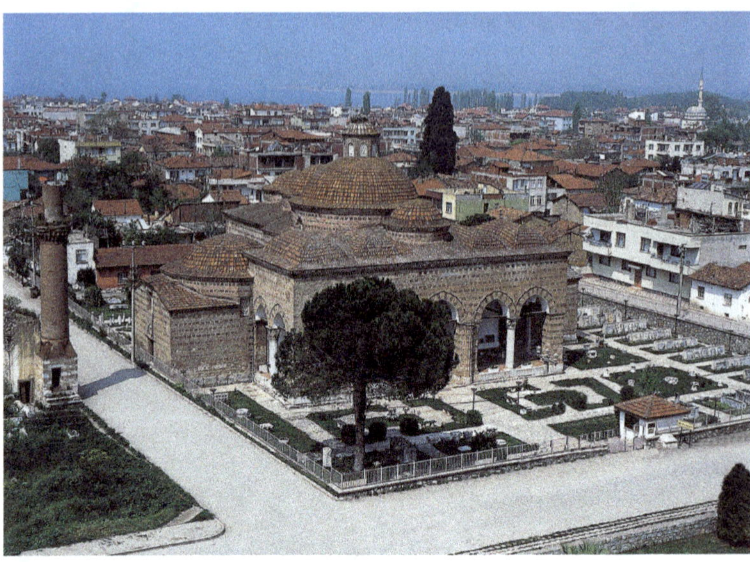

Imaret Nilüfer Hatun, vue d'ensemble du côté sud-est, 1388, Murad Ier, Iznik.

d'Alexandre, Lysimaque, qui s'empare de la cité en 301 av. J.-C., la rebaptise du nom de son épouse défunte, Nikea, et en fait la capitale de la région de Bithynie. Sous la domination romaine, elle devient l'une des grandes cités de la Province d'Asie. En 325, le Premier Concile œcuménique, réuni à Nicée, pose les bases du credo chrétien. Le Septième Concile de 787 tranche la querelle de l'iconoclasme en autorisant le culte des images. En 1075, la conquête de la cité par les Seldjoukides lui vaudra son nom actuel d'Iznik. Elle devient alors la capitale du sultanat rum. La ville sera longtemps et âprement disputée entre les Byzantins et les Turcs, jusqu'à sa conquête décisive en 1331 par le sultan ottoman Orhan Gazi.

V.1.a **Imaret Nilüfer Hatun (Musée d'Iznik)**

*Quartier d'Eşrefzade, rue du Musée. L'*imaret *abrite actuellement le musée d'Iznik.*

Entrée payante. Horaires: de 8:00 à 12:00 et de 13:00 à 16:30 en hiver; de 8:30 à 12:30 et de 13:30 à 17:00 en été; fermé le lundi. C'est ici qu'on demandera les clefs pour la visite du hammam *Ismail Bey et de la* madrasa *Süleyman Pacha.*

Osman Gazi, le fondateur de l'Empire ottoman, sera toute sa vie un *bey* de second plan, qui reste dépendant des Seldjoukides et des Ilkhanides. On n'a retrouvé aucune inscription mentionnant qu'il soit à l'origine d'une fondation. L'épouse de son fils, Orhan Gazi, la princesse byzantine de Yarhisar, Holophira, aurait reçu le nom de Nilüfer Hatun en se convertissant à l'islam. Une autre version, qui n'a pas été confirmée, identifierait plutôt en Nilüfer Hatun l'une des épouses d'Osman Gazi, Bayalun Hatun, que le grand chroniqueur arabe Ibn Battuta aurait rencontrée à Iznik. Il est dit aussi que Nilüfer Hatun se serait consacrée à des activités philanthropiques, distribuant généreusement les *sadaqas* (aumônes) aux nécessiteux. Semblablement, un cours d'eau qui traverse la plaine de Bursa porte aujourd'hui son nom du fait qu'elle est réputée avoir fait construire le pont qui l'enjambe. On ne connaît pas non plus la date exacte de son décès, mais elle a été inhumée dans le *turbé* de son époux, Orhan Gazi, à Bursa.

Son fils, le sultan Murad Ier, fera ériger le monument d'Iznik qui porte aujourd'hui le nom d'*imaret* Nilüfer Hatun, peu de temps après sa mort. On sait qu'à l'origine le mot *imaret* avait un sens très large et désignait toutes sortes d'édifices dédiés aux bonnes œuvres. Ce n'est que plus tard qu'il va prendre son sens précis de lieu où l'on distribue de la nourriture aux pauvres. Ce qui devrait nous éviter de réduire trop rapidement à cette seule fonction ce monument en particulier et les *imarets* contemporains en général. On appelait aussi bien *imarets* des bâtiments destinés à abriter des missionnaires –et c'est le cas de celui qui nous occupe–, comme le prouvent de nombreux exemples aux XIVe et XVe siècles. Dans ces bâtisses, qui extérieurement ont l'aspect d'une mosquée, seule une partie de l'espace était consacrée à la prière en commun, celle qui se distinguait par la présence du *mihrab*.

Situé à 100 m au nord-ouest de la mosquée Yeşil, l'*imaret* Nilüfer Hatun, récemment restauré, abrite aujourd'hui le musée d'Iznik où sont exposés la splendide collection de céramiques provenant des fouilles d'Iznik, toujours en cours, son fonds archéologique antique et byzantin et une petite section ethnographique. Le bâtiment séduit d'emblée par l'appareil décoratif de ses murs, alternant les rangs de brique et de pierre avec des ponctuations de panneaux décoratifs en travail de brique. Contrairement aux bâtiments de même type, dont la plupart sont des mosquées à *zaouïa (tabhane)*, où le portique à cinq arches occupe toute la façade, ici les ailes du bâtiment sont restées dégagées. Les piliers de soutien de l'arche centrale portent en renfort avant une colonne engagée à moulures. L'arcade centrale se distingue par sa petite coupole ornée de magnifiques triangles, les autres arcades étant simplement en voûtes d'arêtes. Sous le panneau de maçonnerie décorative de brique et de pierre qui vient coiffer l'arche du portail, une inscription mentionne la date d'achèvement des travaux, le 8 avril 1388. On entre directement sous la coupole principale. Dans les *tabhanes* de droite et de gauche sont exposées des céramiques ottomanes. Face à l'entrée, la salle de prière, signalée par un petit *mihrab* sur la gauche, présente les collections préhistoriques. Alors qu'en général la salle de prière de ce type d'édifice est couverte d'un grand dôme, ici le toit de l'oratoire, soutenu par une grande arche transversale, porte deux coupoles successives à pendentifs très travaillés.

R. H. Ü.

Plan de l'imaret Nilüfer Hatun, Iznik.

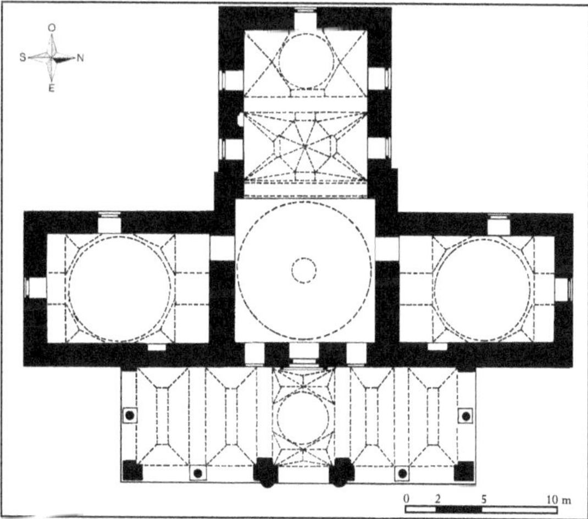

Imaret Nilüfer Hatun, plat en céramique, Inv. n° 1365, XVe siècle, Iznik.

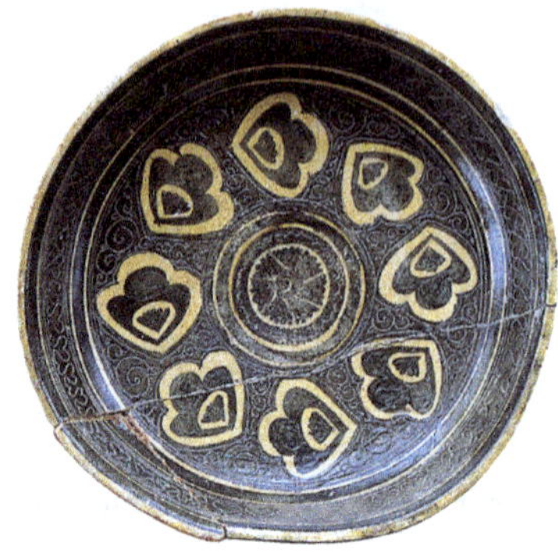

Plat en céramique

(N° inv. 1365, XVe siècle)

Plat en céramique dite “de Milet” provenant d’Iznik. Ce type de poterie en pâte rouge et à dessins bleus sur fond blanc, également dite “céramique de la période des émirats”, apparaît au XIVe siècle. Les fouilles archéologiques menées dans les ateliers de poteries d’Iznik ont permis de démontrer que c’était bien là que ce type de céramique était produite et non pas à Milet. Elles ont aussi montré que cette production, qui commence au XIVe siècle, s’est longtemps cantonnée aux objets d’usage quotidien, essentiellement des coupes mais aussi des lampes, des bols et des plats. Si la face interne du support d’argile rouge était entièrement passée à l’*engobe,* c’était plus rarement le cas pour l’extérieur et la base. Cette pièce a des bords légèrement relevés. Le décor, peint en blanc sur un fond bleu foncé, se compose de cercles concentriques et de motifs de palmettes stylisées. Des motifs floraux ont été gravés sur les parties bleues. La glaçure a été appliquée après la peinture du décor.

L. B

Gobelet à anse

(N° inv. 4609, XVe siècle)

Ce gobelet à anse provenant d’Iznik relève du genre des céramiques en “bleu et blanc”: son décor a été peint sous glaçure, technique connue dès la période seldjoukide. Le support d’argile était d’abord séché au soleil, puis recouvert d’une couche d’*engobe* sur laquelle le décor était posé, avant d’être cuit. À sa sortie du four, la poterie était ensuite vernissée puis recuite. Cette méthode permettait de couvrir le décor d’une couche de glaçure brillante. La technique de la sous-glaçure était très largement répandue, de sorte qu’on trouve un grand nombre de céramiques de ce genre dans tous les musées du monde. Ce gobelet a une anse et un corps cylindrique évasé vers le haut, il est décoré de rinceaux et de motifs floraux bleus sur fond blanc.

L. B.

Plat en céramique

(N° inv. 5324, XVe siècle)

Plat creux en céramique dite “de Milet” avec décor sous glaçure. Les motifs ont été dessinés sous la glaçure, puis le décor bleu cobalt

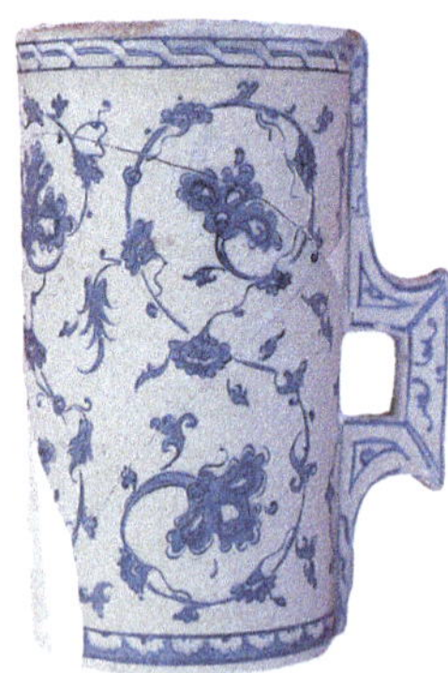

Imaret Nilüfer Hatun, gobelet à anse en céramique, Inv. n° 4609, XVe siècle, Iznik.

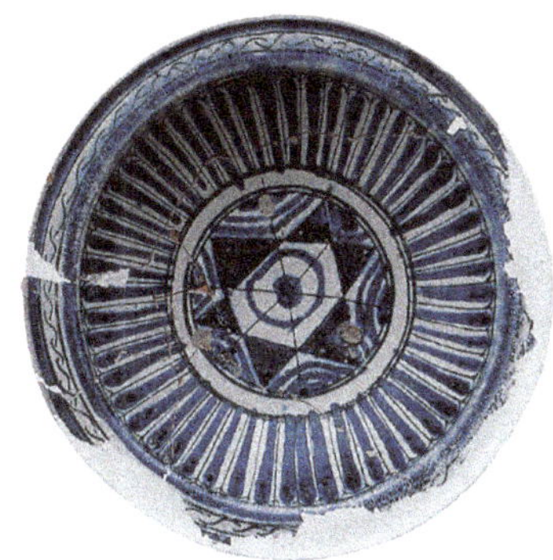

a été peint sur le vernis blanc. Le médaillon central est orné d'un motif en étoile formée de triangles et il est entouré de rayons posés au pinceau qui rejoignent les bords.

L. B.

Plat en céramique
(N° inv. 5304, XIVe-XVe siècle)

Ce plat provenant d'Iznik est décoré avec la technique de l'*engobe,* le décor précédant la glaçure. Les grands motifs de fleurs beiges, légèrement en relief, ont été réalisés à l'*engobe* sur le fond brun. Le décor floral stylisé et souple occupe toute la surface. Les glaçures brunes, jaunes ou vertes, caractéristiques de ces céramiques, paraissent plus sombres étant posées sur un fond rouge.

L. B.

Plat en céramique
(N° inv. 5308, XIVe-XVe siècle)

La céramique d'Iznik en argile rouge pouvait être décorée selon trois techniques différentes, dont celle du décor à l'*engobe* déjà utilisée sous les Seldjoukides. Les motifs décoratifs sont peints d'une main habile à l'*engobe* sur fond rouge. On remarque leur léger relief sous le vernis coloré transparent. Cette assiette est ornée de palmettes et de *rumis* jaunes sur fond brun foncé. La frise de bordure est réalisée avec des touches de jaune en forme de gouttes.

L. B.

Imaret Nilüfer Hatun, plat en céramique, Inv. n° 5324, XVe siècle, Iznik.

V.1.b **Mosquée Yeşil**

*De l'autre côté de la rue, à l'est de l'*imaret *Nilüfer Hatun (le musée d'Iznik).*

Halil Hayreddin Pacha, de la famille des Çandarlı, est l'un des plus célèbres vizirs du Ier siècle de la fondation de l'État ottoman. En 1372, quelques jours seulement après sa nomination, il reçoit l'ordre de réprimer la rébellion instiguée par le gouverneur de Selanik (Thessalonique). C'est un événement d'importance car il n'était pas d'usage que les vizirs interviennent dans les affaires militaires. Selon des sources écrites ottomanes et étrangères contemporaines, Halil Hayreddin Pacha jouissait d'une grande influence sur Murad Ier qui, après son accession au trône, va le nommer *kadıasker*. Il jouera un rôle déterminant dans les réformes militaires et la réorganisation de

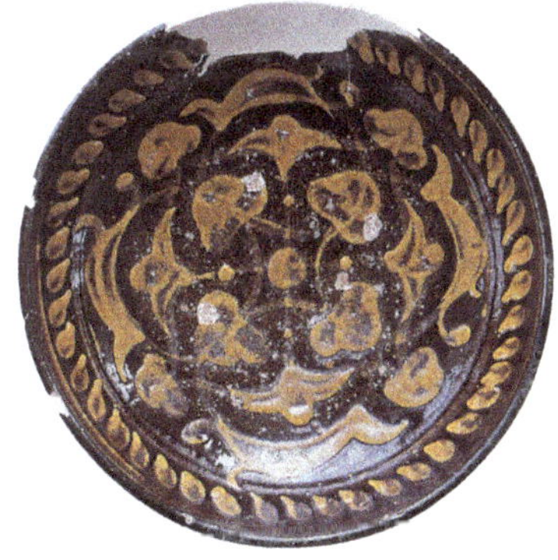

Imaret Nilüfer Hatun, plat en céramique, Inv n° 5308, XIVe-XVe siècle, Iznik.

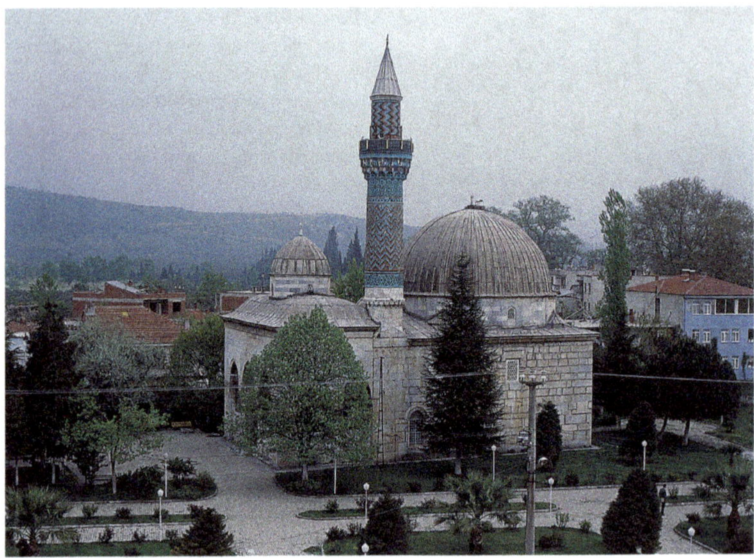

Mosquée Yeşil, vue d'ensemble du côté ouest, 1378-92, Halil Hayreddin Pacha, Iznik.

l'armée. Ainsi, quand celle-ci n'arrive plus à lever suffisamment de soldats, Halil Hayreddin Pacha obtient qu'on entraîne les jeunes prisonniers de guerre chrétiens pour les incorporer. Ce nouveau corps de soldats va s'appeler *Yeniçeri Ocaği,* Corps des janissaires, et constituera pendant des siècles la force combattante la plus redoutable des armées ottomanes.

Halil Hayreddin Pacha, qui avait suivi l'enseignement d'une *madrasa*, se fit protecteur des artistes et des lettrés et incita au développement du mécénat. Il sera *kadı* de Bilecik, d'Iznik et de Bursa. C'est en 1378 qu'il ordonne la construction de la mosquée Yeşil à Iznik où tout l'art des corps de métier est sollicité. Il semble que, pour des raisons inconnues, la construction ait pris de longues années. L'inscription qui figure au-dessus du portail de la salle de prière mentionne qu'elle a été construite par Çandarlı Halil Hayreddin en 1378, sous le règne du sultan Murad Ier. Cependant, une autre inscription au-dessus de l'entrée du portique indique que la construction commissionnée par le défunt Hayreddin Pacha est achevée en 1392. Il y est aussi précisé le nom de l'architecte, Haci Ibn Moussa.

Ce bel édifice, entouré d'un joli parc parfaitement entretenu, attire tout de suite l'œil du visiteur sur ses coupoles et son minaret coloré. Les façades sont entièrement parementées de marbre et le toit et les coupoles sont recouverts à la feuille de plomb. Le minaret en brique, élevé sur un socle de marbre à bossage, est magnifié par

Reproduction du motif décoratif du portail de la mosquée Yeşil, Iznik.

des bandeaux de mosaïque de céramique et un décor en chevrons jouant de l'opposition des briques nues et des briques vernissées turquoise et violet foncé. Le travail presque à l'antique des sculptures de frise des corniches et des moulures des fenestrages est remarquable. Sur le portique, les balustrades de marbre, gravement endommagées sous l'occupation grecque de 1919-1922, ont été remplacées au cours des dernières restaurations et les superbes chapiteaux des colonnes reprennent le décor de frise des corniches. La fausse porte centrale –curiosité pour l'époque– a un encadrement remarquable. Le portique couvert a reçu une coupole à nervures au niveau de l'arcade principale. La salle de prière ouvre sur une première partie délimitée par des arches appuyées sur deux colonnes, avant la grande salle surmontée du dôme à tambour, avec une frise de triangles turcs. Cette disposition est intéressante car elle permet d'augmenter l'espace carré de la salle de prière de toute la profondeur de l'antichambre à trois arches sur le nord. L'utilisation précoce de la salle de prière élargie vaut à la mosquée Yeşil d'être un monument clef pour la compréhension de l'histoire de l'architecture turque. Aux XIVe et XVe siècles, la recherche de solutions pour agrandir la salle de prière conduira à ajouter une, deux ou trois salles adjacentes au dôme central et à multiplier parallèlement les coupoles. À part son ravissant *mihrab* de marbre, la salle de prière, d'une grande sobriété, est simplement revêtue de marbre sur une partie de la hauteur ses murs.

R. H. Ü.

V.1.c **Madrasa Süleyman Pacha**

Quartier de Yeni, rue Süleymanpacha.

Süleyman Pacha, né d'Orhan Gazi et de Nilüfer Hatun, est le fils aîné du deuxième sultan ottoman. Il vit à Iznik jusqu'en 1336, quand, ayant été nommé vizir, il participe à la conquête de la Thrace. Quoique Süleyman Pacha n'ait pas plus de

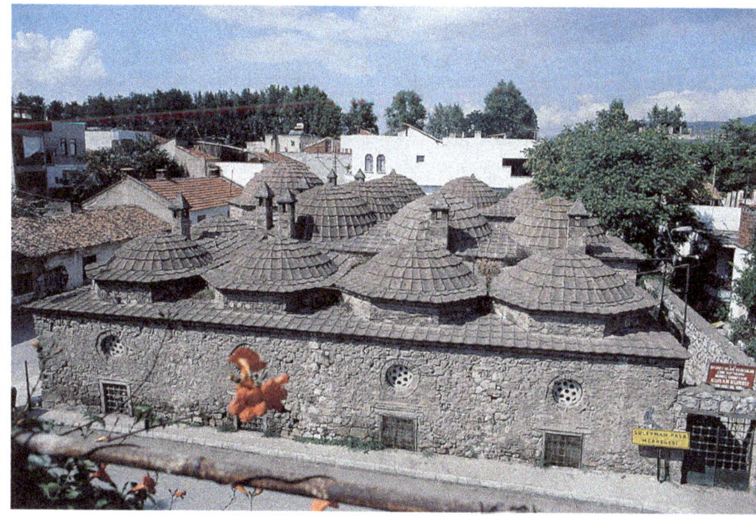

Madrasa Süleyman Pacha, vue d'ensemble du côté sud, milieu du XIVe siècle, Orhan Gazi, Iznik.

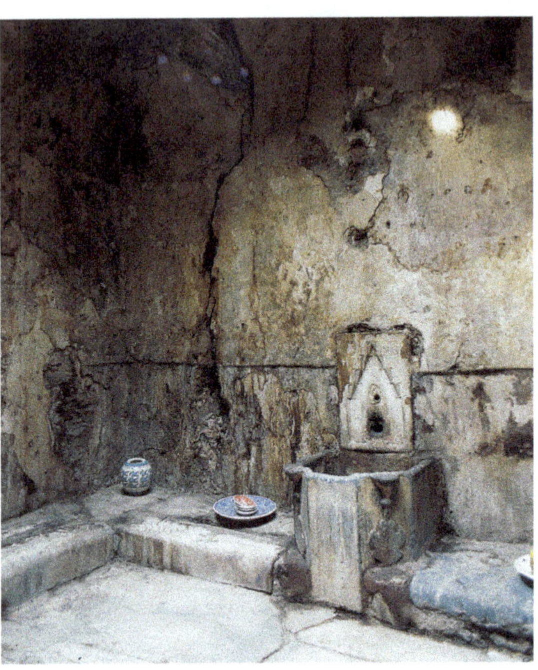

Hammam Murad II, bassin du sıcaklık de la section des femmes, XVᵉ siècle, Iznik.

20 ans quand il quitte la ville, certains historiens affirment que la construction de sa *madrasa* est antérieure à son départ. Cependant, quand il meurt en 1360 des suites d'une chute de cheval au cours d'une partie de chasse, son père inconsolable fonde un *waqf* portant sur l'ensemble des biens de Süleyman Pacha auxquels il adjoint les revenus de deux villages des environs d'Iznik; ce qui laisse ouverte la possibilité qu'il soit le véritable fondateur de la *madrasa* et qu'il l'ait fait construire en mémoire de son fils bien-aimé.

Le *dershane*, à l'angle ouest, porte une coupole plus haute que les autres. Sur les murs extérieurs, la rangée supérieure de fenêtres en œil-de-bœuf frappera le visiteur. La modeste entrée du sud-est donne accès à la cour intérieure entourée sur trois côtés par des portiques à colonnades et à coupoles auxquels succèdent les cellules et le *dershane* de l'ouest. Il s'agit de l'une des toutes premières *madrasas* de l'époque ottomane. Ce qui ne l'empêche pas de se distinguer radicalement des précédents seldjoukides: les coupoles se sont substituées aux voûtes habituelles. Remarquons aussi que les colonnes sont venues remplacer les piliers, alors qu'elles sont très rarement employées dans les portiques seldjoukides. On situe la construction de la *madrasa* Süleyman Pacha vers le milieu du XIVᵉ siècle, même si aucune date définitive ne peut être avancée. En l'an 2000, le bâtiment était inoccupé mais sa restauration est envisagée.

R. H. Ü.

V.1.d **Hammam Ismail Bey**

Quartier de Beyler, rue Yeni. À partir de la Porte d'Istanbul, au sud, prendre la rue Ziya Özbek vers l'est. Le hammam *est très reconnaissable à son auvent moderne.*

Les bains turcs, comme les bains romains, sont des établissements publics. Les *hammams* des palais et des résidences privées –il en reste très peu– diffèrent des bains traditionnels surtout par leurs dimensions. Dans ce cas, le *soyunmalık, l'ılıklık* et le *sıcaklık* sont plus petits. Alors que dans les *hammams* publics la salle principale, le *sıcaklık*, est composée d'au moins trois ou quatre salles reliées entre elles, il n'y en a généralement pas plus d'une dans les bains privés. La nécessité d'un grand *hammam* ne se justifiait pas pour les palais et les résidences où jamais plus de 3 à 5 personnes ne se baignaient en même temps.

En islam, les femmes comme les hommes doivent s'épiler le pubis. Cette épilation, pratiquée tous les vendredis et supposée être *sevap* (action porteuse de grâce), s'apparente davantage à une action méritoire qu'à une obligation stricte. En pratique, il paraît nécessaire de s'épiler au moins une fois par quinzaine, par contre, c'est un péché que d'attendre plus de 40 jours. Dans la plupart des *hammams*, il existe des pièces privées, appelées *traşlık,* prévues à cet effet.

Venant de la rue, on apercevra d'abord, sur la droite, le réservoir d'eau dont la voûte s'est effondrée. Sous le réservoir, le *külhan* qui permet de chauffer l'eau et dont on peut voir la bouche était chargé de l'extérieur. On accède à l'entrée principale par le sentier, sur la gauche. Ce bâtiment, construit entre la fin du XIVe et le début du XVe siècle, était un *hammam* privé et il ne comporte pas plus de quatre salles, chacune couverte d'une coupole unique. La première pièce en entrant servait certainement de *soyunmalık*. La base de son dôme est ornée de triangles turcs. On se rend compte d'après les vestiges actuels que cet espace de transition devait être magnifique. La pièce sur la droite était probablement le *traşlık.* Au vestiaire succèdent l'*ılıklık* puis le *sıcaklık,* tous deux coiffés de ravissants dômes en volutes très bien conservés. On remarquera le dispositif d'éclairage des salles, des ouvertures pratiquées dans les dômes dans lesquelles étaient serties des coupes en verre. Ici, l'ef-

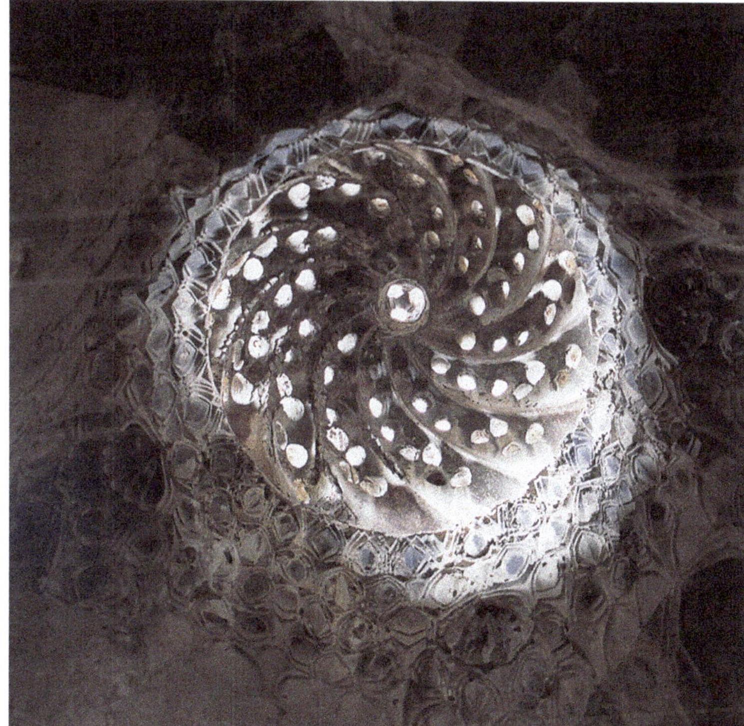

Hammam Ismail Bey, dôme de l'ılıklık, fin XIVᵉ-début XVᵉ siècle, Iznik.

Turbé Kırkkızlar, vue d'ensemble du côté sud-est, XIVᵉ siècle, Iznik.

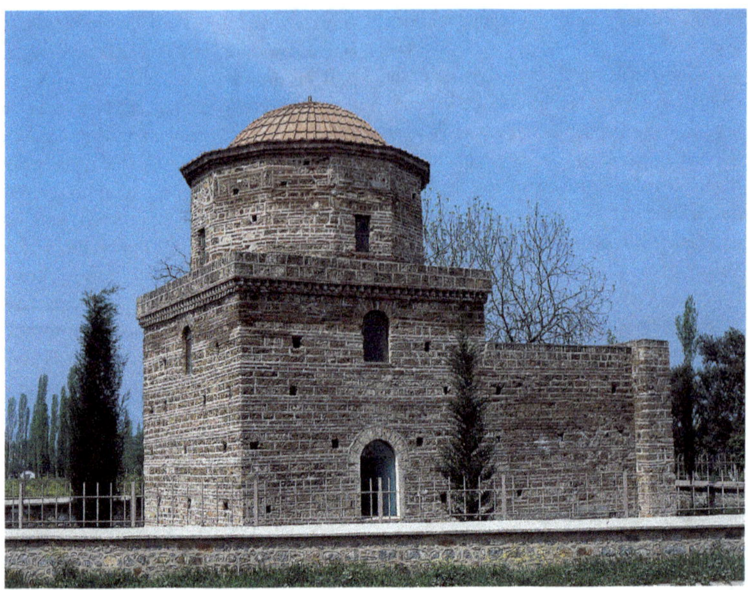

fondrement des sols permet de découvrir le réseau de chauffage. Adjacentes au *sıcaklık* se trouvent la citerne et la fournaise dont l'air chaud et les gaz circulaient sous le sol et dans les conduites verticales en terre cuite encastrées dans les murs. Toutes les salles portent encore les traces du superbe décor de stuc, malheureusement très abîmé, qui devait faire de ce *hammam* un délicieux lieu de baignade.

R. H. Ü.

V.1.e **Hammam Murad II**

Quartier de Mahmut Çelebi. Au sud, à côté d'Ayasofya, et à l'ouest des fouilles des ateliers de céramique. La section des hommes, entièrement restaurée, est en fonction depuis le début de 2001; la visite est possible sur demande. Se procurer la clef du hammam *des femmes à la Fondation d'Iznik.*

Nous avions déjà précisé à propos du *hammam* Büyük de Beçin (circuit I) qu'il y avait des bains publics séparés pour les hommes et pour les femmes et qu'ils se présentaient souvent sous la forme de deux bâtiments adjacents. Le *hammam* Murad II, appelé aussi *hammam* Hacı Hamza, est un *hammam* mixte de ce type. L'un des deux, celui du nord, est beaucoup plus petit que l'autre et, comme dans la plupart des *hammams* mixtes, les entrées donnent dans des rues différentes. La position en retrait du *soyunmalık* du *hammam* nord permettait aux femmes d'entrer et de sortir sans attirer l'attention.

Le *hammam* pour hommes se compose d'un spacieux vestiaire, superbe avec ses trompes couvertes de *mouqarnas*, d'un *ılıklık*, d'un *traşlık* et d'un *sıcaklık* cruciforme avec des *halvets* d'angles. Le *soyunmalık* du *hammam* des femmes, qui n'était plus en fonction, a été utilisé comme salle d'exposition par la Fondation d'Iznik destinée à promouvoir l'artisanat local de la poterie et de la céramique. Le *hammam* des femmes n'a pas été restauré, et on peut encore y voir les jolies vasques de bain d'origine. Les chroniques du grand voyageur turc Evlyia Çelebi rapportent qu'il y avait deux *hammams* mixtes à Iznik: le *hammam* Tiekoğlu et le *hammam* Yeni. Le *hammam* Murad II (*hammam* Tiekoğlu ?) date du XVe siècle. Quant à l'autre *hammam* mixte, en ruine et appelé actuellement *hammam* Büyük (*hammam* Yeni ?), il a été construit au XVe ou au XVIe siècle.

R. H. Ü.

V.1.f **Turbé Kırkkızlar**

Quartier de Selçuk, à 150 m environ au sud de Yenişehir Kapı.

L'inhumation dans des monuments funéraires destinés à commémorer le souvenir du défunt est contraire à la foi islamique. Selon les doctrines les plus orthodoxes, comme le courant wahhabite, même le choix du lieu de sépulture doit manifester de la discrétion et la tradition des monuments funéraires passe pour un comportement impie. Dans le monde de l'islam, cette tradition reste étroitement liée à un particularisme turc, mais les plus anciens mausolées de forme cubique, polygonale ou cylindrique avec dôme ont été retrouvés en Iran.

On a émis l'hypothèse que le nom actuel de ce *turbé,* "Kırkkızlar" (les quarante jeunes filles), pourrait dériver du nom d'une tribu turque, "Kırgızlar", les Kirghizes. D'après les sources écrites, il est parfois désigné sous le nom de "*turbé* de Reyhan" ou de "*turbé* de Hacı Camasa". Il a été entièrement restauré récemment. Le choix d'un appareil alterné de brique et de pierre pour les murs de ce bâtiment, très fréquent dans les constructions ottomanes, est une reprise de l'architecture byzantine. Le bâtiment se compose de deux salles. À l'origine, la plus petite était recouverte d'une voûte. La salle principale, cubique, est coiffée d'une coupole rehaussée par un tambour à douze faces qu'une rénovation peu heureuse a grossièrement surélevé. Ici, les pierres tombales à l'allure de sarcophages sont d'une grande simplicité et ne portent pas d'inscriptions, nous privant de ce fait de tout renseignement sur l'identité des défunts. Une des fenêtres de cette salle a été modifiée et l'ajout d'une niche adjacente a permis de construire de nouvelles tombes. Les fresques de l'intérieur du bâtiment ont de jolis motifs de fleurs et de chandeliers. Si aucune source écrite ne nous renseigne sur ce tombeau et son propriétaire, son architecture et ses peintures ornementales typiques de la première période ottomane permettent d'attribuer sa construction au XIVe siècle, les tambours polygonaux étant une caractéristique de ce siècle, comme il est attesté dans la mosquée Hacı Özbek et la mosquée Yeşil à Iznik.

R. H. Ü.

"LES FLEURS ÉCLOSES DES FLAMMES": L'ART DE LA CÉRAMIQUE ET DE LA POTERIE AUX XIVe ET XVe SIÈCLES

Lale Bulut

Le développement de l'art de la céramique et de la poterie remonte très loin dans l'histoire de l'Anatolie. Tout au long de l'époque seldjoukide, des émirats et des Ottomans, l'évolution de la céramique ornementale fera preuve d'une grande fécondité tant en termes de perfectionnement des techniques que de diversification des styles. Très peu de céramiques seldjoukides anatoliennes ont pu être conservées. Par contre, il y a abondance de pièces disponibles pour toute la période postérieure au début du XVe siècle, au grand bénéfice des musées nationaux ou étrangers et des collections privées. On trouve relativement peu de décors en céramique dans les édifices de la période des émirats datant des XIVe-XVe siècles, mais cet échantillon limité permet quand même de se rendre compte qu'à cette époque, la tradition seldjoukide anatolienne est perpétuée sans changement significatif. Les minarets de la Grande Mosquée de Birgi (1312-1313), de la Grande Mosquée de Manisa (1367) et de la mosquée Yeşil à Iznik (1378-1392) illustrent particulièrement cet art de la décoration en briques vernissées et en carreaux de céramique.

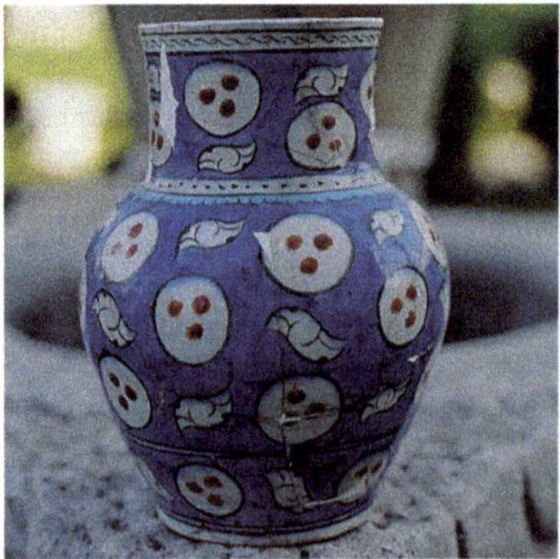

Vase en céramique, Inv. n° 3373, musée de Bursa.

La mosaïque de céramique, nettement dominante sous les Seldjoukides d'Anatolie, n'a pas connu un engouement comparable pendant les émirats et la première période ottomane. À partir de cette époque, la taille des motifs et des carreaux utilisés s'agrandit et la couleur blanche est introduite à côté du bleu, du turquoise, du violet et du noir. Parmi le petit nombre de mosaïques dont nous disposons pour l'époque des émirats, il faut citer le *mihrab* de la Grande Mosquée (1312-1313) de Birgi et la base du dôme devant le *mihrab* de la mosquée Isa Bey (1375) à Selçuk. De même, les décors de la mosquée Yeşil (1378-1392) à Iznik, de l'ensemble des bâtiments du complexe religieux Yeşil (1419-1424) à Bursa et de la mosquée Muradiye (1426), toujours à Bursa, font partie des quelques exemples de la première époque ottomane. Quoique l'emploi de la céramique décroisse sous les émirats, le XVe siècle restera fécond en inventions techniques. Celle de la *cuerda seca* ou de la glaçure colorée qui apparaît à cette époque est réservée aux carreaux de céramique et ne sera pas utilisée dans la poterie anatolienne. Elle permettra de manier une très large palette de coloris allant du bleu au turquoise, au bleu foncé, au noir, au blanc, au jaune, à l'aventurine, au lilas et au vert pistache, la gamme même que l'on peut admirer sur les monuments de Bursa, d'Edirne et d'Istanbul. Les plus anciens exemples d'emploi de cette technique se trouvent dans la mosquée, le *turbé* et la *madrasa* du complexe religieux Yeşil (1419-1424) à Bursa et dans la mosquée Muradiye (1426-1427) à Edirne.

Konya, un grand centre de production de céramique à l'époque des Seldjoukides d'Anatolie, va commencer à s'effacer au début du XVe siècle devant Iznik et Kütahya dont la suprématie s'affirme tant pour la céramique ornementale que pour la vaisselle. Iznik, dont la grandeur remonte au IVe siècle av. J.-C., aura le privilège de produire la plus belle céramique de la première époque ottomane. La pérennité de son essor économique et culturel a toujours été favorisée par sa position de relais entre Istanbul et l'Anatolie. Les récits des voyageurs évoquent la présence approximative de 300 maîtres artisans céramistes dans ses ateliers. Si ce chiffre peut paraître exagéré pour une ville de petite taille, la quantité de fours mis au jour lors des fouilles (telles que celles à l'est du *hammam* Murad II), tout comme les résultats des recherches menées ces dernières années, tendent à corroborer cette estimation laudative. On trouve deux types de fours à Iznik: les uns à chambre rectangulaire avec une voûte en berceau et une sole perforée au-dessus du foyer, les autres à chambre cylindrique coiffée d'un dôme, ces derniers permettant d'obtenir des températures beaucoup plus élevées.

La place de la céramique dite "de Milet", utilisant un décor peint sous glaçure, est prédominante aux XIVe-XVe siècles. Ces poteries d'argile rouge sont ainsi nommées parce qu'on a supposé jusqu'à récemment qu'elles étaient fabriquées justement à Milet. Mais il est actuellement confirmé qu'elles étaient en fait produites à Iznik. Ce genre de céramique est remarquable par ses couleurs bleu cobalt, violet foncé et turquoise, ses décors en rayons, ses ornements à motifs floraux et ses motifs géométriques. On trouve également des compositions partant d'une rosette centrale entourée de feuilles en éventail finement exécutées au pinceau.

La céramique dite "bleu et blanc" qui apparaît plus tardivement que celle "de Milet" est d'une qualité supérieure, proche de la porcelaine. C'est la deuxième innovation de la période ottomane, après la technique de la sous-glaçure, rarement utilisée pour les carreaux de céramique, mais que l'on rencontre fréquemment dans la poterie d'usage quotidien. Dans la céramique ornementale et la vaisselle produite à Iznik jusqu'au début du XVIe siècle, les couleurs bleue, turquoise et bleu foncé sont appliquées sur un fond blanc. Les motifs décoratifs les plus recherchés, inspirés de la porcelaine Ming du XVe siècle, sont les pivoines, les fleurs, les nuages et les dragons chinois. Toutefois, un autre groupe spécifique de céramique "bleu et blanc" erronément dite "de Haliç" ("céramique de la Corne d'Or") est ornée de rinceaux en spirales sur fond blanc.

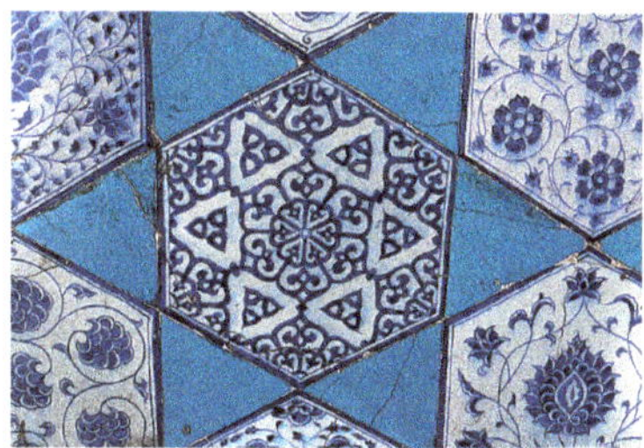

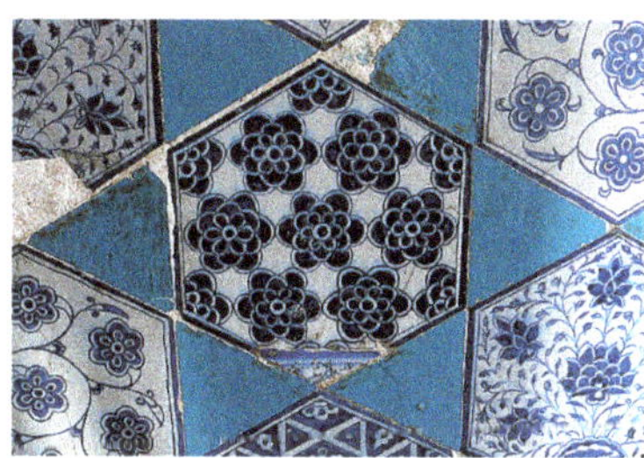

Détails d'un panneau mural en carreaux de céramique, mosquée Muradiye, Edirne.

L'ADMINISTRATION DANS L'ÉTAT OTTOMAN

Aydoğan Demir

Dès sa fondation, l'administration ottomane va continuellement évoluer et se développer pour se transformer en une bureaucratie centralisée, durable et efficace. La volonté d'administrer l'État par des lois solidement établies commence avec Osman Gazi (r. 1281-1324) et se poursuivra pendant toute la période de l'Empire ottoman. Selon les sources officielles, le premier sultan à sélectionner et à rassembler les lois en un corpus est Mehmet II (r. 1451-1481). Son code commence par cette proclamation: "Cette constitution de lois est celle de mon père et de mes ancêtres ainsi que la mienne." Une introduction qui tendrait à prouver que, longtemps avant son règne, l'État ottoman était régi selon un système légal déjà établi bien que non codifié.

Après chaque conquête militaire, le premier acte administratif est la création des registres officiels qui, en préambule, énoncent les lois conçues pour protéger les populations auxquelles celles-ci devront se soumettre, et qui recueillent toutes les informations concernant la région annexée: les individus susceptibles de payer des taxes et tout ce qui va constituer une source de revenus fiscaux, les champs, les vergers, les bocages, les moulins, le bétail, les mines, etc. Au cours de l'interrègne qui fait suite à la bataille d'Ankara en 1402, la cité ottomane de Selanik (Thessalonique) retombe aux mains des Byzantins. Mais les nouveaux administrateurs seront incapables de substituer leur législation à celle en place, par crainte de la rébellion des populations rums qui, administrées pendant une courte période par les Ottomans, se sont rapidement habituées à un système fiscal équitable.

Quand on parle du gouvernement ottoman, c'est au règne de la dynastie osmanli que l'on pense immédiatement: le sultanat va passer de père en fils pendant plus de 300 ans; par la suite, de 1617 à 1922, c'est à l'aîné des membres de la famille royale que le pouvoir reviendra. L'Histoire a rarement vu une même dynastie gouverner un État pendant une période ininterrompue de plus de 600 ans.

Bien que le sultan soit investi d'un pouvoir extrêmement étendu, il administre l'État secondé par une assemblée de conseillers officiels appelée Divan-ı Hümayun, dont font partie le Grand Vizir, les vizirs, le *kadıasker*, le *defterdar* et le *nişancı*. En cas de nécessité, le *şeyhülislam* (*cheikh al-islam*), le *yeniçeri ağası* et le *kaptant-ı derya* sont eux aussi convoqués et consultés. Les sultans présideront les réunions du divan jusqu'aux derniers jours du règne de Mehmet II. Puis, cette fonction deviendra l'apanage des Grands Vizirs.

Toutes les affaires d'État étaient examinées par le divan, dont les décisions étaient soumises à l'approbation du sultan. Quand l'assemblée avait réglé les affaires en cours, tout citoyen ottoman pouvait demander audition au divan, lui exposer ses doléances et réclamer son arbitrage. En effet, outre son rôle de cabinet gouvernemental, il assumait aussi une fonction de haute cour de justice.

Le solide pouvoir de cette administration centralisée se fait sentir jusqu'aux confins de l'empire et ses représentants locaux (*beylerbey* et *sandjak bey*), *kadıs* et *tımarlı sipahis* usent de leur autorité administrative, judiciaire et militaire pour gouverner le plus petit village comme la province la plus importante. Les *kadıs* ne s'occupent pas seulement de la justice de leur gouvernorat, mais aussi des services municipaux, du contrôle du quartier des affaires, des services notariaux et des travaux publics.

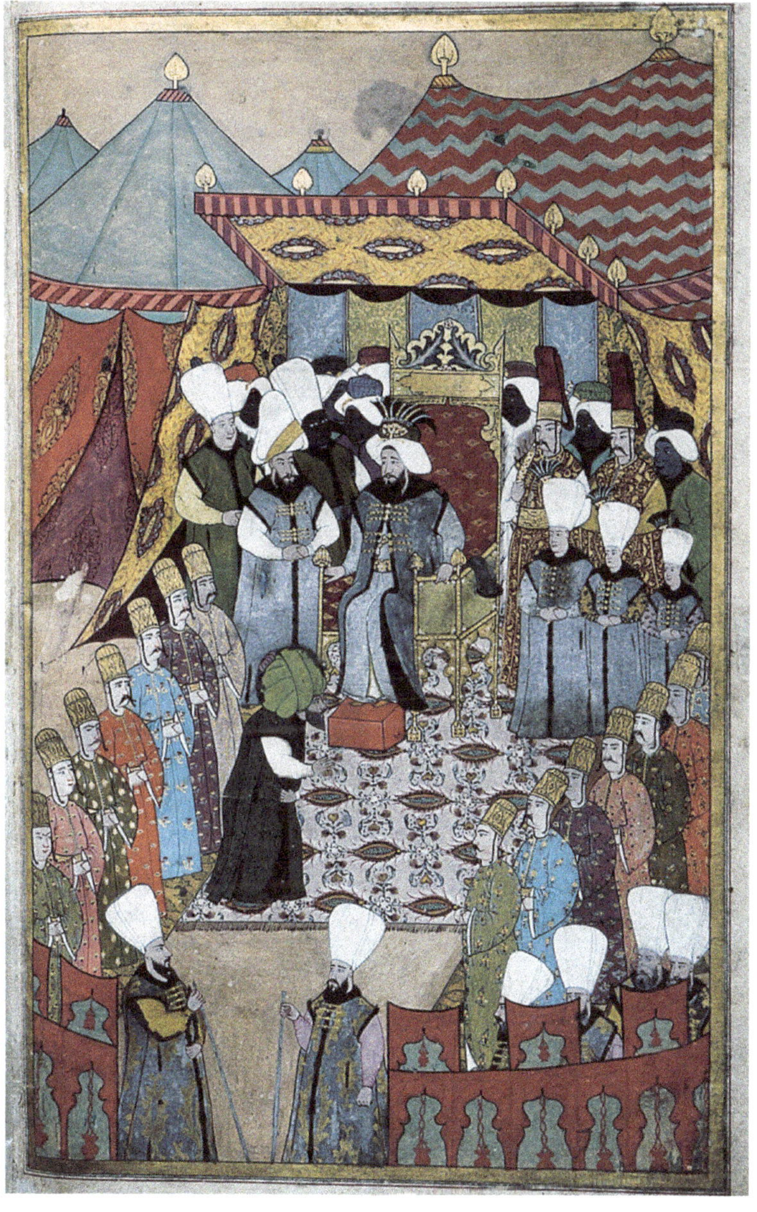

Réunion du Divan, Surname-i Vehbi, 3593, f° 176 par Levni, 1720, Bibliothèque du palais Topkapı.

Vizir entouré de soldats, Codex Vindobonensis, Cod. 8626, f° 46 r°, Österreichische Nationalbibliothek, Vienne.

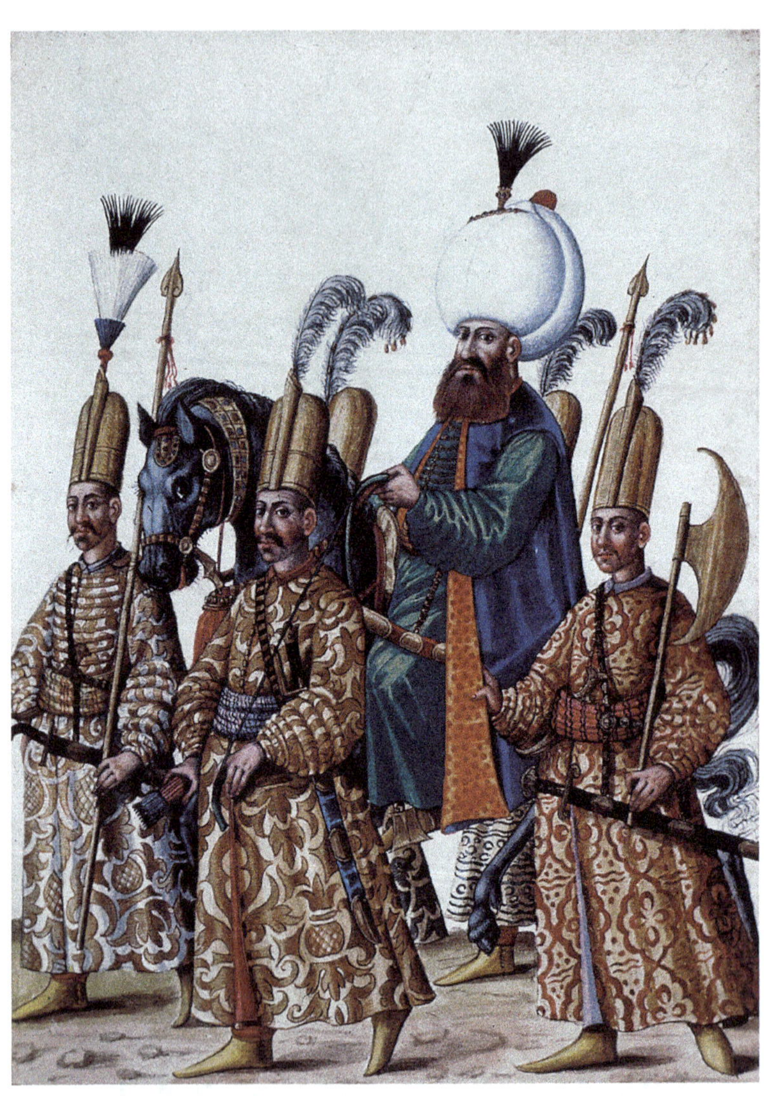

Quand le *kadı* rend la justice, personne ne peut réfuter ses décisions; toutefois, ceux qui ne sont pas satisfaits de son jugement peuvent en appeler au divan et réclamer le respect de leurs droits. Selon la philosophie ottomane, "l'État ne peut exister sans souverain, le souverain ne peut exister sans soldats, les soldats ne peuvent exister sans

argent, le peuple ne peut exister sans justice". De ce fait, l'administration fonctionne sur le principe d'un "État fondé sur la justice". Les sujets ottomans non musulmans, juifs et chrétiens, pouvaient pratiquer leur religion et leurs traditions en toute tranquillité. Quand, en 1492, les juifs sont expulsés d'Espagne, ils seront nombreux à se réfugier dans les territoires de l'Empire ottoman.
"Escuchis Señor soldado" ("Écoute, monsieur le soldat"), une complainte traditionnelle juive de l'époque, raconte l'histoire d'une femme à la recherche de son époux parmi des fugitifs:

Escuchis senor soldado
Si de la guerra venis...
–Si, senora, de la guerra,
De las guerras del Espanya.

Abreis visto a mi marido,
Por ventura alguna ves?...
–Dame una senal, senora,
Por poderlo conoser.
Mi marido es blanco y rubio,
Alto como un acipres.
Cabalga caballo blanco,
Que se lo dono el rey.

Este hombre que Usted dice,
Hace muerto mas de un mes,
O ha encontrado
La libertad en Estanbol.

– Monsieur le soldat, l'oreille veux-tu me prêter ?
–De la guerre, reviens-tu dans ton foyer ?
–Oui, gente dame, de guerroyer contre l'Espagnol je suis rentré,
–Dis, y as-tu aperçu mon mari, dis, l'y as-tu rencontré?
[...]

–L'homme que tu cherches depuis un mois est peut-être mort et enterré,
–Ou bien à Istanbul s'en est peut-être allé trouver sa liberté.

Collection privée de M. Jak Esim
(auteur d'une collecte de chansons
anciennes auprès de personnes âgées)

Grâce à ce qui a été appelé la *Pax ottomana*, les sujets de l'Empire vivront en paix pendant des siècles, chacun professant librement sa religion et parlant sa propre langue sans restriction.

Le lac d'Iznik qui longe la ville est le 5e de Turquie par ordre de grandeur. Il a une profondeur d'environ 30 m. Au sud, il est bordé de grandes plages et l'on peut s'y baigner agréablement.

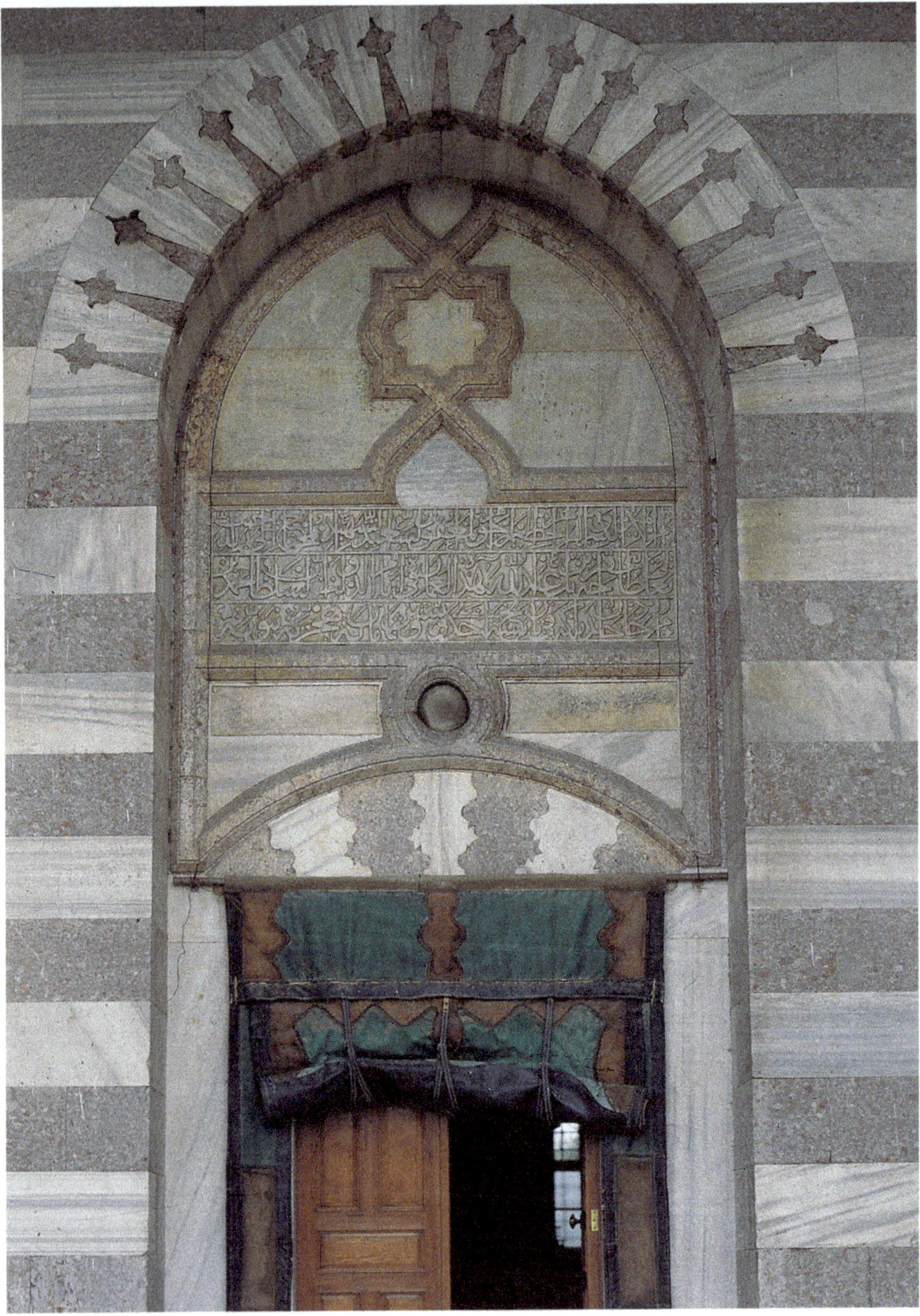

Solidarité sociale

Şakir Çakmak, Aydoğan Demir, Rahmi H. Ünal

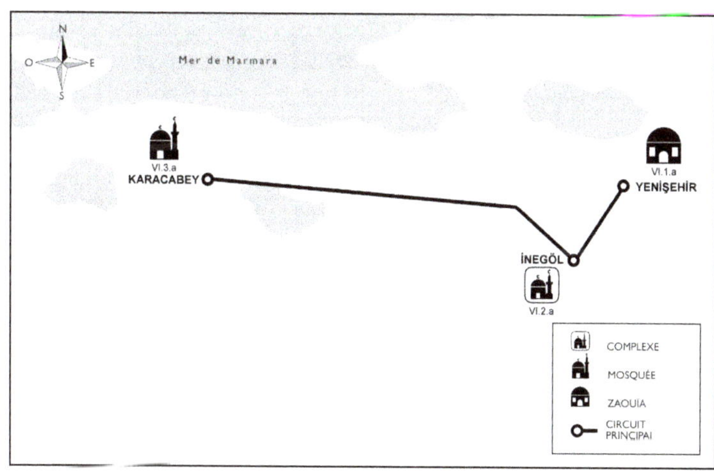

Mosquée Imaret, portail, 1457, Karaca Pacha, Karacabey.

À l'époque où Osman Gazi tente d'établir son émirat sur le plateau de Söğüt, les régions environnantes sont aux mains de souverains féodaux byzantins. Des escarmouches se produisent parfois entre lui et les roitelets voisins, mais il se retrouve aussi à leurs côtés au cours de fêtes ou de cérémonies de mariage auxquelles il lui arrive de participer. Profitant d'une semblable circonstance, certains d'entre eux ourdissent un complot pour s'emparer de lui pendant les noces du seigneur de Bilecik. Mais Köse Mihail, prince de Harmankaya, l'avertit du danger. Avec l'aide de cet ami fidèle, Osman Gazi se présente à la cérémonie accompagné de ses gardes déguisés en femmes, il agit en premier, déjoue la conspiration et choisit Holophira, une des princesses byzantines faites prisonnières au cours de cette échauffourée, pour la donner en mariage à son fils, Orhan Gazi. La dynastie ottomane va se perpétuer grâce à l'enfant né de cette union et qui deviendra le sultan Murad Ier. Holophira se convertit à l'islam et prend le nom de Nilüfer. C'est une femme très charitable; à Bursa, elle fera édifier un *masjid*, un *tekke* pour les *derviches* et un pont sur un cours d'eau qui de nos jours porte son nom.
Le prince Köse Mihail, l'ami d'Osman Gazi, va lui aussi se convertir à l'islam et entrer au service de l'État. Lui-même et ses descendants, connus sous le nom de Mihailoğlu, seront des serviteurs précieux et loyaux de l'empire pendant des siècles.
Inegöl est une des villes conquises par Osman Gazi à la suite du complot raté de Bilecik (1298-1299). Un des grands hommes d'État du XVe siècle, Ishak Pacha (mort en 1485), y fera construire une magnifique mosquée, une *madrasa* et un *turbé*. Esclave de naissance, doté d'une grande intelligence et de beaucoup de talent, il va devenir successivement gouverneur, commandant de l'armée puis vizir pendant les règnes de Murad II, de Mehmet II et de Bayézid II. Il lèguera tous les biens reçus des sultans ainsi que ses propres richesses aux *waqfs* des institutions qu'il a fondées, leur assurant ainsi une existence sûre pendant des siècles.
L'année 1299 est acceptée comme date de fondation de l'État ottoman car c'est à cette date qu'après la chute de Bilecik et d'Inegöl, l'émirat ottoman s'empare d'une troisième cité de la région. Osman Gazi y fait construire de nouveaux quartiers pour ses soldats qui vaudront à la ville son nom de Yenişehir ou "Cité nouvelle". Elle fera fonction de capitale, pendant 27 ans, jusqu'à la conquête de Bursa en 1326.
Les premiers sultans ottomans étaient souvent très proches de certains personnages religieux hétérodoxes qui avaient rendu d'importants services à l'État pendant les années de sa fondation: Murad Ier par exemple avait fait construire à Yenişehir une *zaouïa* pour Postinpuş Baba, "celui qui s'habille de peaux de bêtes", et ses *derviches*.
La ville de Mihalıç (l'actuelle Karacabey) tombe sous contrôle ottoman en 1336. Sous les règnes de Murad II et de Mehmet II, Karaca Pacha, qui exerçait d'importantes fonctions au sein de l'État, est élevé au rang de *beylerbey* de Roumélie; il fait construire à Mihalıç un *imaret* qui, outre la salle de prière, offre gratuitement le gîte et le couvert aux *derviches* itinérants et aux hommes de science. Il crée un *waqf* qui pourvoit aux frais d'hébergement des voyageurs, d'entretien des bâtiments et de salaires du personnel. Plus tard, Karaca

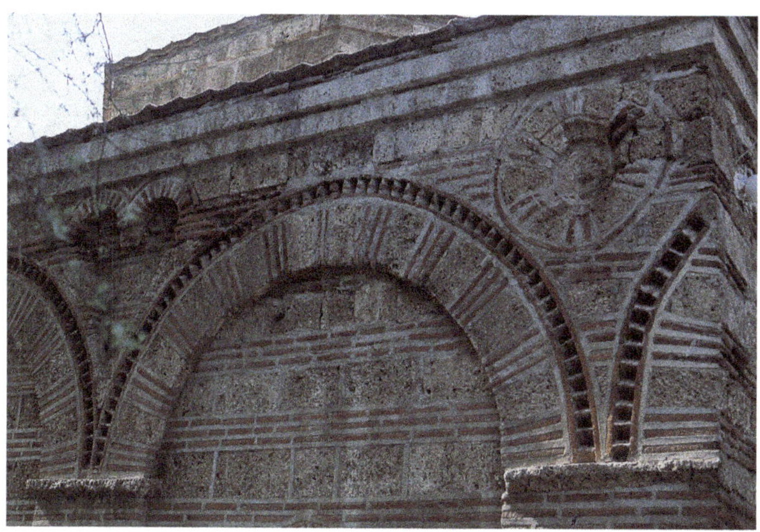

Zaouïa Postinpuş Baba, détail de la façade sud, 1362-1389, Murad Ier, Yenişehir.

Pacha mourra en bataille devant Belgrade (1456) et la ville sera renommée Karacabey en son honneur.

A. D.

VI.1 YENİŞEHİR

V.1.a Zaouïa Postinpuş Baba

Dans le parc de Baba Sultan.

Comme nous l'avons déjà mentionné, les chroniqueurs turcs nous rapportent que le sultan Murad Ier (r. 1362-1389) s'est toujours beaucoup intéressé aux *derviches* et que pour commémorer la mort de Postinpuş Baba, un saint homme musulman originaire de Boukhara et mort à Yenişehir, il lui fait ériger un *turbé* et fonde pour ses *derviches* la *zaouïa* Postinpuş Baba, dite aussi "*zaouïa* Seyyid Mehmet Dede" ou encore "*zaouïa* Baba Sultan".

En 1555, Hans Dernschwarm, un voyageur allemand, mentionne brièvement l'édifice, donnant ainsi très tôt une preuve écrite de l'existence de cette construction qui ne porte aucune inscription. Dans ses mémoires, le chroniqueur turc Evliya Çelebi, qui a sillonné le Proche-Orient et les Balkans au début de la seconde moitié du XVIIe siècle, raconte que ce monument serait la tombe de Cheikh Ponstinpuş, pacha du Khorasan. Dans les années 1920, le chercheur allemand R. Hartmann rapporte que l'édifice était entouré d'un cimetière dont il ne reste pas traces de nos jours. La *zaouïa* avait été restaurée récemment, mais elle n'est plus en fonction depuis le tremblement de terre de 1999. Aujourd'hui, elle se dresse solitaire au sommet d'une colline qu'elle partage avec quelques arbres. Il ne reste rien des constructions environnantes, si ce n'est les décombres d'un sinistre café moderne.

Yenişehir

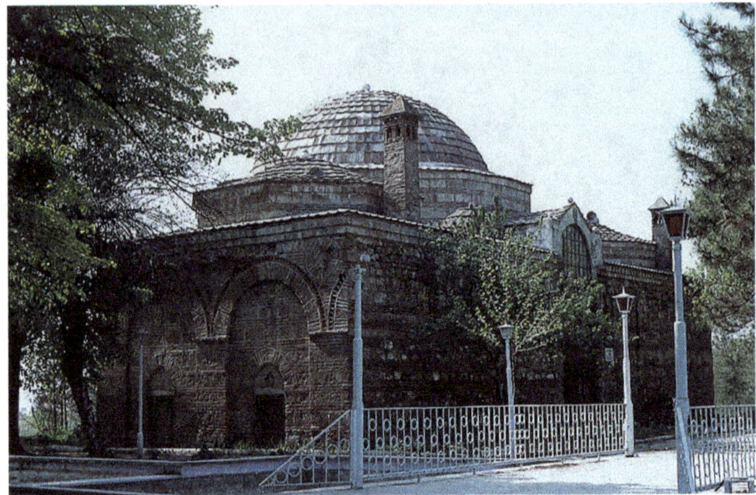

Zaouïa Postinpuş Baba, vue du côté sud-est, 1362-1389, Murad Ier, Yenişehir.

Construits en appareil de brique et de pierre alternées, les murs, les tympans des fenêtres et les écoinçons des arcs aveugles sont ornés de remarquables panneaux décoratifs en brique. Le porche, maintenant fermé par une baie vitrée, est situé au milieu de la façade orientale, par ailleurs totalement aveugle. Le portique a disparu mais les traces encore visibles d'un arc, sur l'angle est de la façade méridionale, confirment qu'il a existé.

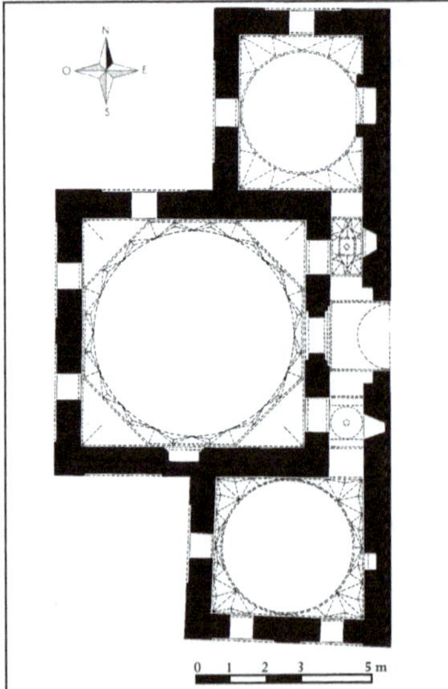

Plan de la zaouïa Postinpuş Baba, Yenişehir.

Ce monument fait partie du groupe des "mosquées avec *zaouïa*". Il était conçu pour accueillir les *derviches* itinérants et les voyageurs. Dans ce genre de bâtiments, construits à partir du début du XIVe siècle jusqu'au milieu du XVIe siècle, la salle de prière était complètement séparée des autres secteurs de l'édifice. Ici par exemple, l'oratoire est la grande salle couverte d'une coupole de belle taille, située directement en face de l'entrée principale; au nord et au sud, les pièces carrées que l'on rejoint par un couloir servaient de *tabhanes* pour les hôtes. Une autre caractéristique très particulière de cet édifice est sa disposition: en effet, en Anatolie occidentale, la *qibla* est orientée vers le sud-est tandis que dans les régions orientales, elle est tournée vers le sud-ouest. L'entrée principale est traditionnellement sur la façade nord, face à la niche du *mihrab* qui marque la direction de la Ka'ba à la Mecque (la *qibla*). Or, dans la *zaouïa* Postinpuş Baba, l'entrée est construite sur la façade située à gauche du *mihrab*. Aujourd'hui, le terrain entourant le bâtiment est désert et ne peut donc fournir aucune information qui expliquerait le choix inhabituel de la position de l'entrée par rapport au *mihrab* car, en apparence, rien ne s'opposait à ce qu'elle se fasse par le côté nord.

Les *tabhanes* au nord et au sud sont surmontés d'un dôme et ont des fenêtres sur leurs deux murs extérieurs, ils sont dotés d'une cheminée sur leur mur oriental qui, lui, est aveugle, probablement pour assurer un minimum d'intimité aux voyageurs qui y faisaient étape.

R. H. Ü.

VI.2 İNEGÖL

VI.2.a Complexe Ishak Pacha

Quartier de Cuma, avenue Ankara, près de la place Eski Belediye.

Ishak Pacha est un des grands hommes d'État du temps de Murad II (r. 1421-1451) et de Mehmet II (r. 1451-1481). Il est commandant de l'armée pendant la prise de Constantinople et sera plus tard nommé gouverneur puis Grand Vizir. Il meurt devant Thessalonique en 1485 et sa dépouille est transportée à Inegöl pour être inhumée dans le cimetière traditionnel situé au sud

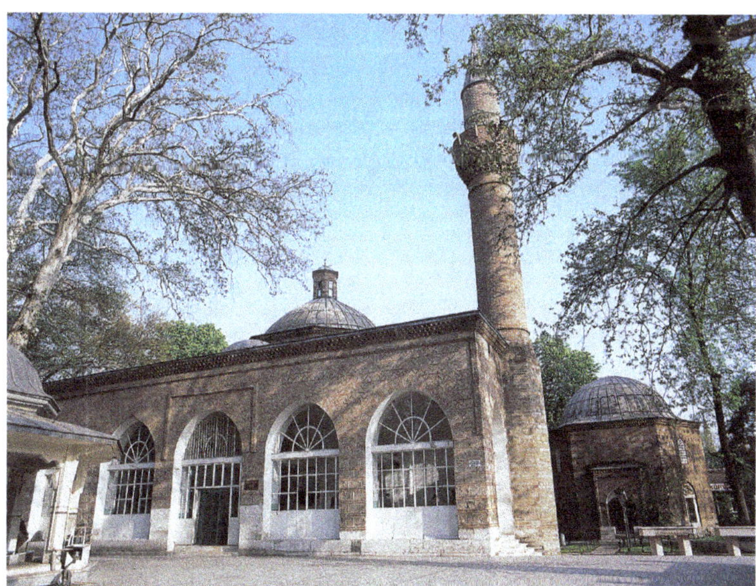

Complexe Ishak Pacha, vue de la mosquée et du turbé du côté nord-est, 1476, Ishak Pacha, Inegöl.

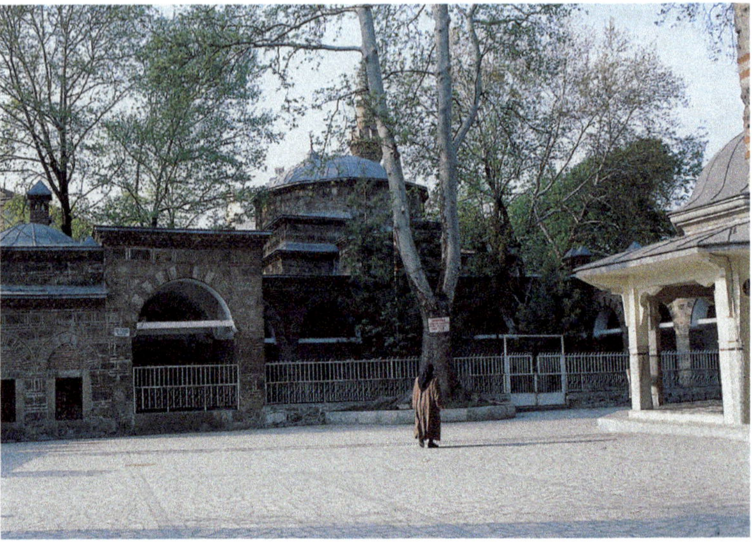

Madrasa Ishak Pacha, vue du côté sud, 1483, Ishak Pacha, Inegöl.

de la mosquée qu'il avait fait construire et qui porte son nom. En 1937, sa tombe a été transférée dans le *turbé* juste un peu plus au sud-ouest. Pendant les années qu'il passe au service de l'État, il fait construire de nombreux édifices dans des villes comme Istanbul, Edirne, Kütahya et Bursa. Il transmet les revenus de ses biens, *madrasas*, boutiques, moulins, ainsi que les loyers de certains de ses terrains, aux *waqfs* qu'il avait créés pour payer les frais de gestion et les salaires des employés de ces institutions. Le complexe qu'Ishak Pacha a fait édifier à Inegöl se compose d'une mosquée, d'une *madrasa* et d'un *turbé*. Bien que la charte *waqf* mentionne aussi un *han*, aucune trace prouvant son existence n'a été retrouvée jusqu'à présent.

La mosquée

La mosquée, comme la *madrasa* et le *turbé*, est construite en pierre et en brique alternées. Elle est ornée de belles décorations de brique travaillée en chevrons, en particulier sur les écoinçons du portique. Celui-ci, très sobre, a cinq arcades fermées par des baies vitrées, surmontées de dômes individuels et séparées par des piliers de brique et de pierre. Le minaret en brique s'élève sur l'angle nord-ouest du bâtiment et l'on y accède par le côté ouest du portique. L'inscription du portique concerne les restaurations de 1877 dues au sultan Abdülhamid II. En entrant, on se retrouve immédiatement dans la cour intérieure, agrandie à l'est et à l'ouest par les deux *tabhanes* d'origine dont on a abattu les murs mitoyens. Les zones rectangulaires fermées d'une voûte, au nord de ces sections latérales, semblent avoir été le passage originel qui conduisait aux *tabhanes*. La salle de prière, très dépouillée, se trouve au sud. Tous les dômes sont rehaussés d'une belle frise de triangles turcs. Bien qu'aucune inscription concernant sa construction n'ait été retrouvée, celles de la *madrasa* et de la charte *waqf* promulguée par Ishak Pacha permettent de supposer qu'elle a été érigée en 1476.

La madrasa

En face, la *madrasa* a la forme d'un "U" ouvert sur la mosquée. Cette disposition rappelle celle de la *madrasa* Süleyman Pacha à Iznik. Le *dershane*, plus élevé que le reste du bâtiment, est couvert d'une coupole et s'avance en saillie vers le nord. Il est flanqué de part et d'autre par un ensemble de 12 cellules d'étudiants, chacune dotée d'une cheminée et de niches à usage personnel. Elles donnent sur une cour ouverte entourée d'un portique voûté à arcades supportées par des piliers. D'après l'inscription, la *madrasa* qui, depuis l'année 2000, sert d'école coranique, a été construite en 1483, un peu plus tard que la mosquée.

Le turbé

On sait que le *turbé* au sud-ouest de la mosquée a été érigé par Ishak Pacha pour son épouse, Tacü'n-nisa (Taj al-Nisa) Sultan. C'est un bâtiment hexagonal surmonté d'une coupole, avec un simple portail au nord. Il abrite trois tombes, dont celle d'Ishak Pacha lui-même. Les deux autres, dépourvues de pierres funéraires, ne donnent aucune information sur l'identité de leurs occupants. Les sources historiques font supposer que l'une d'entre elles appartiendrait à Tacü'n-nisa. La troisième serait celle de la fille du pacha.

Ş. Ç.

Inegöl est renommé pour ses köftes *(boulettes de viande). Un marché vivant et pittoresque s'y tient tous les jeudis. À 20 km d'Inegöl, Oylat Kaplıcaları (station thermale) mérite un détour pour ses eaux sulfureuses et pour la beauté de ses paysages. Pour rejoindre Oylat, prendre la D 200 en direction d'Ankara, tourner à droite en direction du sud après 10 km, puis tourner encore à droite plus loin.*

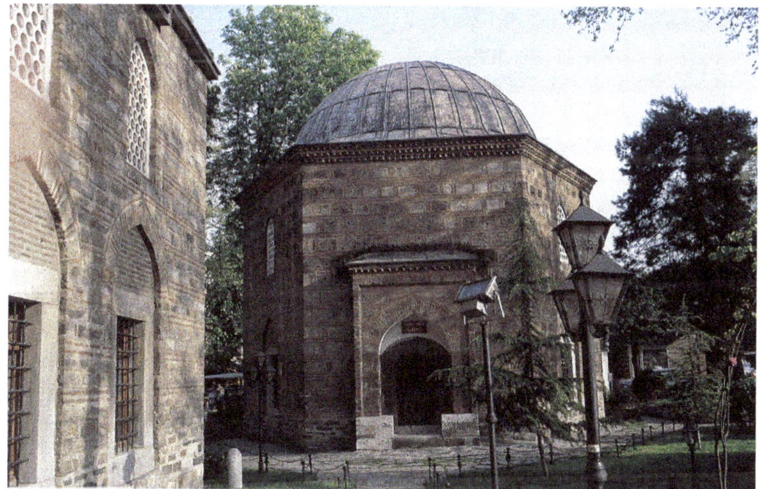

Turbé d'Ishak Pacha, vue du côté nord, fin du XVe siècle, Inegöl.

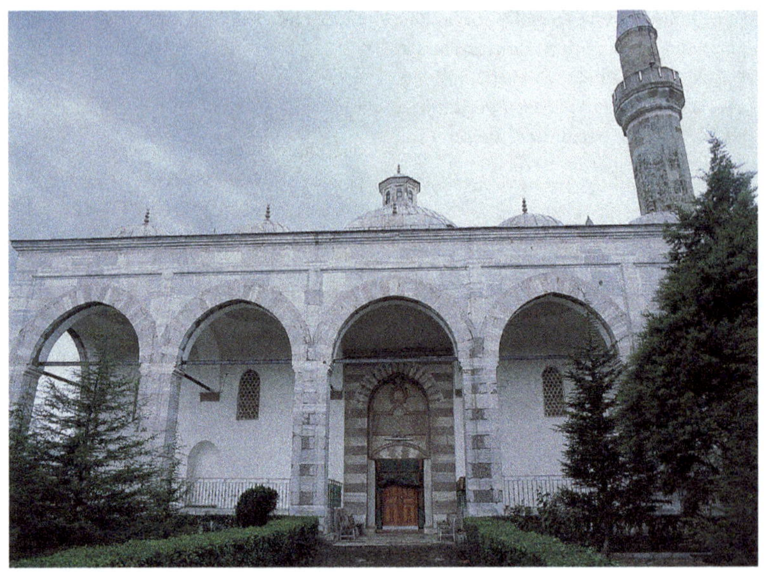

Mosquée Imaret, façade nord, 1457, Karaca Pacha, Karacabey.

VI.3 KARACABEY

L'ancienne "Mihalıç" a été rebaptisée "Karacabey" en l'honneur du *beylerbey* de Roumélie, Karaca Pacha, qui y a fait construire un complexe religieux. C'était un important homme d'État à l'époque du sultan Mehmet II, il participa à la prise de Constantinople et mourut pendant le siège de Belgrade.

VI.3.a **Mosquée Imaret**

12, avenue Selimeyie Imaret, Karacabey.

Dans les années 1920, ce bâtiment était abandonné et tombait en ruine. Seules deux grandes coupoles avaient résisté. Quand les restaurations ont commencé dans les années 1960, la toiture avait complètement disparu. La mosquée, aujourd'hui rouverte au culte, a été reconstruite selon son plan originel. Située dans un ravissant jardin, elle est flanquée à l'ouest d'un *turbé* cubique où sont inhumés le frère de Karaca Pacha et Bülbül Hatun, son épouse. On rejoint les deux monuments par la rue principale. Ils sont tous deux en appareil de pierre et de brique mais, dès qu'on en a fait le tour, on se trouve devant la splendide façade nord de la mosquée, entièrement revêtue de marbre aux couleurs douces et contrastées. Le portique est séparé en cinq arcades par des piliers de marbre. L'arcade centrale est fermée par une voûte d'arêtes à extrados plat, les quatre autres sont surmontées d'un dôme. L'inscription visible sur le tympan du portail qui, lui aussi, est recouvert de marbre aux couleurs plus soutenues, nous informe que la mosquée a été terminée en 1457, après la mort de Karaca Pacha.

Sa sépulture se trouve sous la dernière arcade à l'ouest. Selon l'inscription de la stèle placée au pied de la tombe, vers le portail, il est mort le 20 juillet 1456. Dans la tradition funéraire ottomane, le nom du défunt est inscrit sur la stèle de tête; en outre, selon la loi islamique, le corps doit être enterré sur son côté droit, le visage tourné vers la *qibla*. Dans cette tombe, la tête est tournée vers l'ouest et les pieds sont à l'est. De ce fait, ici, c'est sur la stèle de pied, plus proche de l'entrée de la salle de prière, qu'est déclinée l'identité du défunt, probablement pour qu'elle soit plus facilement lisible pour ceux qui entrent dans l'oratoire.

Les personnes fortunées qui instituaient des *waqfs* se faisaient généralement construire un *turbé* dans le même ensemble; d'autres fois, elles réservaient une salle pour leur sépulture dans un des bâtiments qu'elles avaient fait ériger afin que les visiteurs se les remémorent dans leurs prières. Ainsi, on trouve parfois une fenêtre ou une porte qui relient le *turbé* à la mosquée, à la *madrasa* ou à tout autre bâtiment adjacent. Parfois l'entrée du *turbé* était incorporée à la *madrasa*.

En entrant, on arrive directement dans une cour intérieure rectangulaire, prolongée au sud par la salle de prière. Comme dans beaucoup de mosquées de ce genre, la coupole de la cour est plus grande que celle de l'oratoire. Dans une mosquée à *tabhanes*, une composante indispensable est la zone réservée aux visiteurs qui voudraient y passer la nuit; ici, les *tabhanes* sont répartis sur les côtés de la cour intérieure, dont ils sont séparés par un mur; mais il est surprenant de découvrir qu'un corridor conduit aux *tabhanes*, qui sont dotés d'un four et de niches; le couloir ouest conduit également au minaret de l'angle nord-ouest, et l'autre à un escalier qui donne accès au toit.

R. H. Ü.

En fin de journée, une visite à Manyas Gölü Kuş Cenneti, "le sanctuaire des oiseaux du lac Manyas", offrira l'occasion de se reposer et de profiter de la beauté de la nature. Pour rejoindre le sanctuaire en partant de Karacabey, se diriger vers Çanakkale et, 12 km avant d'arriver à Bandırma, prendre la nationale 565 en direction de Balıkesir. 2 km plus loin, prendre la route à droite et la suivre jusqu'à un petit musée. La réserve n'offre aucune possibilité de se restaurer ou de passer la nuit et les pique-niques y sont interdits. Il n'y a qu'une aire d'observation et des toilettes.

Dans l'Antiquité, quand l'Anatolie était sous hégémonie perse, le lac Manyas, connu sous le nom d'Aphnitis ou de Daskylitis, était une réserve de chasse pour les satrapes. Le lac d'eau douce mesure 166 km² et se trouve à 15 m d'altitude. Il est très peu profond: vers la fin de l'hiver, le niveau de l'eau monte et au printemps, il peut arriver jusqu'à 10 m à son niveau maximum, mais en été il atteint à peine 1,5 m. Il est bordé de villages et de vastes étendues de terres agricoles. Le saule blanc pousse en abondance sur ses rives. Le lac offre un refuge sûr et un accès facile à une grande variété d'aliments pour les oiseaux: poissons, grenouilles, vers et graines permettent aux cormorans, pélicans, oies, canards, hérons, etc., de venir s'y restaurer. La végétation est abondante et saine. Une des raisons principales pour un tel rassemblement est que le lac se trouve directement sur le trajet d'une grande route migratoire. Les oiseaux s'arrêtent ici pour pondre et couver, pour passer l'hiver ou simplement pour se reposer pendant leur migration. On a identifié pas moins de 250 espèces parmi les 2 ou 3 millions d'individus présents sur le lac.

LES *TABHANES*, LES *ZAOUÏAS* ET LES *DERVICHES* ITINÉRANTS

Şakir Çakmak

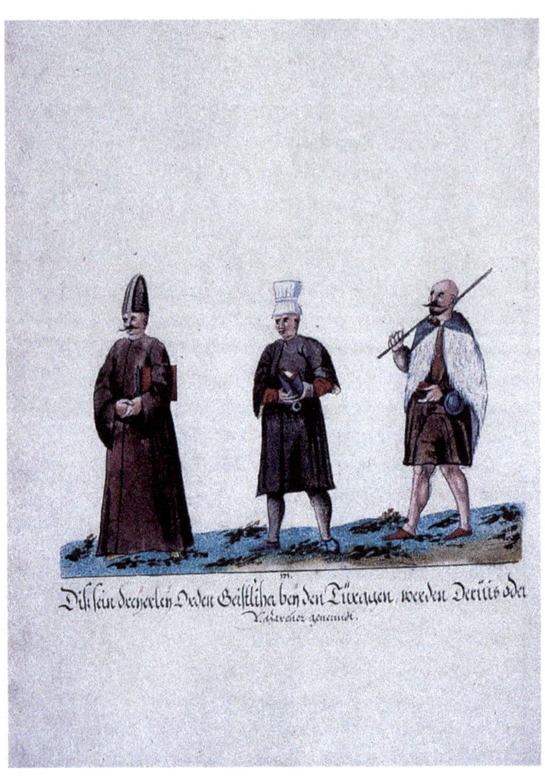

Derviches, Codex Vindobonensis, Cod. 8615, f° 92 r°, Österreichische Nationalbibliothek, Vienne.

Dès l'époque des Seldjoukides, différentes organisations sociales très influentes dans les domaines militaire, religieux, social et économique firent leur apparition en Anatolie et jouèrent un rôle majeur pendant la période de fondation de l'État ottoman. L'une des plus importantes sera *l'Ahyian-ı Rum* (les *Ahis* anatoliens). On suppose que cette organisation a emprunté son nom au mot arabe *akhi*, “frère”, ou bien au mot turc *akı*, “généreux”. Cette société est une extension de la *Futuwwa* qui était protégée et entretenue par le calife abbasside Nasir (1180-1225). Une autre société influente de l'époque sera l'organisation de *derviches* itinérants appelée *Abdalan-ı Rum* (les *Abdals* anatoliens).

Conscients de l'importante contribution que ces *Ahis* et ces *derviches* itinérants pouvaient apporter au processus de “turquisation” et à l'indispensable développement économique des cités conquises, les sultans les protégeaient et plusieurs d'entre eux allèrent même jusqu'à devenir membres d'une de ces sociétés. Afin de stimuler les vocations et de les aider dans leur mission religieuse, les sultans faisaient construire de nombreux édifices qui leur étaient destinés: des *zaouïas*, des mosquées à *zaouïas* et des mosquées à *tabhanes*.

Un grand chroniqueur du XIVe siècle, Ibn Battuta, nous a laissé de précieuses informations sur les *zaouïas* de *Ahis* qu'il a visitées dans plusieurs cités anatoliennes et dont il fut l'hôte. Il en existait dans les villages les plus reculés et, outre l'enseignement religieux, scientifique et moral, on venait aussi y apprendre différentes professions.

Les mosquées à *tabhanes*, que les sultans ou les hauts fonctionnaires faisaient construire pour les *Ahis* et les *derviches* itinérants, sont de précieuses sources d'informations sur les structures sociales de la première période ottomane. Les nombreux exemples de ce genre de mosquées construites dès le début du XIVe siècle jusqu'à la fin du XVIe siècle dans les régions soumises à l'hégémonie ottomane sont la preuve de l'importance que le gouvernement accordait à ces organisations “socialisantes”.

Les mosquées à *tabhanes* sont différentes de celles dont la seule fonction est d'offrir un lieu de prière. En effet, ces constructions sont appelées *zaouïas* ou *imarets* dans les inscriptions que l'on retrouve sur les bâtiments même, dans les chartes *waqfs* et dans tous les documents écrits. Elles sont conçues pour répondre aux besoins des *Ahis* et des *derviches* itinérants en leur offrant un lieu où ils peuvent se réunir, prier et se reposer. Ces édifices, appelés aussi mosquées en "T" renversé, se composaient de trois parties principales: une "cour centrale", "cour intérieure" ou "*sofa*", utilisée comme salle de réunion ou comme passage; une salle de prière et des *tabhanes*, dont le nombre variait de deux à six, qui servaient de chambres d'hôtes.

À partir du milieu du XVe siècle, l'organisation *Ahi* va se constituer en guilde s'occupant uniquement d'affaires commerciales. De ce fait, l'usage des mosquées à *tabhanes* va diminuer, mais on continuera à en construire en y apportant peu de modifications jusqu'au début du XVIe siècle. Puis les *tabhanes* deviendront des bâtiments séparés, rattachés à des complexes religieux et, dès lors, ces structures multifonctionnelles vont disparaître.

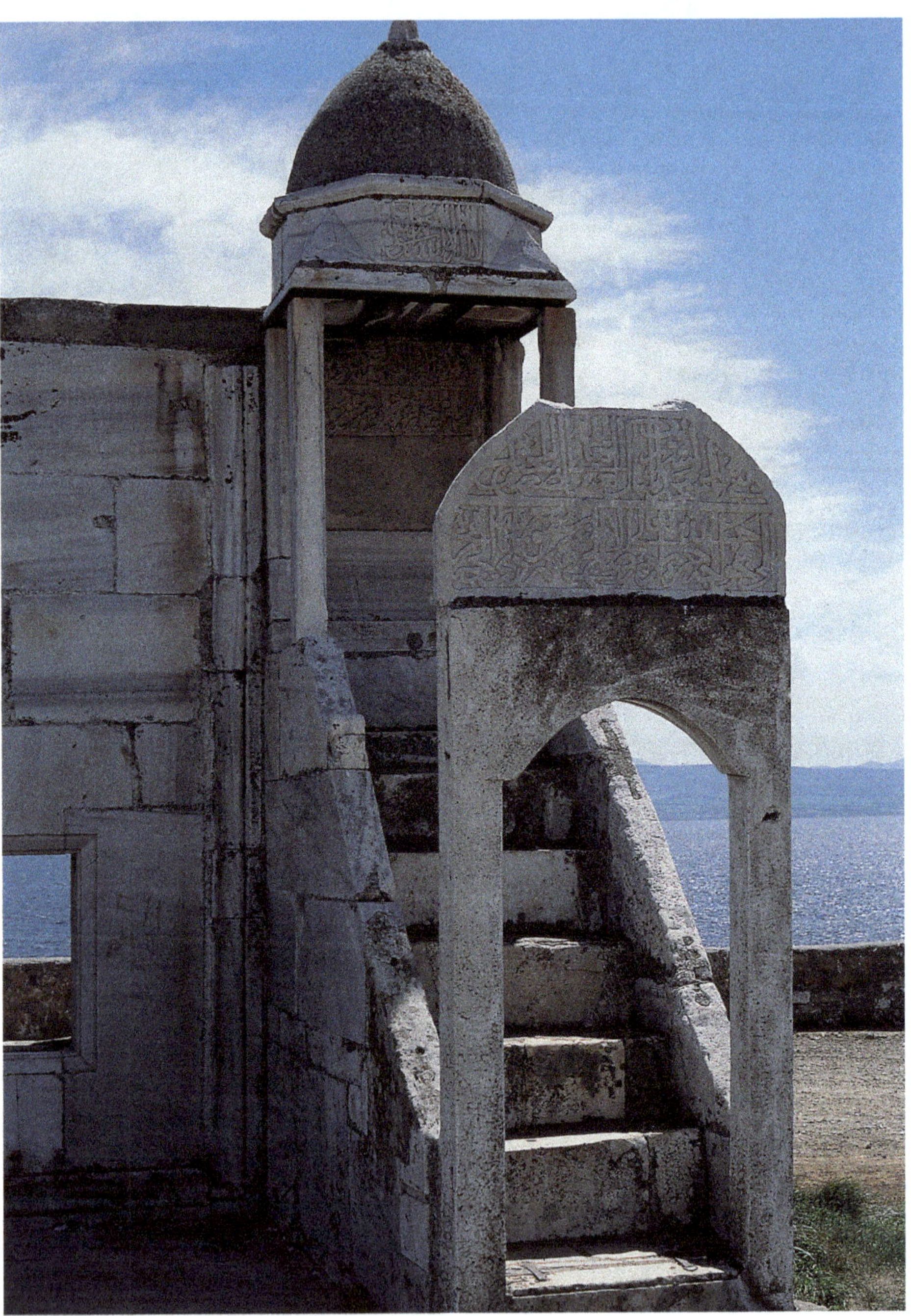

Le Verrou de la Mer

Şakir Çakmak, Aydoğan Demir

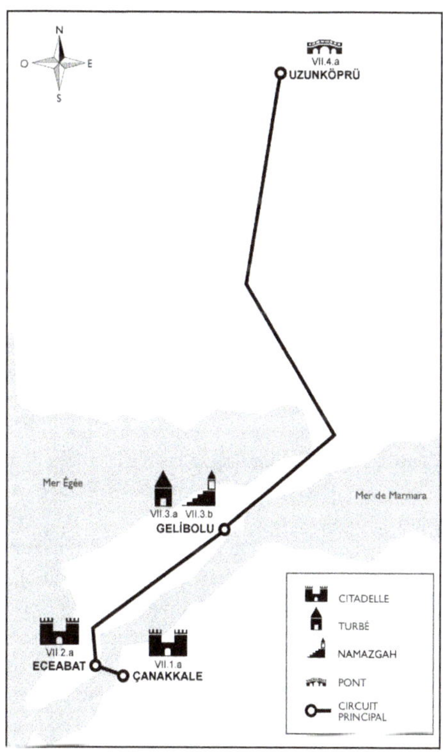

Namazgah Azebler, minbar, 1407, Iskender Ibn Hacı Pacha, Gelibolu.

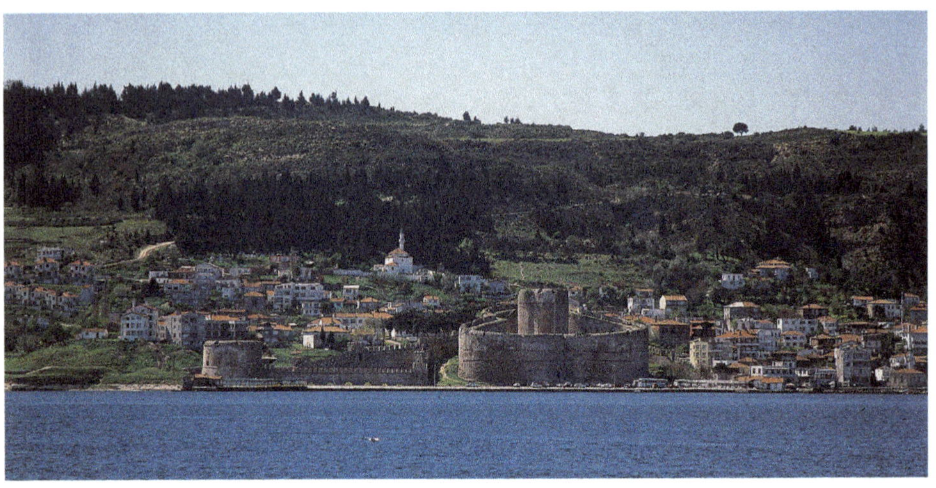

Citadelle Kilitbahir, vue du côté est, 1463, Mehmet II, Eceabat.

L'endroit, aujourd'hui connu sous le nom de colline d'Hisarlık, se trouve à quelques kilomètres de la côte anatolienne, à l'entrée du détroit de Çanakkale (les Dardanelles) qui relie la mer de Marmara à la mer Égée. C'est là que l'on peut encore voir les ruines de la cité antique de Troie. En fermant les yeux pendant un instant pour vous remémorer les temps anciens, vous pourrez apercevoir, debout au sommet des remparts, le roi Priam, son épouse Hécube, son fils le célèbre Pâris, sa fille Cassandre et sa bru, la belle Hélène, suivant avec angoisse la lutte de deux hommes. En face se tiennent Agamemnon, roi des Achéens, son frère Ménélas, roi de Sparte et l'intrépide Ulysse. Tous observent anxieusement le même combat. Les adversaires sont bien connus des deux parties: l'invincible Achille, fils d'une déesse et d'un mortel, et le valeureux Hector, fils du roi Priam. Dans sa glorieuse épopée de l'*Iliade*, Homère relie la longue guerre qui a rendu Troie immortelle à une romanesque histoire d'amour: le rapt par Pâris de la belle Hélène, épouse de Ménélas, serait la cause de cette guerre interminable. Toutefois, le véritable enjeu est le détroit de Çanakkale, une route maritime vitale pour le commerce et le transport, qui relie la mer Noire à la mer Égée.

Tout au long de l'Histoire, les détroits de Çanakkale et d'Istanbul (le Bosphore) ont été parmi les causes principales des grands conflits internationaux. Au début du XIVe siècle, la rive anatolienne du Détroit est sous la souveraineté de l'émirat karaside. Quand, quelque cinquante ans plus tard, les Ottomans l'anéantissent, ils s'emparent du contrôle de toutes les côtes de la région; à la même époque, en échange de leur aide pour la conquête du trône de Byzance en 1354, Jean VI Cantacuzène leur offre une base militaire à Gelibolu, sur la rive opposée du détroit de Çanakkale. Dès lors, ils vont rapidement annexer toute la Thrace. Gelibolu devient un lieu de passage très fréquenté par tous les voyageurs qui désirent se rendre en

Thrace depuis l'Anatolie. Un des plus grands ponts fluviaux de la région, l'Uzunköprü, littéralement le "Pont long", construit sur la route qui va de Gelibolu à Edirne, montre bien l'importance accordée aux routes de commerce et de conquêtes qui, dans la première moitié du XVe siècle, relient l'Anatolie à l'Europe.
Après s'être emparé de Constantinople en 1453, Mehmet II poursuit sa politique expansionniste en mer Égée et dans les Balkans, causant des pertes immenses aux Républiques maritimes et marchandes de Venise et de Gênes. Le sultan est célèbre et redouté en Italie où de nombreuses légendes entourent son nom. Dans ses *Essais*, Montaigne (1533-1592) en parle en ces termes: "Mohamed le Conquérant se croit le descendant des Troyens, tout comme les Italiens, il est donc fort étonné qu'ils s'allient aux Grecs, alors que c'est avec lui qu'ils devraient œuvrer de concert pour venger Hector." Les relations entre les peuples ne pouvant se nouer par un tel lien de parenté, aussi poétique fût-il, il décide de faire construire deux forteresses, Sultaniye et Kilitbahir, de chaque côté du détroit de Çanakkale, en son point le plus rapproché, afin de se défendre des éventuelles attaques des Vénitiens et des Génois.

A. D.

Ce circuit commence sur le continent asiatique et se termine en Europe. Le ferry-boat, que l'on prendra à Çanakkale, conduit en 30 minutes à Eceabat, sur la péninsule de Gelibolu. Cette péninsule occupe une place importante tant dans l'Histoire mondiale que dans celle de la Turquie. En 1915, la bataille de Çanakkale –dite bataille de Gallipoli– qui se déroule ici entre les Forces alliées et l'Empire ottoman sera une des batailles les plus sanglantes de tous les temps. De nos jours, ce lieu qui a vu mourir près de 500 000 hommes est un parc national. Il abrite de nombreux monuments commémoratifs érigés afin que la douloureuse expérience du passé ne soit pas oubliée et serve à faire comprendre une fois encore la valeur absolue de la paix. La route qui traverse la Thrace est légèrement accidentée mais les terres fertiles et les paysages que l'on rencontre sont apaisants et le voyage sera un moment de détente. En partant d'Eceabat, suivre la nationale D 550 vers le nord jusqu'à Gelibolu. La route traverse Uzunköprü en passant par Keşan. Pour rejoindre Edirne, prendre la nationale D 200 à Havsa.

VII.1 ÇANAKKALE

La cité de Çanakkale est fondée vers le milieu du XVe quand Mehmet II ordonne

Citadelle Sultaniye, cour intérieure, 1463, Mehmet II, Çanakkale.

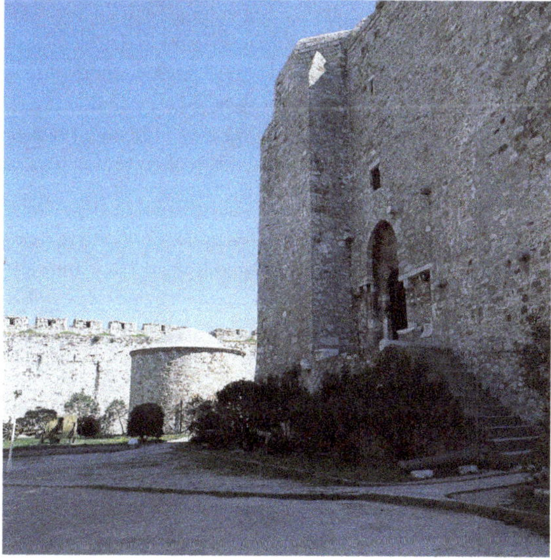

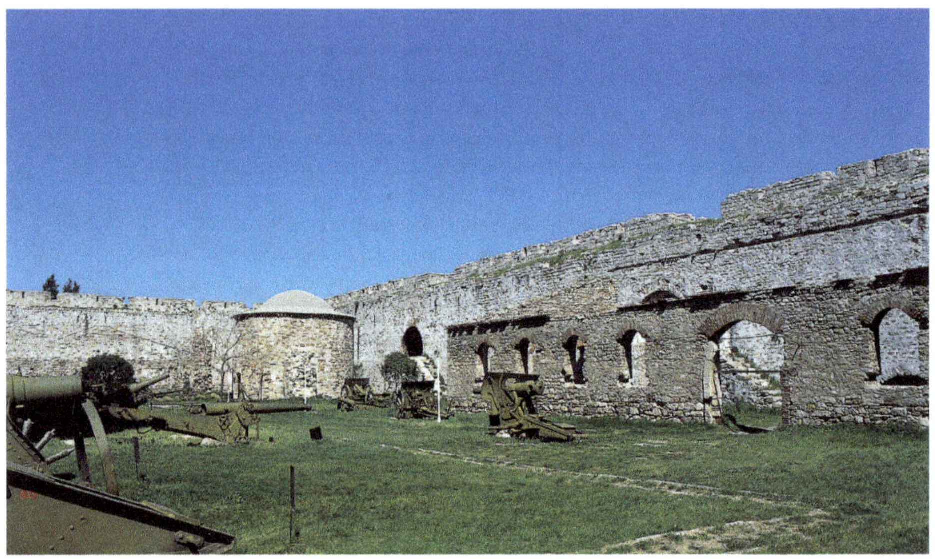

Citadelle Sultaniye, cour intérieure et armurerie, 1463, Mehmet II, Çanakkale.

la construction de la citadelle Sultaniye sur la côte anatolienne du Détroit pour se défendre des Vénitiens et des Génois. Ses habitants l'ont appelée Çanakkale car c'était un grand centre de fabrication de poteries: en turc, *çanak* veut dire "poterie de terre cuite" et *kale* signifie "forteresse". La poterie produite à Çanakkale était très renommée dans tout le pays.

La célèbre cité de Troie est à une demi-heure de voiture au sud de Çanakkale et une partie des objets retrouvés sur son site ainsi que d'autres découvertes provenant des fouilles d'Assos sont exposées au Musée archéologique de Çanakkale.

VII.1.a **Citadelle Sultaniye**

Quartier de Kemalpaşa, avenue Yalı, à 200 m au sud du port des ferries. La citadelle est maintenant un musée de la Marine militaire. Entrée payante (plus une taxe pour les caméras). Horaires: de 9:00 à 12:00 et de 13:30 à 17:00. Fermée mardi et jeudi.

Après la prise de Constantinople, Mehmet II ordonne la construction de deux forteresses sur le point le plus étroit des Dardanelles afin de contrôler le Détroit. Ces citadelles se font face, l'une en Anatolie, l'autre en Thrace. Aujourd'hui située en plein centre de la ville de Çanakkale, la citadelle Sultaniye a été construite en 1463 sous la direction de Yakup Bey, l'un des généraux de Mehmet II. Dernièrement, elle a été restaurée, le site a été entièrement restructuré et l'ensemble est devenu un musée.
Sur la droite, après la billetterie, on peut voir le navire *Nusrat*, utilisé pour poser des mines pendant la bataille de Çanakkale en 1915. La citadelle Sultaniye, dite aussi citadelle Çimenlik, se compose d'un fort exté-

rieur de 110 x 160 m, d'un château fort intérieur à trois niveaux de 30 x 42 m et de 20 m de haut, de deux *masjids* et d'une armurerie circulaire. Le mur d'enceinte crénelé est fortifié par quantité de bastions et de tours. L'entrée principale, sous une tour médiane de l'enceinte du nord, donne dans la cour juste en face du château fort, l'armurerie est un peu plus loin sur la gauche. Le premier *masjid* est adjacent à la tour d'entrée. La partie supérieure de son petit minaret est en ruine. Des pièces d'artillerie et une série de canons datant de la Première Guerre mondiale sont exposés sur l'esplanade entre les deux forts. Le second *masjid* se trouve près de l'angle sud-ouest du château fort et d'après son inscription, il a été édifié pendant le règne du sultan Abdülaziz (r. 1861-1876). Les redoutes de la partie ouest du fort extérieur datent de la même époque. Sur le parvis du château fort, face à l'entrée, se trouve un siège de marbre brisé qui, selon la légende, servait à Mehmet II lors de ses visites. Le château fort est un bâtiment très sûr dont les murs mesurent plus de 7 m d'épaisseur. Selon certains spécialistes, un boulet de canon de 38' qui le toucha au cours de la bataille de Çanakkale (1915) ne fit que l'égratigner. Aujourd'hui, il abrite une exposition permanente d'armes.

Grelot, un voyageur du XVIIe siècle, décrit la citadelle Sultaniye en détail et rapporte qu'elle était défendue par 28 canons capables de tirer des boulets jusqu'à la rive opposée et que Çanakkale, construit derrière la citadelle, était un important village de près de 3 000 habitants.

Ş. Ç.

On peut rejoindre Eceabat avec les ferries des Lignes maritimes turques qui partent toutes les heures de Çanakkale. Au sud du port, on trouvera aussi des petits ferries privés qui conduisent directement à la citadelle Kilitbahir.

VII.2 ECEABAT

VII.2.a **Citadelle Kilitbahir**

Village de Kilitbahir, Eceabat. Entrée payante pour le fort intérieur.

La citadelle Kilitbahir –ou Kilidü'l-Bahr– est la seconde place forte que Mehmet II fait construire sur le détroit de Çanakkale pour s'en assurer le contrôle. Érigée en 1463, en même temps que Sultaniye sur la rive asiatique, elle est appelée Kilidü'l-Bahr, "le Verrou de la Mer", en raison de sa position stratégique. Le village a pris le nom de la forteresse.

Le plan de cet édifice est unique dans l'architecture militaire ottomane: la citadelle originelle avait la forme d'un "D" encerclant un château fort intérieur en forme de trèfle, au centre duquel s'élève un donjon trilobé. En arrivant du port des ferries, on pénètre dans l'enceinte par la porte nord. À gauche, le long du rivage, les fortifications ont disparu. Sur la droite, le fort se dresse majestueux avec, tout en haut, une belle décoration de frises en brique.

La citadelle intérieure en trèfle, plus haute que l'enceinte, a des murs gigantesques, de plus de 7 m d'épaisseur et de 18 m de haut; ses trois cours sont séparées par des portails. Deux de ces cours ont des portes monumentales qui don-

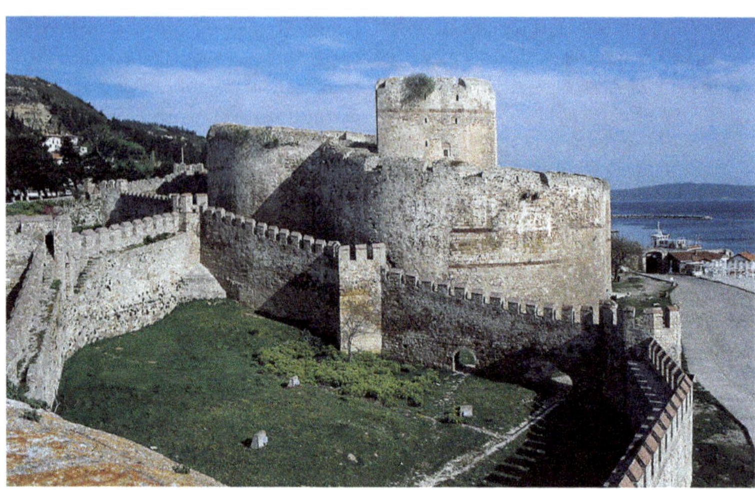

Citadelle Kilitbahir, vue du côté sud, 1463, Mehmet II, Eceabat.

nent sur l'esplanade du fort extérieur. La troisième, celle du donjon à six étages, de 30 m de haut, n'est pas reliée directement à l'esplanade de la forteresse extérieure. Ce plan architectural innovateur obligeait les forces ennemies à traverser successivement deux cours avant de s'emparer des derniers retranchements, ce qui rendait la prise du donjon extrêmement difficile. Des frises de brique à dessins géométriques ornent aussi la partie supérieure des murs de la tour. On remarquera que le donjon était divisé en étages par des planchers en bois et qu'on y accédait par des escaliers en bois encastrés dans les murs. Malheureusement, ni les escaliers ni les sols ne sont parvenus jusqu'à nous; aujourd'hui, seul le premier étage reste accessible par l'escalier mural. Une seconde citadelle, construite sous le règne de Süleyman Ier en 1541, est venue renforcer et agrandir la première, avec laquelle elle forme une sorte de 8 de configuration irrégulière. Elle se termine au sud par une tour d'angle monumentale, de 21 m de haut. Les murailles extérieures ont 4 m de haut mais ici aussi l'enceinte qui longeait la mer a disparu. On sait qu'elle était entourée de larges douves. On y entrait par deux portes, au nord et au sud, munies de ponts-levis. Les douves ont été remblayées et n'existent plus. Au-delà de la seconde citadelle, on peut encore apercevoir l'emplacement et les tristes vestiges d'autres remparts construits au XIXe siècle.

Ş. Ç.

De nos jours, la péninsule de Gelibolu (connue sous le nom de Gallipoli en Occident) est un parc national constellé de monuments et de cimetières de soldats turcs et étrangers qui ont perdu la vie au cours de la bataille de Çanakkale. On peut rejoindre l'extrême sud de la péninsule où se trouvent des monuments turcs, anglais et français, en prenant une route nationale très étroite. En allant vers la ville de Gelibolu, on rejoindra Kabatepe, Anzac

Bey et Conk Bayırı en se dirigeant vers le nord et en prenant la route qui tourne à gauche. À Kabatepe, un petit musée du Souvenir expose des objets retrouvés sur les dépouilles de soldats de la Première Guerre mondiale.

On rejoindra Gelibolu en prenant la nationale D 550 au nord d'Eceabat.

VII.3 GELIBOLU

Gelibolu, située à l'endroit où le détroit des Dardanelles s'ouvre sur la mer de Marmara, occupe une position éminemment stratégique. Devenue colonie grecque, la cité fondée par les Thraces prend le nom de Kallipolis, "la cité magnifique". Alexandre le Grand occupe la région en 334 av. J.-C. Plus tard, la ville sera colonisée par les Romains puis par les Byzantins. L'empereur byzantin Justinien Ier fait reconstruire les murs d'enceinte. Lors de la Troisième Croisade, c'est au port de Gelibolu que l'empereur germanique Frédéric Ier Barberousse embarquera ses armées pour rejoindre la rive anatolienne. Par deux fois, en 1332 et en 1341, l'émir aydınide Umur Bey assiège Gelibolu sans parvenir à ses fins. Plus tard, les Ottomans qui, initialement, ont débarqué en Roumélie pour venir en aide aux Byzantins, vont comprendre l'importance stratégique de la région et s'emparer de Gelibolu dont la citadelle avait été détruite par un tremblement de terre. La ville changera de mains plusieurs fois jusqu'en 1367, quand elle devient définitivement ottomane. Vers le milieu du XVe siècle,

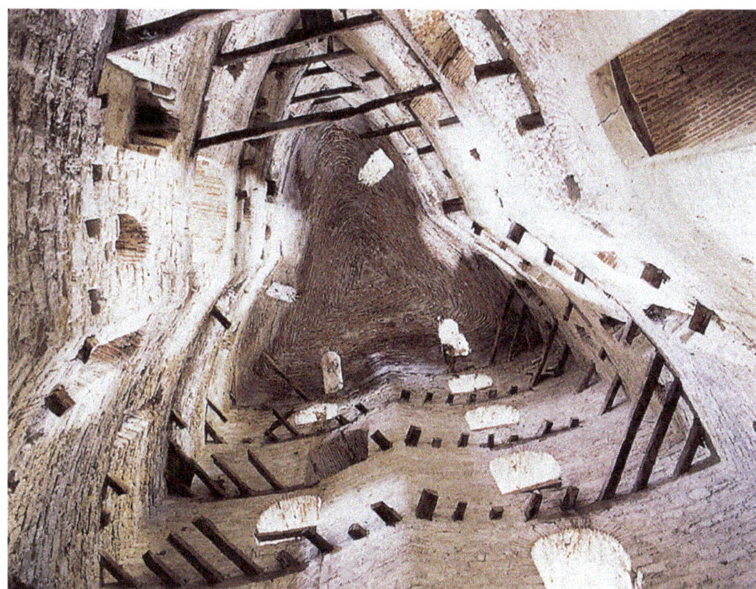

Citadelle Kilitbahir, vue intérieure du donjon trilobé, 1463, Mehmet II, Eceabat.

Turbé d'Ahmet Bican Efendi (Hallacı Mansour), façade d'entrée, XVe siècle, Gelibolu.

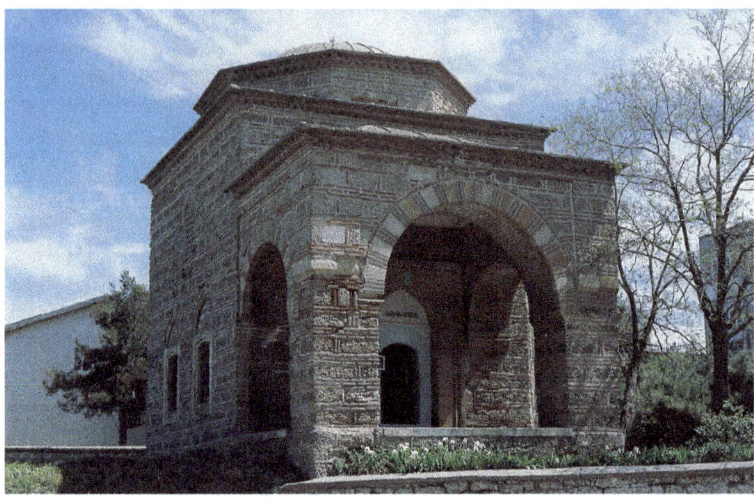

c'est à Çanakkale que revient la charge de surveiller le Détroit et Gelibolu commence à péricliter. Dans la ville, on trouve encore de nombreuses constructions datant du règne de Murad II (1421-1451). Mais l'entretien de la plupart de ces ouvrages a été grandement négligé et ils sont maintenant en ruine.

VII.3.a Turbé d'Ahmet Bican Efendi (Hallacı Mansour)

Avenue Keşan.

Le *turbé* d'Ahmet Bican Efendi est un des monuments les mieux conservés de Gelibolu. On suppose qu'il a été construit du temps de Murad II mais on ne connaît pas l'identité de son occupant. Certains chercheurs affirment que c'est la tombe d'Ahmet Bican Efendi, d'autres voudraient que ce soit celle d'un certain Hallacı Mansour. Le premier, mort au milieu du XVe siècle, était un homme sage, réputé pour ses travaux de théologie islamique et de géographie. Quant à Hallacı Mansour, c'était un saint musulman ayant vécu avant la prise de Gelibolu. On prétend que le *turbé* a été construit en son honneur mais aucune preuve concrète n'est venue étayer cette affirmation. Un *hallaç* est un artisan qui travaille la laine ou le coton et l'assouplit avec un arçon et un maillet pour en rembourrer couvre-lits, matelas et oreillers. La légende veut que l'on ait retrouvé ces instruments utilisés par les *hallaçes* dans la tombe. D'où l'idée que ce *turbé* appartiendrait à Hallacı Mansour.

Le monument est à plan carré. Il est surmonté d'un dôme et ses murs sont en appareil de brique et de pierre alternées. L'entrée est précédée d'un portique à une seule arcade, couverte d'une voûte d'arêtes à extrados plat. Ce genre de portique, que l'on a déjà vu dans le *turbé* du

sultan Bayézid Ier (1406) du complexe Yıldırım de Bursa, commence à apparaître devant les entrées des *turbés* anatoliens au début du XVe siècle.
Il abrite deux sarcophages dont le premier, richement décoré sans aucune inscription, devrait être celui d'Ahmet Bican Efendi. L'autre, plus petit, dont on ne sait rien, est d'une facture sobre et dépouillée.

Ş. Ç.

VII.3.b **Namazgah Azebler**

Quartier de Fener, sur la route qui part du turbé *d'Ahmet Bican Efendi en direction de l'est.*

Dans l'architecture ottomane, outre les lieux de prière couverts, tels que les mosquées et les *masjids*, on trouve aussi des lieux de prière à l'air libre, construits pour les mois d'été. Appelés *namazgahs*, ces constructions sont généralement situées en dehors des villes, dans des lieux de récréation, dans des banlieues ou sur des axes routiers. Le terme *namazgah* signifie "grand espace à l'air libre où l'on peut prier". Ces constructions n'étaient pas seulement utilisées pour la prière du vendredi ou pour les prières quotidiennes: les croyants y venaient aussi pour prier pour le salut de ceux qui partaient pour l'armée ou pour la guerre, ou encore pour les pèlerins qui se préparaient à rejoindre La Mecque; en cas de périodes prolongées de sécheresse, on venait y implorer la pluie. Quand elles étaient situées dans les banlieues ou entre deux villes, elles servaient aussi de lieu de repos.
Les *namazgahs* ont une architecture très simple dont les éléments principaux sont: un *mihrab* indiquant la direction de La Mecque ou bien une simple stèle symbolisant le *mihrab*; un petit puits ou une fon-

Namazgah Azebler, vue du côté nord-est, 1407, Iskender Ibn Hacı Pacha, Gelibolu.

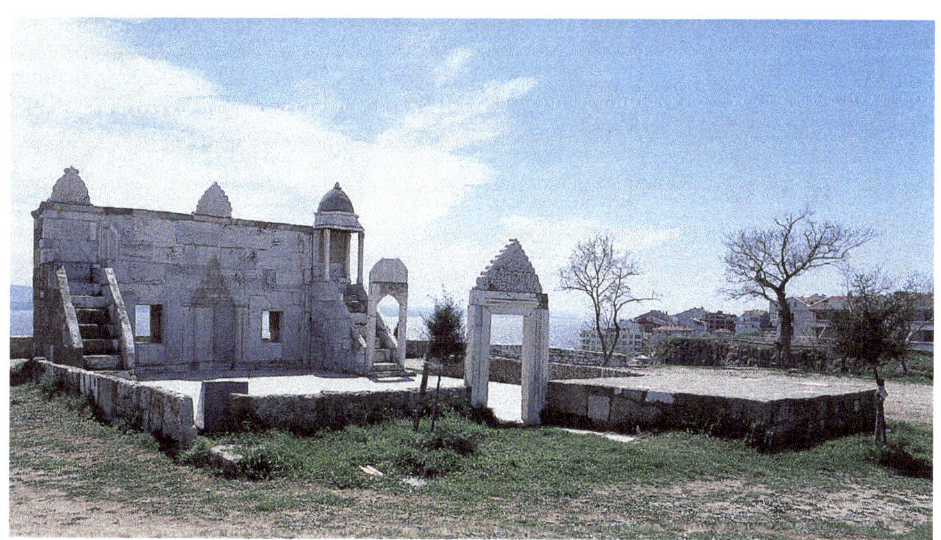

taine pour les ablutions; une esplanade propre destinée à la prière et des arbres pour la protéger de la chaleur excessive. Il en existe aussi qui ont un mur de *qibla* orné de décorations et d'un *minbar*.

À l'origine, le *namazgah* de Gelibolu a été construit comme lieu de prière pour les soldats de la Marine ottomane appelés *azebs*, et c'est un exemple parmi les plus ouvragés de ce type de construction.

Elle est au sud-est de la ville, sur un plateau au sommet d'une crête qui surplombe le Détroit, juste à l'entrée des Dardanelles. D'après son inscription, elle a été construite en 1407 par l'architecte Aşık Ibn Süleyman pour Iskender Ibn Hacı Pacha.

À l'est, au nord et à l'ouest, le *namazgah* est entouré de petits murets. On y pénètre par le nord en empruntant une fausse porte en marbre. Le mur de *qibla* est orné du *mihrab* au centre et d'un *minbar* à chaque extrémité. Bien que ce soit un monument très simple, il a été enrichi par une décoration raffinée qui orne le tympan de l'entrée et qui court en hauteur tout le long du mur de *qibla*.

Ş. Ç.

VII.4 UZUNKÖPRÜ

VII.4.a Pont d'Uzunköprü

L'Uzunköprü, littéralement le "long pont", a été construit sur le fleuve Ergene, à l'entrée de la ville d'Uzunköprü (l'ancienne Ergene). C'est un des plus beaux et des plus grands ponts historiques de Turquie. Pendant tout le XVe siècle, l'avancée de l'armée ottomane est souvent freinée par l'état désastreux des routes et la traversée difficile de certains fleuves, en particulier l'Ergene. Selon les sources historiques, le pont a été construit à un endroit qui était alors une zone marécageuse couverte d'arbres; non seulement les ponts de bois qui l'enjambaient étaient trop petits pour répondre aux besoins de communication de la région, mais ils étaient fréquemment emportés par les crues. Murad II avait ordonné la construction d'un énième pont de bois après une nouvelle crue, mais on s'aperçut bien vite qu'il ne résisterait pas plus que les autres, et il fut enfin décidé de le rebâtir en pierre.

Une mosquée, un *han*, un *hammam* et un *imaret* ont été construits à proximité. Ce pont magnifique repose sur 174 arches et mesure 1400 m de long. Selon la plaque d'inscription qu'il portait et qui plus tard a été transférée sur une fontaine toute proche, il a été achevé en 1444. Les sources historiques attestent que le sultan Murad II en personne était présent à la cérémonie d'inauguration qui fut suivie par des célébrations religieuses, des festivités et des défilés.

Sur le pont, on peut voir des sculptures d'éléphant, d'oiseau et de lion ainsi que des décorations à motifs géométriques et floraux. La figure de l'éléphant, très rarement présente dans l'ornementation architecturale turque, a longuement retenu l'attention des experts. Il existe plusieurs théories à ce propos, la plus remarquable étant la suivante: en 1449, Murad II célèbre à Edirne le mariage de son fils Mehmet. Les festivités vont durer trois mois. Dans un manuscrit pris à

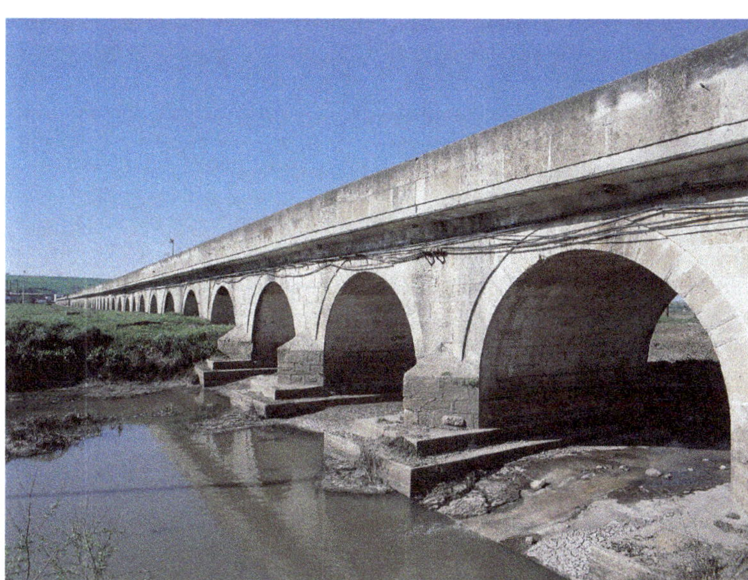

Uzunköprü, vue d'ensemble du pont, 1444, Murad II, Uzunköprü.

Istanbul et retrouvé à la bibliothèque de Saint-Marc à Venise, Sitti Hatun, l'épouse de Mehmet –dont on peut voir la pierre tombale au Musée archéologique d'Edirne– est représentée assise dans un palanquin transporté par un de ces pachydermes. Certains chercheurs ont interprété cette image et pensent que Sitti Hatun serait entrée dans Edirne montant un éléphant qui aurait traversé l'Uzunköprü. La sculpture inscrite sur le pont serait la commémoration de cet événement.

L'Uzunköprü est un ouvrage dont l'architecture et l'ornementation sont exceptionnelles. Il a été plusieurs fois restauré –la dernière en 1970–, il est toujours en fonction et a été intégré dans le trajet actuel de la route nationale. Seule la section directement sur le fleuve est en dos d'âne avec des balustrades dont la partie supérieure est sculptée. Le reste du pont est plat et traverse la zone marécageuse. De nos jours, une grande partie des piliers de soutien sont enfouis dans la masse alluvionnaire charriée par le fleuve.

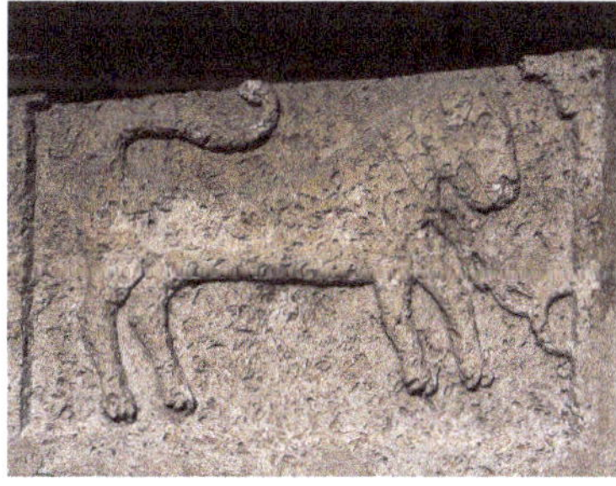

Uzunköprü, pont, bas-relief à décor de lion, 1444, Murad II, Uzunköprü.

Ş. Ç.

Aydoğan Demir

Les *waqfs* sont des fondations pieuses, créées pour administrer les biens mobiliers ou immobiliers dévolus par des mécènes afin de subvenir aux frais de construction et de gestion d'institutions à but non lucratif tels que mosquées, *madrasas*, hôpitaux, *imarets*, fontaines, etc. Au Moyen Âge, le Trésor public des pays islamiques ne consacre aucun crédit à la construction d'édifices publics. Ceux qui embellissent les somptueuses cités islamiques sont commandités personnellement par les souverains, par de grands dignitaires ou par des citoyens fortunés qui fondent des *waqfs* pour en assurer le fonctionnement.

Quand un haut fonctionnaire de l'administration ottomane faisait ériger un édifice d'utilité publique, il créait lui-même son statut et indiquait dans la charte *waqf*, avec précision et dans tous les détails, la manière dont les revenus de sa fondation devaient être utilisés. Sont indiqués par exemple:

1. Les qualifications requises et le nombre d'employés que doit avoir l'institution.
2. Pour une *madrasa*, les allocations dévolues aux étudiants et le salaire que doivent percevoir les enseignants.
3. Pour un *imaret*, le type de nourriture que l'on y prépare et le nombre de personnes qui doivent être servies, ainsi que le détail spécifique des repas offerts à l'occasion des festivités religieuses.
4. L'organisation de la gestion quotidienne, le nettoyage et les réparations des bâtiments.
5. La liste exacte des sources de revenu: sommes d'argent, fermes, boutiques, maisons, entrepôts de glace, forges, savonneries, fabriques de *boza*, *hans*, *bedestens*, etc.
6. Le fondateur d'un *waqf* en est l'administrateur perpétuel. Plus tard, il léguera cette responsabilité à l'un de ses fils, à défaut, à l'une de ses filles ou encore à l'un des ses petits-enfants.
7. Le règlement est statué point par point et par écrit. L'acte est ensuite signé par des témoins, enfin, sa constitution doit être approuvée par un tribunal. Une fois la charte approuvée et tant que son règlement est respecté, personne ne peut s'immiscer dans le *waqf*.

Les *waqfs* ont des objectifs différents: certains sont consacrés à aider les jeunes filles pauvres à constituer leur trousseau, d'autres à rendre leur liberté aux débiteurs emprisonnés, nourrir les prisonniers, ou encore fournir eau et nourriture aux animaux –il y en avait même qui étaient désignés au soin des cigognes blessées.

LE CORPS DES JANISSAIRES

Aydoğan Demir

L'État ottoman, fondé en 1299, va devenir un grand empire en l'espace de 150 ans. L'intervention de l'État dans presque tous les secteurs ainsi que les continuelles réformes législatives visant à améliorer la protection des citoyens ont certainement joué un rôle fondamental dans son développement.

Dès sa fondation, il promulgue des lois régissant les questions militaires, telles que la conscription, l'entraînement des soldats et la garantie de leur avenir.

Osman Gazi (r. 1281-1324) recrute des soldats volontaires et rétribués au sein de ses tribus. Mais très vite, cela ne va plus suffire car les guerres durent de plus en plus longtemps et ont lieu dans des contrées de plus en plus reculées. Sous le règne d'Orhan Gazi (r. 1324-1362), on forme une armée de cavaliers et de fantassins qui, quand ils ne sont pas en guerre, vivent non pas dans des casernes, mais dans des fermes allouées par l'État.

Outre les soldats mi-fermiers mi-fantassins ou mi-cavaliers, il existe aussi un important corps de soldats-propriétaires appelés *timarlı Sipahis* qui constitueront le noyau de l'armée ottomane jusqu'à la fin du XVIe siècle. Leur fief ou *timar*, alloué par le sultan, leur permet de collecter des taxes dans leurs régions administratives respectives. En général, on était *timarlı Sipahi* de père en fils.

Vers le milieu du XIVe siècle, sous le règne de Murad Ier (1362-1389), on va créer un corps spécial d'infanterie. Appelés *yeniçeris* (janissaires), ce sont les soldats de la cour et ils sont logés dans des casernes de la capitale. La cavalerie est constituée elle aussi à peu près à la même période. Tous, janissaires, cavalerie, armuriers rattachés aux différents corps d'armée, sapeurs, artilleurs et canonniers font partie du personnel militaire appelé *kapıkulus*, "les esclaves serviteurs de la Porte", et sont rattachés à la personne même du sultan.

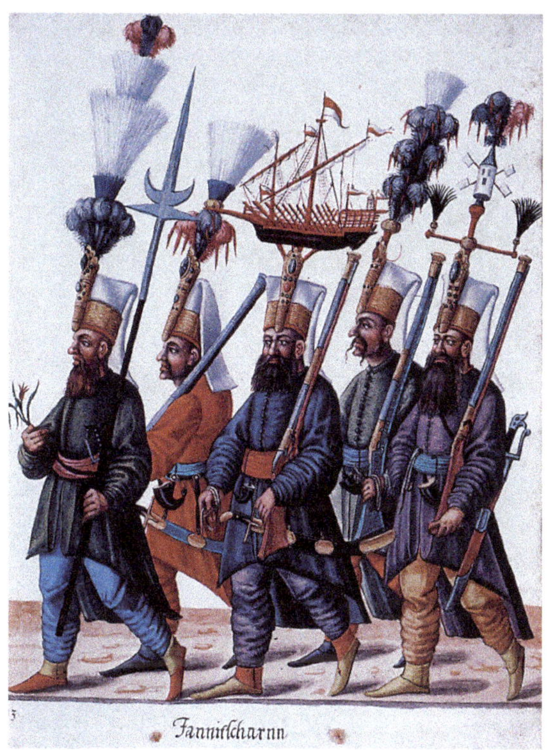

Agha des janissaires, Codex Vindobonensis, Cod. 8626, f° 17, Österreichische Nationalbibliothek, Vienne.

À l'origine, ce sont des prisonniers de guerre que l'on enrôle pour former le Corps des janissaires et de la cavalerie. En effet selon les lois en vigueur, 1/5 du butin de guerre est acquis à l'État et –les prisonniers faisant partie intégrante du butin– parmi les captifs, 1/5 des garçons âgés de 10 à 20 ans sont considérés comme des guerriers potentiels et sont donc entraînés à servir l'État.

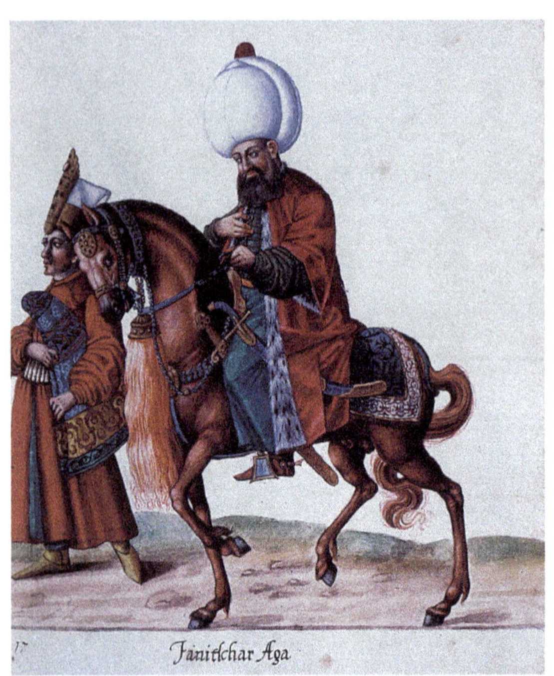

Janissaires, Codex Vindobonensis, Cod. 8626, f° 13, Österreichische Nationalbibliothek, Vienne.

Sous le règne de Bayézid Ier (1389-1402), certaines restrictions sont imposées à l'enrôlement forcé des prisonniers de guerre. Un règlement spécifique est instauré. Selon la nouvelle législation dite *devşirme,* on recrute des enfants mâles dans les villages chrétiens, mais uniquement tous les 3 ans ou 7 ans, et ce recrutement est limité à un enfant pour quarante familles:

1. Seuls les enfants de famille noble ou de religieux sont enrôlés.
2. Les familles n'ayant qu'un seul fils sont exemptées.
3. La "science de l'apparence personnelle" était très appréciée des Ottomans, qui aimaient s'appuyer sur l'observation de la forme du crâne, des sourcils, des yeux, de la taille, etc., d'un individu pour en deviner la personnalité. Selon cette "science", on supposait par exemple que les personnes petites étaient dégourdies mais malhonnêtes, que celles de taille moyenne étaient d'une bonne moralité et que celles dotées d'une tête volumineuse étaient intelligentes. Les recruteurs faisaient leur sélection en se fondant sur ces critères et n'auraient pas choisi un individu petit ou chauve; ils jetaient leur dévolu sur des enfants beaux, en bonne santé et de taille moyenne. Les garçons de haute taille et de constitution appropriée étaient emmenés au palais pour y recevoir leur éducation privée.
4. Les orphelins ne sont pas sélectionnés.
5. Les enfants des familles de commerçants d'origine juive sont dispensés.

Les plus avenants et les plus intelligents de ces enfants étaient destinés à recevoir une éducation privée à la cour, les autres étaient soumis à une période de 3 à 8 ans de "turquisation": confiés à des familles de fermiers turcs ayant déjà des enfants, ils partageaient leur vie quotidienne et assimilaient leurs us et coutumes. Ils étaient ensuite envoyés dans l'*acemi ocağı* à Gelibolu. Ces jeunes conscrits faisaient d'abord leur service sur des chantiers de travaux publics ou dans la marine. Enfin, quand le moment était venu, ils étaient incorporés aux janissaires.
En temps de paix, les janissaires sont obligatoirement célibataires et vivent en garnison dans la capitale. Ils n'obtiendront l'autorisation de se marier qu'au début du

XVIe siècle. Leur solde leur est versée tous les trois mois. Lors des combats, ils sont en position de bataille au centre de l'armée et entourent le sultan, ce qui leur vaut une prime de guerre spéciale. Une autre prime leur est versée à chaque intronisation d'un nouveau sultan.

De nos jours, l'incorporation d'enfants en bas âge arrachés à leurs familles peut heurter profondément la sensibilité. Dans son roman, *Le pont de Drina*, Ivo Andrić relate le drame de ces mères partant à la recherche désespérée de leurs enfants recrutés. Mais il faut aussi rappeler qu'il existe des documents dans les archives ottomanes prouvant que de nombreuses familles tentaient par tous les moyens de faire enrôler leurs enfants. L'éminent historien grec Dimitri Kitsikis rapporte dans son ouvrage intitulé *L'Empire ottoman* que, dans les villages, l'administration byzantine utilisait un système de recrutement tout à fait semblable.

Les janissaires et les enfants éduqués à l'école du palais pouvaient accéder à toutes les charges militaires ou administratives: un fils de fermiers serbes, croates, rums ou albanais pouvait parfaitement être nommé Grand Vizir pour ses qualités personnelles et son intelligence. Au début du XVIIe siècle, quand le système de recrutement se délite et que leur entraînement est négligé, les janissaires participent à des révoltes. En 1826, l'institution du Corps des janissaires sera finalement démantelée.

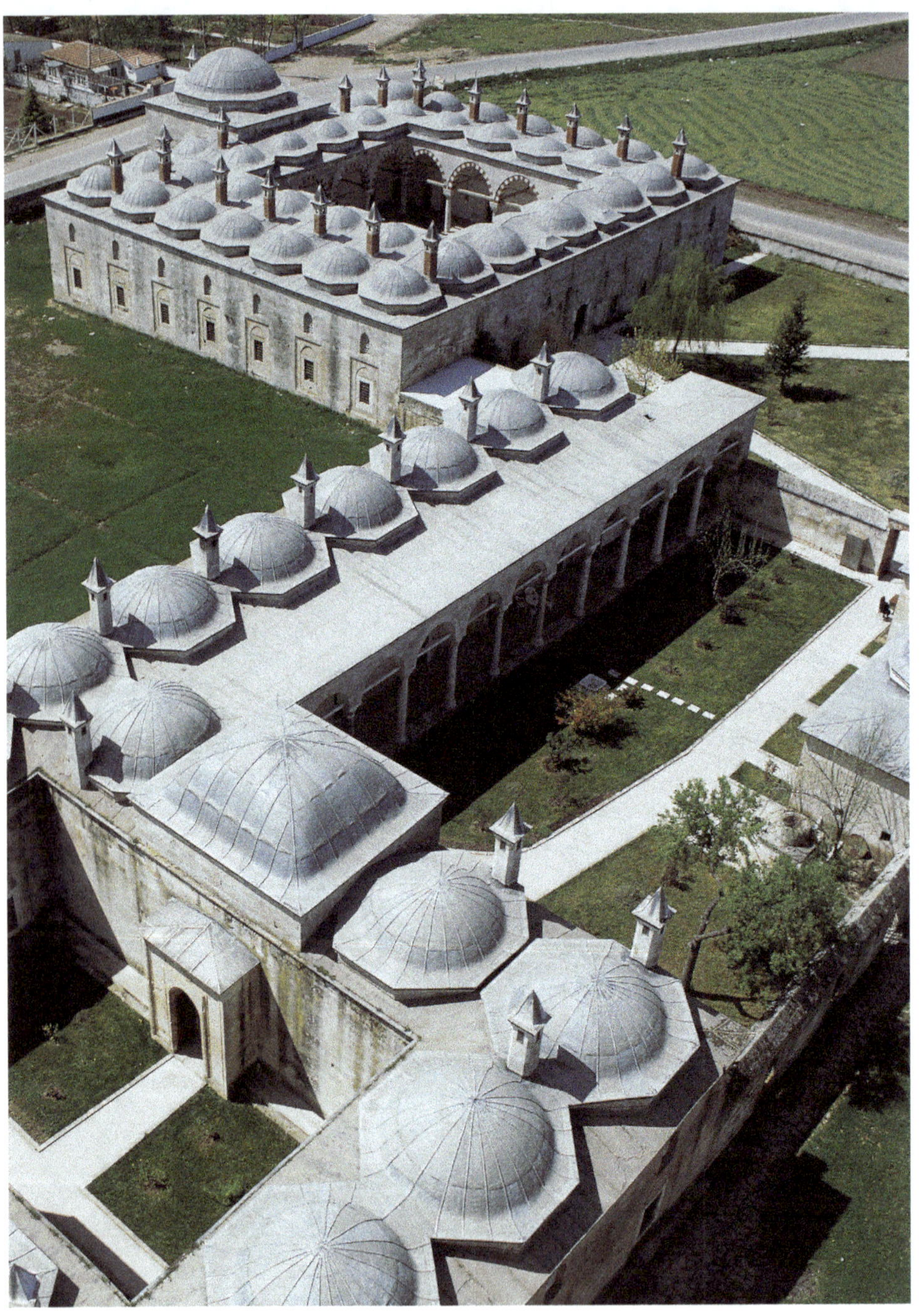

La thérapie musicale dans les *darüşşifas*

Lale Bulut, Aydoğan Demir, İnci Kuyulu

VIII.1 EDİRNE

VIII.1.a Mosquée Muradiye
VIII.1.b Musée des Arts turcs et islamiques et Musée archéologique
VIII.1.c Mosquée Eski
VIII.1.d Bedesten
VIII.1.e Mosquée Üç Şerefeli
VIII.1.f Madrasa Saatli (option)
VIII.1.g Madrasa Peykler (option)
VIII.1.h Mosquée Beylerbey
VIII.1.i Complexe Bayézid II
VIII.1.j Mosquée Yıldırım

Les palais

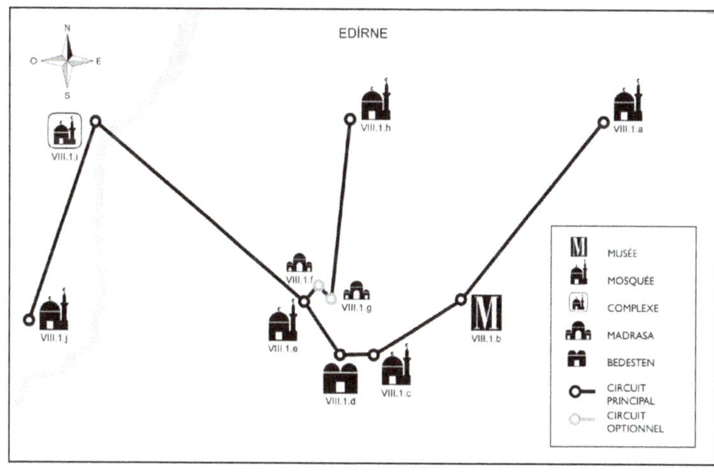

Complexe Bayézid II, madrasa, vue d'ensemble du côté sud-est, 1488, Bayézid II, Edirne.

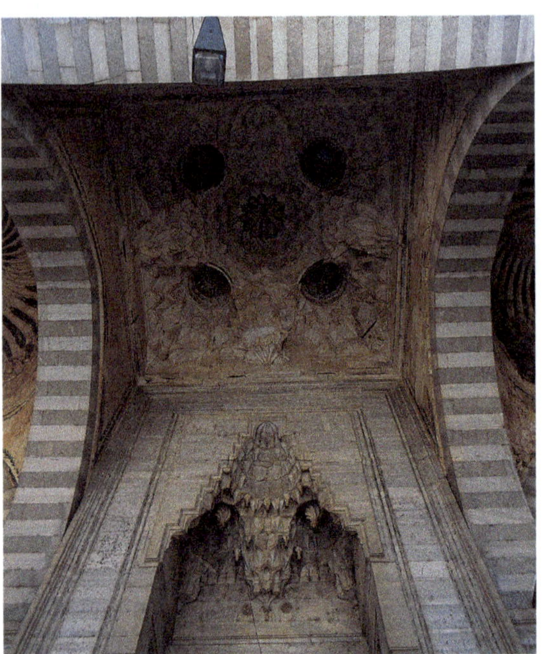

Complexe Bayézid II, mosquée, dôme surplombant le portail de la salle de prière, 1488, Bayézid II, Edirne.

Après avoir subi de nombreuses occupations militaires, en 1362 Edirne tombe définitivement aux mains des Ottomans, qui en font leur capitale en 1368. Sa position géographique, à la croisée des différentes routes conduisant de l'Anatolie aux Balkans, va lui permettre de garder toute son importance même après 1453 quand Istanbul conquise la supplante dans son rôle de capitale. Son palais royal situé sur les rives du fleuve Tunca continue d'être la résidence occasionnelle de nombreux sultans qui ne cesseront de l'embellir avant de l'abandonner en 1703. Ravagé par deux terribles incendies au XIXe siècle, il n'en reste plus rien.

C'est à Edirne que les sultans préparent leurs grandes expéditions militaires vers les Balkans et l'Europe et c'est d'Edirne qu'une fois les préparatifs terminés, ils partent en guerre, salués par d'imposantes cérémonies. C'est ici que Mehmet II fait fondre ses canons et organise sa campagne militaire d'avril 1453 qui aboutira à la prise de Constantinople et à la chute de l'Empire byzantin le 29 mai de la même année.

Edirne a été embellie par de nombreux ouvrages monumentaux édifiés par les sultans et les hauts fonctionnaires ottomans. Les grands complexes religieux financés par des institutions *waqfs* occupent une place fondamentale dans le développement urbain car ce sont les pôles autour desquels se créent et s'agrandissent les villes ottomanes. Les édifices encore visibles aujourd'hui, érigés à Edirne par les sultans Bayézid Ier, Mehmet Ier, Murad II, Mehmet II et Bayézid II, en sont de magnifiques illustrations.

Le *darüşşifa* du complexe Bayézid II est un hôpital d'une capacité de 50 lits. Sa charte *waqf* rapporte qu'il employait 1 médecin-chef, 2 médecins généralistes, 2 ophtalmologues, 2 chirurgiens, 1 pharmacien, 5 infirmiers, 1 commis, 1 intendant, 1 employé de magasin, 2 cuisiniers, 1 employé de service, 1 blanchisseur, 1 barbier et 1 portier. Les malades externes étaient admis gratuitement à la consultation et aux soins deux jours par semaine. Le célèbre chroniqueur ottoman du XVIIe siècle Evliya Çelebi fait l'éloge des soins donnés aux patients ainsi que de la qualité des lits et de la nourriture. Il raconte aussi comment la musique était utilisée dans le traitement des maladies mentales et qu'un orchestre de 10 musiciens donnait des concerts trois fois par semaine dans le cadre d'une thérapie musicale.

Edirne est à la fois une ville administrative et un centre de commerce très actif jouis-

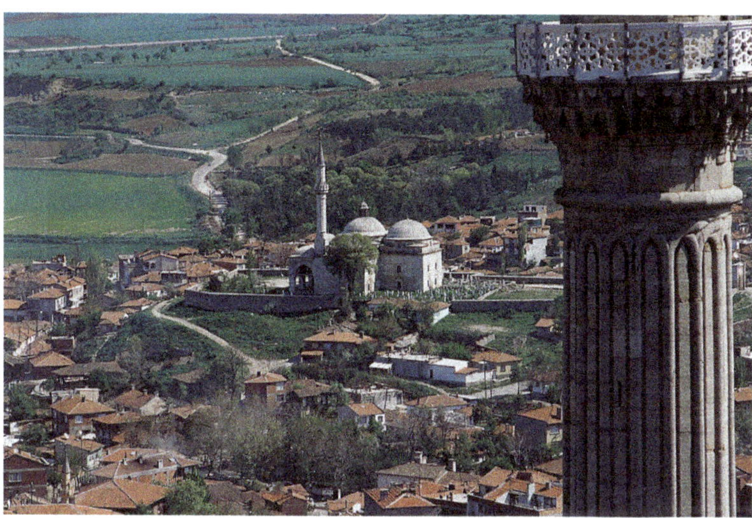

Mosquée Muradiye, vue d'ensemble depuis le minaret de la mosquée Selimiye, 1426-1427, Murad II, Edirne.

sant d'une formidable position stratégique. De ce fait, on y construit de nombreux *hans* et *bedestens* qui sont une source de revenus importante pour subvenir aux besoins des fondations *waqfs*.

A. D.

VIII.1 EDİRNE

Ce circuit est exclusivement consacré à Edirne. La plupart des monuments se trouvent dans le centre-ville et l'on peut les rejoindre à pied. Toutefois, la mosquée Muradiye, la mosquée Yıldırım et le complexe Bayézid II sont situés, eux, bien en dehors du centre et il est conseillé d'utiliser un moyen de transport pour s'y rendre.

La première agglomération fondée par les Thraces se nomme Orestia. Elle acquiert le statut de cité pendant le règne de l'empereur Hadrien (117-138) et prend le nom d'Hadrianopolis. La ville va se développer et profiter de ses avantages et de ses privilèges tout au long de la période de gloire et de prospérité de l'Empire romain.
Après la dislocation de l'empire en 395, Hadrianopolis revient en partage à l'Empire romain d'Orient, l'Empire byzantin. Les invasions slaves successives vont fréquemment menacer et ravager la ville. Quand elle tombe aux mains des Turcs, son nom est transformé en Edirne.

VIII.1.a **Mosquée Muradiye**

Rue Furun, sur l'avenue Kıyık. En partant de la mosquée Selimiye, suivre le boulevard Mimar Sinan. On ne peut la visiter que juste après les heures de prière.

Pendant le règne de Murad II, le développement urbain de la cité va prendre un essor considérable. Le complexe religieux qui porte le nom de ce sultan a été édifié sur une hauteur au nord-est de la ville. La

Edirne

Mosquée Muradiye, panneau décoratif en carreaux de céramique, 1426-1427, Murad II, Edirne.

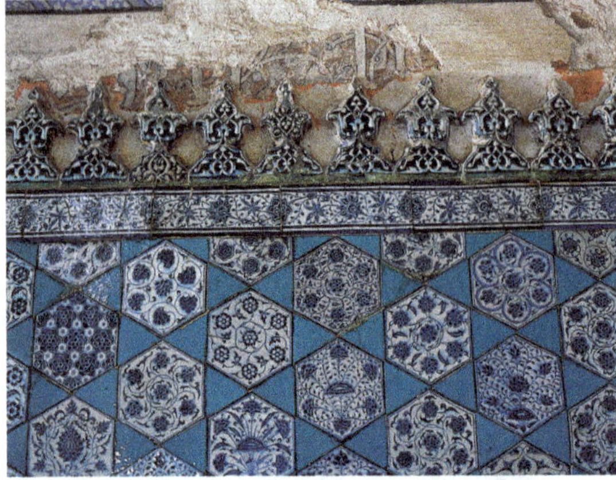

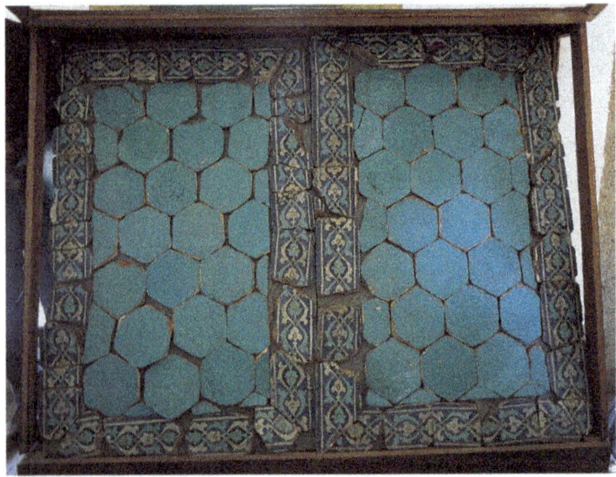

Musée des Arts turcs et islamiques, panneau décoratif en carreaux de céramique de la mosquée Şahmelek, 1429, Edirne.

légende raconte que Murad II avait rêvé que Jalal al-Din Rumi, le chef spirituel des *derviches* tourneurs, lui demandait de construire un *tekke* à Edirne. En effet, à l'époque de sa construction, l'ensemble comprenait une mosquée, un *mektep*, un *imaret* et un *tekke*, mais seuls le cimetière et la mosquée sont parvenus jusqu'à nous. On sait que l'école existait encore dans les années 20 et que le *tekke* a disparu après 1935. Ce même sultan a aussi fait construire la mosquée Üç Şerefeli à Edirne et le complexe Muradiye à Bursa, que nous avons décrit dans un circuit précédent.

La mosquée se dresse solitaire au sommet de la colline. Elle est entièrement revêtue de parements de pierre. Le minaret a été érigé dans l'angle nord-ouest. Un portique à cinq arches longe la façade nord. L'arcade centrale est surmontée d'une coupole et les quatre autres sont fermées par une voûte d'arêtes à extrados plat. L'inscription au-dessus de l'entrée porte le nom de Murad II mais ne donne pas de date de construction. Le porche terminé par un magnifique dais de *mouqarnas* débouche dans la cour centrale couverte d'une coupole à lanternon. Conçu pour répondre aux besoins des *derviches* itinérants, le bâtiment suit le plan typique des mosquées à *tabhanes* avec une cour centrale fermée, flanquée à l'est et à l'ouest de *tabhanes* à dômes et, au sud, d'une salle de prière couverte par une coupole.

Toute la décoration de la mosquée –peintures, céramique, bois– est absolument remarquable. La partie basse des murs de la salle de prière est revêtue de céramique alternant des carreaux hexagonaux du type "bleu et blanc", ornés de motifs floraux réalistes et des carreaux triangulaires vernissés de couleur turquoise. Le *mihrab*, qui mesure 6,35 m de haut sur 3,65 m de large, a un magnifique décor en carreaux à la *cuerda seca* et en mosaïques de céramique, semblable à la décoration du complexe Yeşil de Bursa. Les couleurs utilisées sont le blanc, le bleu, le turquoise et le jaune, particulièrement dominant. Les motifs d'étoiles stylisées, de *rumis*, de palmettes et de pivoines sont d'une facture exceptionnelle. La partie supérieure des murs porte encore des traces de peintures figurant des entrelacs, des *rumis* et différents motifs floraux. Au temps de sa splendeur, l'intérieur du bâtiment devait être aussi somptueux et flamboyant que la Mosquée Verte de Bursa.

İ. K.

VIII.1.b Musée des Arts turcs et islamiques et Musée archéologique

De nos jours, la madrasa *située au sud-est de la mosquée Selimiye accueille le musée des Arts turcs et islamiques et présente une belle collection d'objets d'artisanat. 100 m plus à l'est se trouve le Musée archéologique.*
Entrée payante pour chaque musée. Horaires: de 8:00 à 12:00 et de 13:00 à 16:30 en hiver; de 8:30 à 12:30 et de 13:30 à 17:30 en été.

Céramique ornementale

L'art de la céramique ornementale arrive en Anatolie avec les Seldjoukides; parallèlement au développement de l'architecture, il va devenir un élément décoratif primordial pour les mosquées, les *masjids*, les *madrasas*, les *turbés* et les palais. À travers les siècles, l'art de la céramique ornementale turque utilise différentes techniques de production. Le matériau de base est une argile propre et de bonne qualité. La terre est d'abord débarrassée de toutes ses impuretés, puis mise à tremper dans un premier bassin et malaxée pour être liquéfiée; elle est ensuite transférée dans un deuxième bassin de repos pendant quelques jours et enfin dans un troisième

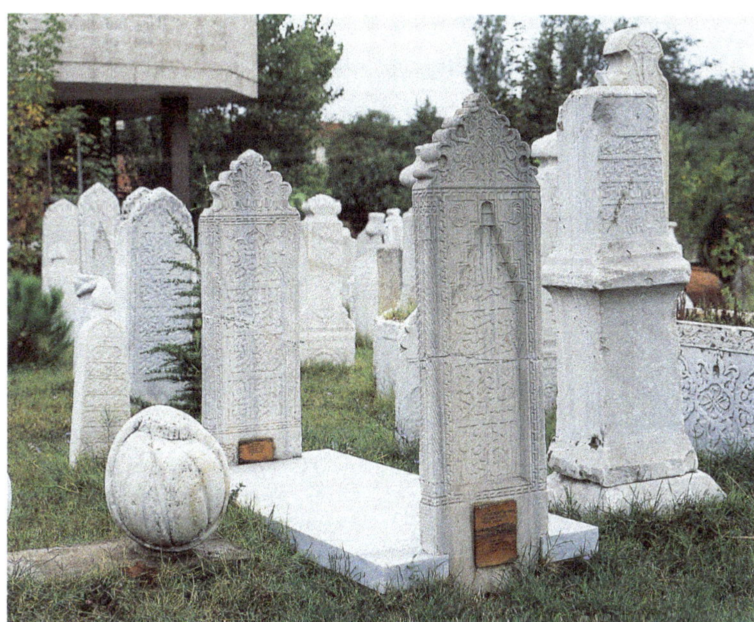

Musée des Arts turcs et islamiques, stèle funéraire de Sitti Hatun, 1486, Edirne.

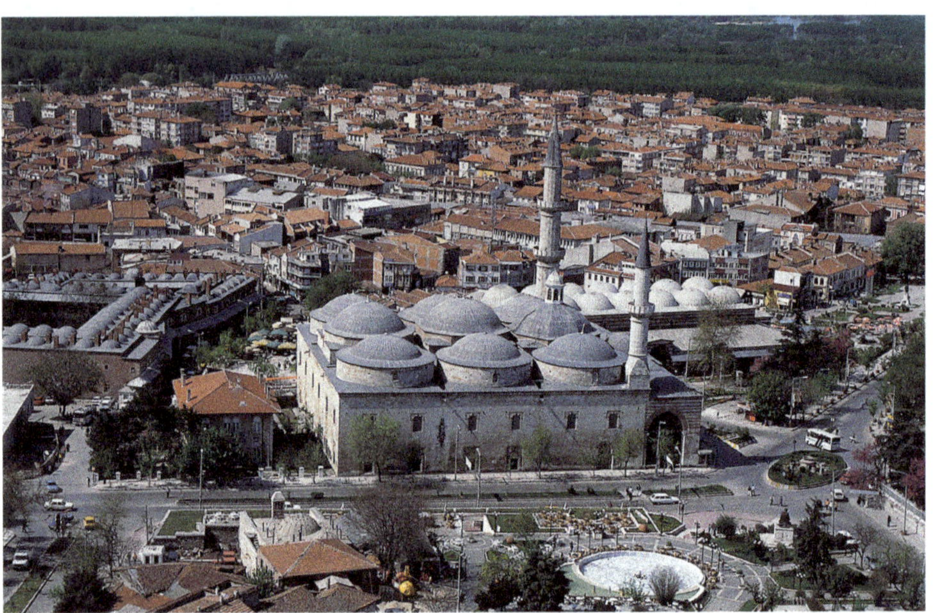

Mosquée Eski, vue d'ensemble du côté est, 1414, Mehmet Ier, Edirne.

où elle va commencer à épaissir. Quand elle a atteint la plasticité requise, elle est rapportée dans les ateliers, mise en forme dans des moules dans lesquels on la laisse sécher. Après que les aspérités ont été lissées à l'émeri, les carreaux d'argile sont placés dans des fours où ils vont être dégourdis et refroidis. Ils sont ensuite décorés, enduits de vernis, de glaçure, d'émail ou de couverte, puis cuits une deuxième fois.

Les céramiques exposées dans une des cellules sud de l'ancienne *madrasa* datent de 1429 et proviennent de la mosquée Şahmelek d'Edirne. Il s'agit de deux panneaux rectangulaires de carreaux turquoise unis entourés d'une bordure à motifs floraux à la *cuerda seca*.

L. B.

Stèle funéraire

Située dans le jardin du Musée archéologique, la stèle provient de la tombe de l'épouse de Mehmet II, Sitti Hatun, fille de Süleyman, fils de Zülfikar, morte en 1486. Traditionnellement, les tombes anatoliennes ont deux stèles, une à la tête du défunt et l'autre à ses pieds. Sous le règne des Seldjoukides et pendant la période des émirats, les stèles portent des ornementations épigraphiques. À partir du XVIIe siècle, elles vont être remplacées par des motifs végétaux, cyprès, dattiers, pampres. Pendant la période ottomane, la plupart des stèles des sépultures de femmes se terminent par un fronteau orné de motifs floraux et géométriques, d'une représentation de mosquée ou d'un autre monument. Celle-ci présente sur le corps central rectangulaire une niche en forme de *mihrab* dans laquelle sont gravées les informations concernant la défunte. La niche est entourée d'un élément décoratif en maillons de chaîne. Les écoinçons du *mihrab* sont ornés d'une rosace et d'une girandole. La stèle est surmontée d'un fronteau en forme de palmier aux branches entrelacées.

L. B.

VIII.1.c **Mosquée Eski**

Boulevard Talat Pacha, dans le centre-ville, à l'ouest du complexe Selimiye, de l'autre côté du parc.

Après la mort tragique de Bayézid Ier commencent les querelles de succession. Elles vont provisoirement s'arrêter quand le fils aîné, Süleyman Çelebi, réussit à s'emparer du trône. Cependant, en 1411, son frère Moussa conquiert Edirne, la capitale, qu'il va perdre au profit d'un autre frère, Mehmet II dit Çelebi Mehmet. La construction de la mosquée Eski, commencée en 1403 pendant la période de Süleyman Çelebi, continue sous Moussa et s'achève en 1414 sous le règne de Mehmet Ier. L'inscription au-dessus de la porte d'entrée de la façade ouest nous dit qu'elle a été construite par un architecte du nom de Hacı 'Ala al-Din de Konya et que son assistant se nommait Omar Ibn Ibrahim. Une autre inscription au-dessus de la fausse porte du portique nous apprend que la mosquée a été endommagée par un incendie en 1745, puis par un tremblement de terre en 1752 et qu'elle a été entièrement restaurée sur ordre du sultan Mahmoud Ier en 1753. Des travaux de restauration ont fréquemment été exécutés tout au long du XXe siècle, les derniers en date ont été achevés au début de l'année 2001.

Cet édifice est la première mosquée monumentale ottomane érigée à Edirne. Le minaret oriental a été construit à la même époque, le second a été ajouté plus tardivement sur le côté ouest. Les murs extérieurs du bâtiment sont en parements de pierre, tandis que le portique est en appareil alterné de brique et de pierre. L'arcade centrale du portique est rendue plus imposante par l'apport d'une coupole et d'une fausse porte. Par son plan architectural, ce monument à neuf coupoles est très semblable à la Grande Mosquée à vingt coupoles de Bursa construite en 1400 par Bayézid Ier, dans la tradition seldjoukide des mosquées hypostyles. Chaque dôme d'un diamètre de 13,50 m est soutenu par quatre piliers colossaux. Les trois coupoles centrales, sur l'axe du *mihrab*, sont légèrement plus élevées que les autres et la plus

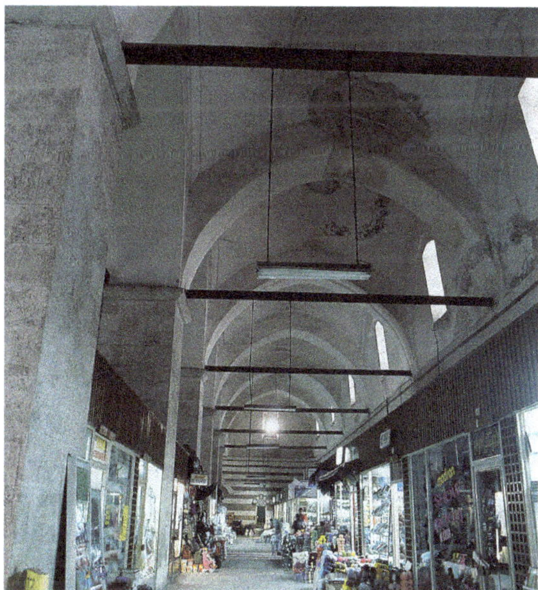

Bedesten, intérieur, 1413-1421, Mehmet Ier, Edirne.

septentrionale est coiffée d'un lanternon. C'est sous cette coupole que se trouvait à l'origine la fontaine à ablutions, comme dans la Grande Mosquée de Bursa. Les bandeaux épigraphiques à caractère religieux qui décorent les murs et les piliers sont dans un style calligraphique d'une grande hardiesse. Les peintures de la partie haute des murs, de l'intérieur des dômes et du *mihrab* ont probablement été ajoutées au cours des travaux de restauration du XVIIIe siècle. Les côtés du *minbar* en marbre sont magnifiquement sculptés de motifs intriqués.

İ. K.

VIII.1.d **Bedesten**

Boulevard Talat Pacha, à l'est de la mosquée Eski.

Le *bedesten* est un type de bâtiment de conception nouvelle qui apparaît au XVe siècle comme conséquence du développement et de l'évolution commerciale dans les émirats. Construits à l'origine pour rassembler dans un même lieu les marchands d'étoffes appelés *bezzaz*, ils vont bientôt accueillir d'autres corporations. Un *bedesten* fonctionne comme une banque d'aujourd'hui, les produits de valeur –tels que les bijoux ou l'argent– y sont entreposés et protégés. Les marchandises sont estimées et évaluées dans les *bedestens* dont les administrateurs, choisis parmi des personnes de confiance, font fonction d'experts en cas de litiges.

En général, les *bedestens* sont des constructions rectangulaires sans ouverture sur l'extérieur, entourées de boutiques sur les quatre côtés; une porte s'ouvre au milieu

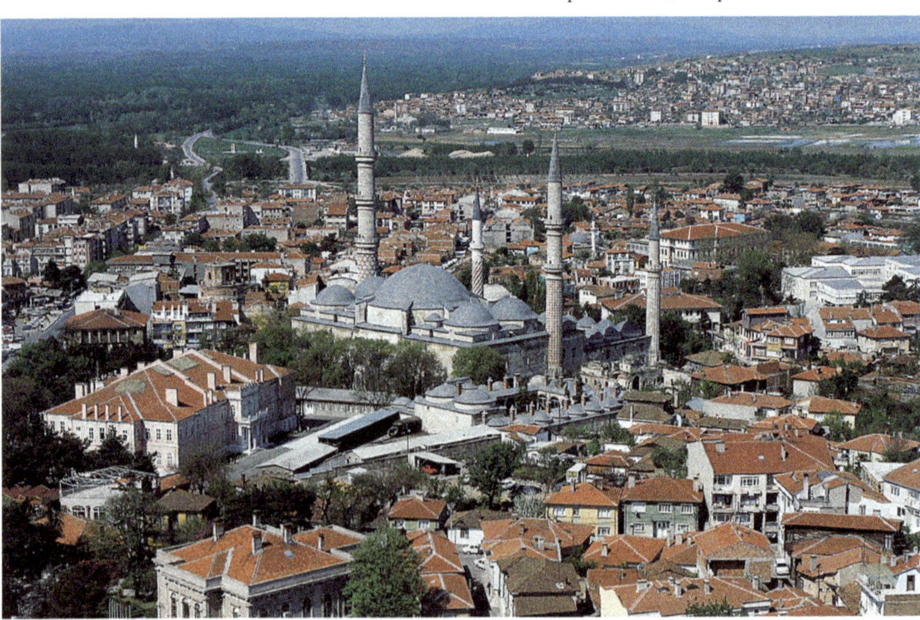

Mosquée Üç Şerefeli, vue du côté sud-est, 1445, Murad II, Edirne.

de chaque façade; l'espace intérieur est divisé en pièces d'égales dimensions, chacune couverte d'une coupole; des petits entrepôts sont aménagés dans l'épaisseur des murs. Le nombre de pièces à coupole varie selon l'importance du bâtiment. Un des plus importants est celui que fait ériger Mehmet Ier à Edirne. Les *bedestens* sont toujours organisés en *waqfs* et l'on sait que celui ci faisait partie du *waqf* créé pour la mosquée Eski. Il a quatre entrées en forme d'*iwan*, médianes de chaque façade. Un œil attentif remarquera que chaque fenêtre de l'étage supérieur du corps principal est ornée de décorations exécutées chaque fois dans une pierre différente. La bâtisse principale, rectangulaire, a 14 élégantes coupoles, 56 magasins extérieurs et 36 entrepôts intérieurs. L'ensemble entièrement restauré abrite aujourd'hui un bazar. Dans ses chroniques, Evliya Çelebi raconte que les marchandises entreposées étaient tellement précieuses que de nuit les quatre portes du *bedesten* étaient fermées à clef et qu'il était surveillé par 60 janissaires.

İ.K.

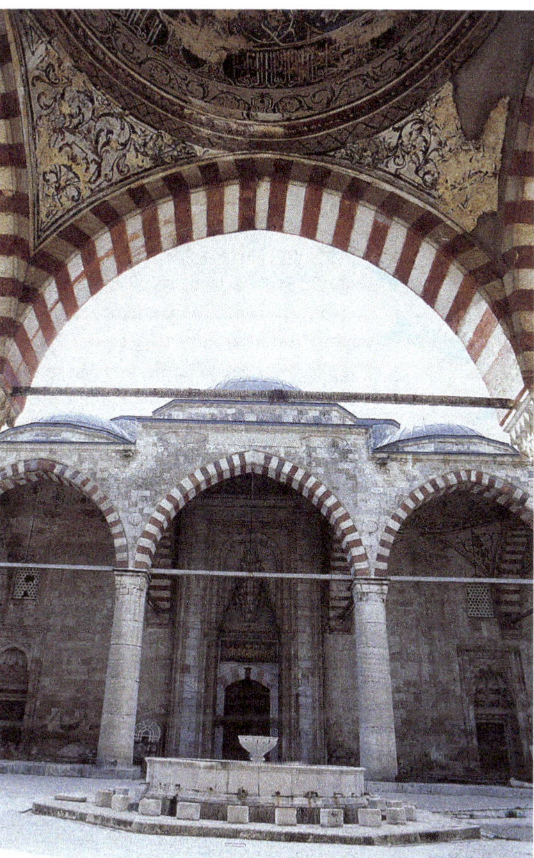

Mosquée Üç Şerefeli, portique, 1445, Murad II, Edirne.

VIII.1.e **Mosquée Üç Şerefeli**

Avenue Hükümet, au nord de la mosquée Eski et du bedesten, *de l'autre côté du parc.*

C'est la première mosquée à quatre minarets de la période ottomane. Du temps de sa construction, le monument était appelé Cami-i Cedid (la mosquée neuve) et Cami-i Kebir (la grande mosquée), mais des documents très anciens portent déjà le nom de Üç Şerefeli (mosquée aux trois *şerefes*, "balcons"). Chaque minaret construit dans chaque angle de la cour est décoré de façon différente: celui du nord-est est revêtu de moulures verticales parallèles, tandis que le minaret de l'angle nord-ouest est orné de décorations en spirales. À l'angle sud-est, il est recouvert de losanges en pierre de deux couleurs différentes et dans l'angle sud-ouest, le minaret qui donne son nom à la mosquée présente un décor de grands chevrons. Trois escaliers séparés donnent accès à ses trois balcons superposés. Avec ses 67,50 m, il est le deuxième en hauteur de tous les minarets ottomans après ceux de la mosquée Selimiye (71 m environ), construite à Edirne par Sinan, le célèbre architecte ottoman du XVIe siècle. On remarquera que les fenêtres inférieures sont toutes ornées d'un décor personnalisé très élaboré.

La cour, avec sa fontaine au centre, un portique sur les quatre côtés et trois porches (un en face du *mihrab* et deux latéraux), est la première construction de ce genre dans l'architecture ottomane. Elle rappelle la cour de la Grande Mosquée de Manisa et celle de la mosquée Isa Bey à Selçuk qui, néanmoins, sont toutes deux plus anciennes et remontent à la période des émirats. Üç Şerefeli est une des mosquées les plus importantes de l'époque ottomane car son plan architectural influencera la construction de nombreuses mosquées plus tardives. Les tympans des deux fenêtres du mur septentrional, à l'ouest du porche central, sont revêtus de magnifiques céramiques ornées d'inscriptions religieuses. Toutes les coupoles se différencient les unes des autres par leur taille et leur décor peint. Une partie des fresques qui ornent les passages et les dômes des portiques a été rénovée au cours de la restauration de 1763-1764.

D'après l'inscription arabe que l'on trouve sur le portail de la salle de prière, la construction d'Üç Şefereli a été achevée en 1445. Cependant, d'autres inscriptions présentes dans la mosquée indiquent des dates de début et de fin de construction légèrement différentes, avec un écart d'une ou deux années. On ignore la raison de cette différence. L'histoire raconte que sa construction fut confiée en 1427 à un maître ouvrier du nom de Muslihüddin, et qu'elle coûta 7 000 sacs d'or. Comme la plupart des monuments de Thrace, elle est gravement endommagée par le tremblement de terre qui frappe la région le 29 juillet 1752. D'après les inscriptions qui ornent les deux tympans de l'arc central du portique, elle a été entièrement restaurée en 1763-64, pendant le règne de Moustafa II. La dernière restauration intérieure, commencée en 1998, s'est achevée au début de l'année 2001, mais, à l'heure où nous mettons sous presse, la cour est encore en travaux.

Trois grands portails, dont un portail monumental au centre, mènent de la cour à la salle de prière. Il existe encore une autre porte, près du minaret à trois balcons, qui ouvre directement sur l'extérieur. Le dôme de cette première mosquée monumentale ottomane à coupole centrale a un diamètre de 24 m environ, il est surélevé par un tambour hexagonal supporté par deux piliers adossés et quatre piliers engagés dans les murs nord et sud. En élévation, le tambour hexagonal devient carré et les trompes des quatre angles sont fermées par de magnifiques voûtes dont les extrados sont surmontés de minuscules coupoles. La section centrale est agrandie vers l'est et l'ouest par deux dômes de dimensions égales séparés par des arches. Le *mihrab* et le *minbar*, très sobres, accentuent encore la beauté de cette spacieuse salle de prière. Selon la légende, les peintures originales du XVIIIe siècle ont été exécutées par un artiste perse qui aurait fait venir de son pays un chargement de couleurs apporté par une caravane de 70 chameaux.

İ. K.

VIII.1.f **Madrasa Saatli** (option)

14, rue Çamaşırcılar. À l'est de la cour de la mosquée Üç Şerefeli.

À l'est de la mosquée se trouvent la *madrasa* Saatli (*madrasa* de l'Horloge), érigée par Murad II en même temps qu'Üç Şerefeli, et la *madrasa* Peykler (*madrasa* des Estafettes) construite par Mehmet II. On pense que la *madrasa* du nord, plus proche de la mosquée, serait la Saatli, tandis que celle du sud, construite un peu plus en hauteur, serait la Peykler, mais aucune des deux ne porte d'inscription le précisant et leur architecture très semblable les rend difficilement identifiables.
De nos jours, le bâtiment qui devrait être la *madrasa* Saatli est presque complètement en ruine. La façade ouest est revêtue de parements de pierre taillée tandis que les autres murs sont en appareil alterné de pierre et de brique. L'intérieur de la coupole de l'*iwan* d'entrée qui succède au porche occidental est décoré de *mouqarnas*. Un des côtés de la cour est fermé par l'*iwan*/*dershane* d'été et le *dershane* d'hiver. Les cellules des étudiants s'alignent sur les trois autres côtés. Chaque pièce de la *madrasa* est couverte d'une coupole.

İ. K.

VIII.1.g **Madrasa Peykler** (option)

Rue Çamaşırcılar, près de la madrasa *Saatli. Depuis l'an 2000, le bâtiment qui n'est plus en fonction est fermé. La clé peut être demandée au siège de la direction Vakiflar (*waqfs*) qui se trouve juste en face de la mosquée Eski, boulevard Talat Pacha.*

Les sources historiques rapportent que la *madrasa* Peykler a été érigée par Mehmet II. Le bâtiment, à l'intérieur comme à l'extérieur, est entièrement revêtu de pierre de taille. Ici aussi une coupole ornée de *mouqarnas* coiffe l'*iwan* d'entrée derrière le portail oriental, juste en face de la mosquée. Cependant, de nos jours, on entre par le petit porche au nord-est qui donne dans la rue Çamaşırcılar. La cour est entourée sur trois côtés par les beaux arcs brisés surbaissés des portiques; un arc du type dit de "Bursa" se dresse devant le porche principal. Au sud se trouvent le *dershane*/*iwan* d'été en saillie et, sur son côté est, le *dershane* d'hiver. Les cellules des étudiants longent les trois autres côtés. Les deux *dershanes* sont dotés d'un *mihrab*, ce qui laisse penser qu'ils étaient utilisés comme *masjids*. Chaque *dershane* est couvert d'une coupole, tandis que les cellules des étudiants sont coiffées soit d'un dôme soit d'une voûte.

İ. K.

Mosquée Beylerbey, salle de prière, 1429, Sinaneddin Youssouf Pacha, Edirne.

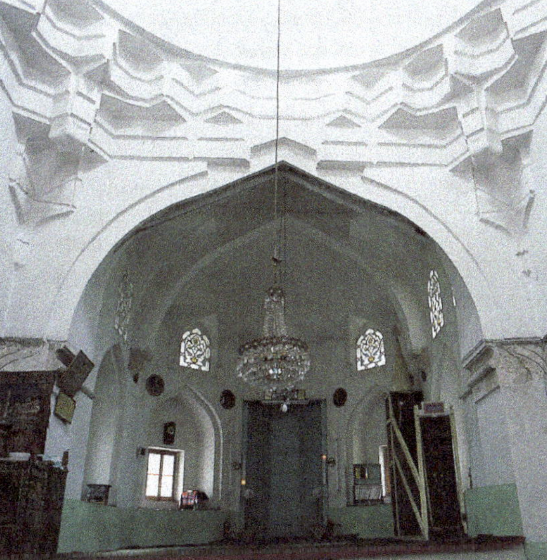

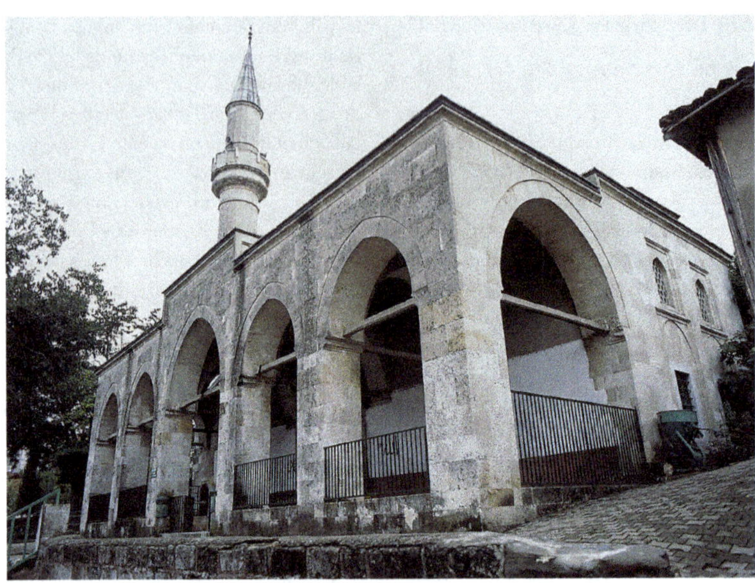

Mosquée Beylerbey, vue du côté nord-ouest, 1429, Sinaneddin Youssouf Pacha, Edirne.

VIII.1.h **Mosquée Beylerbey**

Avenue Hükümet. Le monument se trouve 150 m après la mosquée Üç Şerefeli, sur une hauteur, derrière le cimetière. On peut le visiter juste après les heures de prière.

Suivant l'exemple de leur sultan, les grands dignitaires faisaient eux aussi construire des édifices publics. Le *beylerbey* de Roumélie, Sinaneddin Youssouf Pacha, en fit construire plusieurs, dont la mosquée Beylerbey en 1429. La charte *waqf* qu'il fonde à la même date nous apprend qu'autour de la mosquée, il avait aussi fait construire une *madrasa* et un *imaret* qui malheureusement ne sont pas parvenus jusqu'à nous.

La construction est érigée sur une terrasse surélevée derrière le cimetière où l'on trouve aussi les vestiges d'un *turbé*. La mosquée a été restaurée plusieurs fois. Les parements de pierre de taille et le minaret de l'angle nord-est ont été entièrement rénovés. Le dernier étage du minaret, entre le balcon et la flèche, s'est écroulé dans les années 50 et a été reconstruit. La façade nord qui donne sur le cimetière est précédée d'un portique à cinq baies. Celle du milieu est recouverte d'une coupole, les autres sont voûtées. Passé le simple porche dont la plaque d'inscription est brisée, on arrive dans la cour centrale recouverte d'un dôme de 7 m de diamètre coiffé d'un lanternon. La salle de prière, au sud, est divisée en deux nefs par un arc, comme la salle de prière de l'*imaret* Nilüfer Hatun à Iznik. La première au nord, de forme rectangulaire, est recouverte d'un petit dôme de 3 m de diamètre reposant sur une voûte en arc-de-cloître étoilé. La seconde nef, au sud, abrite le *mihrab*. Elle est coiffée d'un cul-de-four en coquille qui rappelle la salle de prière de la mosquée Yahşi Bey de Tire.

Il reste des traces de peintures décoratives, en particulier sur l'arc rampant qui sépare la salle de prière de la cour centrale. Cette cour est flanquée d'un *tabhane* à l'est et à l'ouest, chacun doté d'une cheminée et de quatre niches.

İ. K.

VIII.1.i **Complexe Bayézid II**

L'ensemble est situé sur l'autre rive du fleuve. On peut s'y rendre en suivant les indications sur l'avenue Hükümet, à 50 m du croisement, ou bien en prenant devant le hammam *Sokollu, toujours sur l'avenue Hükümet, un minibus* dolmush *pour la mosquée Yıldırım qui s'arrête devant le complexe.*

Bien qu'elle ait perdu son statut de capitale au profit d'Istanbul, Edirne a longtemps gardé son prestige et son importance, comme le prouvent la construction du complexe Bayézid II à la fin du XVe siècle et celle de la mosquée Selimiye, un chef-d'œuvre de l'architecture ottomane, terminée en 1575.

Le 25 mai 1484, le sultan Bayézid II participe personnellement à la pose de la première pierre du complexe. Au cours de ces célébrations, un grand nombre d'animaux sont offerts en sacrifice et leur chair est distribuée aux nécessiteux. La construction ne va durer que quatre ans et le complexe sera inauguré en grande pompe en 1488.

Les opinions divergent quant à l'identité de l'architecte du complexe; selon certains spécialistes, il s'agirait de Hayreddin, d'autres penchent pour Ya'qub Chah Ibn Sultan Chah.

Le complexe d'Edirne, construit après celui d'Amasya, lui aussi sur ordre de Bayézid II, est un important ensemble de bâtiments qui s'étend sur 22 000 m^2 et comprend une mosquée, une *madrasa*, un *darüşşifa*, un *tabhane*, un *hammam*, un pont, un *imaret* et des entrepôts. Près de la route, le portail nord donne dans la

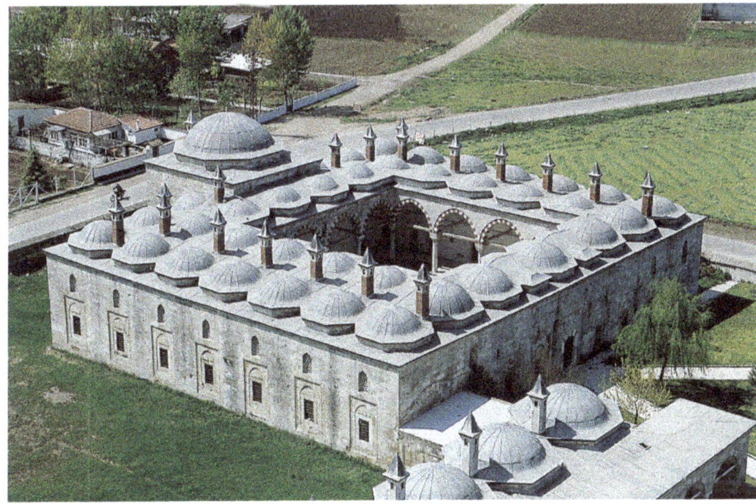

Complexe Bayézid II, madrasa, vue d'ensemble du côté sud-est, 1488, Bayézid II, Edirne.

Edirne

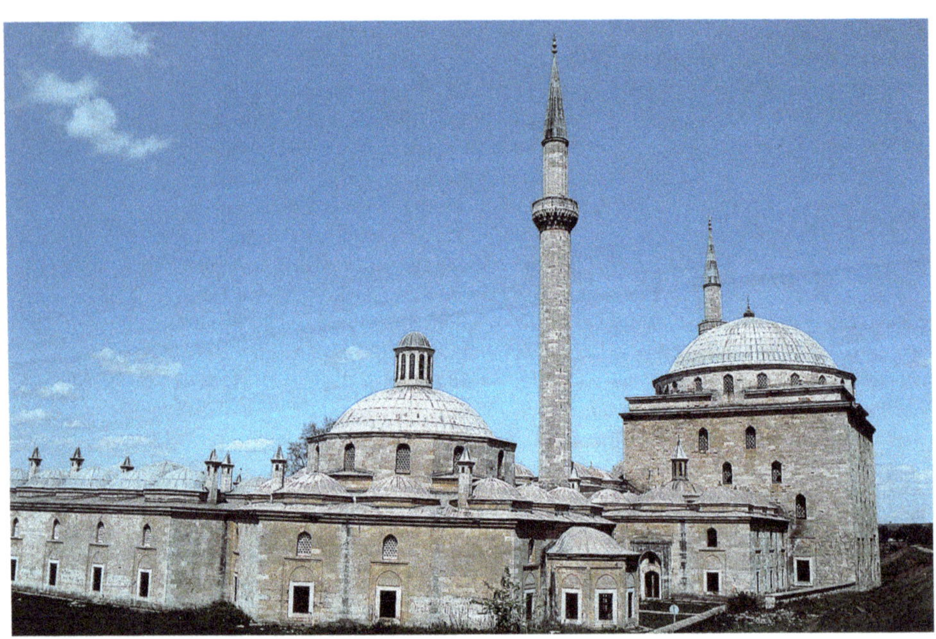

Complexe Bayézid II, darüşşifa, vue du côté ouest, 1488, Bayézid II, Edirne.

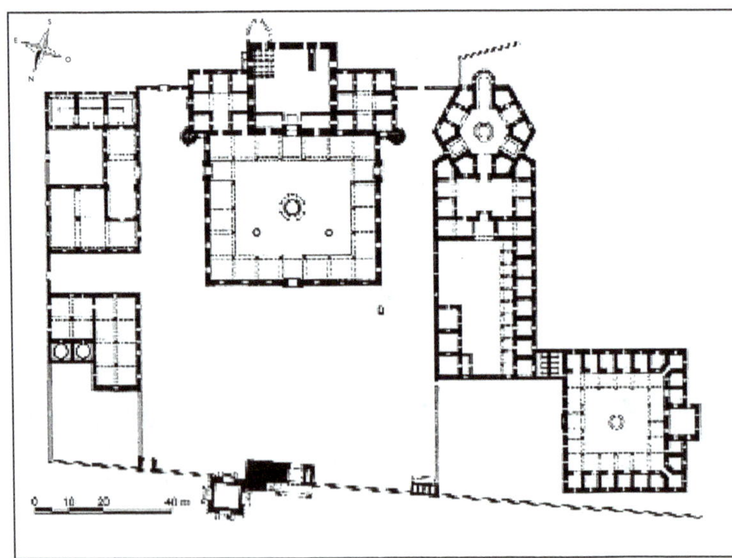

Plan du Complexe Bayézid II, fin du XVe siècle, Edirne.

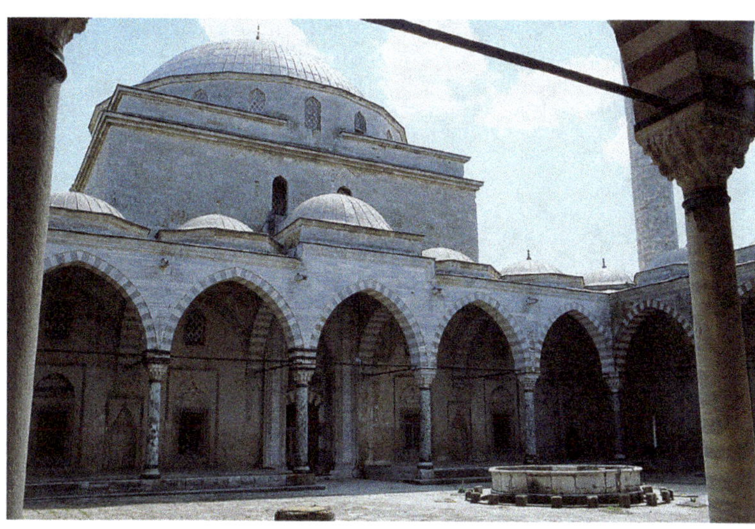

Complexe Bayézid II, mosquée, vue de la cour, 1488, Bayézid II, Edirne.

cour entourée de murs, commune à tous les bâtiments. À gauche de la porte principale se trouve la fontaine Sinan Agha. La mosquée est au sud de la cour commune; le *darüşşifa* et la *madrasa* sont à l'ouest, tandis qu'à l'est on trouve l'*imaret* constitué de deux sections comprenant une boulangerie à deux fours, une fabrique de bougies, un réfectoire, une réserve et des écuries. La partie abritant les fours et les fourneaux est très grande. L'*imaret* préparait les repas des hôtes et des employés du complexe et en distribuait aussi aux pauvres du voisinage. On y préparait des repas appropriés pour la rupture du jeûne du ramadan, pour les festivités religieuses et pour le vendredi. À la demande du médecin, des repas était préparés spécialement pour les malades, dans une cuisine séparée. Le pont sur le fleuve Tunca est au sud-est du complexe, juste au-delà des murs de la cour. Il a été construit pour permettre aux habitants du voisinage de se rendre plus facilement à la mosquée et de se joindre à la congrégation. Le *hammam* qui n'existe plus était construit sur la même rive que le complexe; d'après les documents historiques, c'était un *hammam* double avec des sections séparées pour les femmes et pour les hommes.

Depuis le début de l'année 2001, les bâtiments de l'*imaret* sont fermés en raison de

Complexe Bayézid II, Darüşşifa, 1488, Bayézid II, Edirne.

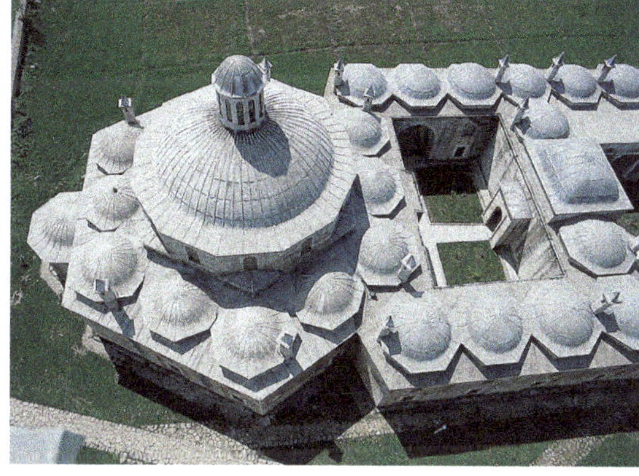

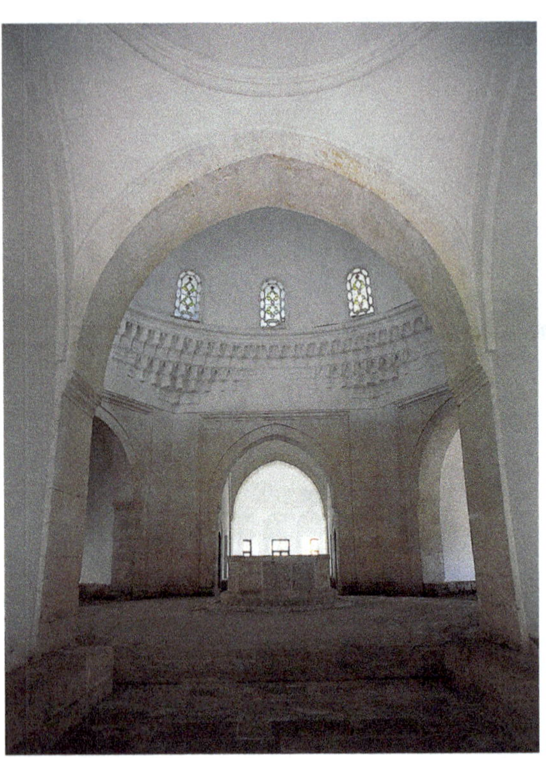

Complexe Bayézid II, darüşşifa, intérieur, 1488, Bayézid II, Edirne.

leur état de délabrement avancé et la mosquée est en restauration. Mais le *darüşşifa* et la *madrasa* sont bien conservés, le premier abrite maintenant le musée de la Santé de l'Université de Trakya et l'autre un dispensaire familial.

La mosquée Bayézid II

Trois entrées conduisent de la cour commune à la cour de la mosquée même: l'une sur la façade nord, les deux autres sur les façades latérales. Une fontaine en marbre occupe le centre de la cour rectangulaire en dallage de marbre et ceinte d'un portique à coupoles sur les quatre côtés. Pour marquer l'axe d'entrée, l'arche centrale devant le portail est fermée par une coupole plus haute que les six autres qui l'entourent. Sous les arcades, deux *mihrabs* extérieurs ont été construits de part et d'autre de l'entrée. Aux angles des *tabhanes* qui jouxtent la salle de prière à l'est et à l'ouest se dressent deux élégants minarets de 38 m de haut et de 3,25 m de diamètre. Ils ont un seul balcon et le corps orné de cannelures. Les deux *tabhanes* ont neuf arcades, chacune recouverte d'une coupole, avec quatre *iwans* ouvrant directement sur la cour centrale, et des chambres dans les angles. Les *tabhanes* ne sont pas directement reliés à la mosquée et les fenêtres des murs mitoyens ont été murées.
De la cour, on emprunte un porche surmonté d'un élégant dais somptueusement orné de *mouqarnas* pour pénétrer dans la grande salle de prière qui occupe une superficie de 500 m^2 environ. Elle est coiffée d'une belle coupole de 20,55 m de diamètre surélevée par un tambour polygonal. Le *mihrab* et le *minbar* sont en marbre; quant à la loge royale, elle repose sur une forêt de petites colonnes de remploi qui lui confèrent une élégance remarquable. Les bois des portes, des battants des armoires et des volets des fenêtres sont décorés de beaux motifs minutieusement exécutés.

La madrasa

D'après la plupart des historiens, cette *madrasa* était une école de médecine. On suppose qu'une fois leurs études terminées, certains étudiants continuaient d'y habiter et terminaient leur apprentissage dans l'hôpital voisin. Toutefois, rien ne vient confirmer cette hypothèse dans les sources historiques ou dans la charte *waqf* du complexe. La *madrasa* est un bâtiment rectangulaire en rez-de-chaussée. Sa cour ouverte, que l'on rejoint par un portail médian de la façade orientale, est entourée d'un portique à coupoles sur les quatre côtés et montre encore les traces de la fontaine qui se situait au centre. Les 18 cellules d'étudiants, réparties sur les côtés nord, ouest et sud, sont toutes couvertes d'un dôme et ont chacune une cheminée. Face à l'entrée, au centre du côté ouest, le *dershane* est une pièce rectangulaire en saillie, couverte d'une grande coupole; un escalier en pierre ménagé sur son mur oriental conduit à une belle coursive qui servait probablement de bibliothèque.

Le darüşşifa

À l'ouest de la mosquée et au sud-est de la *madrasa* se trouve le *darüşşifa* constitué de deux cours rectangulaires et d'un corps de bâtiment principal alignés sur un axe nord-sud. Derrière le portique voûté du côté ouest de la première cour se trouvent les cellules coiffées de dômes. La partie nord de l'aile orientale est aussi bordée de chambres à coupoles aux fonctions multiples. Sur le côté sud, l'*iwan* donnant accès à la deuxième cour est flanqué de deux grandes pièces à doubles coupoles. Cette deuxième cour, plus petite, a deux *iwans* sur les côtés, flanqués de deux cellules fermées d'un dôme. De nos jours, les cellules de la première cour et celles du côté oriental de la deuxième servent de salles d'exposition pour le musée de la Santé.

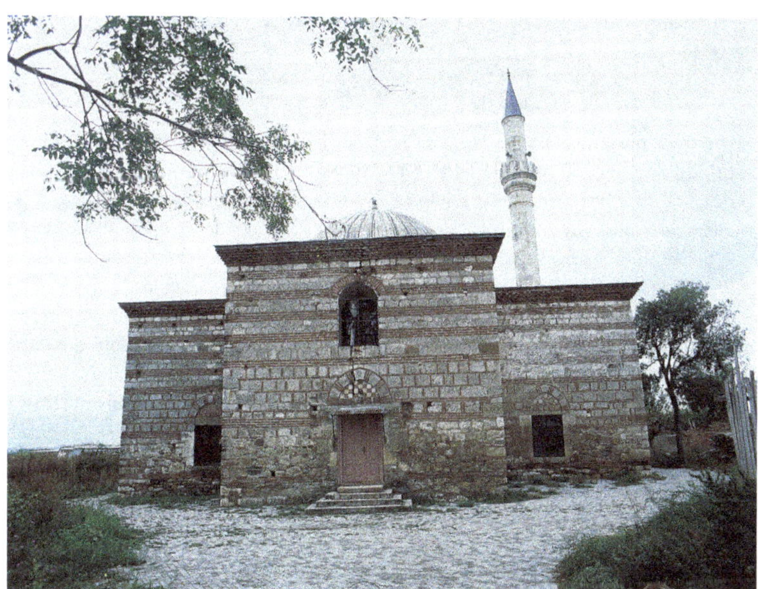

Mosquée Yıldırım, vue du côté ouest, 1389-1402, Bayézid Ier, Edirne.

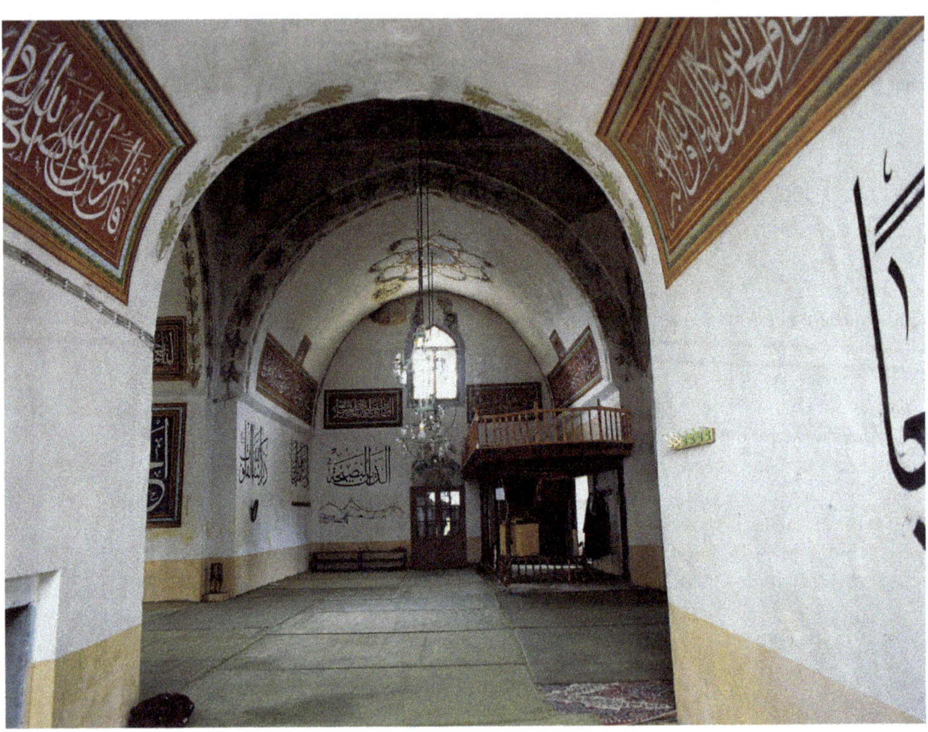

Mosquée Yıldırım, salle de prière vue d'est en ouest, 1389-1402, Bayézid Ier, Edirne.

La partie la plus intéressante du *darüşşifa* est l'édifice principal, dont la salle centrale, de forme hexagonale, est flanquée d'un *iwan* au milieu de chaque pan de mur et d'une chambre carrée dotée d'une cheminée à chaque angle. Les *iwans* et les pièces sont chacun recouverts d'une coupole individuelle; on accède aux chambres par les *iwans*. Cette salle centrale est surmontée d'une grande coupole qui repose sur des pendentifs décorés de *mouqarnas*. Un bassin à fontaine occupe le centre de la salle éclairée par le lanternon qui surmonte la coupole et par les fenêtres ménagées dans les murs extérieurs des *iwans*. L'*iwan* faisant face à l'entrée, plus profond que les autres, est construit en saillie extérieure au bâtiment. De nos jours, l'édifice est occupé par une exposition permanente de scènes de vie quotidienne dans le *darüşşifa* du temps des Ottomans, joliment représentées par des mannequins.

Nous disposons d'informations intéressantes concernant les fonctions des différents services de l'hôpital. On suppose par exemple que les pièces donnant dans la première cour étaient les salles de consultation des médecins, la réserve, la cuisine, les cellules d'isolation pour les malades mentaux, la buanderie, etc., tandis que les pièces ouvrant sur les deux *iwans* en vis-à-vis dans la seconde cour servaient de laboratoires et d'entrepôts pharmaceutiques. Toujours selon les sources historiques, on sait qu'en certaines occasions des musiciens venaient jouer dans le grand *iwan* du bâtiment principal. Selon la légende, le bruit d'eau courante de la fontaine avait un effet apaisant sur les malades mentaux et faisait partie de leur traitement.

İ. K.

VIII.1.j **Mosquée Yıldırım**

En venant du centre-ville, suivre l'avenue Talatpaşa en direction de Kapıkule et de la Bulgarie. Traverser le fleuve Tunca et 200 m plus loin, prendre à droite un autre petit pont qui mène directement à la mosquée Yıldırım. En venant du complexe Bayézid II, suivre le quai vers l'ouest jusqu'à la route principale, 200 m plus loin, tourner à droite, traverser le petit pont au bout duquel se trouve la mosquée.

Conquise par Murad Ier en 1362, Edirne devient la capitale de l'État ottoman en 1368. La plupart des édifices construits dans les années qui ont suivi la conquête de la ville ont disparu. La mosquée la plus ancienne encore debout est celle construite sur ordre du sultan Bayézid Ier, et appelée par son surnom, Yıldırım "la Foudre". Selon nombre de sources historiques, elle aurait été érigée sur les fondations d'une église. Les erreurs manifestes que l'on peut voir dans le plan de construction et l'emplacement du *mihrab* sembleraient confirmer cette théorie que d'autres chercheurs contestent en affirmant que la mosquée a été conçue et construite en tant que telle. Par ailleurs, c'est un fait connu que dans les premiers temps de l'islam, certaines églises des villes conquises étaient transformées en mosquées. On sait aussi que, pendant toute une période avant la construction de la Grande Mosquée de Damas, musulmans et chrétiens faisaient leurs dévotions sous le même toit. Il ne serait donc aucunement improbable ou étrange que ce soit véritablement une église reconvertie. Certains documents se réfèrent à la mosquée Yıldırım par le nom de Küpeli, littéralement "la mosquée aux pendentifs". Selon certains, cette appellation serait due aux anneaux et aux candélabres qui pendent de ses voûtes, tandis que d'autres affirment que ce nom lui vient de la fille de Bayézid Ier, Küpeli Sultan, qui aurait vendu ses pendants d'oreilles en diamant pour faire don de l'argent à la mosquée de son père.

L'édifice est entièrement en brique et en pierre: en appareil alterné pour les façades, en motif ornemental pour les tympans des fenêtres. À l'origine, la façade d'entrée à l'est était précédée d'un portique, aujourd'hui en ruine, couvert d'un toit en bois. Après le portail, une porte sur la droite ouvre sur un *tabhane* très endommagé mais qui garde encore un beau décor en stuc au-dessus de la cheminée. Une porte minuscule sur la gauche ouvre sur un second *tabhane* servant aujourd'hui de remise pour les objets de culte utilisés pour les funérailles. Au centre de la façade ouest, en saille, est ménagée une porte donnant directement dans la salle de prière cruciforme et terminée par un *iwan* à voûte en berceau sur chaque bras. La partie centrale est couverte d'un dôme reposant sur une corniche de triangles turcs. Le *mihrab* est situé dans l'angle de l'*iwan* méridional. Les peintures murales datent des travaux de restauration du XIXe siècle.

İ. K.

İnci Kuyulu

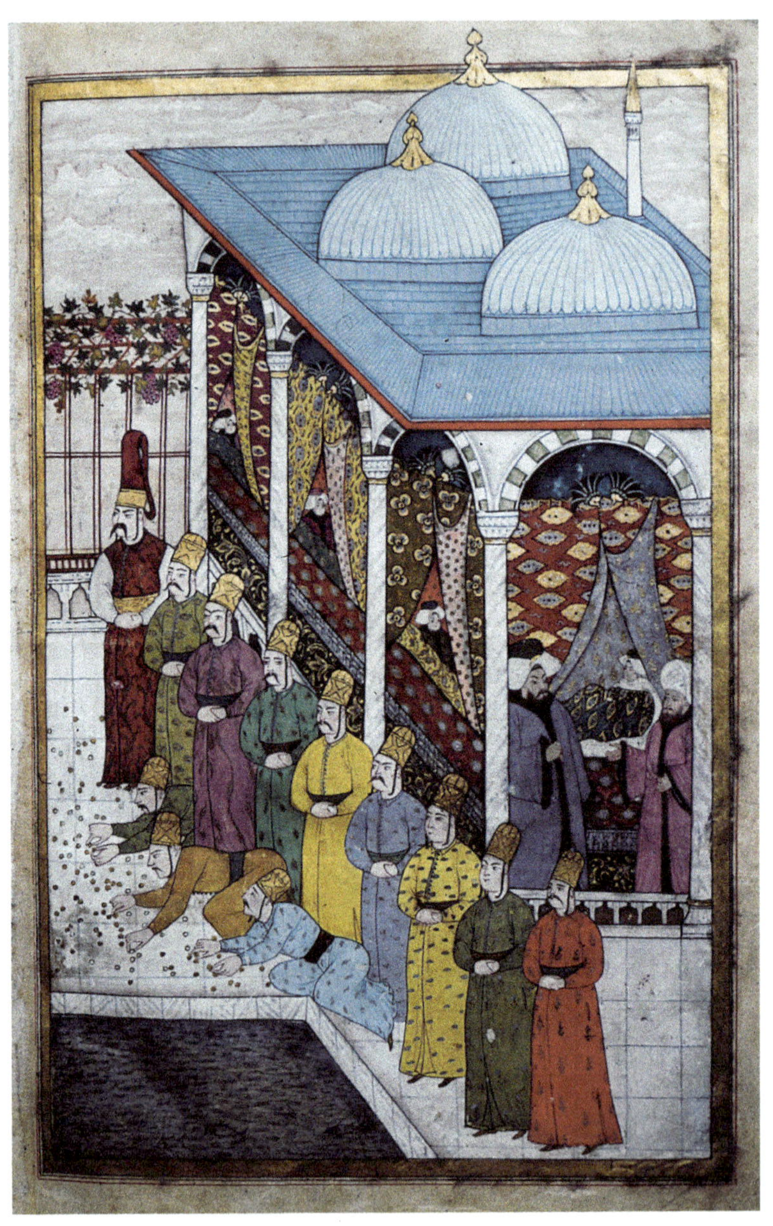

Scène de la vie au palais, Surname-i Vehbi, 3593, f° 170a, Levni, 1720, Bibliothèque du palais Topkapı, Istanbul.

Les palais (*saray* en turc) sont le reflet de la vie politique, sociale et culturelle de l'époque de leur construction. Pendant la période des émirats, l'Anatolie est encore une région politiquement et économiquement faible et généralement les palais, loin d'être monumentaux, sont des petites constructions. Toutefois, servant à la fois de résidence du sultan, d'où il gouverne, et de centre du pouvoir administratif, ils sont édifiés avec plus de soins que les autres.

Ibn Battuta, qui visita l'Anatolie au XIVe siècle, est une source précieuse d'informations sur les palais de l'époque des émirats, dont malheureusement aucun n'est parvenu jusqu'à nous. Excepté celle de l'émirat aydınide à Birgi, toutes les demeures royales qu'il décrit à Alanya, Eğirdir, Antalya, Beçin, Ladik et Bursa semblent avoir été de dimensions modestes.

Le premier palais ottoman connu est celui que fait construire Osman Gazi à Yenişehir après sa conquête en 1299 et où l'on va rapidement entreprendre d'importants travaux d'urbanisation. Seuls les vestiges du *hammam* sont encore visibles aujourd'hui. Nous connaissons l'existence d'un autre palais situé à l'intérieur de la citadelle de Bursa, datant du règne d'Orhan Gazi. Dès la fin de la construction, il a continuellement été modifié par l'ajout de nombreuses sections. Mais il est complètement abandonné quand Edirne devient la capitale de l'État ottoman.

Quand la ville passe sous domination turque en 1362, deux palais vont y être construits. Le premier appelé Saray-ı Atik, littéralement “le vieux palais”, est édifié sur ordre de Murad Ier, le conquérant d'Edirne. Les sultans Bayézid Ier et Murad II en feront leur résidence. Au XVIIe siècle, le chroniqueur Evliya Çelebi rapporte que ce palais, situé près de la mosquée Selimiye, avait été construit dans les années 1365-1368, et que plusieurs parties lui avaient été ajoutées successivement.

La construction du second palais est commencée par Murad II. Elle va être amplifiée puis achevée par son fils, Mehmet II. Le Yeni Saray (nouveau palais), connu aussi comme Saray-ı Cedid-i Amire (nouveau palais royal), palais Tunca (du nom du fleuve), palais Hünkar Bahçesi (palais du jardin royal) ou encore Edirne Saray-ı Hümanayunu (palais royal d'Edirne), était situé dans le quartier actuel de Sarayiçi. En 1870, ses souterrains servaient d'entrepôts de munitions. On y mit le feu en 1876, provoquant une explosion qui détruisit complètement le palais dont il ne reste aujourd'hui que de rares vestiges. Occupant une superficie considérable, le Nouveau Palais était agencé en cinq grandes cours entourées de bâtiments qui pouvaient accueillir près de 6 000 personnes. Bien après que la capitale fut transférée à Istanbul, il maintint son rang de résidence royale appréciée des sultans qui venaient y séjourner de temps à autre, qui ne cessèrent de l'agrandir et qui s'en inspirèrent pour la construction de leurs palais d'Istanbul.

Dès la prise de Constantinople en 1453 –et son annexion au territoire ottoman sous le nom d'Istanbul– qui vaut au sultan victorieux l'appellation de Mehmet le Conquérant, ce dernier va y faire ériger un premier palais. Nous connaissons son existence par les descriptions qu'en fait Evliya Çelebi et par quelques miniatures

Divertissement au palais, Külliat-ı Katibi, 1450-80, R. 989, 93a, Bibliothèque du palais Topkapı, Istanbul.

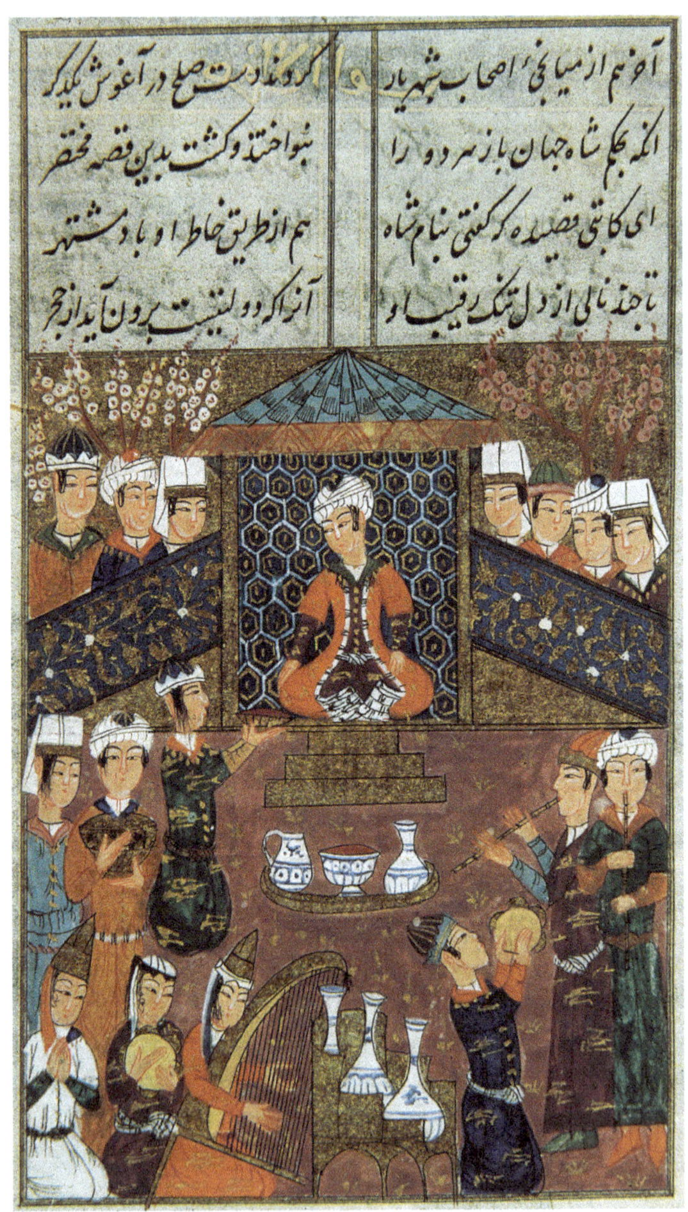

qui le représentent. Appelé Saray-ı Atik, le "vieux palais", il occupait une vaste superficie à l'endroit même où de nos jours se trouve l'Université d'Istanbul; il était entouré de deux enceintes de murs et fut la résidence de Mehmet II de 1454 à 1478. Peu de temps après, Mehmet le Conquérant ordonna la construction d'un deuxième palais. Le Saray-ı Cedid, le "nouveau palais" appelé aujourd'hui Topakpı, se situe à Sarayburnu (la pointe du sérail) d'où il domine le Bosphore, la mer de Marmara et la Corne d'Or. Les bâtiments s'étendent sur 70 hectares. Par son plan d'ensemble et par le nom de ses kiosques et de ses pavillons, il est très semblable au Vieux Palais d'Edirne. Après la construction du Saray-ı Cedid, les sultans et leurs familles continueront longtemps de résider au Vieux Palais et n'utiliseront Topkapı que comme siège du gouvernement. Mais en 1578, Murad III y transfère définitivement le *harem*. Dès lors, le palais d'Edirne perd son statut de résidence royale et devient un lieu d'exil et même une prison pour les enfants, les femmes, les *cariyes* mais surtout pour les ex-*valides sultan*, les mères des sultans morts ou déchus.

Topkapı est composé de trois parties: le *Birun* (la partie administrative du palais, ouverte au public), l'*Enderun* (comprenant le *harem*, les appartements privés du sultan et l'école du palais pour l'instruction des hauts fonctionnaires de l'État et de la maison du sultan) et le *Mabeyn* (les pièces où le sultan recevait les ambassadeurs, les envoyés des gouvernements étrangers et les vizirs). Pour les Occidentaux, la partie la plus intéressante est le *harem*. On sait qu'au début de l'Empire ottoman, la signification de ce mot était différente de ce que l'on imagine aujourd'hui. Le *harem* comprenait les appartements du sultan régnant, ceux de la Valide Sultan sa mère, d'autres encore réservés aux femmes, aux *ikbals* du sultan, aux princes et aux princesses de la famille impériale, aux *ustas*, aux *kalfas* et au *cariyes*. Ces dernières, qui vivaient très nombreuses au palais, étaient des esclaves, achetées ou prisonnières; les plus belles et les plus saines recevaient une certaine instruction, elles apprenaient la lecture et les bonnes manières et étaient au service privé du sultan. Les hommes, achetés ou faits prisonniers pendant les conquêtes, étaient éduqués dans l'école de l'Enderun pour servir l'État. Ces captifs, bien qu'esclaves, avaient un statut différent et une position plus enviable que ceux qui étaient vendus ou monnayés comme une simple marchandise.

L'importance des palais n'est pas seulement due à leur valeur architecturale mais aussi aux informations et à l'image qu'ils donnent de la vie quotidienne des sultans ottomans. Le choix d'abandonner le palais de Topkapı en 1853 pour résider à Dolmabahçe montre bien le changement de style de vie de la cour: la conception architecturale de ce palais, comme celle de tous les autres construits à partir de cette époque, est conforme à l'engouement pour les grands palais européens faits d'un unique grand édifice massif.

D'après une légende, dans les années 1350, des soldats ottomans venant d'Anatolie étaient en route pour la Roumélie. Après s'être arrêtés pour se reposer dans une prairie, 40 d'entre eux se défièrent à la lutte. Quelques jours plus tard, ils recommencèrent

les combats. Enfin, il ne resta que deux finalistes mais aucun des deux ne voulut céder et ils moururent d'épuisement. Ils furent inhumés sur place. Des années plus tard, leurs compagnons venus se recueillir sur leurs tombes découvrirent une source qui avait jailli à l'emplacement même de leurs sépultures et ils la nommèrent Kırkların Pınarı (la source des quarante). Dès lors, on y organisa des tournois de lutte turque d'abord réservés aux soldats puis ouverts à tous les lutteurs du pays. Au fil des siècles, le nom s'est transformé en Kırkpınar, "les quarante sources".
Avant les combats, les lutteurs de Kırkpınar s'enduisent abondamment tout le corps d'huile. Ils portent des culottes de cuir très serrées à la taille et aux jambes appelées kıspets. *Elles sont généralement en veau et retenues à la taille par un lacet de cuir ou par une corde. Le combat se termine quand l'un des deux adversaires est cloué à terre.*
Chaque année, le festival de lutte a lieu entre la fin juin et début juillet à Sarayiçi, qui se trouve de l'autre côté de la rivière, tout au bout de l'avenue Hükümet.

La ville d'Edirne s'enorgueillit de nombreux monuments dont le plus remarquable est la mosquée du complexe Selimiye qui se dresse, majestueusement encadrée par ses quatre minarets, sur une petite colline à l'est de la mosquée Eski. Construite pour Selim II dans la seconde moitié du XVIe *siècle, la mosquée a été conçue par le grand architecte Sinan qui la considérait lui-même comme son chef-d'œuvre.*
Le quartier à l'ouest de la mosquée Eski s'appelle Kaleiçi (la citadelle). Il a été entièrement reconstruit après le dramatique incendie de 1905, et c'est un lieu de promenade très agréable avec ses vieilles maisons et les souvenirs des différentes communautés juive, chrétienne et musulmane qui formaient la mosaïque culturelle de la cité d'Edirne.
On pourra aussi admirer les nombreux ponts qui enjambent le fleuve Tunca et qui sont tous des joyaux de l'architecture ottomane.

GLOSSAIRE

Abdalan-ı Rum	*Derviches* itinérants hétérodoxes d'Anatolie.
Acemi ocağı	Casernes où étaient instruits les conscrits du Corps des janissaires.
Ahi	Guilde, corporation, organisation fondée par les marchands et les artisans. Les membres de la guilde portaient le même nom.
Ahiyan-ı Rum	*Ahis* d'Anatolie.
Akche	Petite monnaie d'argent.
Akritoi	Troupes frontalières byzantines.
Aralık	Passage qui conduit du *soyunmalık* à l'*ılıklık* dans les *hammams* turcs.
Arasta	Rangée de boutiques alignées le long d'une rue (dé) couverte.
Ayet	Verset du Coran.
Balbal	Stèles anthropomorphes de pierre gravée placées par les Turcs sur certains tombeaux et tumulus.
Bedesten	Édifice commercial à deux nefs couvert de coupoles de dimensions égales. Les marchandises les plus précieuses étaient entreposées dans ces bâtiments qui avaient certaines des fonctions d'une banque d'aujourd'hui.
Bey	Ou *émir*, souverain d'un émirat indépendant; gouverneur d'un *sandjak* (province); titre de respect donné aux hommes des classes supérieures.
Beylerbey	Le *bey* des *beys*: le plus haut rang dans l'administration des provinces de l'Empire ottoman.
Beylik	Tout district gouverné par un *bey*: ainsi les émirats sont appelés *beyliks* en turc.
Bezzaz	Marchand d'étoffes.
Birun	Partie publique du palais du sultan qui renferme l'administration.
Boza	Boisson dense et fermentée à base d'orge de maïs ou d'avoine.
Calife	(De l'arabe *Khalifa*.) Chef suprême de la communauté musulmane, dans la lignée des successeurs du prophète.
Cami	Mosquée en turc. Translittération parfois utilisée: *jami'*.
Caravansérail	Hôtellerie située sur les grandes voies de communication, destinée à l'hébergement des voyageurs et à l'emmagasinage de leurs marchandises.
Cariye	"Jeune fille esclave", le dernier degré dans la hiérarchie du *harem*.
Çelebi	Titre de respect donné aux hommes des classes supérieures, épithète du sultan Mehmet Ier.
Cheikh al-islam	(*Şeyhülislam* en turc). Autorité suprême pour les traditions, la théologie et le droit islamiques.
Cheikh	Ancien, homme respecté pour son âge et ses connaissances. Chef d'une école juridique, titre de quelques dignitaires religieux.
Cuerda Seca	Technique de céramique consistant à isoler les uns des autres les émaux de différentes couleurs au moyen d'un trait de matière grasse qui se consume à la cuisson.

Darülhadis	*Madrasa* où l'on enseigne les *hadiths* (les "Dits" du Prophète).
Darülhuffaz	*Madrasa* où l'on apprend à mémoriser le Coran.
Darüşşifa	Hôpital comprenant parfois un asile pour les malades mentaux.
Darüttib	*Madrasa* où l'on enseigne les sciences médicales.
Defterdar	Haut fonctionnaire en charge du Trésor.
Dershane	Salle de classe, et particulièrement dans les *madrasas*.
Derviche	Membre d'une confrérie religieuse renommée pour ses pratiques de dévotion.
Devşirme	Jeunes garçons recrutés dans les familles chrétiennes qui étaient ensuite préparés à faire partie du Corps des janissaires ou à devenir fonctionnaires du palais; désigne aussi le système de recrutement de ces garçons.
Divan-ı Hümayun	Le Conseil impérial, présidé par le Grand Vizir, et qui forme l'organe central du gouvernement ottoman.
Émir	Gouverneur, prince, haut dignitaire. Souverain d'un émirat ou d'une principauté.
Enderun	Partie intérieure du palais du sultan où se trouvent le *harem*, les appartements privés du sultan et l'école du palais pour l'instruction des hauts fonctionnaires du gouvernement et du palais.
Engobe	Mélange de terre non vitrifiable et de pâte liquide qui s'applique sur tout ou partie de la pâte crue pour masquer sa couleur et décorer, ou pour tracer des dessins sur la pièce de céramique.
Fiqh	Ensemble des disciplines du droit musulman.
Firman	Édit, décret, ordre officiel du sultan.
Fondouk	Dans le nord de l'Afrique, hôtellerie (halle) pour les marchands et leurs bêtes de somme, entrepôt pour les marchandises et centre de commerce équivalent du *caravansaray* ou du *khan* ou *han* de l'Orient islamique.
Futuwwa	Confrérie semi-religieuse créée du temps de l'Empire abbasside et qui se propagera dans les pays musulmans pendant tout le Moyen Âge.
Gazi	Combattant de la foi.
Hacı	Mot turc désignant un musulman qui a accompli le pèlerinage de La Mecque.
Hadis	(*Hadiths* en arabe. Litt.: "Dits".) Tradition relative aux actes, aux paroles et aux attitudes du Prophète et de ses compagnons.
Halvet	Salles à usage privé dans les *hammams*.
Hammam	Bain public ou privé.
Han	(*Khan* en arabe.) Auberge, gîte pour les voyageurs et les marchands sur les grandes voies de communication. Entrepôt et

	hôtellerie dans les agglomérations d'une certaine importance. (Voir *fondouk* et *caravansérail.*)
Hanikah	Gîte construit pour héberger les *derviches* itinérants, les hommes de sciences, etc., à l'époque des Seldjoukides d'Anatolie.
Harem	Appartements des femmes dans une maison musulmane.
Hatun	Titre de respect donné aux femmes des classes supérieures.
Hodja	Enseignant musulman.
İkbal	Favorite du sultan, le second degré dans la hiérarchie du *harem* du palais.
Ilıklık	*Tepidarium*, chambre tiède dans le *hammam* turc où les usagers se reposent après s'être baignés.
Imam	Celui qui dirige la prière islamique. Guide, chef, modèle spirituel ou membre du clergé, quelquefois aussi homme politique, dans une société musulmane.
Imaret	Ensemble de bâtiments et d'institutions administrés par un *waqf*; après le XVIe siècle, le mot désigne les cuisines pour les pauvres.
Iwan	Salle voûtée, sans façade, avec des murs sur trois de ses côtés et ouverte par un grand arc; grande niche voûtée à fond plat.
Ka'ba	(Litt. "cube".) Temple de La Mecque devenu le centre du culte islamique.
Kadı	Juge pour le droit canon islamique et la loi ottomane et gouverneur d'une municipalité appelée *kadılık*.
Kadıasker	La plus haute autorité juridique de l'empire après le *cheikh ul-ıslam*. Il y avait deux *kadıaskers*, un pour la Roumélie et un pour l'Anatolie. Appelés aussi *kazaskers*.
Kalemişi	Décoration faite avec un pinceau appelé *kalem* sur une surface enduite de plâtre.
Kalfa	Avant-dernier degré dans la hiérarchie du *harem* impérial.
Kapıkulu	"Esclave de la Porte", *devşirme* ou esclave au service du palais, de l'administration ou de l'armée.
Kaplıca	Sources thermales chaudes utilisées pour des soins thérapeutiques et les structures thermales construites autour des sources mêmes.
Kaptan-ı Derya	Grand amiral de la flotte ottomane.
Katı' (technique du)	Technique de décoration que l'on pourrait traduire par "marqueterie de papier". Le motif est dessiné sur du cuir ou du papier, puis les espaces clos sont découpés à la pointe de couteau. Le dessin ajouré est ensuite collé sur du papier, du cuir ou du verre.
Kese	Gant de tissu rêche pour le bain; petit sac, bourse.
Khanqa	Monastère ou hôtellerie pour les soufis ou les *derviches*.

Koubba	Coupole. Par ext., monument élevé au-dessus de la tombe d'un saint.
Külhan	Chaufferie de *hammam*.
Külliye	Complexe; ensemble de bâtiments dont la mosquée est le principal. Les autres étant la *madrasa*, l'*imaret*, le *han*, le *hammam*, le *darüşşifa*, etc.
Kümbet	Tombeau monumental, généralement recouvert d'un dôme surmonté d'une flèche.
Kündekari et Faux kündekari	Technique d'assemblage d'ornementation en bois. Les pièces polygonales décorées de motifs floraux sculptés sont assemblées à l'aide de baguettes mortaisées, sans clous ni colle. À l'inverse, le "faux *kündekari*" fait usage de clous et/ou de colle.
Mabeyn	Partie officielle des palais ottomans où le sultan recevait les ambassadeurs, les envoyés des gouvernements étrangers et les vizirs.
Madrasa	(*Medrese* en turc.) École de sciences islamiques (théologie, droit, Coran, etc.) et lieu d'hébergement pour les étudiants.
Masjid	Mosquée dépourvue de *minbar* où, pour cette raison, l'office du vendredi ne peut avoir lieu.
Mektep	École primaire, appelée aussi *sıbyan mektebi*.
Menzil han	*Han* "à une journée de voyage".
Mevlevihane	Lieu d'hébergement et de réunion réservé aux *derviches* de l'ordre Mevlevi; également connu comme la confrérie turque des *derviches* tourneurs.
Mihrab	Niche située dans le mur de *qibla* qui indique la direction de La Mecque vers laquelle les croyants doivent se tourner pendant leurs prières.
Minbar	Chaire d'une mosquée d'où l'*imam* adresse le prêche (*khutba*) aux fidèles.
Mouqarnas	Ornement alvéolé en forme de stalactites qui décore les coupoles ou les encorbellements d'un bâtiment.
Mu'id	Tuteur assistant du *müderris* d'une *madrasa*.
Müderris	Professeur principal et administrateur d'une *madrasa*.
Muezzin	Fonctionnaire religieux musulman, chargé d'annoncer du haut du minaret de la mosquée les cinq prières quotidiennes.
Muvakkithane	Salle de l'horloge, équipée avec tous les appareils nécessaires pour calculer l'heure exacte des prières ainsi que les horoscopes.
Müzehhip	Artiste enlumineur de manuscrits.
Namaz	Rituel musulman des cinq prières quotidiennes.
Namazgah	Espace à l'air libre situé en dehors des villes sur des axes routiers ou dans des lieux de récréation, où l'on peut accomplir le *namaz*.
Naskhi	(Litt. "copié".) Nom de l'une des calligraphies les plus répandues de l'alphabet arabe.

Nişancı	Secrétaire du Conseil impérial, contrôleur de la *tuğra* qui était apposée sur les lettres et les documents officiels.
Ocak	Foyer, âtre, maison; par extension, toute institution qui instruit des recrues.
-oğlu	"Fils de" en turc, *-oğullari* au pluriel.
Opus sectile	Mosaïque de pierre et/ou de marbre dont les pièces sont taillées de différentes formes et dimensions et qui sont assemblées pour former un motif généralement géométrique.
Qibla	Direction de la *Ka'ba*, vers laquelle les croyants se tournent pour la prière. Mur de la mosquée dans lequel est situé le *mihrab* qui indique cette direction.
Ribat	Forteresse construite sur les zones frontières, d'où les "moines-guerriers" qui l'habitaient partaient faire la guerre sainte. Le nom de la ville de Rabat vient de Ribat al-Fath, Ribat de la "Conquête".
Rumi	Ornement décoratif en forme de feuille stylisée ou de demi-palmette.
Sadaka	Aumône.
Şadirvan	Fontaine avec jets et bassin servant aux ablutions rituelles.
Sandjak Bey	Gouverneur d'un *sandjak*, subdivision d'un *beylerbeyilik*.
Sceau de Salomon	Motif décoratif en forme d'étoile à six branches faite de deux triangles équilatéraux entrelacés, comme l'étoile de David.
Şehzade	Prince.
Şemse	Motif ornemental en forme de soleil.
Şerefe	Balcon de minaret.
Sevap	Action, personne méritoire au regard de Dieu.
Sgrafitte	Décoration murale obtenue par application, sur un fond de couleur, d'un enduit de mortier blanc qui est ensuite gratté et incisé pour faire apparaître le dessin voulu.
Sherbet	Boisson sucrée à base de fruit; boisson médicinale.
Sıbyan mektebi	Voir *mektep*.
Sıcaklık	*Caldarium;* salle chaude dans les *hammams* turcs.
Şifahane	Hôpital; asile pour les malades mentaux.
Soufi	De *souf*, laine, vêtement des ascètes (*soufis*). Soufisme: nom donné au mysticisme musulman à partir du VIIIe siècle.
Soura	Chapitre du Coran, divisé en versets (*ayats*).
Soyunmalık	*Apodyterium;* vestiaire dans les *hammams* turcs.
Sunna	(Litt. "tradition".) Pour l'islam orthodoxe, ensemble de traditions du Prophète sur lequel s'appuient les jurisconsultes et les théologiens pour préciser le contenu de la loi islamique qui émane du Coran.

Sunni	Partisan de la *Sunna*. Le “sunnisme” est un système politico-religieux qui s’oppose au “chiisme”. Les sunnites se divisent en quatre écoles: malékite, hanbalite, hanafite, shafiite.
Tabhane	Dans une mosquée, pièce réservée à l’hébergement des *derviches* itinérants et autres voyageurs.
Tandır	De nos jours, système de chauffage constitué d’un brasero placé sous une table habillée d’une couverture qui en enveloppe aussi les pieds; dans les *hans* d’époque seldjoukide, c’était une petite fosse maçonnée d’argile ou une jarre de terre cuite enfoncée dans le sol et utilisée pour se chauffer et cuire les aliments.
Tekke	Centre pour *derviches* où ils pouvaient se réunir, prier et vivre.
Tezhip	L’art de l’enluminure des manuscrits.
Tımar	Petit fief militaire rapportant une rente annuelle de moins de 20 000 *akches*.
Tımarlı Sipahi	Homme d’armes qui a été doté d’un fief (*tımar*).
Traşlık	Petite pièce d’un *hammam* réservée aux épilations.
Triangles turcs	Triangles et chevrons servant de transition entre un plan circulaire et un plan carré.
Tuğra	Monogramme du sultan apposé sur tous les documents officiels pour en confirmer la légalité.
Turbé	Tombeau monumental, parfois avec une crypte.
Usta	Troisième degré d’importance dans la hiérarchie du *harem*.
Valide Sultan	La mère du sultan régnant et de ce fait la femme la plus puissante de l’Empire.
Vizir	Ministre. Le *vizir* le plus important s’appelait Gran Vizir ou *Sadrazam*.
Wahhabisme	Secte islamique qui prône l’adoration directe de Dieu et interdit tout médiateur, tels qu’un prophète ou un saint, ainsi que la vénération des morts ou de leurs tombeaux et les offrandes votives.
Waqf	(*Vakıf* en turc.) Donation à perpétuité –généralement terrain ou propriétés– dont les revenus étaient réservés à l’entretien de fondations religieuses.
Yeniçeri ağas	Commandant en chef du Corps des janissaires.
Yeniçeri Ocaği	Corps des janissaires, la garde à pied du sultan recrutée par le système du *devşirme* et payé par le Trésor.
Zaouïa	Petit *tekke*; hospice pour les derviches itinérants et les voyageurs. Établissement dédié à un enseignement religieux tourné vers la formation des *cheikhs*, qui inclut le mausolée d’un saint et qui est construit à l’endroit où celui-ci a vécu.
Zellige	Petits azulejos de céramique émaillée, utilisés dans la décoration de monuments ou dans les intérieurs.

PERSONNAGES HISTORIQUES

Nom	Naissance/mort	Informations
Abdülaziz	1830-1876	Sultan ottoman
Abdülhamid II	1842-1876	Sultan ottoman
Abdullah Sultan	? -1481	Fils de Bayézid II
Abou Bakr	v. 570-634	Premier calife, successeur de Muhammad
Ahmet Gazi	?-1391	Émir menteşide
Ahmet Pacha	? -1497	Müderris, kadı et poète
Ahmet Vefik Pacha	XIXe siècle	Gouverneur de Bursa
Ahmeti	? -1413	Poète et auteur d'une *Histoire des Ottomans*
Ahmet Bican Efendi	XVe siècle	Soufi et érudit ottoman
'Ala al-Din Ali	?-?	Fils du sultan Murad II
'Ala al-Din Kay Kubad Ier	1219-1237	Sultan seldjoukide anatolien (1220-1237)
Alem Chah	1466-1503	Fils de Bayézid II
Andrić, Ivo	1892-1975	Écrivain yougoslave, prix Nobel 1961
Aziza Hatun	v. XIVe-XVe.	Épouse d'Isa Bey de l'émirat d'Aydın
Babinger, Franz	1891-1967	Turcologue et historien allemand
Bayalun Hatun	v. XIIIe-XIVe.	Épouse d'Osman Gazi ou autre nom de Nilüfer.
Bayézid Ier	1360-1403	Sultan ottoman dit aussi Yıldırim Bayézid, père de Mehmet Ier, Süleyman Çelebi, Isa Çelebi et Moussa Çelebi
Bayézid II	1447-1512	Sultan ottoman, père de Selim Ier
Bayézid Pacha	? -1421	Grand Vizir
Bellini, Gentile	1429-1507	Peintre vénitien
Bellini, Giovanni	1430-1516	Peintre vénitien, frère du premier
Börklüce Moustafa	?-1416/19	Rebelle ottoman
Bülbül Hatun	XVe siècle	Épouse de Karaca Pacha
Cantacuzène	?-1383	Nom de famille de l'empereur byzantin Jean VI, (r. 1341-1354)
Cem Sultan	1459-1495	Fils du sultan Mehmet II
Charles VIII	1470-1498	Roi de France
Cheikh Bedreddin	1359-1419	Ministre ottoman de la Justice et de l'Éducation, puis rebelle
Cüned	?-?	Émir aydınide
Davud de Kayseri	XIVe siècle	Müderris

Dernschwarm, Hans	1494-1568	Voyageur allemand
Devlet Hatun	? -1414	Ou DevletChah Hatun, épouse de Bayézid Ier
Diaz, Bartelomeu	1450-1500	Navigateur portugais
Doukas, Michel	XIVe siècle ?	Scientifique et médecin byzantin
Doukas	1400-1470	Chroniqueur byzantin
Émir Süleyman Çelebi	? -1411	Fils de Mehmet Ier
Émir Sultan	1368/69 -1429/30	Soufi ottoman et gendre de Bayézid Ier
Ertuğrul Bey	? -1281	Père d'Osman Gazi
Evliya Çelebi	1611-1681	Voyageur et chroniqueur ottoman
Firuz Bey (Hoca)	? -1402	Commandant en chef ottoman
Frédéric Ier Barberousse	v. 1122-1190	Empereur germanique, traverse les Balkans et l'Anatolie pendant la Troisième Croisade et meurt noyé dans le Tarse
Gazi Umur Bey	? -1348	Émir aydınide, dit aussi Bahaeddin
Geyikli Baba	XIVe siècle	Religieux musulman hétérodoxe pendant le règne d'Orhan Gazi
Gıyaseddin Keyhusrev II	1221/22-1246	Sultan seldjoukide anatolien
Grelot	? -?	Voyageur du XVIIe siècle
Gülşah Hatun	? -1487	Épouse de Mehmet II; inhumée à Bursa
Hacı İvaz Pacha	? -1429	Fils d'Ahi Bayézid, second vizir de Murad II, dirige la construction du *turbé* de Yeşil
Hacı Umur Ibn Menteşe	? -1400	Membre de la dynastie menteşide
Hafsa Hatun	XIVe siècle	Fille d'Isa Bey de l'émirat aydınide, épouse de Bayézid Ier
Hafsa Sultan	? -1534	Épouse de Selim Ier
Halil Hayreddin Pacha (Çandarlı)	? -1389	Grand Vizir, fondateur du Corps des janissaires
Halil Yahşi Bey	XVe siècle	Gouverneur du sandjak d'Aydın
Hallacı Mansour	857-922	Religieux musulman hétérodoxe
Hartmann, R.	? - ?	Érudit allemand
Hızır Bey	XIVe siècle	Fils de Mehmet et émir d'Aydın (1348-1360)
Hızırşah	? -1410	Dernier émir de Saruhan (1388-1390 et1403-1410)
Holbein, Hans	1460-1524	Dit "l'Ancien", peintre allemand

Holophira	XIVe siècle	Dite aussi Nilüfer Hatun ou Bayalun Hatun, épouse d'Orhan Gazi
Hüsnüşah Hatun	XVe-d. XVIe	Épouse de Bayézid II
Ibn Battuta	1304-1369	Voyageur et chroniqueur arabe
Ilyas Bey	? -1421	Émir de Menteşe, fils de Mehmet, de l'émirat menteşide
İne Bey (Eyne Bey)	XIVe siècle	Officier ottoman
Isa Bey	? -?	Émir d'Aydın (1360-1390), fils de Mehmet Bey, fils d'Aydın
Ishak Çelebi (Muzzaffereddin)	? -1388	Bey de Saruhan (1366-1354)
Ishak Pacha	? -1485	Grand Vizir
Jean III Doukas Vatatzès	1193 -1254	Empereur byzantin de Nicée (1222-1254)
Justinien Ier	482-565	Empereur byzantin (527-565)
Karaca Pacha	? -1456	Beylerbey de Roumélie, dit aussi Karaca Bey
Kazanoğlu Mehmet Bey	XVe siècle	Potentat local de Tire
Kılıç Arslan II	? -1192	Sultan seldjoukide anatolien
Kitsikis, Dimitri	1935 -	Historien grec contemporain
Köse Mihail	XVe siècle	Commandant en chef de l'armée ottomane
Küpeli Sultan	XVe siècle	Fille de Bayézid Ier
Lotto, Lorenzo	1480-1556	Peintre vénitien
Mahmoud Ier	1696-1754	Sultan ottoman (1730-1754)
Mehmet Bey	? -1334	Fils d'Aydın, *bey* d'Aydın (1308-1334)
Mehmet Ier	v. 1389-1421	Sultan ottoman dit aussi Çelebi Mehmet, père de Murad II
Mehmet II	? -1423	Bey karamanide
Mehmet II	1432-1481	Sultan ottoman dit aussi Mehmet le Conquérant
Menteşe Bey	? -1296	Amiral de la flotte seldjoukide anatolienne, fondateur de l'émirat menteşide en 1282
Mesut Bey	? 1319	Émir menteşide
Mevlana Jalal al-Din Rumi	? -1273	Poète et fondateur de l'ordre *mevlevi* des *derviches* tourneurs

Michel VIII Paléologue	1224 -1282	Empereur byzantin
Molla Şemseddin Fenari	1350-1430	*Cheikh al-islam* ottoman et érudit
Montaigne, M. Eyquem	1533-1592	Écrivain français
Murad Ier	v. 1326 -1389	Sultan ottoman, dit aussi Hüdavendigar, père de Bayézid Ier
Murad II	1403/4-1451	Sultan ottoman, père de Mehmet II
Moussa Bey	? -?	Émir aydınide
Moussa Çelebi	? -1413	Fils de Bayézid Ier
Moustafa II	1664-1703	Sultan ottoman (1695-1703)
Moustafa Sultan	1451-1474	Fils de Mehmet II, frère de Cem Sultan
Mou'tasim	776- 842	Calife abbasside
Nilüfer Hatun	Voir Holophira	
Nizam al-Mulk	1018-1092	Grand Vizir de l'Empire grand-seldjoukide
Orhan Bey	? -av.1344	Émir menteşide
Orhan Gazi	v. 1281-1362	Dit aussi Orhan Bey, deuxième sultan ottoman, père de Murad Ier
Osman Gazi	v. 1258-1326	Dit aussi Osman Bey, fondateur de l'Empire ottoman
Parvillé, Léon	XIXe siècle	Architecte français, chargé des travaux de restauration des monuments de Bursa endommagés par le séisme de 1855
Postinpuş Baba	XIVe siècle	Religieux hétérodoxe originaire du Khorasan
Saruhan Bey	?-1345	Fondateur de l'émirat saruhanide
Savcı Bey	XIVe siècle	Fils du sultan Murad Ier
Şehinşah	1461-1511	Fils de Bayézid II
Selim Ier	1467-1520	Sultan ottoman (1512-1520) dit aussi Yavuz Selim, père de Soliman le Magnifique
Şemseddin	XVe siècle	*Kadı* de Bursa
Sinaneddin Youssouf Pacha	? -?	Beylerbey de Roumélie
Sitti Hatun	1435-1486	Fille de Süleyman et épouse de Mehmet II, originaire de l'émirat dulkadiride en Anatolie sud-orientale
Şücaeddin Ilyas Pacha	? -1421	Émir menteşide
Süleyman Çelebi	? -1411	Fils de Bayézid Ier

Süleyman (Soliman) Ier	1495-1566	Sultan ottoman, dit aussi le Législateur ou le Magnifique (1520-1566)
Süleyman Pacha	1316-1360	Fils d'Orhan Gazi
Süleyman Chah	? -?	Fils de Mehmet Bey, de l'émirat aydınide
Sultan Chah Hatun	? -?	Sœur de Mehmet fils d'Aydın
Taceddin le Kurde	XIVe siècle	Müderris
Tacü'n-nisa ou Taj al-Nisa Hatun Pacha	XVe siècle	Épouse de Murad II puis d'Ishak
Tamerlan	1336-1405	Timur Lang, Mongol, conquérant d'Asie
Théodora	v. 500-548	Impératrice byzantine (527-548), épouse de Justinien Ier
Torlak Kemal	XVe-1416/19	Rebelle ottoman
Yakup Bey	? -ap.1483	Commandant en chef de Mehmet II et précepteur de Cem Sultan
Yakup Çelebi	? -1389	Fils de Murad Ier, frère de Bayézid Ier
Yavukluoğlu ou Yoğurtoğlu Mehmet Bey	XVe siècle	Potentat local de Tire

ORIENTATION BIBLIOGRAPHIQUE

AKURGAL, E., *The Art and Architecture of Turkey*, Oxford, 1980.

ALDERSON, A. D., *The Structure of the Ottoman Dynasty*, Oxford, 1956.

ANHEGGER, R., *Beiträge zur frühosmanischen Baugeschichte*, Istanbul, 1953.

ARIK, O., *Turkish Art and Architecture*, Ankara, 1985.

ASLANAPA, O., *Türkische Fliesen und Keramik in Anatolien*, Istanbul, 1965.

ASLANAPA, O., *Turkish Art and Architecture,* Londres, 1971.

ASLANAPA, O., *İznik Tile Kiln Excavations Part I*, Istanbul, 2000.

ATASOY, N.; RABY, J., *Iznik, The Pottery of Ottoman Turkey*, Londres, 1994.

BABINGER, F., *Mehmet the Conqueror and His Time* (tr. R. Manheim), Princeton, 1978.

BRANDENBURG, D., *Die Madrasa, Ursprung, Entwicklung, Ausbreitung und künstlerische Gestaltung der Islamischen Moschee-Hochschule*, Graz,1978.

CAHEN, Cl., Pre-Ottoman Turkey, New York, 1968.

CAHEN, Cl., *La Turquie pré-ottomane*, 1988.

CARSWELL, J., *Iznik Pottery*, Londres, 1998.

ÇAĞMAN, F. ; ATASOY, N., *Turkish Miniature Painting*, Istanbul, 1974.

DEMIRALP, Y., *Erken Dönem Osmanlı Medreseleri (1300-1500)*, Ankara, 1999.

DEMIRIZ, Y., *Osmanlı Mimarisinde Süsleme I (Erken Devir 1300-1453)*, Istanbul, 1973.

EVLIYA EFENDI (Evliya Çelebi), *Narrative of Travels in Europe, Asia and Africa in the 17th Century* (tr. By J. Von Hammer-Purgstall), 3 vols. Londres, 1834, 1846 et 1850.

DERMAN, U., *The Art of Calligraphy in the Islamic Heritage*, Istanbul, 1998.

FRISHMAN, M.; KHAN, H., *The Mosque, History, Architectural Development and Regional Diversity*, Londres, 1997.

GABRIEL, A., *Une Capitale Turque, Brousse (Bursa)*, Paris, 1958.

GIBBONS, H. A., *The Foundations of the Ottoman Empire*, Oxford, 1916.

GOODWIN, G., *A History of Ottoman Architecture*, Londres, 1971.

GOODWIN, G., *The Janissaries*, Londres, 1994.

GOODWIN, G., *A Guide to Edirne*, Istanbul, 1995.

HAMMER-PURGSTALL, J. Von, *Histoire de l'Empire Ottoman* (tr. Hellert), 18 vols. Paris, 1835-43.

HILLENBRAND, R., *Islamic Architecture*, Edinburgh, 1994.

IBN BATTUTA, *Travels in Asia and Africa 1325-54* (tr. H. A. R. Gibb) Londres, 1983.

IMBER, C., *The Ottoman Empire*, 1300-1481, 1990.

İNALCIK, O. E.; Pitcher, D., *An Historical Geography of the Ottoman Empire*, 1972.

İNALCIK, H., *The Ottoman Empire, The Classical Age 1300-1600*, Londres, 1973.

İNALCIK, H., *An Economic and Social History of the Ottoman Empire, 1300-1600*, 2 vols., Cambridge, 1994.

JANSSENS, H. F., *I. Batouta, 'Le Voyageur de l'Islam' 1304-63*, 1948.

KRITOVOULOS, M., *The History of Mehmet the Conqueror* (tr. C. T. Riggs), Princeton, 1954.

KURAN, A., *The Mosque in Early Ottoman Architecture*, Chicago, 1968.

KURAN, A.; SÖZEN, M., *Anadolu Medreseleri*, 2 vols., 1969-1972.

KÜHNEL, E., *Die Moschee*, Graz, 1974.

LEMERLE, P., *L'Emirat d'Aydın*, Paris, 1957.

LEVEY, M., *The World of Ottoman Art*, Londres, 1975.

ÖNEY, G., *Turkish Tile Art*, Istanbul, 1976.

ÖNEY, G., *Anadolu Selçuklu Mimarisinde Süsleme ve El Sanatları*, Ankara, 1978.

ÖNEY, G., *Beylikler Devri Sanatı XIV-XV Yüzyıl (1300-1453)*, Ankara, 1989.

OTTODORN, K., *Das Islamische Iznik*, Berlin, 1941.

ÖZEL, M., ed., *Traditional Turkish Arts*, Istanbul, 1992.

PETERSEN, A., *Dictionary of Islamic Architecture*, Londre, 1996.

REINDL, H., *Männer um Bayezid. Eine Prosopographische Studie über die Epoche Sultan Bayezid II (1481-1512)*, 1985.

RESTLE, M., *Istanbul - Bursa, Edirne, İznik*, 1976.

SÖNMEZ, Z., *Başlangıçtan 16. yy'a Kadar Anadolu Türk-İslam Mimarisinde Sanatçılar*, Ankara, 1989.

TAESCHNER, F., *Zünfte und Bruderschaften in Islam*, 1979.

UZUNÇARŞILI, İ. H., *Anadolu Beylikleri*, Ankara, 1998.

ÜNAL, R. H., *Birgi (Tarihi, Tarihi Coğrafyası ve Türk Dönemi Anıtları)*, 2001.

ÜNSAL, B., *Turkish Islamic Architecture in Seljuk and Ottoman Times 1071-1923*, Londres, 1959.

WITTEK, P., *Das Fürstentum Mentesche*, 1934.

WITTEK, P., *The Rise of the Ottoman Empire*, 1938.

WULZINGER, K.; WITTEK, P.; SARRE, F., *Das Islamische Milet*, Berlin, 1935.

YETKIN, S. K., *L'architecture turque en Turquie*, Paris, 1962.

YETKIN, S. K.; ÖZGÜÇ, T., et al, *Turkish Architecture*, Ankara, 1965.

YETKIN, Ş., *Historical Turkish Carpets*, Istanbul, 1981.

ZACHARIADOU, E.A., *Trade and Crusade, Venetian Crete and the Emirates of Menteshe and Aydın (1300-1415)*, Venise, 1983.

AUTEURS

Gönül Öney

Diplômée de la Faculté de langues, d'histoire et de géographie de l'Université d'Ankara en 1955. Elle rejoint le corps enseignant de cette même université en 1957. Après avoir passé son doctorat d'histoire de l'art en 1961, elle devient professeur associé en 1967. Elle est titularisée en 1972 et occupe une chaire à la Faculté d'histoire de l'art de 1972 à 1981. Après 1981, le professeur Öney a continué son travail à l'Université d'Égée d'Izmir. Elle est nommée doyen de la Faculté des lettres en 1982 et le reste jusqu'en 1993 quand elle est nommée recteur adjoint de l'Université d'Égée, poste qu'elle occupe encore aujourd'hui. Le professeur Öney est spécialiste d'art et d'architecture turco-islamiques. Ses travaux comprennent de nombreux livres et articles qui ont été publiés à l'étranger en allemand et en anglais.
Elle est membre du Groupe de spécialistes de l'enseignement du patrimoine du Conseil de l'Europe et d'ICOMOS.

Rahmi Ünal

Diplômé de la Faculté des lettres de l'Université d'Istanbul en 1959, le professeur Ünal est entré dans l'équipe universitaire du Département d'histoire de l'art de l'Université Atatürk d'Erzurum comme maître de conférence en 1961. Il a continué ses études d'histoire de l'architecture turco-islamique en France en 1963. Après avoir passé son doctorat à la Faculté des lettres de la Sorbonne, il revient enseigner à l'Université Atatürk en 1965. Il devient professeur associé en 1968 et il est titularisé en 1976. Depuis 1978, il est professeur à la Faculté des lettres de l'Université d'Égée. Il est l'auteur de nombreux livres et publications sur l'histoire de la Turquie et l'histoire de l'architecture turco-islamique. Il est actuellement le directeur du Département d'histoire de l'art.

Aydoğan Demir

Maître de conférence d'histoire, diplômé du Département d'histoire de la Faculté des lettres de l'Université d'Istanbul en 1960, il a été enseignant au lycée de Salihli de 1960 à 1963 et à l'Institut d'enseignement de 1963 à 1980. Depuis 1980, il travaille comme maître de conférence d'histoire à l'Université d'Égée, à la Faculté des lettres et au Département d'histoire et d'histoire de l'art. Il a publié plusieurs articles sur les stèles funéraires et sur les documents d'archives ottomans.

İnci Kuyulu

Diplômée en 1980 de la Faculté de sciences sociales et administratives du Département d'histoire de l'art de l'Université Hacettepe, elle a passé sa maîtrise en 1982 et son doctorat en 1989. Elle est depuis professeur assistant au Département d'histoire de l'art de la Faculté des lettres de l'Univesité d'Égée. Elle a publié différents travaux sur l'ornementation architecturale dans l'art turco-islamique.

Lale Bulut
Diplômée de la Faculté de langues, histoire et géographie du Département d'histoire de l'art de l'Université d'Ankara en 1983, elle a passé sa maîtrise en 1987 et son doctorat en 1991. Elle est depuis professeur assistant au Département d'histoire de l'art et d'archéologie de la Faculté des lettres de l'Université d'Égée. Elle a publié différents travaux sur les arts mineurs turcs.

Yekta Demilrap
Diplômé de la Faculté de langues, histoire et géographie du Département d'histoire de l'art de l'Université d'Ankara en 1980, il travaille à Samsun comme professeur d'histoire de l'art de 1981 à 1984. Il passe sa maîtrise en 1990 et son doctorat en 1997. Il est actuellement professeur assistant au Département d'histoire de l'art de la Faculté des lettres de l'Université d'Égée. Il a publié de nombreux articles sur l'histoire de l'art et de l'architecture turco-islamiques.

Şakir Çakmak
Diplômé du Département d'archéologie et d'histoire de l'art de la Faculté des lettres de l'Université d'Égée en 1986, il a passé sa maîtrise en 1991 et son doctorat en 1998. Il est actuellement assistant de recherche à la Faculté des lettres de l'Université d'Égée. Il a publié différents travaux sur l'histoire de l'architecture et de l'art turco-islamiques.

Ertan Daş
Diplômé du Département d'archéologie et d'histoire de l'art de la Faculté des Lettres de l'Université d'Égée en 1986, il a passé sa maîtrise en 1998. Il est actuellement assistant de recherche dans le même département. Il est aussi photographe professionnel et responsable du département de photographie.

Les Itinéraires-Exposition et guides thématiques de *Museum With No Frontiers (MWNF)*
L'ART ISLAMIQUE EN MÉDITERRANÉE

Ce cycle international d'Expositions Musée Sans Frontières permet de découvrir les secrets de l'art islamique, son histoire, ses techniques de construction, son inspiration religieuse.

Portugal

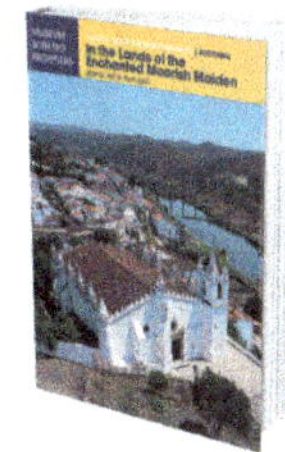

PAR LES TERRES DE LA MAURE ENCHANTÉE.

L'art islamique au Portugal. *200 pages*

Huit siècles après la «Reconquête», les villages de l'ancien *Gharb al-Andalus* perpétuent la légende d'une belle princesse mauresque dont l'enchantement était invariablement rompu par un prince chrétien : le souvenir artistique de la présence musulmane au Portugal s'exprime aussi par une subtile symbiose avec les techniques constructives et les programmes décoratifs de l'architecture populaire régionale. L'exposition fournit au visiteur une vision claire de cinq siècles de civilisation islamique (califale, mozarabe, almohade, mudéjare). De Coïmbra aux confins méridionaux de l'Algarve, palais, mosquées christianisées, fortifications et centres urbains témoignent de la splendeur d'un passé glorieux.

Turquie

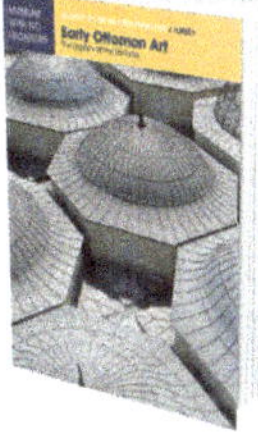

GENÈSE DE L'ART OTTOMAN.

L'héritage des émirs. *252 pages*

Cette exposition privilégie les œuvres et les monuments représentatifs d'une époque majeure de l'Anatolie occidentale, véritable pont culturel et artistique entre les civilisations européennes et asiatiques. Aux XIVe et XVe siècles, la transition vers une société turco-islamique conduit les artistes des émirats turcs à élaborer les prémisses d'une brillante synthèse qui culminera dans un art ottoman extraordinairement productif.

Maroc

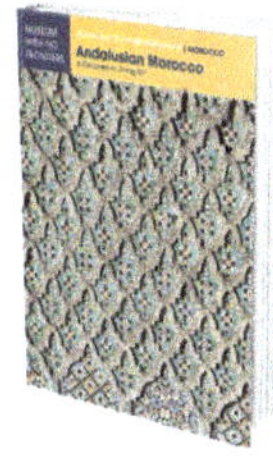

LE MAROC ANDALOU.

À la découverte d'un art de vivre. *264 pages*

Dès le début du VIIIe siècle, l'islam marocain porte ses regards au-delà des colonnes d'Hercule et s'installe sur la péninsule Ibérique. Les deux rives partagent dès lors leur destin. De l'incessant mouvement d'échanges culturels, humains et commerciaux qui animera ce Maghreb extrême pendant plus de sept siècles naîtra l'un des plus brillants foyers de la civilisation musulmane, et un art authentiquement hispano-maghrébin qui a laissé des traces dans une architecture monumentale flamboyante, mais aussi dans un urbanisme et des traditions d'un raffinement extrême. L'exposition reflète la richesse historique et sociale de la civilisation andalouse du Maroc.

Tunisie

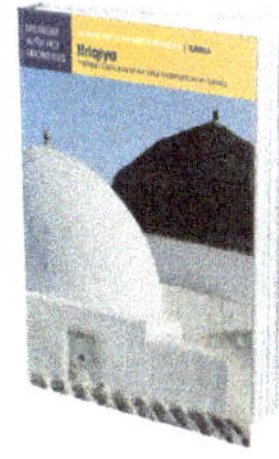

IFRIQIYA.

Treize siècles d'art et d'architecture en Tunisie. *312 pages*

Dès le IXe siècle, sans aucune rupture avec les traditions héritées des Berbères, des Carthaginois, des Romains et des Byzantins, Ifriqiya a été en mesure d'assimiler et de réinterpréter les influences de la Mésopotamie —à travers la Syrie et l'Égypte— et de l'Andalousie : une forme unique de syncrétisme abouti dont les témoignages abondent dans l'actuelle Tunisie, de la majesté des résidences beylicales de la capitale à la rigueur architecturale de l'ibadisme jerbien. *Ribat,* mosquées, médinas, zaouïas, *ksour,* et *ghorfas* jalonnent une terre pétrie d'histoire.

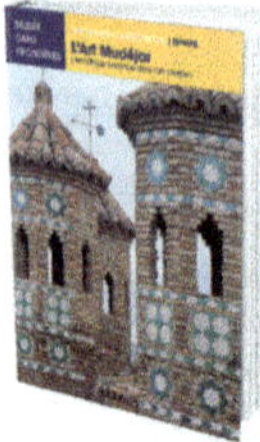

Espagne | Andalousie, Aragon, Castille La Manche, Castille et Léon, Extrémadure, Madrid
L'ART MUDÉJAR.
L'esthétique musulmane dans l'art chrétien. *318 pages*
L'art des Mudéjars (population musulmane restée en al-Andalus après la Reconquête) tient incontestablement une place singulière parmi toutes les expressions de l'art islamique : il est la manifestation visible d'une réelle cohabitation culturelle, d'une forme de compréhension entre deux civilisations qui, au-delà de leur antagonisme politique et religieux, vécurent une romance artistique féconde. Appliquant des schémas rigoureusement islamiques, les maîtres d'œuvre et artisans mudéjars, célèbres pour leur remarquable savoir-faire dans l'art de construction, ont bâti pour des nouveaux venus chrétiens d'innombrables palais, couvents et églises. Les œuvres sélectionnées, par leur variété et leur abondance, témoignent de l'exubérante vitalité de l'art mudéjar.

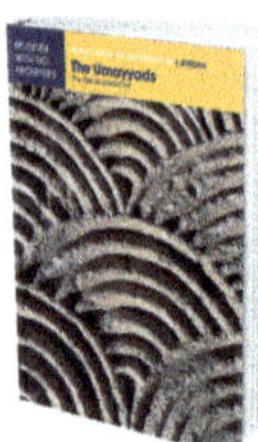

Jordanie
LES OMEYYADES.
Naissance de l'art islamique. *224 pages*
Après la conquête arabo-musulmane du Moyen-Orient, le siège de la dynastie omeyyade (661-750) fut transféré à Damas où la nouvelle capitale hérita d'une tradition culturelle et artistique remontant au moins aux périodes araméenne et hellénistique. La culture omeyyade a ainsi bénéficié du déplacement des frontières entre la Perse et la Mésopotamie, et entre les pays du monde méditerranéen : une situation propice à l'émergence d'un langage artistique novateur dans lequel le subtil métissage des influences hellénistiques, romaines, byzantines et persanes produit un ordre architectural et décoratif parfaitement original. À travers la diversité des oeuvres présentées, l'exposition fournit aussi l'occasion d'une intéressante réflexion sur l'iconoclasme.

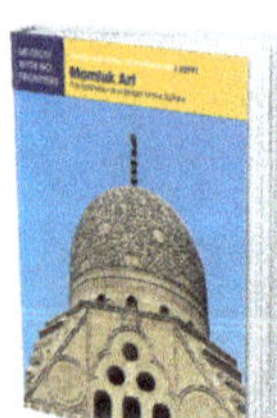
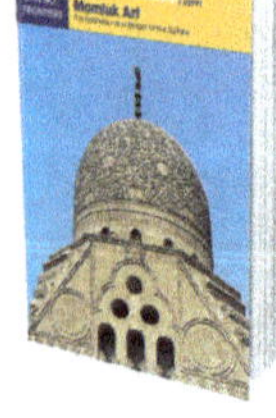

Égypte
L'ART MAMELOUK.
Splendeur et magie des sultans. *236 pages*
Sous la domination mamelouke (1249-1517), l'Égypte devient un opulent centre de passage et de routes commerciales. De grandes richesses arrivent au pays. Le Caire est l'une des villes les plus puissantes du bassin Méditerranéen, l'une des plus sûres et des plus stables. Des érudits du monde entier viennent s'y installer, attirant à leur suite disciples et étudiants. L'architecture et l'art décoratif mamelouks témoignent de la vitalité commerçante, intellectuelle, militaire et religieuse de la période. Caractérisées par une élégante et vigoureuse simplicité, dont la pureté des lignes approche les canons modernes, les œuvres sélectionnées entre le Caire, Rosette, Alexandrie et Foua représentent l'apogée de l'art mamelouk.

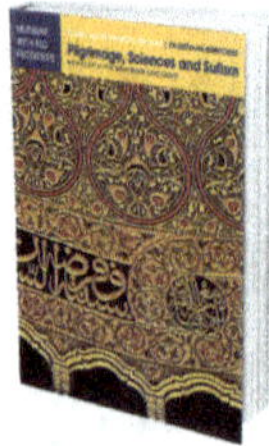

Autorité Palestinienne
PÈLERINAGE, SCIENCES ET SOUFISME.
L'art islamique en Cisjordanie et à Gaza. *254 pages*
Sous le règne des dynasties ayoubides, mamelouke et ottomane, d'innombrables pèlerins affluent en Palestine de tous les horizons du monde musulman, et ce fort courant de religiosité donne un essor décisif au développement de la pensée soufi à travers les *zawiyas* et les *ribats* qui se multiplient par tout le pays. Accueillant les plus grands érudits, de nombreux centres d'études jouissent d'un prestige considérable et favorisent l'épanouissement d'un art raffiné qui conserve encore aujourd'hui tout son pouvoir de fascination. Les monuments et l'architecture islamique proposés par l'exposition, reflètent clairement ces dimensions majeures de pèlerinage, de la science et du soufisme.

Italie Sicile
L'ART ARABO-NORMAND.
La culture islamique en Sicile médiévale. *328 pages*

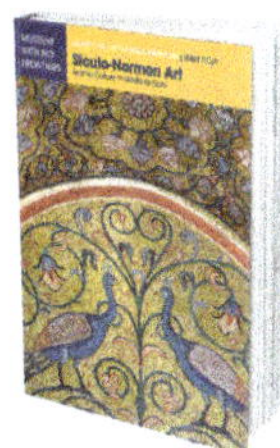

Au centre de la Méditerranée, la Sicile est une terre de rencontres où diverses cultures se sont rencontrées et modifiées avant d'atteindre une nouvelle harmonie. Uniques dans le panorama européen, les réalisations architecturales arabo-normandes sont aussi relativement différentes de celles rencontrées dans le monde islamique. L'exposition les présente sous l'angle de leur unicité, et propose des codes d'interprétation permettant de les identifier. Le visiteur attentif n'en apprécie que mieux l'admirable fusion d'éléments issus des sphères culturelles byzantines, arabe et normande en œuvre dans cet art, aussi spécifique que raffiné.

Algérie
UNE ARCHITECTURE DE LUMIÈRE.
Les arts de l'Islam de Algérie. *252 pages*

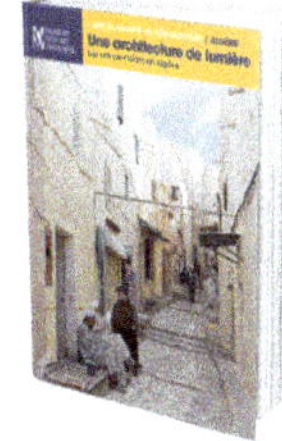

Le patrimoine artistique de l'Islam au Maghreb central est lié aux événements cruciaux qui ont marqué l'histoire de l'Algérie, depuis l'essor des mouvements religieux dissidents et le règne des grandes dynasties, en passant par le rôle des grands axes de commerce et de pèlerinage et jusqu'à la présence ottomane dans les cîtés du pourtour méditerranéen. La synthèse des influences arabe et berbère, africaine, andalouse et orientale a façonné des modèles artistiques et architecturaux qui s'expriment dans la pureté et l'harmonie de l'architecture ibadite, des mosquées almoravides et des palais ottomans sur la côte.

Syrie
THE AYYUBID ERA.
Art and Architecture in Medieval Syria. *288 pages*

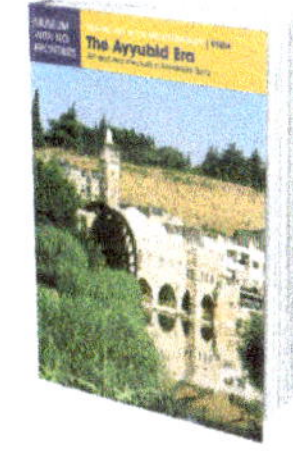

Ce nouveau guide de voyage MWNF a été conçu peu de temps avant le début du conflit. Par conséquent, tous les textes se réfèrent à la situation antérieure à la guerre ; ils n'en expriment que davantage notre espoir de voir la Syrie, une terre témoin de l'évolution de la civilisation depuis les débuts de l'histoire de l'humanité, redevenir rapidement un lieu de paix, et le fer de lance d'un renouveau véritablement pacifique pour toute la région. Au cours des XIIe et XIIIe siècles, Bilad al-Cham est le fruit d'un programme stratégique de reconstruction urbaine et de réunification parfaitement élaboré. Au milieu d'une période d'instabilité et de fragmentation, l'Atabeg Nour al-Din Zangi sut imposer un leadership visionnaire pour rétablir les villes syriennes dans leur rôle de maintien de l'ordre et de la sécurité. Après sa mort, son plus brillant général, le Kurde Salah al-Din (Saladin), assuma le pouvoir et mena à bien l'unification de l'Egypte et de Cham en une force unique capable de reprendre Jérusalem aux Croisés. L'empire ayyoubide, en plein essor, poursuivit la politique de mécénat. Bien que d'une durée très brève, cette période a marqué la région d'une empreinte durable. Son esthétique architecturale immédiatement reconnaissable – d'une robuste et austère perfection – a survécu jusqu'à aujourd'hui.

www.ingramcontent.com/pod-product-compliance
Lightning Source LLC
LaVergne TN
LVHW010858110826
845149LV00005B/1421

* 9 7 8 3 9 0 2 7 8 2 4 2 7 *